Teaching and Learning International Survey

教員環境の国際比較

OECD国際教員指導環境調査（TALIS）
2013年調査結果報告書

国立教育政策研究所 編

はじめに

　本書は、2013年に実施された「OECD（経済協力開発機構）国際教員指導環境調査」（TALIS＜タリス＞：Teaching and Learning International Survey）の国際調査結果を基に、日本にとって特に示唆のある内容・データを中心に整理・分析したものです。

　日本では、当研究所がTALISの実施責任機関となり、文部科学省と密接に連携、協力しながら、調査の準備、実施及び分析に当たってきました。このたび、国際調査結果の公表に合わせて、本報告書を刊行し、日本の多くの方々にTALISの調査結果を提供できることは、当研究所にとって大きな喜びであります。

　TALISは、主に前期中等教育（ISCED 2）の校長・教員を対象に、校長のリーダーシップ、職能開発などの教員の環境、学校での指導状況、教員への評価やフィードバックなどについて、国際比較可能なデータを収集し、教育に関する分析や教育施策の検討に資することを目的としています。

　今回は日本にとって初めての参加となりましたが、2013年の2月から3月にかけて、全国の中学校及び中等教育学校前期課程の中から192校、約3,700人の先生方に質問紙への回答をしていただき、国際的な基準を満たすデータを収集することができました。調査の実施にあたっては、各校の担当者の方々に、教員名簿の提出や質問紙の配付・回収等に御協力をいただいたほか、都道府県・指定都市教育委員会には各校への依頼等の御協力をいただきました。調査の実施に参加・協力いただいた全ての関係者の皆様にこの場をお借りして心より感謝申し上げます。

　本報告書は、当研究所において以下のメンバーが分担して執筆に当たりました。

　　大野　彰子　　（国立教育政策研究所　国際研究・協力部長）　第1章
　　松原　憲治　　（同　教育課程研究センター基礎研究部　総括研究官）　第1章、第6章
　　須原　愛記　　（同　生涯学習政策研究部（併）国際研究・協力部　総括研究官）　第2章
　　藤原　文雄　　（同　初等中等教育研究部　総括研究官）　第3章
　　植田　みどり　（同　教育政策・評価研究部　総括研究官）　第4章
　　橋本　昭彦　　（同　教育政策・評価研究部　総括研究官）　第5章
　　卯月　由佳　　（同　国際研究・協力部　主任研究官）　第7章
　　山田　亜紀子　（同　研究企画開発部　総括研究官）　調査結果の要約、全体総括

　今回OECDから公表される国際結果報告書（英文）についてはOECDのウェブサイト（*http://www.oecd.org/edu/school/talis.html*）を御覧ください。

　TALISは教員の勤務状況や学習環境に関する大規模な国際調査です。第2回となる今回は、参加国も第1回の24か国から34か国に拡大し、また、前期中等教育を対象としたコア調査の他に新たに初等教育や後期中等教育等に関するオプション調査も実施されており、今後も更なる発展が予想されています。

はじめに

　本書が今後、教員政策担当者や学校関係者など多くの方々に様々な形で活用され、質の高い教育成果をもたらす教育環境の実現に貢献できることを心より期待しています。

　平成 26 年 6 月

国立教育政策研究所　所長

大槻　達也

OECD 国際教員指導環境調査（TALIS）
2013年調査結果の要約

I 調査の概要 ［本文第1章］

【調査の概観】

◆ 本調査は、学校の学習環境と教員の勤務環境に焦点を当てた国際調査である。職能開発などの教員の環境、学校での指導状況、教員への評価やフィードバックなどについて、国際比較可能なデータを収集し、教育に関する分析や教育政策の検討に資することを目指している。

◆ 2008年の第1回調査に続き、第2回調査を2013年に実施した。日本は今回が初めての参加である。

◆ コア調査は前期中等教育段階を対象とし、オプション調査として初等教育段階、後期中等教育段階を対象とした調査が実施されている。日本はコア調査のみ参加しており、以下の調査結果は前期中等教育段階を対象としたものである。

【参加国】

◆ 34か国・地域（下線はOECD加盟国）

国としての参加

<u>オーストラリア</u>、ブラジル、ブルガリア、<u>チリ</u>、クロアチア、キプロス、<u>チェコ</u>、<u>デンマーク</u>、<u>エストニア</u>、<u>フィンランド</u>、<u>フランス</u>、<u>アイスランド</u>、<u>イスラエル</u>、<u>イタリア</u>、<u>日本</u>、<u>韓国</u>、ラトビア、マレーシア、<u>メキシコ</u>、<u>オランダ</u>、<u>ノルウェー</u>、<u>ポーランド</u>、<u>ポルトガル</u>、ルーマニア、セルビア、シンガポール、<u>スロバキア</u>、<u>スペイン</u>、<u>スウェーデン</u>、<u>アメリカ</u>[1]

地域としての参加

アブダビ（アラブ首長国連邦）、フランドル（<u>ベルギー</u>）、アルバータ（<u>カナダ</u>）、イングランド（<u>イギリス</u>）

【調査時期】

◆ 日本では、2013年2月中旬から3月中旬にかけて調査を実施した。

【調査対象（母集団）】

◆ 調査の対象となる教員集団（母集団）は、前期中等教育段階（中学校及び中等教育学校前期課程）において、通常の仕事として指導を行う教員及びその校長である。

---

1. アメリカは、実施率（回答率）が国際ガイドラインの定める基準（本文第1章の1.4.3項参照）に達しなかったため、参加国平均や統計的な分析には含まれていないが、参考データとして各表の最下欄に掲載した。

◆日本の調査の対象となる教員集団（母集団）は、平成22年度の文部科学省『学校基本調査報告書』に基づき、中学校と中等教育学校に所属する教員とした。対象となった学校の合計数は10,863校であり、対象となった教員の合計数は289,125人であった（『学校基本調査報告書』の「本務者」と「兼務者」（非常勤の講師等）の合計数）。

【標本抽出】

◆標本については、国際ガイドラインでは、1か国につき200校、1校につき教員20人と校長1人を抽出することが基本とされている。

◆日本では、国際ガイドラインに従って、「層化二段階抽出法」により以下のとおり対象者を抽出した。

- 第一段階として、「東京23区及び政令指定都市の公立校」「人口30万人以上の市の公立校」「その他の市の公立校」「町村部の公立校」「国立・私立学校」の五つの層に分類し、各層ごとに所属する教員の人数に比例した確率で学校を無作為抽出した。
- 第二段階として、抽出された学校内で、教員の基礎情報（年齢、性別、指導教科）を考慮に入れて、原則として各校20人の教員を無作為抽出した。

【実施率】

◆日本では、192校で調査を実施し、192人の校長及び3,484人の教員から有効な回答を得た。

◆国際ガイドラインでは、学校の実施率（回答率）及び教員の実施率（回答率）はいずれも75%以上であることが求められている。日本では、学校実施率は96%、教員実施率は99%であり、国際ガイドラインの基準を上回った。

表1　層別の参加学校数（抽出校、代替校）と参加教員数

層	抽出校	代替校	合計学校数	参加教員数
東京23区及び政令指定都市・公立	30	5	35	670
人口30万人以上の市・公立	27	1	28	532
その他の市・公立	85	3	88	1,587
町村部・公立	20	3	23	372
国立・私立	14	4	18	360
全体	176	16	192	3,521（※）

※うち有効な回答を得たのは3,484人。

【調査項目】

◆教員の状況と学校の概要
◆校長のリーダーシップ
◆職能開発
◆教員への評価とフィードバック
◆教員の教育に関する個人的な信念、指導実践、学級の環境
◆教員の自己効力感と仕事への満足度

【調査方法】

◆対象者が校長質問紙又は教員質問紙に回答。回答時間は各60分程度。

Ⅱ 調査結果の概要

1 教員と学校の概要 [本文第2章]

表2 本調査における平均的な教員像

	参加国平均	日本
女性の割合	68%	39%
平均年齢	43歳（平均勤続年数16年）	42歳（平均勤続年数17年）
学歴	大卒以上 91%	大卒以上 96%
勤務形態	82%が常勤で83%が終身雇用	96%が常勤で80%が終身雇用

表3 本調査における平均的な学校の環境（※）

	参加国平均	日本
国公私別の教員数の割合	国公立82%、私立19%	国公立90%、私立10%
平均生徒数	546人	357人
平均教員数	45人	24人
一学級当たり生徒数	24人	31人
指導支援職員	教員14人につき1人	教員12人につき1人
事務・経営の職員	教員6人につき1人	
その他	教員と生徒との関係は良好	

※学校規模については、初等教育や後期中等教育を併せて行う学校種が含まれている国もあることに注意が必要である。

◆教員のうち女性の割合が3分の2を超える国が22か国あり、日本は参加国の中で唯一女性の割合が半分を下回っている。

◆参加国全体として、教員養成課程など公的な教育において担当教科の内容や指導法、指導実践が含まれていると、実際に教壇に立つ際にこれらに対する準備ができていると感じる傾向にある。

◆質の高い指導を行う上で妨げとなっている事項について回答した校長の学校に所属する教員の割合が多い項目は、参加国全体では「資格を持つ教員や有能な教員の不足」（38%）、「特別な支援を要する生徒への指導能力を持つ教員の不足」（48%）、「支援職員の不足」（47%）である。日本はこれらの回答がいずれも参加国平均を大きく上回っており、その背景としては、教員の業務量の多さ・勤務時間の長さによる多忙感の未解消や、生徒の抱える課題の多様化による専門的スキルの必要性が高まっていることがあると考えられる [表4 学校における教育資源]。

◆学校の雰囲気（暴力行為や、遅刻・欠席、カンニング、教員間の信頼関係、生徒と教員の信頼関係、地域との連携など）については、日本は参加国平均と比べておおむね良好であり、特に、教職員間の信念の共有については、ほとんどの校長が肯定的な回答をしている。

2013年調査結果の要約　　OECD国際教員指導環境調査（TALIS）

表4 [1/2]　学校における教育資源

国　名	資格を持つ教員や有能な教員の不足 %	S.E.	特別な支援を要する生徒への指導能力を持つ教員の不足 %	S.E.	職業教育を行う教員の不足 %	S.E.	教材（教科書など）が不足している、あるいは適切でない %	S.E.	教育用コンピュータが不足している、あるいは適切でない %	S.E.
オーストラリア	47.8	(6.3)	37.4	(6.1)	27.6	(5.8)	13.9	(3.9)	8.0	(2.3)
ブラジル	49.2	(2.6)	55.3	(2.5)	33.2	(2.6)	27.2	(2.2)	44.9	(2.6)
ブルガリア	27.3	(3.0)	28.6	(2.9)	11.2	(2.3)	34.5	(3.5)	41.0	(3.4)
チリ	56.7	(4.6)	51.5	(4.9)	46.4	(4.6)	23.2	(3.7)	29.1	(4.1)
クロアチア	24.7	(2.8)	63.1	(3.6)	4.9	(1.7)	27.4	(3.4)	52.0	(3.9)
キプロス	38.3	(0.2)	40.9	(0.3)	31.5	(0.2)	30.9	(0.2)	39.9	(0.2)
チェコ	27.3	(3.4)	24.8	(3.4)	8.1	(1.9)	28.3	(3.5)	33.2	(3.3)
デンマーク	14.8	(3.5)	40.5	(5.1)	11.3	(3.1)	19.8	(3.7)	40.6	(4.9)
エストニア	50.4	(4.4)	61.3	(4.0)	12.9	(2.9)	51.1	(4.2)	34.8	(3.9)
フィンランド	17.1	(3.3)	56.0	(4.8)	4.9	(1.8)	22.3	(4.2)	46.4	(4.4)
フランス	31.7	(3.8)	76.4	(2.8)	9.1	(2.3)	23.6	(3.5)	24.3	(3.3)
アイスランド	13.9	(0.1)	28.4	(0.1)	29.1	(0.1)	13.8	(0.1)	49.4	(0.1)
イスラエル	53.5	(4.4)	52.1	(4.2)	45.8	(4.3)	29.3	(4.0)	59.1	(4.3)
イタリア	38.3	(3.5)	58.0	(3.7)	12.1	(2.3)	56.4	(3.9)	56.0	(3.9)
日本	**79.7**	**(2.7)**	**76.0**	**(3.2)**	**37.3**	**(3.3)**	**17.2**	**(2.8)**	**28.3**	**(3.4)**
韓国	36.7	(4.2)	50.4	(3.9)	35.7	(3.9)	15.0	(2.6)	12.5	(2.8)
ラトビア	24.6	(4.6)	26.2	(4.1)	4.1	(1.9)	29.1	(4.3)	36.7	(4.8)
マレーシア	31.1	(4.0)	21.3	(3.5)	15.6	(3.2)	15.7	(3.3)	52.6	(4.3)
メキシコ	56.0	(3.8)	58.1	(3.9)	29.1	(3.2)	38.9	(3.4)	66.7	(3.2)
オランダ	71.1	(4.6)	71.4	(5.0)	9.6	(3.7)	16.6	(3.9)	47.4	(5.7)
ノルウェー	43.1	(7.3)	64.8	(6.6)	2.1	(1.2)	15.1	(4.3)	48.4	(6.9)
ポーランド	12.7	(2.7)	19.8	(3.1)	2.2	(1.0)	11.7	(2.7)	29.0	(4.0)
ポルトガル	27.2	(3.9)	43.4	(4.1)	24.0	(3.3)	12.2	(2.4)	17.4	(3.0)
ルーマニア	58.1	(3.7)	56.1	(3.8)	42.6	(3.9)	77.1	(3.1)	75.8	(3.7)
セルビア	19.8	(3.3)	65.1	(4.0)	6.0	(2.5)	20.1	(3.2)	36.5	(3.9)
シンガポール	50.5	(0.3)	48.4	(0.3)	9.6	(0.1)	1.3	(0.0)	4.3	(0.0)
スロバキア	29.9	(3.4)	32.6	(3.5)	10.5	(2.4)	82.1	(2.9)	37.2	(3.5)
スペイン	34.1	(3.6)	61.6	(3.6)	12.3	(2.2)	23.5	(2.9)	35.3	(3.6)
スウェーデン	32.4	(3.4)	49.9	(4.1)	8.7	(2.2)	23.4	(3.3)	52.7	(3.7)
地域としての参加										
アブダビ（アラブ首長国連邦）	59.8	(5.0)	51.3	(4.6)	35.8	(4.9)	28.5	(3.8)	35.0	(4.1)
アルバータ（カナダ）	30.3	(4.4)	45.5	(5.1)	30.7	(4.2)	15.0	(3.8)	33.4	(4.1)
イングランド（イギリス）	46.1	(4.4)	26.5	(3.7)	12.5	(3.0)	13.4	(2.8)	21.6	(3.1)
フランドル（ベルギー）	33.4	(4.8)	42.7	(4.7)	22.2	(3.8)	10.1	(2.5)	29.5	(4.4)
参加国平均	**38.4**	**(0.7)**	**48.0**	**(0.7)**	**19.3**	**(0.5)**	**26.3**	**(0.6)**	**38.1**	**(0.7)**
アメリカ	34.3	(5.4)	32.6	(5.0)	19.0	(4.9)	24.8	(4.2)	34.7	(5.1)

質の高い指導を行う上で、各項目の教育資源の問題が「非常に妨げになっている」「いくらか妨げになっている」と回答した校長の学校に所属する教員の割合。
出所：OECD（2014）Table 2.19.

表4 [2/2] 学校における教育資源

国　名	インターネット接続環境が不十分である %	S.E.	教育用コンピュータソフトウェアが不足している、あるいは適切でない %	S.E.	図書館の教材が不足している、あるいは適切でない %	S.E.	支援職員の不足 %	S.E.
オーストラリア	14.6	(3.2)	12.0	(3.5)	6.5	(1.9)	28.2	(4.6)
ブラジル	48.8	(2.5)	55.9	(2.3)	43.8	(2.5)	57.1	(2.3)
ブルガリア	12.6	(2.5)	30.6	(3.3)	35.9	(3.4)	13.4	(2.4)
チリ	37.6	(4.8)	36.1	(4.9)	34.6	(4.4)	42.6	(4.3)
クロアチア	32.8	(3.4)	53.0	(3.9)	44.6	(4.0)	38.2	(3.4)
キプロス	32.7	(0.2)	43.5	(0.2)	35.6	(0.2)	44.2	(0.2)
チェコ	11.0	(2.4)	27.6	(3.4)	33.0	(3.6)	47.5	(3.7)
デンマーク	37.5	(4.9)	29.6	(4.2)	18.4	(4.0)	48.3	(5.3)
エストニア	12.7	(2.3)	33.2	(3.9)	29.4	(3.4)	49.0	(4.1)
フィンランド	32.8	(4.2)	45.8	(4.1)	25.6	(4.1)	51.5	(4.2)
フランス	23.9	(3.4)	30.5	(3.7)	19.3	(3.4)	58.9	(4.0)
アイスランド	29.6	(0.1)	54.1	(0.1)	17.1	(0.1)	23.3	(0.1)
イスラエル	50.1	(4.3)	54.1	(4.5)	43.6	(4.6)	58.4	(4.2)
イタリア	47.4	(3.9)	53.8	(3.9)	43.6	(3.7)	77.5	(2.9)
日本	29.8	(3.7)	40.1	(3.6)	40.2	(3.6)	72.4	(3.0)
韓国	7.7	(2.0)	9.9	(2.4)	18.4	(3.4)	54.7	(4.1)
ラトビア	15.6	(3.8)	30.4	(4.3)	29.8	(4.2)	36.1	(4.4)
マレーシア	56.9	(4.0)	41.3	(4.4)	35.2	(4.3)	37.1	(4.5)
メキシコ	64.9	(3.6)	65.5	(3.3)	51.0	(3.5)	59.6	(3.5)
オランダ	30.8	(5.4)	53.7	(5.1)	16.8	(4.2)	45.7	(5.6)
ノルウェー	37.8	(5.6)	35.3	(5.5)	29.7	(5.8)	46.4	(5.6)
ポーランド	21.2	(3.7)	40.1	(4.0)	21.7	(3.6)	32.3	(4.2)
ポルトガル	12.9	(3.0)	27.3	(3.6)	16.9	(3.3)	66.8	(3.8)
ルーマニア	64.1	(3.9)	74.7	(3.4)	66.6	(3.7)	65.4	(3.8)
セルビア	32.8	(4.1)	44.7	(4.1)	33.1	(4.0)	22.1	(3.7)
シンガポール	6.5	(0.1)	7.1	(0.2)	4.6	(0.1)	29.3	(0.2)
スロバキア	14.1	(2.3)	31.8	(3.5)	45.7	(3.6)	44.4	(3.5)
スペイン	36.0	(4.0)	41.9	(3.7)	26.6	(3.3)	72.1	(3.5)
スウェーデン	32.9	(3.7)	36.2	(3.8)	13.1	(2.7)	61.0	(4.2)
地域としての参加								
アブダビ（アラブ首長国連邦）	33.8	(4.1)	39.4	(4.1)	39.3	(4.5)	52.7	(4.7)
アルバータ（カナダ）	24.9	(3.5)	25.0	(3.7)	17.3	(3.3)	46.4	(4.8)
イングランド（イギリス）	15.4	(3.0)	14.4	(3.2)	18.4	(3.6)	18.8	(3.7)
フランドル（ベルギー）	25.8	(4.4)	19.0	(3.8)	12.3	(2.7)	45.3	(4.4)
参加国平均	**29.9**	**(0.6)**	**37.5**	**(0.6)**	**29.3**	**(0.6)**	**46.9**	**(0.7)**
アメリカ	24.7	(5.2)	26.9	(5.6)	14.9	(3.3)	47.1	(5.1)

質の高い指導を行う上で、各項目の教育資源の問題が「非常に妨げになっている」「いくらか妨げになっている」と回答した校長の学校に所属する教員の割合。
出所：OECD（2014）Table 2.19.

2 校長のリーダーシップ［本文第3章］

◆校長の仕事の時間配分については、日本は参加国平均と大きな差はなく、管理・統括に関する業務に36%、教育課程や学習指導に関する業務に25%の時間を費やしている。

◆校長がその実力を発揮する上での障壁として認識しているもののうち、回答率の高い上位3項目は、日本の場合「不十分な学校予算や資源」(84%)、「政府の規制や政策」(64.8%)、「教員の職能開発の機会と支援の不足」(54%) である。参加国と比較すれば、「自分にかかっている重い業務負担と責任」(参加国平均72%、日本41%)、「教員の年功賃金体系」(参加国平均48%、日本18%) を障壁として認識している校長が少ない。

◆日本は女性校長の割合は6%で参加国中最も低く、校長の平均年齢は57歳で参加国平均52歳よりも高く、また、50歳代の校長の割合 (80%) が参加国の中で二番目に高い。

◆日本は、公的な教育 (研修) で「学校管理に関する、あるいは校長を対象とした研究プログラムやコース」「教員としての研修／教育プログラムやコース」「学習指導力についての研修やコース」を受講したことのある校長の割合は、参加国平均と比較して高い **［図1 校長が受けた公的な教育に含まれていなかった要素］**。

◆校長の職能開発への参加状況については、国によってそれぞれの活動の参加率に違いがあるが、日本は参加国平均と比べて「専門的な勉強会、組織内指導 (メンタリング)、調査研究」への参加率がやや高い。また、日本は参加国平均と比較してすべての活動で参加日数が少ない **［表5 校長の職能開発への参加割合と参加日数］**。参加への障壁としては、日本では参加国平均と比較して「自分の仕事のスケジュールと合わない」との回答が極めて多い (参加国平均43%、日本78%)。

◆校長の仕事に対する満足度について、日本は参加国平均よりも低い (「現在の学校での自分の仕事の成果に満足している」(参加国平均95%、日本60%))。

OECD 国際教員指導環境調査（TALIS）　2013年調査結果の要約

図1　校長が受けた公的な教育に含まれていなかった要素

- ■「学習指導力についての研修やコース」
- ●「学校管理に関する、あるいは、校長を対象とした研修プログラムやコース」
- ●「教員としての研修／教育プログラムやコース」

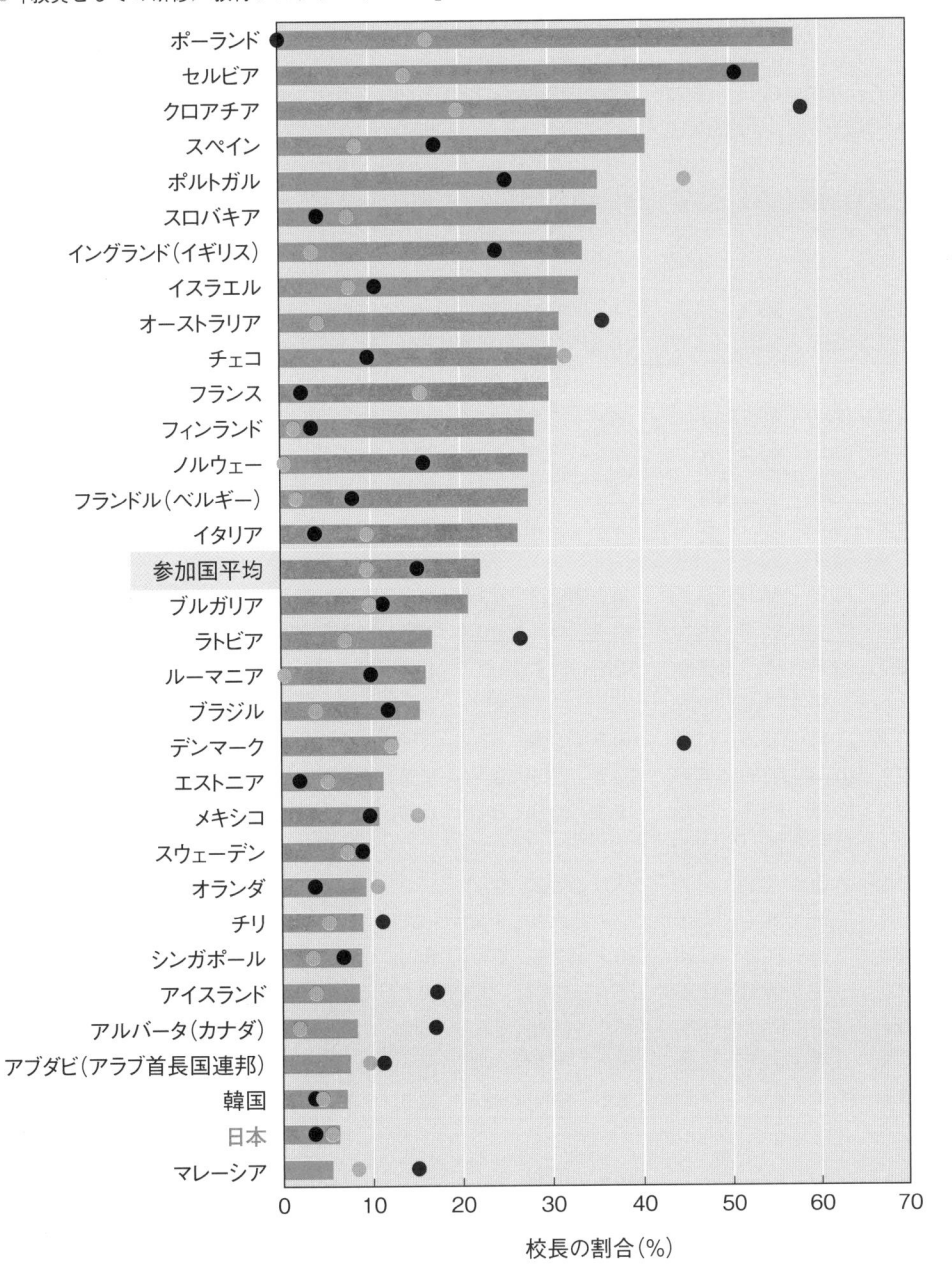

(縦軸：国名、横軸：校長の割合(%)、0〜70)

ポーランド
セルビア
クロアチア
スペイン
ポルトガル
スロバキア
イングランド（イギリス）
イスラエル
オーストラリア
チェコ
フランス
フィンランド
ノルウェー
フランドル（ベルギー）
イタリア
参加国平均
ブルガリア
ラトビア
ルーマニア
ブラジル
デンマーク
エストニア
メキシコ
スウェーデン
オランダ
チリ
シンガポール
アイスランド
アルバータ（カナダ）
アブダビ（アラブ首長国連邦）
韓国
日本
マレーシア

公的な教育において上記の項目が含まれていなかったと回答した校長の割合。
各国は、公的な教育において「学習指導力についての研修やコース」が含まれていなかったと回答した校長の割合を基に降順で並べられている。
出所：OECD（2014）Figure 3.6.

11

2013 年調査結果の要約　OECD 国際教員指導環境調査（TALIS）

表5　校長の職能開発への参加割合と参加日数

国　　名	職能開発に参加したことのない校長の割合[1] %	S.E.	専門的な勉強会、組織内指導（メンタリング）、調査研究に参加した校長の割合 %	S.E.	平均参加日数 平均	S.E.	研修講座や会議、視察に参加した校長の割合 %	S.E.	平均参加日数 平均	S.E.	その他の活動に参加した校長の割合 %	S.E.	平均参加日数 平均	S.E.
オーストラリア	3.1	(3.0)	84.2	(3.7)	7.6	(0.6)	93.4	(3.5)	8.1	(0.6)	36.4	(5.1)	4.5	(0.7)
ブラジル	14.5	(1.8)	39.1	(2.6)	50.5	(6.5)	71.0	(2.2)	37.4	(4.0)	36.8	(2.6)	29.2	(5.6)
ブルガリア	6.0	(2.1)	37.1	(3.6)	13.1	(2.5)	93.5	(2.1)	9.8	(1.5)	15.3	(2.9)	7.8	(1.2)
チリ	23.5	(3.1)	35.0	(3.6)	51.2	(13.7)	64.9	(3.7)	24.8	(5.3)	24.0	(3.5)	31.2	(10.3)
クロアチア	0.8	(0.6)	68.8	(3.5)	4.9	(0.4)	81.0	(3.1)	7.3	(0.6)	39.0	(3.5)	4.2	(0.8)
キプロス	32.6	(4.8)	21.1	(3.7)	22.9	(15.0)	51.6	(5.2)	21.9	(9.1)	16.3	(3.6)	14.0	(7.0)
チェコ	13.4	(2.4)	28.1	(3.3)	11.8	(2.5)	82.2	(2.7)	9.0	(1.2)	33.7	(3.6)	7.1	(1.8)
デンマーク	10.7	(2.9)	54.4	(4.3)	6.5	(0.8)	82.0	(2.9)	6.4	(0.5)	26.1	(4.0)	8.1	(1.9)
エストニア	5.1	(1.7)	54.1	(3.7)	7.7	(0.8)	93.9	(1.8)	10.2	(0.7)	48.0	(3.7)	6.9	(1.0)
フィンランド	8.3	(2.4)	48.1	(4.1)	4.4	(0.3)	87.7	(2.9)	5.8	(0.4)	36.2	(3.8)	3.7	(0.4)
フランス	24.1	(3.6)	46.2	(4.4)	7.2	(1.6)	54.5	(4.3)	3.8	(0.4)	21.8	(3.6)	8.5	(3.3)
アイスランド	3.7	(1.8)	37.0	(4.3)	17.4	(9.2)	94.4	(1.7)	7.1	(0.7)	42.6	(4.6)	9.6	(3.9)
イスラエル	6.2	(1.9)	59.1	(6.6)	13.4	(2.4)	86.2	(2.9)	13.1	(2.1)	26.6	(4.5)	10.6	(2.4)
イタリア	5.4	(1.6)	40.2	(4.1)	28.2	(10.7)	93.5	(1.7)	9.0	(0.9)	19.1	(3.4)	8.0	(1.2)
日本	14.6	(3.3)	56.9	(4.2)	6.1	(0.7)	83.1	(3.4)	9.5	(0.7)	17.7	(2.8)	3.8	(0.7)
韓国	5.6	(2.3)	65.6	(5.2)	11.9	(1.7)	86.6	(3.6)	14.1	(2.3)	48.8	(5.0)	7.6	(1.1)
ラトビア	0.7	(0.7)	53.6	(5.3)	12.0	(2.2)	98.0	(1.2)	15.2	(3.1)	52.2	(6.0)	8.6	(1.9)
マレーシア	1.5	(0.9)	78.0	(3.3)	12.1	(1.6)	98.1	(1.2)	14.8	(1.8)	58.4	(4.1)	9.8	(1.5)
メキシコ	5.3	(1.8)	33.6	(3.7)	56.3	(10.6)	87.2	(2.7)	24.3	(3.0)	27.4	(3.7)	37.3	(11.0)
オランダ	0.4	(0.4)	87.5	(6.6)	10.8	(2.5)	97.4	(0.9)	7.3	(1.0)	22.9	(6.0)	5.1	(0.9)
ノルウェー	9.5	(3.8)	54.1	(5.6)	9.2	(0.8)	83.3	(5.1)	8.6	(0.8)	33.0	(4.9)	8.3	(1.1)
ポーランド	0.7	(0.5)	31.2	(5.1)	14.5	(6.2)	95.6	(2.4)	9.1	(1.4)	51.2	(5.1)	8.0	(1.5)
ポルトガル	23.5	(4.0)	10.8	(2.7)	128.0	(74.2)	67.1	(4.3)	23.9	(5.9)	24.3	(3.6)	17.6	(6.5)
ルーマニア	12.5	(2.9)	29.4	(3.7)	24.6	(4.0)	75.0	(4.2)	21.9	(2.9)	41.8	(3.7)	14.8	(2.5)
セルビア	24.2	(3.9)	20.6	(3.4)	26.3	(12.6)	57.5	(4.6)	11.2	(2.8)	38.4	(4.3)	8.6	(1.8)
シンガポール	0.0	(0.0)	92.5	(2.1)	15.5	(2.6)	99.3	(0.7)	13.4	(1.3)	44.0	(4.2)	14.1	(5.8)
スロバキア	16.4	(3.0)	63.6	(3.5)	10.1	(1.0)	62.2	(4.0)	7.8	(0.9)	28.4	(3.7)	6.2	(1.1)
スペイン	22.9	(3.7)	27.8	(3.2)	25.7	(9.6)	67.6	(4.0)	11.8	(2.3)	39.5	(4.4)	10.4	(2.8)
スウェーデン	3.6	(1.9)	41.6	(4.6)	6.6	(1.2)	93.5	(2.3)	7.7	(0.6)	30.3	(4.0)	7.2	(1.6)
地域としての参加														
アブダビ（アラブ首長国連邦）	4.7	(1.9)	64.2	(5.1)	26.5	(11.1)	91.0	(2.4)	17.6	(7.1)	45.1	(5.2)	8.0	(1.2)
アルバータ（カナダ）	4.3	(1.5)	76.5	(3.4)	10.0	(1.8)	88.4	(2.8)	9.3	(1.2)	30.1	(3.6)	6.5	(1.0)
イングランド（イギリス）	3.2	(1.4)	78.7	(3.5)	6.4	(0.6)	94.4	(1.9)	5.3	(0.3)	26.1	(4.0)	4.1	(0.8)
フランドル（ベルギー）	0.9	(0.9)	67.3	(4.5)	6.2	(0.6)	97.4	(1.3)	8.3	(0.5)	24.3	(4.0)	4.9	(0.7)
参加国平均	**9.5**	**(0.4)**	**51.1**	**(0.7)**	**20.2**	**(2.5)**	**83.4**	**(0.5)**	**12.6**	**(0.5)**	**33.5**	**(0.7)**	**10.4**	**(0.7)**
アメリカ	6.0	(4.5)	68.2	(5.4)	23.6	(9.7)	91.0	(4.8)	18.4	(6.8)	42.3	(6.3)	21.8	(14.6)

過去12か月の間に、校長が校長向けの職能開発に参加した割合、その種類及び平均参加日数。細字の数値は標本の10％未満のケースであり、解釈には注意が必要である。
1. 校長質問紙の問7（1）（2）（3）で調査した職能開発のいずれにも参加したことがないと回答した校長の割合を示したものである。
出所：OECD（2014）Table 3.14.

3　職能開発［本文第 4 章］

◆教員の初任者研修については、参加国平均で 49% の教員が公的な初任者研修プログラム、44% の教員が非公式の初任者研修に参加しているが、日本は公的な初任者研修プログラムに参加している教員が 83% と多い。これは、公立学校の正規雇用の教員に初任者研修が義務付けられているためである。なお、本調査は非正規及び私立学校の教員も回答しているため参加率が 100% にならない。

◆日本は参加国に比べて学校内で組織内指導者（メンター）の指導を受けている教員の割合が高く（参加国平均 13%、日本 33%）、他国に比べて校内での指導が盛んである。

◆過去 12 か月以内に職能開発に参加している教員の割合は、参加国平均で 88%、日本は 83% である。研修形態は、参加国平均では、「課程（コース）・ワークショップ」（71%）、「教育に関する会議やセミナー」（44%）が一般的であるが、日本では、これらに加えて「他校の見学」（参加国平均 19%、日本 51%）が高い［**表 6　教員が過去 12 か月以内に受けた職能開発の形態**］。

◆職能開発に対する教員のニーズについては、参加国平均では「特別な支援を要する生徒への指導」「指導用の ICT（情報通信技術）技能」「職場で使う新しいテクノロジー」について必要性が高いと感じると回答した教員の割合が高い。日本では、全体的にニーズが高い傾向にあり、上記の内容のほか、「担当教科等の分野に関する知識と理解」「担当教科等の分野の指導法に関する能力」「生徒への進路指導やカウンセリング」「生徒の行動と学級経営」へのニーズも高い。

◆教員の職能開発への参加の障壁としては、参加国平均では「職能開発の日程が自分の仕事のスケジュールと合わない」が多いが（51%）、日本では平均をさらに大きく上回っている（86%）。日本では、次いで「費用が高すぎる」（62%）、「雇用者からの支援が不足」（60%）の割合が高い一方で、「参加する誘因（インセンティブ）がない」（38%）の割合が参加国平均（48%）に比較して低く、自己研鑽の意欲は比較的高い［**表 7　職能開発の参加の障壁**］。

表6 [1/2] 教員が過去12か月以内に受けた職能開発の形態

国名	課程（コース）／ワークショップ %	S.E.	教育に関する会議やセミナー（教員又は研究者が研究成果を発表し、教育上の課題について議論するもの） %	S.E.	他校の見学 %	S.E.	企業、公的機関、NGOへの見学 %	S.E.	企業、公的機関、NGOで現職研修 %	S.E.
オーストラリア	85.7	(0.9)	56.3	(1.6)	14.7	(1.0)	13.6	(0.9)	24.4	(1.8)
ブラジル	65.8	(0.9)	38.9	(0.9)	12.2	(0.7)	16.5	(0.7)	37.7	(1.0)
ブルガリア	60.3	(1.6)	39.8	(1.2)	15.2	(1.2)	7.3	(0.7)	23.8	(0.9)
チリ	55.3	(1.9)	29.8	(1.5)	9.0	(1.0)	9.4	(0.9)	8.1	(0.8)
クロアチア	79.1	(0.9)	79.4	(0.8)	6.7	(0.5)	6.1	(0.5)	6.6	(0.4)
キプロス	60.6	(1.2)	63.0	(1.3)	18.3	(0.9)	11.4	(0.8)	13.2	(0.9)
チェコ	69.7	(1.5)	22.4	(1.0)	13.9	(0.9)	18.3	(0.8)	14.4	(0.7)
デンマーク	72.9	(1.7)	36.4	(1.3)	5.7	(0.8)	12.4	(1.1)	5.3	(0.6)
エストニア	82.0	(0.7)	51.3	(1.2)	31.5	(1.3)	15.8	(0.8)	22.8	(1.0)
フィンランド	60.1	(1.3)	35.5	(1.2)	20.0	(1.1)	15.9	(1.1)	8.8	(0.7)
フランス	53.7	(1.2)	19.8	(0.9)	9.2	(0.7)	5.3	(0.5)	2.7	(0.3)
アイスランド	70.0	(1.3)	58.2	(1.4)	52.1	(1.3)	15.1	(1.2)	9.3	(0.9)
イスラエル	76.3	(1.0)	45.0	(1.1)	14.3	(1.1)	7.2	(0.5)	5.4	(0.6)
イタリア	50.9	(1.4)	31.3	(1.0)	12.5	(0.7)	5.2	(0.5)	3.4	(0.3)
日本	59.8	(1.0)	56.5	(1.1)	51.4	(1.3)	6.5	(0.5)	4.6	(0.4)
韓国	78.1	(0.9)	45.3	(1.2)	31.9	(1.3)	10.2	(0.6)	13.9	(0.7)
ラトビア	88.8	(1.1)	60.1	(1.5)	52.4	(1.6)	20.6	(1.1)	9.3	(0.9)
マレーシア	91.3	(0.7)	32.9	(1.3)	19.9	(1.4)	19.2	(1.1)	23.7	(0.9)
メキシコ	90.3	(0.7)	38.6	(1.2)	10.7	(0.7)	11.7	(0.7)	19.1	(0.9)
オランダ	78.4	(1.2)	45.7	(1.7)	15.8	(1.3)	20.1	(1.3)	23.4	(1.2)
ノルウェー	64.2	(1.4)	40.0	(2.5)	7.5	(1.0)	8.2	(1.3)	3.9	(0.4)
ポーランド	81.0	(1.0)	52.4	(1.2)	11.7	(0.9)	9.0	(0.7)	16.3	(0.8)
ポルトガル	66.5	(1.1)	40.4	(1.2)	16.7	(0.8)	39.1	(1.1)	12.8	(0.6)
ルーマニア	51.8	(1.4)	28.6	(1.3)	33.3	(1.2)	12.4	(0.8)	16.3	(1.0)
セルビア	69.9	(1.1)	60.4	(1.2)	14.6	(0.8)	12.4	(0.7)	11.1	(0.6)
シンガポール	92.9	(0.5)	61.4	(1.0)	24.1	(0.8)	20.8	(0.8)	16.5	(0.7)
スロバキア	38.5	(1.2)	25.0	(0.9)	4.1	(0.4)	2.1	(0.3)	4.0	(0.4)
スペイン	66.6	(1.4)	24.4	(0.9)	9.1	(0.5)	8.4	(0.5)	7.6	(0.5)
スウェーデン	58.1	(1.3)	45.1	(1.3)	13.5	(0.9)	9.5	(0.9)	7.4	(0.7)
地域としての参加										
アブダビ（アラブ首長国連邦）	81.6	(2.2)	49.8	(1.4)	28.1	(1.7)	28.8	(1.5)	31.7	(1.4)
アルバータ（カナダ）	84.9	(1.0)	73.6	(1.3)	19.8	(1.5)	8.1	(0.7)	21.4	(1.0)
イングランド（イギリス）	75.0	(1.3)	29.4	(1.2)	19.5	(1.1)	5.6	(0.6)	22.4	(1.1)
フランドル（ベルギー）	78.8	(1.2)	23.0	(1.0)	8.2	(0.9)	9.2	(0.7)	11.3	(0.6)
参加国平均	**70.9**	**(0.2)**	**43.6**	**(0.2)**	**19.0**	**(0.2)**	**12.8**	**(0.1)**	**14.0**	**(0.1)**
アメリカ	84.2	(1.4)	48.8	(2.2)	13.3	(1.2)	7.0	(0.7)	15.4	(1.1)

出所：OECD（2014）Table 4.9.

表6 [2/2] 教員が過去12か月以内に受けた職能開発の形態

国　名	資格取得プログラム（学位取得など） %	S.E.	教員の職能開発を目的とする研究グループへの参加 %	S.E.	職務上関心を持っているテーマに関する個人研究又は共同研究 %	S.E.	学校の公式の取組である組織内指導（メンタリング）や同僚の観察・助言、コーチング活動 %	S.E.
オーストラリア	10.0	(0.7)	51.5	(1.6)	37.4	(1.4)	44.4	(1.8)
ブラジル	36.5	(0.9)	25.6	(0.8)	46.5	(0.8)	34.9	(1.0)
ブルガリア	49.0	(1.7)	21.6	(1.1)	22.6	(1.2)	30.9	(1.4)
チリ	16.7	(1.1)	21.7	(1.4)	32.8	(1.3)	14.1	(1.1)
クロアチア	6.5	(0.4)	62.6	(0.9)	35.0	(0.8)	19.7	(0.8)
キプロス	8.7	(0.7)	24.7	(1.1)	24.5	(1.0)	18.7	(0.9)
チェコ	17.6	(0.8)	17.4	(0.9)	15.8	(0.7)	34.3	(1.5)
デンマーク	10.2	(0.9)	40.8	(1.9)	19.0	(1.2)	18.3	(1.5)
エストニア	19.1	(0.8)	51.3	(0.9)	34.0	(1.1)	21.8	(1.4)
フィンランド	11.3	(0.7)	20.5	(1.0)	7.6	(0.6)	5.1	(0.7)
フランス	5.5	(0.5)	18.3	(0.8)	41.2	(1.0)	13.4	(0.8)
アイスランド	10.6	(0.9)	56.6	(1.3)	20.7	(1.2)	15.2	(1.0)
イスラエル	26.4	(1.2)	40.3	(1.1)	26.0	(1.0)	32.4	(1.1)
イタリア	9.8	(0.6)	21.8	(0.9)	45.6	(1.2)	12.3	(0.7)
日本	**6.2**	**(0.5)**	**23.1**	**(1.0)**	**22.6**	**(1.0)**	**29.8**	**(1.1)**
韓国	18.9	(0.8)	54.6	(1.1)	43.2	(1.2)	52.8	(1.2)
ラトビア	12.7	(1.3)	36.6	(1.5)	28.6	(1.1)	17.4	(1.3)
マレーシア	10.1	(0.7)	55.6	(1.2)	24.9	(1.1)	34.9	(1.2)
メキシコ	42.7	(1.2)	41.1	(1.2)	48.9	(1.1)	21.4	(1.0)
オランダ	20.0	(1.1)	30.3	(1.3)	38.3	(1.5)	33.6	(2.0)
ノルウェー	17.9	(1.2)	37.8	(1.7)	15.1	(1.0)	32.4	(1.9)
ポーランド	30.6	(1.0)	40.6	(1.3)	37.8	(1.3)	44.7	(1.2)
ポルトガル	28.6	(1.0)	19.1	(0.8)	36.6	(0.9)	12.9	(0.7)
ルーマニア	37.5	(1.1)	50.4	(1.3)	39.2	(1.2)	39.3	(1.5)
セルビア	7.6	(0.6)	33.1	(0.9)	31.9	(0.9)	28.2	(1.0)
シンガポール	10.1	(0.5)	52.7	(1.0)	45.4	(0.9)	65.2	(1.0)
スロバキア	23.2	(0.9)	34.3	(1.4)	11.2	(0.6)	40.4	(1.3)
スペイン	21.2	(0.8)	28.3	(1.0)	41.5	(1.1)	21.3	(0.9)
スウェーデン	10.4	(0.8)	41.5	(1.7)	9.6	(0.6)	17.5	(1.3)
地域としての参加								
アブダビ（アラブ首長国連邦）	16.8	(1.2)	44.6	(1.7)	48.9	(1.9)	60.5	(2.2)
アルバータ（カナダ）	10.8	(0.9)	62.9	(1.5)	48.9	(1.6)	35.0	(1.5)
イングランド（イギリス）	10.0	(0.9)	33.3	(1.2)	26.6	(1.1)	57.0	(1.2)
フランドル（ベルギー）	16.5	(0.8)	23.4	(1.0)	18.8	(0.8)	12.7	(0.8)
参加国平均	**17.9**	**(0.2)**	**36.9**	**(0.2)**	**31.1**	**(0.2)**	**29.5**	**(0.2)**
アメリカ	16.4	(1.2)	47.4	(1.8)	41.1	(1.6)	32.5	(1.8)

出所：OECD（2014）Table 4.9.

表7 職能開発の参加の障壁

国　名	参加要件を満たしていない（資格、経験、勤務年数など） %	S.E.	職能開発の費用が高すぎる %	S.E.	雇用者からの支援の不足 %	S.E.	職能開発の日程が仕事のスケジュールと合わない %	S.E.	家族があるため時間が割けない %	S.E.	自分に適した職能開発がない %	S.E.	職能開発に参加する誘因（インセンティブ）がない %	S.E.
オーストラリア	6.5	(0.5)	38.8	(1.6)	23.9	(1.4)	58.0	(1.4)	32.7	(1.8)	24.6	(1.1)	39.6	(1.5)
ブラジル	8.1	(0.4)	44.0	(0.8)	61.2	(1.0)	54.8	(0.9)	25.8	(0.8)	39.8	(0.9)	52.8	(1.1)
ブルガリア	10.4	(1.0)	58.1	(1.3)	12.7	(0.9)	51.3	(1.5)	28.8	(1.1)	45.4	(1.4)	65.7	(1.5)
チリ	24.8	(1.6)	72.8	(1.4)	52.8	(2.0)	62.3	(1.6)	45.8	(1.6)	63.6	(1.4)	73.1	(1.5)
クロアチア	3.8	(0.4)	47.9	(1.1)	19.5	(0.9)	22.3	(0.9)	21.8	(0.9)	34.9	(0.9)	39.8	(0.9)
キプロス	12.2	(0.8)	44.1	(1.3)	41.3	(1.2)	45.1	(1.3)	52.3	(1.3)	43.0	(1.2)	61.3	(1.2)
チェコ	7.2	(0.5)	36.1	(1.3)	21.1	(1.4)	45.0	(1.2)	31.8	(0.9)	25.9	(0.8)	37.8	(1.2)
デンマーク	11.0	(0.8)	55.6	(1.3)	26.0	(1.3)	40.2	(1.5)	20.3	(1.2)	38.3	(1.3)	39.2	(1.5)
エストニア	12.0	(0.8)	37.3	(1.1)	16.4	(0.9)	35.4	(1.3)	24.0	(1.1)	29.4	(1.0)	19.3	(0.9)
フィンランド	7.1	(0.6)	23.1	(1.3)	23.2	(1.6)	51.9	(1.2)	37.0	(1.2)	39.8	(1.2)	42.9	(1.4)
フランス	9.8	(0.7)	24.4	(0.9)	14.3	(0.7)	42.6	(1.0)	43.9	(1.1)	42.5	(1.3)	49.8	(1.1)
アイスランド	5.5	(0.7)	43.1	(1.4)	14.5	(1.2)	57.9	(1.3)	40.7	(1.4)	40.7	(1.4)	40.7	(1.7)
イスラエル	8.3	(0.6)	28.8	(1.1)	25.9	(1.3)	50.4	(1.2)	49.5	(1.0)	27.3	(0.9)	57.2	(1.1)
イタリア	14.0	(0.6)	53.0	(1.1)	39.8	(1.1)	59.6	(1.1)	39.2	(1.1)	66.6	(1.0)	83.4	(0.8)
日本	26.7	(0.8)	62.1	(1.1)	59.5	(1.0)	86.4	(0.6)	52.4	(0.9)	37.3	(0.9)	38.0	(0.9)
韓国	29.6	(1.0)	47.9	(0.9)	70.2	(1.0)	83.1	(0.8)	47.4	(1.0)	43.4	(1.1)	57.0	(1.1)
ラトビア	4.7	(0.5)	30.0	(1.5)	11.2	(0.9)	28.8	(1.2)	21.6	(1.1)	23.2	(1.1)	22.0	(1.1)
マレーシア	9.3	(0.6)	21.8	(1.0)	17.7	(1.0)	55.5	(1.1)	26.6	(0.9)	23.4	(0.8)	36.8	(1.2)
メキシコ	26.5	(1.0)	53.7	(1.3)	63.6	(1.2)	53.6	(1.2)	27.6	(1.0)	56.2	(1.4)	63.7	(1.3)
オランダ	8.2	(0.8)	26.3	(1.5)	26.9	(1.4)	38.3	(1.3)	26.9	(1.5)	39.3	(1.5)	30.9	(1.8)
ノルウェー	8.7	(0.7)	37.1	(1.7)	28.5	(2.1)	48.6	(2.1)	38.2	(1.6)	19.3	(1.0)	31.8	(1.4)
ポーランド	4.0	(0.4)	53.1	(1.1)	19.9	(1.0)	33.0	(1.2)	43.9	(1.0)	46.6	(1.6)	39.0	(1.2)
ポルトガル	13.2	(0.6)	80.7	(0.9)	92.1	(0.5)	74.8	(0.9)	48.2	(1.0)	67.5	(1.1)	85.2	(0.7)
ルーマニア	13.1	(1.0)	55.5	(1.3)	18.8	(1.3)	41.8	(1.3)	35.0	(1.4)	21.5	(1.0)	59.9	(1.3)
セルビア	8.7	(0.6)	58.1	(1.2)	34.5	(1.2)	27.4	(1.0)	22.3	(1.0)	47.7	(0.9)	51.9	(1.3)
シンガポール	15.6	(0.8)	19.8	(0.7)	21.0	(0.8)	62.2	(0.8)	45.2	(0.9)	22.4	(0.8)	37.3	(0.9)
スロバキア	11.0	(0.6)	49.7	(1.5)	17.5	(1.1)	34.2	(1.1)	36.3	(1.1)	43.0	(1.3)	41.6	(1.3)
スペイン	7.8	(0.5)	38.1	(1.0)	30.6	(1.0)	59.7	(1.1)	57.5	(1.0)	61.5	(1.1)	80.3	(1.2)
スウェーデン	7.7	(0.5)	60.6	(1.2)	35.4	(1.3)	58.1	(1.1)	22.6	(0.8)	46.1	(1.2)	38.2	(1.3)
地域としての参加														
アブダビ（アラブ首長国連邦）	4.5	(0.5)	41.2	(1.5)	39.6	(1.8)	45.2	(1.5)	27.1	(1.2)	40.9	(1.9)	57.9	(1.7)
アルバータ（カナダ）	5.8	(0.7)	42.4	(1.6)	21.6	(1.3)	61.2	(1.5)	44.1	(1.3)	32.0	(1.4)	47.6	(1.4)
イングランド（イギリス）	10.1	(0.8)	43.4	(1.7)	27.4	(1.4)	60.4	(1.4)	27.0	(1.1)	24.8	(1.1)	38.1	(1.2)
フランドル（ベルギー）	9.1	(0.5)	16.8	(0.9)	15.3	(0.9)	42.0	(1.2)	34.3	(1.1)	28.6	(1.0)	25.0	(0.9)
参加国平均	**11.1**	**(0.1)**	**43.8**	**(0.2)**	**31.6**	**(0.2)**	**50.6**	**(0.2)**	**35.7**	**(0.2)**	**39.0**	**(0.2)**	**48.0**	**(0.2)**
アメリカ	5.3	(0.8)	30.7	(2.2)	20.7	(1.4)	45.6	(1.4)	38.7	(1.2)	27.6	(1.6)	44.0	(1.6)

職能開発の参加に当たって「非常に妨げになる」「妨げになる」と回答した教員の割合。
出所：OECD（2014）Table 4.14.

4 教員への評価とフィードバック [本文第5章]

本調査では、教員への「公的な評価」と「フィードバック」とを区別して調査が行われた。

- **公的な評価**：教員の仕事を校長等が審査することであり、公式な手法（例えば、所定の手続や基準に基づく正規の業績管理システムの一部として行われる場合）によるもの
- **フィードバック**：授業観察や、指導計画や生徒の成績に関する議論などを通じて、教員の指導状況について様々な関係者との間で行われるあらゆるコミュニケーションであり、非公式なものと公的なもののいずれも含まれる

◆公的な評価とフィードバックには、評価の供給源（評価者）、評価の形態、評価の内容などについて多様な取組が行われている国とそうでない国があるが、日本は前者に属している。

◆公的な教員評価の手法については、日本も含め全体として「直接的な授業観察」（参加国平均95％、日本98％）、「生徒のテスト結果の分析」（参加国平均95％、日本98％）が多く行われているが、日本ではその他に「自己評価に関する話し合い」（92％）、「教員の指導についての生徒へのアンケート」（87％）も多く行われている。

◆公的な教員評価の結果の活用法については、参加国平均では「授業での指導の欠点を改善する方策について教員と話し合いを持つ」との割合が高く（99％）、日本もほぼ同様である（98％）。一方、給与や昇進などの人事管理面へ活用される割合は低く、日本でもその傾向が強い。

◆教員へのフィードバックの供給源については、日本は、校長や、校長以外の学校運営チームメンバー[2]のほか、組織内指導者（メンター）や他の教員も含めて、あらゆる供給源について参加国平均を上回っており、様々な関係者から広くフィードバックを受けている [**表8 教員へのフィードバックの供給源**]。

◆教員へのフィードバックの形態については、参加国平均、日本ともに「授業観察の結果に基づくフィードバック」の割合が最も高い（参加国平均79％、日本87％）。日本では、その他のあらゆる形態（「教科に関する知識についての評価に基づくフィードバック」「教員の自己評価に基づくフィードバック」等）でも参加国平均を上回っており（63～78％）、フィードバックが多様な形態で行われている。

◆教員へのフィードバックの効果については、参加国全体として、指導実践の改善や、仕事への満足度、意欲の点で好影響があると多くの教員が回答しているが、日本では、参加国平均よりも多くの教員が肯定的な回答をしている。フィードバックが各項目に良い変化を「ある程度」「大きく」もたらしたと回答した教員の割合は、「指導実践」については、参加国平均62％、日本89％、「仕事への満足度」については、参加国平均63％、日本77％、「意欲」については、参加国平均65％、日本82％、「教員としての自信」については、参加国平均71％、日本85％である [**表9 教員へのフィードバックの効果**]。

---

2. 学校運営チームメンバーとは、学校が適切に機能するため、学習指導、資源の活用、カリキュラム、評価に関する意思決定や、その他の戦略的意思決定を主導・運営することについて責任を有する学校内の集団を指す。チームは、典型的には、校長、副校長／教頭、主任等（分掌や教科の長）により構成される。

表8 教員へのフィードバックの供給源

国　名	外部の個人又は機関 %	S.E.	校長 %	S.E.	学校運営チームメンバー %	S.E.	組織内指導者（メンター） %	S.E.	他の教員 %	S.E.	勤務校ではフィードバックを受けたことがない[2] %	S.E.
オーストラリア	14.8	(1.0)	27.2	(1.6)	57.0	(2.0)	24.1	(1.5)	50.6	(2.0)	14.1	(1.5)
ブラジル	27.6	(0.9)	54.8	(1.0)	68.3	(1.1)	37.8	(1.2)	29.0	(0.8)	8.7	(0.5)
ブルガリア	56.6	(1.6)	94.5	(0.7)	31.1	(1.3)	16.0	(0.9)	43.5	(1.7)	1.8	(0.4)
チリ	20.1	(1.3)	34.1	(1.8)	60.6	(1.9)	13.6	(1.1)	23.4	(1.5)	14.0	(1.4)
クロアチア[3]	36.4	(0.9)	74.3	(1.3)	52.5	(1.4)	14.4	(0.7)	31.7	(1.0)	5.6	(0.5)
キプロス	46.5	(1.1)	47.0	(1.3)	35.1	(1.2)	15.6	(1.0)	38.1	(1.5)	17.5	(1.0)
チェコ	48.1	(1.2)	73.2	(1.4)	64.2	(1.6)	7.9	(0.6)	52.5	(1.4)	3.3	(0.5)
デンマーク	19.2	(1.3)	43.7	(2.5)	14.9	(1.1)	5.6	(0.9)	58.2	(1.6)	22.3	(1.3)
エストニア	28.2	(1.1)	52.3	(2.0)	80.1	(1.3)	5.8	(0.8)	45.8	(1.4)	7.0	(0.7)
フィンランド	18.5	(0.9)	42.4	(1.4)	6.6	(0.7)	0.7	(0.2)	43.0	(1.1)	36.9	(1.2)
フランス	70.3	(1.1)	43.1	(1.3)	18.2	(0.9)	6.1	(0.6)	20.7	(1.0)	16.1	(0.8)
アイスランド	11.8	(1.0)	21.0	(1.3)	31.8	(1.3)	4.6	(0.6)	23.8	(1.2)	45.4	(1.6)
イスラエル	34.2	(1.1)	68.7	(1.3)	50.3	(1.5)	29.5	(1.2)	29.7	(1.2)	10.0	(0.7)
イタリア	21.9	(0.8)	27.8	(1.0)	15.2	(0.8)	2.4	(0.3)	39.2	(1.0)	42.8	(0.9)
日本	**30.9**	**(1.2)**	**75.2**	**(1.2)**	**64.5**	**(1.1)**	**39.1**	**(1.1)**	**47.2**	**(1.0)**	**6.3**	**(0.5)**
韓国	13.0	(0.7)	29.8	(1.3)	29.3	(1.1)	9.4	(0.6)	84.4	(0.7)	6.0	(0.6)
ラトビア	34.2	(1.3)	61.3	(2.0)	89.8	(1.4)	6.5	(0.6)	57.5	(1.6)	2.9	(0.4)
マレーシア	25.6	(1.1)	46.3	(1.5)	90.5	(0.7)	28.8	(1.4)	33.3	(0.9)	1.1	(0.2)
メキシコ	38.9	(1.1)	56.3	(1.8)	60.1	(1.4)	24.0	(1.2)	34.7	(1.0)	9.5	(0.8)
オランダ	18.1	(1.7)	26.4	(1.7)	80.7	(1.7)	19.1	(1.6)	57.0	(1.5)	6.1	(0.8)
ノルウェー	9.8	(1.2)	45.3	(1.7)	43.9	(2.8)	3.2	(0.8)	57.4	(2.1)	16.2	(1.2)
ポーランド	32.3	(1.2)	93.0	(0.8)	38.2	(1.8)	26.2	(1.1)	50.7	(1.2)	1.7	(0.3)
ポルトガル	9.9	(0.6)	42.1	(1.1)	31.4	(1.0)	45.4	(1.2)	55.4	(0.9)	16.2	(0.8)
ルーマニア	64.5	(1.5)	89.4	(0.9)	58.2	(1.5)	43.0	(1.4)	47.3	(1.2)	2.7	(0.4)
セルビア	34.5	(0.9)	70.2	(1.2)	30.1	(1.0)	12.0	(0.7)	37.5	(1.3)	4.4	(0.4)
シンガポール	10.8	(0.6)	50.4	(0.9)	82.6	(0.8)	38.3	(0.9)	42.6	(1.0)	1.2	(0.2)
スロバキア	32.3	(1.4)	65.2	(1.5)	72.4	(1.1)	14.1	(0.7)	54.6	(1.3)	3.6	(0.4)
スペイン	17.3	(0.9)	21.8	(1.3)	42.4	(1.3)	25.9	(1.1)	34.7	(0.9)	31.5	(1.1)
スウェーデン	10.4	(0.7)	46.4	(1.5)	13.0	(1.2)	3.3	(0.5)	33.7	(1.2)	32.5	(1.2)
地域としての参加												
アブダビ（アラブ首長国連邦）	25.0	(1.6)	75.6	(2.9)	67.9	(1.5)	54.4	(1.9)	19.9	(1.3)	2.6	(0.6)
アルバータ（カナダ）	28.9	(1.4)	81.4	(1.3)	39.7	(1.7)	9.4	(1.1)	35.8	(1.3)	7.1	(0.5)
イングランド（イギリス）	28.9	(1.6)	41.9	(1.6)	85.2	(0.9)	28.9	(1.0)	51.1	(1.4)	0.9	(0.3)
フランドル（ベルギー）	33.8	(2.0)	69.8	(1.7)	19.6	(1.3)	18.2	(1.3)	19.7	(1.0)	14.3	(1.1)
参加国平均	**28.9**	**(0.2)**	**54.3**	**(0.3)**	**49.3**	**(0.2)**	**19.2**	**(0.2)**	**41.9**	**(0.2)**	**12.5**	**(0.1)**
アメリカ	23.6	(1.3)	84.6	(2.5)	48.2	(2.4)	10.5	(1.0)	27.4	(2.0)	1.9	(0.7)

1. 教員質問紙の問28で、各評価者から一つ以上の項目についてフィードバックを受けたことがあると回答した教員の割合。同一の教員が別の手法で別の評価者からフィードバックを受けることがある。
2. 教員質問紙の問28で、勤務校ではいかなる項目でもフィードバックを受けたことがないと回答した教員の割合。
3. 「教科に関する知識についての評価に基づくフィードバック」という項目はクロアチアには適当ではないとして除外されている。

出所：OECD（2014）Table 5.4.

表9 教員へのフィードバックの効果

国 名	校長や同僚から認められること % (S.E.)	教員としての自信 % (S.E.)	学級経営 % (S.E.)	主な担当教科等の分野に関する知識と理解 % (S.E.)	指導実践 % (S.E.)	生徒の学習改善につながる学習評価方法 % (S.E.)	仕事への満足度 % (S.E.)	意欲 % (S.E.)
オーストラリア	39.9 (1.3)	56.5 (1.7)	39.5 (1.7)	33.5 (1.5)	45.0 (1.7)	42.9 (1.2)	46.9 (1.5)	50.0 (1.5)
ブラジル	71.3 (0.9)	85.8 (0.6)	75.3 (0.7)	77.2 (0.8)	79.9 (0.7)	78.5 (0.7)	72.4 (0.9)	72.5 (0.9)
ブルガリア	79.6 (1.2)	87.0 (0.9)	80.4 (1.2)	77.0 (1.1)	80.3 (1.2)	76.6 (1.2)	78.4 (1.1)	78.9 (1.0)
チリ	70.3 (1.9)	86.1 (1.3)	84.3 (1.3)	78.7 (1.5)	82.0 (1.3)	80.9 (1.4)	82.8 (1.7)	83.4 (1.7)
クロアチア	55.7 (1.1)	73.3 (0.9)	56.3 (1.0)	52.6 (1.0)	65.1 (1.0)	65.1 (1.0)	63.5 (1.1)	66.8 (1.1)
キプロス	61.2 (1.5)	78.5 (1.1)	62.0 (1.5)	52.4 (1.6)	65.0 (1.6)	60.4 (1.5)	69.6 (1.4)	61.1 (1.6)
チェコ	57.3 (1.3)	62.4 (1.2)	52.7 (1.4)	45.5 (1.1)	56.9 (1.0)	50.5 (1.2)	55.7 (1.0)	55.2 (1.0)
デンマーク	56.2 (1.7)	64.7 (1.5)	41.5 (1.4)	43.4 (1.5)	49.9 (1.7)	40.4 (1.5)	58.6 (1.9)	61.7 (1.7)
エストニア	56.4 (1.4)	64.3 (1.3)	44.2 (1.3)	50.4 (1.2)	54.1 (1.4)	47.9 (1.5)	54.7 (1.2)	55.7 (1.2)
フィンランド	55.9 (1.5)	63.5 (1.4)	32.8 (1.2)	32.8 (1.1)	37.7 (1.2)	31.8 (1.2)	59.6 (1.3)	61.0 (1.7)
フランス	54.2 (1.2)	64.7 (1.1)	42.1 (1.2)	34.9 (1.2)	51.5 (1.2)	44.5 (1.2)	59.3 (1.1)	62.0 (1.1)
アイスランド	42.9 (2.3)	58.9 (2.0)	39.7 (1.9)	37.4 (2.2)	44.7 (2.1)	49.5 (2.1)	58.3 (2.2)	57.2 (2.1)
イスラエル	70.4 (1.2)	73.1 (1.1)	56.1 (1.2)	54.6 (1.4)	60.3 (1.2)	55.1 (1.3)	72.4 (1.1)	73.8 (1.0)
イタリア	54.3 (1.3)	71.9 (1.1)	67.4 (1.2)	61.8 (1.2)	67.9 (1.1)	69.0 (1.1)	75.3 (1.1)	75.0 (1.1)
日本	83.0 (0.9)	85.1 (0.7)	71.2 (0.9)	86.2 (0.7)	88.6 (0.6)	75.5 (0.9)	77.4 (1.0)	81.5 (0.9)
韓国	59.9 (1.1)	65.8 (1.0)	57.8 (1.1)	62.8 (1.1)	64.4 (1.1)	58.4 (1.1)	53.0 (1.1)	57.4 (1.1)
ラトビア	58.2 (1.4)	63.7 (1.6)	44.3 (1.6)	55.1 (1.4)	62.1 (1.3)	59.4 (1.5)	53.6 (1.4)	56.2 (1.4)
マレーシア	89.8 (0.8)	96.0 (0.4)	92.4 (0.6)	95.5 (0.5)	95.2 (0.5)	94.2 (0.5)	94.1 (0.5)	94.7 (0.5)
メキシコ	62.0 (1.4)	89.0 (0.8)	82.9 (0.9)	83.4 (0.9)	86.3 (0.9)	81.6 (0.9)	89.3 (0.7)	86.6 (0.8)
オランダ	52.2 (1.7)	58.7 (2.0)	38.9 (1.6)	30.2 (1.4)	43.8 (1.8)	31.4 (1.3)	45.2 (1.6)	51.6 (1.8)
ノルウェー	58.9 (1.8)	68.0 (1.3)	47.1 (2.0)	39.7 (1.4)	52.2 (1.5)	47.9 (2.3)	54.6 (1.2)	52.9 (1.5)
ポーランド	72.1 (1.0)	69.2 (0.8)	58.6 (1.0)	52.4 (1.0)	63.5 (1.0)	67.3 (1.0)	67.8 (0.9)	69.1 (0.8)
ポルトガル	47.9 (1.2)	58.8 (1.0)	50.0 (1.1)	37.7 (1.0)	48.9 (1.1)	53.1 (1.1)	54.7 (1.1)	54.1 (1.0)
ルーマニア	80.8 (1.0)	88.1 (0.6)	78.6 (0.9)	72.0 (0.9)	80.7 (0.9)	82.9 (0.8)	84.6 (0.8)	83.6 (0.9)
セルビア	68.1 (0.9)	75.7 (0.9)	60.9 (1.1)	57.8 (1.1)	67.4 (1.0)	67.9 (0.9)	67.5 (1.0)	68.4 (1.0)
シンガポール	49.1 (0.9)	69.2 (0.8)	61.6 (0.9)	61.5 (1.1)	69.1 (0.8)	63.4 (0.9)	61.2 (0.9)	63.2 (1.0)
スロバキア	68.5 (1.0)	71.9 (0.9)	52.5 (1.1)	61.5 (1.1)	68.7 (1.0)	66.6 (1.1)	68.4 (1.1)	68.9 (1.1)
スペイン	50.8 (1.2)	59.0 (1.1)	44.8 (1.2)	33.4 (1.3)	45.4 (1.3)	53.2 (1.2)	53.5 (1.2)	55.3 (1.3)
スウェーデン	60.0 (1.1)	61.4 (1.2)	45.0 (1.2)	36.7 (1.1)	47.5 (1.2)	44.7 (1.1)	50.6 (1.4)	53.7 (1.3)
地域としての参加								
アブダビ（アラブ首長国連邦）	74.8 (1.8)	81.3 (1.4)	76.2 (1.6)	70.7 (1.8)	79.1 (1.6)	77.4 (1.5)	68.0 (1.5)	74.6 (1.5)
アルバータ(カナダ)	44.3 (1.6)	60.5 (1.5)	39.0 (1.7)	37.2 (1.7)	52.0 (1.8)	53.6 (1.7)	51.4 (1.4)	53.2 (1.4)
イングランド(イギリス)	40.6 (1.3)	53.0 (1.3)	41.7 (1.5)	26.7 (1.1)	48.1 (1.7)	49.5 (1.5)	38.9 (1.5)	41.3 (1.5)
フランドル(ベルギー)	52.4 (1.4)	63.0 (1.1)	37.7 (1.2)	32.6 (0.9)	44.1 (1.1)	39.9 (1.2)	52.3 (1.2)	55.6 (1.2)
参加国平均	60.6 (0.2)	70.6 (0.2)	56.2 (0.2)	53.5 (0.2)	62.0 (0.2)	59.4 (0.2)	63.4 (0.2)	64.7 (0.2)
アメリカ	42.3 (1.3)	60.8 (1.6)	41.5 (1.4)	35.8 (1.3)	54.5 (1.6)	49.5 (1.6)	48.9 (1.2)	52.8 (1.5)

フィードバックが各項目に良い変化を「ある程度」「大きく」もたらしていると回答した教員の割合。
出所：OECD（2014）Table 5.7.

5 指導実践、教員の信念、学級の環境 ［本文第6章］

(1) 指導実践

◆調査では8種類の指導実践（表10の各項目）について教員にどの程度頻繁に行っているかを質問しているが、参加国平均で最も良く行われているものは「前回の授業内容のまとめを示す」と「生徒のワークブックや宿題をチェックする」であり、日本でも同様である。一方、参加国平均と比較して、「しばしば」「ほとんどいつも」行うとした教員の割合が低いのは、「全生徒が内容を理解するまで類似の課題を生徒に演習させる」（参加国平均67%、日本32%）、「生徒の課題や学級活動におけるICTの利用」（参加国平均38%、日本10%）である ［**表10 指導実践**］。

◆日本では、指導実践に準備ができていると感じる教員は、授業において少人数でのグループ活動で共同の解決策を考え出すことを頻繁に行うと回答する傾向がある。

◆日本では、職能開発の活動の中で、他校の見学に参加したことがある教員ほど、授業において少人数のグループ活動で共同の解決策を考え出すことを行う頻度が高いと回答する傾向がある。また、関心があるテーマについての個人又は共同研究、組織内指導（メンタリング）や同僚の観察とコーチングといった職能開発に参加したことがある教員ほど、少人数のグループ活動で共同の解決策を考え出すことを行う頻度が高いと回答する傾向がある。

◆日本では、担当クラスに特別な支援を要する生徒の割合が高いと回答した教員は、生徒がICTを用いる頻度が高いと回答する傾向がある。

(2) 教員が用いる生徒の学習評価方法

◆生徒の学習評価方法として、生徒が特定の課題に取り組む様子を観察し、必要なフィードバックを即座に行うことを「しばしば」「ほとんどいつも」行うと回答した教員の割合は、参加国平均の80%に対して日本では43%である。日本では、個々の生徒にクラスメイトの前で質問に答えさせる方法が比較的良く行われている（53%）。

OECD 国際教員指導環境調査（TALIS）　2013 年調査結果の要約

表10　指導実践

国名	前回の授業内容のまとめを示す %	S.E.	生徒が少人数のグループで、問題や課題に対する共同の解決策を考え出す %	S.E.	学習が困難な生徒、進度が速い生徒には、それぞれ異なる課題を与える %	S.E.	新しい知識が役立つことを示すため、日常生活や仕事での問題を引き合いに出す %	S.E.	全生徒が単元の内容を理解していることが確認されるまで、類似の課題を生徒に演習させる %	S.E.	生徒のワークブックや宿題をチェックする %	S.E.	生徒は完成までに少なくとも一週間を必要とする課題を行う %	S.E.	生徒は課題や学級での活動にICT（情報通信技術）を用いる %	S.E.
オーストラリア	72.3	(1.8)	43.7	(2.1)	45.5	(1.8)	68.6	(1.9)	62.9	(1.7)	65.2	(1.5)	51.8	(1.5)	66.8	(1.9)
ブラジル	79.2	(0.7)	65.6	(0.9)	48.6	(0.9)	89.4	(0.6)	74.2	(0.8)	89.7	(0.5)	38.4	(1.0)	30.3	(1.1)
ブルガリア	79.8	(1.1)	44.4	(1.3)	61.5	(1.3)	77.6	(1.1)	78.6	(0.9)	79.2	(0.9)	24.5	(0.9)	33.7	(1.3)
チリ	81.9	(1.4)	73.9	(1.4)	57.2	(2.2)	84.9	(1.2)	86.5	(1.3)	86.2	(1.2)	52.8	(2.1)	59.6	(2.3)
クロアチア	59.5	(1.1)	33.3	(1.0)	51.2	(1.1)	78.6	(0.8)	64.4	(1.0)	69.9	(1.0)	9.9	(0.6)	23.5	(0.9)
キプロス	83.8	(1.0)	51.3	(1.4)	35.5	(1.5)	82.8	(1.0)	81.2	(1.0)	84.6	(0.9)	26.8	(1.2)	46.4	(1.4)
チェコ	87.9	(0.6)	35.2	(1.0)	32.2	(1.0)	69.9	(1.0)	69.7	(1.1)	64.6	(1.1)	12.9	(0.7)	36.5	(1.1)
デンマーク	79.5	(1.3)	79.7	(1.2)	44.2	(1.6)	68.7	(1.3)	57.3	(1.4)	60.4	(1.4)	23.1	(1.2)	73.9	(1.9)
エストニア	80.2	(1.0)	37.9	(0.9)	47.0	(1.3)	60.0	(1.1)	67.6	(1.2)	71.2	(0.9)	15.4	(0.8)	29.2	(1.3)
フィンランド	62.0	(1.1)	36.7	(1.2)	36.3	(1.2)	63.7	(1.1)	50.7	(1.0)	62.4	(0.8)	14.1	(0.8)	18.2	(0.9)
フランス	74.3	(0.9)	36.8	(1.1)	22.0	(0.8)	56.9	(0.9)	55.5	(1.0)	65.7	(1.0)	21.8	(0.9)	24.2	(1.0)
アイスランド	38.0	(1.6)	43.9	(1.4)	49.0	(1.6)	39.6	(1.7)	47.8	(1.7)	47.3	(1.7)	24.7	(1.5)	31.8	(1.4)
イスラエル	69.4	(0.9)	32.0	(1.5)	33.4	(1.2)	50.2	(1.1)	71.1	(1.3)	65.6	(1.4)	23.2	(1.2)	18.7	(1.3)
イタリア	63.8	(1.0)	31.9	(1.2)	58.2	(1.0)	81.0	(0.9)	78.4	(1.0)	84.6	(0.8)	27.5	(1.1)	30.9	(1.4)
日本	59.8	(1.0)	32.5	(1.2)	21.9	(0.8)	50.9	(1.0)	31.9	(0.9)	61.3	(1.1)	14.1	(0.6)	9.9	(0.6)
韓国	70.8	(0.9)	31.8	(1.2)	20.4	(1.1)	49.5	(1.1)	48.0	(1.1)	53.4	(1.3)	14.0	(0.8)	27.6	(1.2)
ラトビア	79.7	(1.3)	34.6	(1.6)	52.8	(1.6)	87.3	(0.8)	83.7	(1.0)	78.7	(1.0)	15.0	(1.0)	40.5	(1.5)
マレーシア	78.2	(1.2)	56.9	(1.7)	39.6	(1.4)	75.7	(1.1)	77.8	(1.2)	93.7	(0.6)	39.7	(1.3)	19.2	(1.3)
メキシコ	62.8	(1.1)	73.4	(1.2)	31.9	(1.2)	84.8	(0.8)	79.8	(1.0)	93.7	(0.5)	57.1	(1.0)	56.2	(1.2)
オランダ	71.5	(1.6)	47.6	(2.0)	20.2	(1.3)	63.4	(1.7)	56.3	(1.8)	65.8	(1.3)	27.1	(1.7)	34.7	(2.1)
ノルウェー	89.2	(0.9)	72.7	(1.7)	67.4	(1.9)	53.6	(1.8)	66.4	(1.2)	71.9	(1.4)	33.7	(1.4)	73.8	(1.7)
ポーランド	78.1	(1.0)	42.9	(1.3)	55.5	(1.2)	75.5	(1.2)	78.7	(0.9)	63.5	(1.1)	15.8	(0.7)	36.4	(1.5)
ポルトガル	84.8	(0.7)	49.0	(0.9)	52.7	(0.9)	65.6	(1.0)	60.9	(1.0)	71.0	(0.8)	21.1	(0.8)	34.4	(0.9)
ルーマニア	76.7	(1.1)	55.7	(1.3)	58.0	(1.2)	54.4	(1.1)	80.3	(1.0)	84.0	(0.8)	21.6	(1.0)	26.0	(1.2)
セルビア	62.0	(1.1)	41.5	(1.0)	59.5	(1.1)	83.4	(0.7)	74.7	(0.8)	66.1	(0.9)	15.7	(0.7)	23.1	(0.9)
シンガポール	67.2	(1.0)	33.0	(0.9)	21.0	(0.8)	60.6	(0.9)	67.5	(0.9)	83.6	(0.7)	26.6	(0.8)	30.0	(0.8)
スロバキア	90.4	(0.6)	41.8	(1.0)	45.2	(1.2)	74.1	(0.9)	74.4	(0.8)	79.0	(0.9)	21.6	(0.9)	44.7	(1.3)
スペイン	71.8	(1.1)	33.4	(1.1)	40.3	(1.2)	77.3	(1.2)	70.4	(1.1)	79.7	(1.0)	26.4	(1.0)	37.0	(1.3)
スウェーデン	72.1	(1.1)	44.4	(1.2)	53.1	(1.2)	48.9	(1.3)	55.2	(1.2)	50.8	(1.2)	40.7	(1.3)	33.8	(1.7)
地域としての参加																
アブダビ（アラブ首長国連邦）	83.3	(1.3)	76.1	(2.0)	66.6	(2.3)	71.7	(1.4)	81.6	(1.3)	85.0	(0.9)	53.0	(2.0)	72.1	(1.7)
アルバータ（カナダ）	79.1	(1.1)	58.4	(1.4)	47.3	(1.8)	73.2	(1.2)	66.1	(1.5)	62.7	(1.5)	37.5	(1.5)	49.3	(1.6)
イングランド（イギリス）	75.2	(0.9)	58.4	(1.4)	63.2	(1.4)	62.5	(1.2)	61.8	(1.3)	85.4	(0.9)	38.3	(1.1)	37.1	(1.4)
フランドル（ベルギー）	60.4	(1.1)	33.8	(1.0)	27.9	(1.3)	72.0	(1.0)	59.3	(1.2)	52.9	(1.5)	20.6	(1.0)	27.0	(1.1)
参加国平均	73.5	(0.2)	47.4	(0.2)	44.4	(0.2)	68.4	(0.2)	67.3	(0.2)	72.1	(0.2)	27.5	(0.2)	37.5	(0.2)
アメリカ	80.5	(1.2)	54.7	(1.8)	36.2	(1.9)	71.2	(1.1)	70.7	(1.3)	79.1	(1.5)	36.8	(1.7)	45.9	(1.8)

各項目を「しばしば」「ほとんどいつも」行うと回答した教員の割合。
週の授業計画から選ばれた特定の学級について、教員の回答に基づくデータ。
出所：OECD（2014）Table 6.1.

(3) 教員の仕事の時間配分 [表11 教員の仕事時間]

- ◆教員の回答による一週間当たりの仕事にかける時間は、参加国平均では38時間であるが、日本は最も多く54時間である。
- ◆また、これとは別の質問で、教員が指導（授業）に使ったと回答した時間は、参加国平均では週19時間に対し、日本の教員は週18時間で同程度であり、日本の場合、一般的事務業務など授業以外の業務に多くの時間を費やしている。
- ◆日本では放課後のスポーツ活動など課外活動の指導にかける時間が週8時間で、参加国平均の週2時間よりも顕著に多い。
- ◆学校内外で個人で行う授業の計画や準備に費やす時間は、参加国平均は週7時間である一方、日本の教員は9時間である。

(4) 指導・学習に関する信念

- ◆「生徒は、問題に対する解決策を自ら見いだすことで、最も効果的に学習する」ということについて、日本の教員の94%が肯定的な回答をしており、参加国平均83%を上回っている。
- ◆「特定のカリキュラムの内容よりも、思考と推論の過程の方が重要である」ということについては、日本の教員の70%が肯定的な回答をしているが、参加国平均84%を下回っている。

(5) 教員間の協力

- ◆他の教員の授業を見学したことがある教員は、参加国平均の55%に対し、日本では94%であり、顕著に多い。日本の学校では、授業研究等の校内研修で他の授業の見学が行われている実態と一致する。

(6) 学級の環境

- ◆学級の規律的雰囲気について、日本は参加国平均に比べて良好な結果を示している。例えば、授業において生徒の妨害により多くの時間が奪われていると回答した教員は、参加国平均で30%であるが、日本は参加国中最も低く、9%である。

表11 [1/2] 教員の仕事時間[1]

国　名	仕事時間の合計[2] 平均	S.E.	指導（授業）に使った時間 平均	S.E.	学校内外で個人で行う授業の計画や準備に使った時間 平均	S.E.	学校内での同僚との共同作業や話し合いに使った時間 平均	S.E.	生徒の課題の採点や添削に使った時間 平均	S.E.	生徒に対する教育相談（生徒の監督指導、インターネットによるカウンセリング、進路指導、非行防止指導を含む）に使った時間 平均	S.E.
オーストラリア	42.7	(0.5)	18.6	(0.3)	7.1	(0.1)	3.5	(0.1)	5.1	(0.2)	2.3	(0.2)
ブラジル	36.7	(0.4)	25.4	(0.2)	7.1	(0.1)	3.3	(0.1)	5.7	(0.1)	2.7	(0.1)
ブルガリア	39.0	(0.4)	18.4	(0.2)	8.1	(0.1)	2.5	(0.1)	4.5	(0.1)	1.7	(0.1)
チリ	29.2	(0.8)	26.7	(0.4)	5.8	(0.2)	2.8	(0.1)	4.1	(0.2)	2.4	(0.1)
クロアチア	39.6	(0.2)	19.6	(0.1)	9.7	(0.1)	2.1	(0.1)	3.9	(0.1)	1.8	(0.1)
キプロス	33.1	(0.3)	16.2	(0.2)	7.3	(0.1)	2.7	(0.1)	4.9	(0.1)	2.0	(0.1)
チェコ	39.4	(0.3)	17.8	(0.1)	8.3	(0.1)	2.2	(0.1)	4.5	(0.1)	2.2	(0.1)
デンマーク	40.0	(0.4)	18.9	(0.1)	7.9	(0.1)	3.3	(0.1)	3.5	(0.1)	1.5	(0.1)
エストニア	36.1	(0.5)	20.9	(0.2)	6.9	(0.1)	1.9	(0.0)	4.3	(0.1)	2.1	(0.1)
フィンランド	31.6	(0.2)	20.6	(0.2)	4.8	(0.1)	1.9	(0.1)	3.1	(0.1)	1.0	(0.1)
フランス	36.5	(0.3)	18.6	(0.1)	7.5	(0.1)	1.9	(0.0)	5.6	(0.1)	1.2	(0.0)
アイスランド	35.0	(0.4)	19.0	(0.1)	7.3	(0.2)	3.3	(0.2)	3.2	(0.1)	1.4	(0.1)
イスラエル	30.7	(0.5)	18.3	(0.2)	5.2	(0.1)	2.7	(0.1)	4.3	(0.1)	2.1	(0.1)
イタリア	29.4	(0.3)	17.3	(0.1)	5.0	(0.1)	3.1	(0.1)	4.2	(0.1)	1.0	(0.0)
日本	**53.9**	**(0.4)**	**17.7**	**(0.1)**	**8.7**	**(0.1)**	**3.9**	**(0.1)**	**4.6**	**(0.1)**	**2.7**	**(0.1)**
韓国	37.0	(0.4)	18.8	(0.2)	7.7	(0.2)	3.2	(0.1)	3.9	(0.1)	4.1	(0.1)
ラトビア	36.1	(0.4)	19.2	(0.3)	6.4	(0.2)	2.3	(0.1)	4.6	(0.1)	3.2	(0.1)
マレーシア	45.1	(0.7)	17.1	(0.3)	6.4	(0.1)	4.1	(0.1)	7.4	(0.2)	2.9	(0.1)
メキシコ	33.6	(0.6)	22.7	(0.4)	6.2	(0.1)	2.4	(0.1)	4.3	(0.1)	2.8	(0.1)
オランダ	35.6	(0.5)	16.9	(0.2)	5.1	(0.1)	3.1	(0.1)	4.2	(0.1)	2.1	(0.1)
ノルウェー	38.3	(0.5)	15.0	(0.2)	6.5	(0.1)	3.1	(0.1)	5.2	(0.2)	2.1	(0.1)
ポーランド	36.8	(0.5)	18.6	(0.2)	5.5	(0.1)	2.2	(0.1)	4.6	(0.1)	2.1	(0.1)
ポルトガル	44.7	(0.3)	20.8	(0.1)	8.5	(0.2)	3.7	(0.2)	9.6	(0.2)	2.2	(0.1)
ルーマニア	35.7	(0.5)	16.2	(0.2)	8.0	(0.2)	2.7	(0.1)	4.0	(0.1)	2.6	(0.1)
セルビア	34.2	(0.3)	18.4	(0.2)	7.9	(0.1)	2.3	(0.1)	3.4	(0.1)	2.3	(0.1)
シンガポール	47.6	(0.4)	17.1	(0.1)	8.4	(0.2)	3.6	(0.1)	8.7	(0.1)	2.6	(0.0)
スロバキア	37.5	(0.4)	19.9	(0.2)	7.5	(0.1)	2.3	(0.1)	3.5	(0.1)	1.9	(0.1)
スペイン	37.6	(0.4)	18.6	(0.2)	6.6	(0.1)	2.7	(0.1)	6.1	(0.2)	1.5	(0.0)
スウェーデン	42.4	(0.2)	17.6	(0.1)	6.7	(0.1)	3.5	(0.1)	4.7	(0.1)	2.7	(0.1)
地域としての参加												
アブダビ（アラブ首長国連邦）	36.2	(0.5)	21.2	(0.3)	7.6	(0.3)	3.8	(0.2)	5.4	(0.2)	3.3	(0.1)
アルバータ（カナダ）	48.2	(0.5)	26.4	(0.3)	7.5	(0.1)	3.0	(0.1)	5.5	(0.2)	2.7	(0.1)
イングランド（イギリス）	45.9	(0.4)	19.6	(0.2)	7.8	(0.1)	3.3	(0.1)	6.1	(0.1)	1.7	(0.1)
フランドル（ベルギー）	37.0	(0.3)	19.1	(0.2)	6.3	(0.1)	2.1	(0.0)	4.5	(0.1)	1.3	(0.1)
参加国平均	**38.3**	**(0.1)**	**19.3**	**(0.0)**	**7.1**	**(0.0)**	**2.9**	**(0.0)**	**4.9**	**(0.0)**	**2.2**	**(0.0)**
アメリカ	44.8	(0.7)	26.8	(0.5)	7.2	(0.2)	3.0	(0.1)	4.9	(0.1)	2.4	(0.2)

1. 教員の報告による、直近の「通常の一週間」において、各項目の仕事に従事した時間（1時間＝60分換算）の平均。「通常の一週間」とは、休暇や休日、病気休業などによって勤務時間が短くならなかった一週間とする。週末や夜間など就業時間外に行った仕事を含む。教員による複数の設問への回答を基にしており、それぞれの仕事に要した時間の合計と「仕事時間の合計」は一致しないことがある。また、表のデータは調査に参加したすべての教員（非常勤教員を含む）の平均であることに注意。
2. 指導（授業）、授業の準備や計画、採点や添削、同僚との共同作業や話し合い、職員会議への参加や学校でのその他の教育に関する業務を含む。

出所：OECD（2014）Table 6.12.

2013年調査結果の要約　OECD国際教員指導環境調査（TALIS）

表11 [2/2] 教員の仕事時間[1]

国名	学校運営業務への参画に使った時間 平均	S.E.	一般的事務業務（教員として行う連絡事務、書類作成その他の事務業務を含む）に使った時間 平均	S.E.	保護者との連絡や連携に使った時間 平均	S.E.	課外活動の指導（例：放課後のスポーツ活動や文化活動）に使った時間 平均	S.E.	その他の業務に使った時間 平均	S.E.
オーストラリア	3.1	(0.2)	4.3	(0.1)	1.3	(0.1)	2.3	(0.2)	2.2	(0.1)
ブラジル	1.7	(0.1)	1.8	(0.1)	1.7	(0.1)	2.4	(0.1)	2.2	(0.1)
ブルガリア	1.1	(0.1)	2.7	(0.1)	1.7	(0.0)	2.0	(0.1)	1.7	(0.1)
チリ	2.3	(0.1)	2.9	(0.1)	2.0	(0.1)	2.0	(0.1)	2.2	(0.2)
クロアチア	0.5	(0.0)	2.6	(0.1)	1.5	(0.1)	1.9	(0.1)	1.8	(0.1)
キプロス	1.3	(0.1)	2.4	(0.1)	1.7	(0.1)	2.5	(0.1)	2.2	(0.2)
チェコ	1.1	(0.1)	2.7	(0.1)	0.9	(0.0)	1.3	(0.1)	1.4	(0.1)
デンマーク	0.9	(0.1)	2.0	(0.1)	1.8	(0.1)	0.9	(0.1)	2.3	(0.1)
エストニア	0.8	(0.1)	2.3	(0.1)	1.3	(0.1)	1.9	(0.1)	1.5	(0.1)
フィンランド	0.4	(0.0)	1.3	(0.1)	1.2	(0.1)	0.6	(0.1)	1.0	(0.1)
フランス	0.7	(0.0)	1.3	(0.0)	1.0	(0.0)	1.0	(0.0)	1.1	(0.0)
アイスランド	1.2	(0.1)	2.0	(0.1)	1.4	(0.1)	1.1	(0.1)	2.3	(0.1)
イスラエル	2.1	(0.1)	1.9	(0.1)	1.8	(0.1)	1.7	(0.1)	3.8	(0.1)
イタリア	1.0	(0.0)	1.8	(0.0)	1.4	(0.1)	0.8	(0.1)	0.7	(0.1)
日本	3.0	(0.1)	5.5	(0.1)	1.3	(0.0)	7.7	(0.2)	2.9	(0.1)
韓国	2.2	(0.1)	6.0	(0.2)	2.1	(0.1)	2.7	(0.1)	2.6	(0.1)
ラトビア	1.0	(0.1)	2.4	(0.1)	1.5	(0.1)	2.1	(0.1)	1.4	(0.1)
マレーシア	5.0	(0.2)	5.7	(0.2)	2.4	(0.1)	4.9	(0.2)	4.3	(0.2)
メキシコ	1.7	(0.1)	2.3	(0.1)	2.3	(0.1)	2.3	(0.1)	2.0	(0.1)
オランダ	1.3	(0.1)	2.2	(0.1)	1.3	(0.1)	1.3	(0.1)	2.5	(0.1)
ノルウェー	1.3	(0.1)	2.8	(0.1)	1.4	(0.1)	0.8	(0.1)	1.4	(0.2)
ポーランド	0.9	(0.1)	2.5	(0.1)	1.3	(0.0)	2.4	(0.1)	1.9	(0.1)
ポルトガル	1.8	(0.1)	3.8	(0.2)	1.8	(0.1)	2.4	(0.2)	2.6	(0.2)
ルーマニア	0.9	(0.1)	1.5	(0.1)	1.8	(0.1)	2.3	(0.1)	1.8	(0.1)
セルビア	0.8	(0.1)	2.4	(0.1)	1.6	(0.1)	2.2	(0.1)	2.1	(0.1)
シンガポール	1.9	(0.1)	5.3	(0.1)	1.6	(0.1)	3.4	(0.1)	2.7	(0.1)
スロバキア	1.1	(0.1)	2.7	(0.1)	1.3	(0.1)	2.0	(0.1)	1.6	(0.1)
スペイン	1.7	(0.1)	1.8	(0.0)	1.5	(0.0)	0.9	(0.1)	1.5	(0.1)
スウェーデン	0.8	(0.1)	4.5	(0.1)	1.8	(0.0)	0.4	(0.0)	1.7	(0.1)
地域としての参加										
アブダビ（アラブ首長国連邦）	2.7	(0.2)	3.3	(0.2)	2.6	(0.2)	2.5	(0.1)	2.1	(0.1)
アルバータ（カナダ）	2.2	(0.2)	3.2	(0.1)	1.7	(0.1)	3.6	(0.2)	1.9	(0.1)
イングランド（イギリス）	2.2	(0.1)	4.0	(0.1)	1.6	(0.1)	2.2	(0.1)	2.3	(0.1)
フランドル（ベルギー）	0.9	(0.0)	2.4	(0.1)	0.7	(0.0)	1.3	(0.1)	1.4	(0.1)
参加国平均	**1.6**	**(0.0)**	**2.9**	**(0.0)**	**1.6**	**(0.0)**	**2.1**	**(0.0)**	**2.0**	**(0.0)**
アメリカ	1.6	(0.1)	3.3	(0.1)	1.6	(0.1)	3.6	(0.3)	7.0	(0.4)

1. 教員の報告による、直近の「通常の一週間」において、各項目の仕事に従事した時間（1時間＝60分換算）の平均。「通常の一週間」とは、休暇や休日、病気休業などによって勤務時間が短くならなかった一週間とする。週末や夜間など就業時間外に行った仕事を含む。教員による複数の設問への回答を基にしており、それぞれの仕事に要した時間の合計と「仕事時間の合計」は一致しないことがある。また、表のデータは調査に参加したすべての教員（非常勤教員を含む）の平均であることに注意。
2. 指導（授業）、授業の準備や計画、採点や添削、同僚との共同作業や話し合い、職員会議への参加や学校でのその他の教育に関する業務を含む。

出所：OECD（2014）Table 6.12.

6　教員の自己効力感と仕事への満足度［本文第7章］

◆調査では、教員に対し、自分の指導において、学級運営、教科指導、生徒の主体的学習参加の促進に関連する各項目がどの程度できているか（自己効力感）を質問している。日本ではいずれの側面においても、自己効力感の高い教員（「非常に良くできている」「かなりできている」と回答した教員）の割合が参加国平均（70～92%）を大きく下回る（16～54%。日本は「ある程度できている」と回答した割合が多い）。各項目別に見ると、学級運営と教科指導については自己効力感の高い教員の割合が相対的に高い（一つの項目を除き、43～54%）が、生徒の主体的学習参加を促進することについては特に少ない（16～26%）。ただし、例えば学級運営の秩序に関する客観的な状況を問う他の質問では、日本は参加国平均よりも良好な結果になっており（5（6）参照）、自己効力感が低いことは客観的な達成度とは別の要因（謙虚な自己評価を下す傾向、目標水準が高い等）による可能性がある。

◆日本では、教員の現在の職務状況や職場環境への満足度は、参加国平均を下回る傾向があるものの高い（「全体としてみれば、この仕事に満足している」（参加国平均91%、日本85%））。教員の職業としての教職への満足度については、参加国平均と大きな差はない。

◆日本では、他の多くの参加国とは反対に、女性の教員よりも男性の教員の方が自己効力感が高く、また仕事への満足度も高い。日本も他の多くの参加国と同様に、勤務年数が5年より長い教員は5年以下の教員に比べ、自己効力感は高いが仕事への満足度は低いといった傾向が見られる。

◆日本を含む多くの参加国で、公的な教育や研修に、担当教科の内容、指導法、指導実践がより多く含まれていた場合ほど、教員の自己効力感と職務満足度はやや高くなる傾向が見られる。

◆日本を含む全ての参加国で、教員の自己効力感と職務満足度は統計的に有意な正の関連を持つ。

◆日本を含む多くの参加国では、教員の自己効力感は、年5回以上専門的な勉強会への参加や他の教員の授業見学などの教員間の協力や協働を行った場合に統計的に有意に高い［**表12 教員の自己効力感と教員間の協力や協働との関連（重回帰分析）**］。また、仕事への満足度は、年5回以上他の教員の授業見学を行った場合に統計的に有意に高い。

表12　教員の自己効力感と教員間の協力や協働との関連（重回帰分析）[1]

国　名	年に5回以上、学級内でティームティーチングを行う[3] β	S.E.	年に5回以上、他の教員の授業を見学し、感想を述べる[3] β	S.E.	年に5回以上、学級や学年をまたいだ合同学習を行う[3] β	S.E.	年に5回以上、専門性を高めるための勉強会に参加する[3] β	S.E.
オーストラリア					0.39	(0.15)	0.38	(0.13)
ブラジル	0.26	(0.07)			0.27	(0.08)	0.37	(0.07)
ブルガリア					0.33	(0.07)	0.56	(0.08)
チリ	0.41	(0.13)					0.56	(0.14)
クロアチア	0.37	(0.16)			0.46	(0.13)	0.33	(0.07)
チェコ			0.21	(0.10)	0.50	(0.07)	0.42	(0.06)
デンマーク					0.22	(0.09)	0.21	(0.09)
エストニア	0.16	(0.08)			0.30	(0.08)	0.50	(0.08)
フィンランド	0.29	(0.10)			0.62	(0.12)	0.76	(0.13)
フランス					0.36	(0.07)		
アイスランド					0.56	(0.17)	0.31	(0.13)
イスラエル					0.30	(0.08)	0.58	(0.08)
イタリア			0.19	(0.10)	0.20	(0.06)	0.37	(0.07)
日本	0.17	(0.07)	0.23	(0.07)			0.36	(0.07)
韓国	0.27	(0.12)					0.75	(0.15)
ラトビア	0.20	(0.09)	0.18	(0.08)	0.33	(0.11)	0.35	(0.09)
マレーシア	0.23	(0.10)			0.32	(0.11)	0.47	(0.11)
メキシコ	0.30	(0.09)	0.18	(0.09)			0.40	(0.09)
オランダ			0.40	(0.13)			0.30	(0.10)
ノルウェー	0.26	(0.09)					0.35	(0.17)
ポーランド	0.17	(0.07)	0.23	(0.09)	0.37	(0.08)	0.34	(0.08)
ポルトガル					0.25	(0.05)	0.29	(0.07)
ルーマニア	0.20	(0.07)	0.23	(0.06)	0.22	(0.07)	0.21	(0.06)
セルビア			0.49	(0.10)	0.40	(0.09)	0.31	(0.08)
シンガポール	-0.16	(0.08)	0.32	(0.11)	0.34	(0.12)	0.26	(0.08)
スロバキア	0.49	(0.07)	0.28	(0.10)	0.35	(0.08)		
スペイン					0.42	(0.11)	0.47	(0.07)
スウェーデン			0.42	(0.13)	0.41	(0.11)	0.27	(0.07)
地域としての参加								
アブダビ（アラブ首長国連邦）			0.28	(0.09)	0.41	(0.08)	0.33	(0.11)
アルバータ（カナダ）					0.28	(0.14)	0.33	(0.09)
イングランド（イギリス）			0.32	(0.09)	0.42	(0.10)	0.34	(0.09)
フランドル（ベルギー）			0.42	(0.18)	0.16	(0.08)	0.24	(0.12)

1. 教員の性別、学歴、通算勤務年数、公的な教育や研修の内容、学級規模、授業言語と異なる言語を話す生徒の割合、特別な支援を要する生徒の割合、社会経済的に困難な家庭環境にある生徒の割合を統制した上で、5%水準で統計的に有意な関連が見られない場合には空欄とする。細字の数値は、標本の5%未満のケース数を基にした推定値であり、解釈には注意が必要である。
2. 連続変数である。詳細はOECD（2014）のAnnex Bを参照のこと。
3. 参照カテゴリーは年に5回未満。

出所：OECD（2014）Table 7.16.

教員環境の国際比較

OECD国際教員指導環境調査（TALIS）
2013年調査結果報告書

目　次

目 次

はじめに 3
OECD 国際教員指導環境調査（TALIS）2013 年調査結果の要約 5
TALIS 2013 年調査 国立教育政策研究所 所内研究協力者 34
本報告書を読む際の注意 35

第 1 章　TALIS の概要

- 1.1　調査の概観 40
- 1.2　調査の目的 40
- 1.3　参加国 40
- 1.4　調査の対象と標本抽出 42
  - 1.4.1　調査の対象 42
  - 1.4.2　標本抽出 43
  - 1.4.3　日本の実施率 44
- 1.5　調査項目 46
- 1.6　調査実施体制 46
  - 1.6.1　国際的な調査実施体制 46
  - 1.6.2　日本国内の調査実施体制 48
- 1.7　調査の実施と結果の処理 48
  - 1.7.1　調査の実施 48
  - 1.7.2　結果の処理 48

第 2 章　教員と学校の概要

- 要　旨 50
- 2.1　教員の性別・年齢 51
- 2.2　教員の学歴と教員養成段階の教育内容 53
- 2.3　教員の勤務経験と雇用形態 61
- 2.4　学校の状況 65
- 2.5　学校の教育資源 68
- 2.6　学校の雰囲気 71
- 2.7　学校の自律的裁量 74

第 3 章　校長のリーダーシップ

- 要　旨 78
- 3.1　校長の仕事の時間配分 79
- 3.2　校長のリーダーシップ行動 81
- 3.3　データの活用による教育目標等の策定と研修計画策定への校長の関与 84
- 3.4　校長としての実力発揮にとっての障壁 85

- 3.5 責任の共有 88
- 3.6 分散型リーダーシップ 91
- 3.7 校長の年齢と性別の構成 93
- 3.8 校長が受けた公的な教育（研修） 95
- 3.9 校長の前歴 100
- 3.10 職能開発の活動 105
- 3.11 教育的リーダーシップ 108
- 3.12 校長の仕事に対する満足度 112

第4章　職能開発

- 要　旨 118
- 4.1 初任者研修の状況 119
- 4.2 学校内での職能開発の組織内指導者の状況 121
- 4.3 職能開発の状況 123
- 4.4 職能開発の形態 125
- 4.5 職能開発の内容別のニーズ・障壁・支援 128

第5章　教員への評価とフィードバック

- 要　旨 136
- 5.1 教員への評価とフィードバックの定義 137
- 5.2 公的な教員評価の状況 138
- 5.3 教員へのフィードバックの状況 143
  - 5.3.1 フィードバックの供給源 143
  - 5.3.2 フィードバックの諸形態 145
  - 5.3.3 フィードバックの重点 147
- 5.4 教員への評価とフィードバックの効果 150
- 5.5 学校現場での受け止められ方 153
- 5.6 学校裁量の増大による影響 156

第6章　指導実践、教員の信念、学級の環境

- 要　旨 158
- 6.1 教室での指導実践 160
  - 6.1.1 教員の特徴 162
  - 6.1.2 職能開発 166
  - 6.1.3 教室の状況 168
- 6.2 教員が用いる生徒の学習評価方法 171
- 6.3 教員の仕事の時間配分 173

6.4	指導・学習の本質に関する信念	176
6.5	教員の個人的な信念と指導実践	178
6.6	教員の専門的実践：教員間の協力	180
6.7	学級環境	185

第7章　教員の自己効力感と仕事への満足度

要 旨		190
7.1	参加国平均と日本の傾向	191
7.1.1	教員の自己効力感	191
7.1.2	教員の仕事への満足度	196
7.2	教員の属性や経験との関連	199
7.2.1	教員の属性や経歴との関連	200
7.2.2	教員の学校での経験との関連	203

資　料

資料1	校長質問紙	208
資料2	教員質問紙	218

図表一覧

第1章　TALIS の概要

　　表 1.3.1　TALIS の参加国 41
　　表 1.4.1　層別の学校数、教員数、教員割合、抽出学校数 43
　　表 1.4.2　層別の参加学校数（抽出校、代替校）と参加教員数 44
　　表 1.4.3　調査に参加した学校における回答状況 44
　　表 1.4.4　実施率と教員数（推定数） 45
　　図 1.6.1　TALIS の実施体制 47

第2章　教員と学校の概要

　　表 2.1.1　教員の性別と年齢構成 52
　　表 2.2.1　教員の学歴 54
　　表 2.2.2　教員養成課程あるいは研修プログラムの修了状況とその内容 55
　　表 2.2.3　授業の準備状況についての教員の受け止め方 57
　　表 2.2.4　教員の授業準備の分析（ロジスティック回帰分析） 60
　　表 2.3.1　教員の平均勤務年数 62
　　表 2.3.2　教員の雇用状況（常勤・非常勤の別） 63
　　表 2.3.3　教員の雇用形態（終身・有期の別） 64
　　表 2.4.1　授業で使う言語が母語ではない生徒のいる学校の教員の割合 65
　　表 2.4.2　特別な支援を要する生徒のいる学校の教員の割合 66
　　表 2.4.3　社会経済的に困難な家庭環境にある生徒のいる学校の教員の割合 ... 66
　　表 2.4.4　学校規模 67
　　表 2.5.1　学校における教育資源 69
　　表 2.6.1　生徒が関連する要因別にみた学校の雰囲気 72
　　表 2.6.2　職場での共通理解や連携 73
　　表 2.6.3　校長及び教員からみた教員と生徒の関係 73
　　表 2.7.1　学校の自律的裁量 75

第3章　校長のリーダーシップ

　　表 3.1.1　校長の仕事のカテゴリー別の時間配分（参加国平均・日本） 79
　　表 3.1.2　校長の仕事のカテゴリー別の時間配分（各国別） 80
　　表 3.2.1　校長のリーダーシップ行動 82
　　図 3.3.1　データの活用による教育目標等の策定と研修計画策定への校長の関与 84
　　表 3.4.1　校長としての実力発揮にとっての障壁 86
　　表 3.5.1　リーダーシップ行動の責任の共有 89
　　表 3.6.1　分散型リーダーシップと学校の雰囲気の関係（重回帰分析） 92
　　表 3.7.1　校長の年齢と性別の構成 94
　　図 3.8.1　校長が受けた公的な教育に含まれていなかった要素 96
　　表 3.8.1　校長が受けた公的な教育に含まれていた要素 97

目　次

表3.8.2　リーダーシップ訓練尺度 99
表3.9.1　校長の前歴 101
表3.10.1　校長の職能開発への参加割合と参加日数 106
表3.10.2　職能開発への参加の障壁 107
表3.11.1　教育的リーダーシップの発揮と教育目標等の策定、研修計画作成への校長の関与、授業観察、教員評価等との関係（ロジスティック回帰分析） 109
表3.11.2　教育的リーダーシップの発揮と教育課程や学習指導に関わる業務や会議に費やしている時間の割合、校長の仕事に対する満足度、相互に尊重する学校の雰囲気との関係（重回帰分析） 111
図3.12.1　校長の仕事に対する満足度 112
表3.12.1　校長の仕事に対する満足度 113
表3.12.2　校長の仕事に対する満足度と学校の雰囲気との関係（重回帰分析） 114
表3.12.3　教育的リーダーシップ・分散型リーダーシップと仕事に対する満足度の関係（重回帰分析） 115

第4章　職能開発

表4.1.1　初任者研修の参加の状況 120
表4.2.1　組織内指導者（メンター）の状況 122
表4.3.1　教員の過去12か月以内の職能開発への参加状況と費用負担 124
表4.4.1　教員が過去12か月以内に受けた職能開発の形態 126
図4.5.1　教員の職能開発のニーズ：参加国平均の高い順 128
表4.5.1　教員の職能開発のニーズ 130
表4.5.2　職能開発の参加の障壁 132
表4.5.3　教員が過去12か月の職能開発の参加に当たって受けた支援 133

第5章　教員への評価とフィードバック

表5.2.1　公的な教員評価を受けたことがない教員 140
表5.2.2　公的な教員評価の手法 141
表5.2.3　公的な教員評価の結果の活用 142
表5.3.1　教員へのフィードバックの供給源 144
表5.3.2　教員へのフィードバックの形態 146
表5.3.3　教員へのフィードバックの重点 148
表5.4.1　教員へのフィードバックの効果 151
表5.5.1　教員評価やフィードバックの制度の影響 154

第6章　指導実践、教員の信念、学級の環境

図6.0.1　授業実践と信念に関する分析枠組み 159
表6.1.1　指導実践 161
表6.1.2　教員の特徴と少人数グループの指導実践の関係（ロジスティック回帰分析） 163
表6.1.3　教員の特徴とICT利用の指導実践の関係（ロジスティック回帰分析） 164

表6.1.4	教員の特徴と完成までに少なくとも一週間を必要とする課題の指導実践の関係（ロジスティック回帰分析）	165
表6.1.5	職能開発と少人数グループの指導実践の関係（ロジスティック回帰分析）	167
表6.1.6	学級の状況と少人数グループの指導実践の関係（ロジスティック回帰分析）	169
表6.1.7	学級の状況とICT利用の指導実践の関係（ロジスティック回帰分析）	170
表6.2.1	教員が用いる生徒の学習評価方法	172
表6.3.1	教員の仕事時間	174
表6.4.1	指導・学習に関する教員の個人的な信念	177
表6.5.1	構成主義的指導観と指導実践（少人数グループ、長期の課題、ICT）の関係（重回帰分析）	179
表6.6.1	教員間の協力	182
表6.6.2	教員の職能開発の活動と専門的協働の関係（重回帰分析）	183
表6.6.3	教員の職能開発の活動と教員間の協力の関係（重回帰分析）	184
図6.7.1	授業時間の用いられ方の内訳	186
図6.7.2	学習指導に使う時間のパーセンタイル	186
表6.7.1	学級の規律的雰囲気	187

第7章　教員の自己効力感と仕事への満足度

表7.1.1	教員の自己効力感	193
表7.1.2	教員の仕事への満足度	197
図7.2.1	教員の自己効力感と仕事への満足度の分析枠組み	199
表7.2.1	教員の自己効力感と教員の性別、勤務経験、公的な教育や研修の内容との関連（重回帰分析）	201
表7.2.2	教員の仕事への満足度と教員の性別、勤務経験、公的な教育や研修の内容との関連（重回帰分析）	202
表7.2.3	教員の自己効力感と教員間の協力や協働との関連（重回帰分析）	204
表7.2.4	教員の仕事への満足度と教員間の協力や協働との関連（重回帰分析）	205

TALIS 2013年調査 国立教育政策研究所 所内研究協力者

(2014年6月現在)

【事務局】
山田　亜紀子　　研究企画開発部　総括研究官
　　　　　　　　（研究代表者、National Project Manager）
松原　憲治　　　教育課程研究センター基礎研究部　総括研究官
　　　　　　　　（National Sampling Manager, National Data Manager）
須原　愛記　　　生涯学習政策研究部（併）国際研究・協力部　総括研究官

【所内研究協力者】
岸本　織江　　　研究企画開発部長
大杉　昭英　　　初等中等教育研究部長
大野　彰子　　　国際研究・協力部長（参加国会合（Board of Participating Countries）メンバー）
橋本　昭彦　　　教育政策・評価研究部　総括研究官
植田　みどり　　教育政策・評価研究部　総括研究官
宮﨑　悟　　　　教育政策・評価研究部　主任研究官
藤原　文雄　　　初等中等教育研究部　総括研究官
卯月　由佳　　　国際研究・協力部　主任研究官
吉岡　亮衛　　　教育研究情報センター　総括研究官
萩原　康仁　　　教育課程研究センター基礎研究部　総括研究官

なお、下記メンバーも2013年度までの間に協力していた。
渡辺　良　　　　元総括客員研究員
加藤　弘樹　　　元研究企画開発部総括研究官
葉養　正明　　　元教育政策・評価研究部長
向後　明希子　　元生涯学習政策研究部（併）国際研究・協力部　総括研究官
淵上　孝　　　　元教育課程研究センター基礎研究部　総括研究官

本報告書を読む際の注意

　本報告書は、OECD（経済協力開発機構）「国際教員指導環境調査2013」（TALIS 2013: Teaching and Learning International Survey 2013）の国際結果報告書（OECD, 2014）に基づき、日本にとって特に示唆のある内容・データを引用するとともに、国際結果報告書では十分に言及されていない日本についての調査結果を報告するものである。

図表

　本報告書がOECD（2014）から引用した図に対応する表は、OECD（2014）のAnnex C及びOECDのウェブサイト（*http://www.oecd.org/edu/school/talis.html*）に掲載されている。

オッズ比

　ある事象の起こりやすさが二つのグループでどの程度異なるか検討するため、オッズ比を用いる。オッズ比は二つのグループのオッズの比であり、必ず0以上の値を取る。ある事象の起こる確率を P とすると、オッズは次の式で表される。

$$\text{オッズ} = \frac{P}{1-P}$$

オッズ比の大きさから、ある事象の起こりやすさの違いについて次のことが言える。
- オッズ比が1よりも小さいとき：あるグループでは、基準となるグループよりもその事象が起こりにくい（小さいほど、より起こりにくい）。
- オッズ比が1のとき：あるグループと基準となるグループで、その事象の起こりやすさは等しい。
- オッズ比が1よりも大きいとき：あるグループでは、基準となるグループよりもその事象が起こりやすい（大きいほど、より起こりやすい）。

標準誤差

　本報告書に掲載されているのは、各国の目標母集団の全ての校長又は教員が調査に回答した場合に算出される数値ではなく、標本に基づいた推定値である。そのため全ての推定値は抽出誤差に関連してある程度の不確実性を持ち、不確実性の程度は標準誤差により表される。標本推定値の不確実性を反映させながら母集団の平均値や割合を推測する方法の一つは信頼区間を用いることである。

統計的有意水準

　推定値が統計的に有意に0と異なるか、あるいは2つのグループから導かれた推定値の間に統計的に有意な差があるか検討するため、特に言及がない限り、5%有意水準を用いた統計的検定を行う。

本報告書を読む際の注意

線形回帰分析の係数の解釈

　目的変数が連続変数の場合、説明変数と目的変数の関連の強さを線形回帰分析の推定結果に基づき検討する。線形回帰分析で推定された係数は、説明変数が１単位増加するときに目的変数がどの程度増加するか示す。複数の説明変数を投入した重回帰分析の場合は、他の説明変数を一定とするとき、着目する説明変数１単位の増加により目的変数がどの程度増加するか示す。

ロジスティック回帰分析の係数の解釈

　目的変数が２値を取る離散変数の場合、説明変数と目的変数の関連の強さを二項ロジスティック回帰分析の推定結果に基づき検討する。推定された係数を、ネイピア数（自然対数の底）を底とする指数、つまりオッズ比に変換して解釈する。オッズ比は、説明変数が１単位増加するときに目的変数で表す事象の起こりやすさがどの程度増加するか示す。目的変数が三つ以上の値を取る離散変数の場合は多項ロジスティック回帰分析の推定結果から、いずれか一つの事象に対する別の事象の起こりやすさが、それぞれ説明変数１単位の増加によりどの程度増加するか示す。

符号及び略語

　　a　　　分類が当てはまらないためデータが適用できない
　　m　　　データが得られない
　　β　　　回帰分析により推定された係数
　　S.E.　　標準誤差
　　ISCED　国際標準教育分類

四捨五入

　平均値、割合、オッズ比、標準誤差等の推定値は、基本的に四捨五入して小数点第１位までの概数で示される。そのため、標準誤差が0.0と表示されていた場合でも、標準誤差が0ということではなく、0.005よりも小さいことを意味する。また、割合の合計が100％になる場合でも、四捨五入により、図表に示された合計が100％にならない場合がある。

教育段階区分

　教育段階区分は、国際教育標準分類（ISCED1997）に準拠している（ISCED1997は最近改訂され、改訂版のISCED2011が2011年11月に公式に採択されている。ISCED2011は2014年からのデータ収集に用いられる）。国際教育標準分類は、教育に関する統計データの国際的な収集に用いる分類法であり、教育段階については大きく次のように分かれている。

・初等教育（ISCED 1）
　　読み書き及び算数に関する確実な基礎教育を行い、その他の一部教科の基礎的理解を進める。入学年齢は５～７歳、履修期間は６年。

・前期中等教育（ISCED 2）
　　基礎教育を完了する段階であり、初等教育よりも各教科の専門性が高く、教員の専門性も高い。６年間の初等教育修了後に入学し、履修期間は３年。この段階の修了をもって義務教育の終了とする国もある。下位区分として、理論中心の教育を継続して3Aへの進学を目指すための2A、職業中心の傾向が強く3Bへの進学を目指すための2B、就業に対する準備のための2Cが

ある。
- 後期中等教育（ISCED 3）

  前期中等教育よりもさらに各教科の専門性が高くなり、教員もさらに高度な専門資格を有する場合が多い。9年間の基礎教育又は前期中等教育修了後の入学が一般的で、入学年齢は通常、15～16歳である。下位区分として、5Aの大学レベルへの進学を目指す3A、5Bの職業指向の高等教育進学を目指す3B、就業あるいは高等教育以外の中等後教育入学を目指す3Cがある。

- 高等教育以外の中等後教育（ISCED 4）

  国際的にみれば、後期中等教育と中等後教育の境界線上にまたがる教育段階であるが、国によっては後期中等教育あるいは中等後教育とみなされる場合もある。学習内容は、後期中等教育に比べて特に高度というわけではなく、高等教育ほど高度なものではない。履修期間は一般に、フルタイム就学で6か月～2年。入学者の年齢は、後期中等教育よりも高い傾向がある。下位区分として、大学型及び非大学型両方の高等教育入学を目指す4A、就業を目指すのが一般的な4Bがある。

- 高等教育（ISCED 5及び6）

  - 大学型高等教育（ISCED 5A）

    主として理論中心のプログラムであり、上級研究学位プログラムへの進学や、医学、歯学、建築学といった高い技能を求められる専門的職業に必要な資格習得を目的としている。履修期間はフルタイム就学で3年以上だが、4年以上の場合が多い。このプログラムを提供するのは大学だけではなく、また、各国が大学教育と認めているプログラムが全て大学型高等教育に分類される基準を満たしているとは限らない。アメリカの修士課程など、第二学位プログラムもここに含まれる。

  - 非大学型高等教育（ISCED 5B）

    大学型高等教育よりも、通常、修業年限が短く、就職に直接結びつく、実践的、技術的な学習内容や職業技能を中心とする。ただし、それぞれのプログラムの中で、一定の基礎理論を学習する場合もある。履修期間は高等教育段階でのフルタイム就学で、2年以上。

  - 上級研究学位プログラム（ISCED 6）

    博士号などの上級研究資格の取得に直接結びつくプログラムである。理論上の履修期間は、フルタイム就学で3年（高等教育での通算就業年数は、フルタイム就学で7年以上）という国がほとんどだが、実際の在籍年数はそれよりも長いのが一般的である。このプログラムでの学習は、先進的な研究や独創的な研究が中心となる。

キプロスに関する覚書

OECD（2014）においては、キプロスの現状についてのトルコ、EUに加盟する全OECD加盟国及びEUによる注記が掲載されている。

  A：トルコによる覚書

  この文書中の「キプロス」についての情報は、キプロス島の南部に関するものである。トルコ系及びギリシャ系のキプロス島住民を代表する単一の政府は存在しない。トルコは、北キプロス・トルコ共和国を承認している。国際連合において永続的かつ公正な解決が見出されるまで、トルコは「キプロス問題」についてその立場を保持する。

B：EU 全加盟国及び EU による覚書

　キプロス共和国は、トルコ以外の全ての国際連合加盟国に承認されている。この文書中の情報は、キプロス共和国の実質的な統治下にある地域に関するものである。

関係資料

　TALIS 2013 の設計と実施の指針となる技術基準の詳細については、OECD のウェブサイト（*http://www.oecd.org/edu/school/talis.html*）を参照のこと。

参考文献

OECD（2014），*TALIS 2013 Results: An International Perspective on Teaching and Learning*, OECD Publishing.

OECD（2009），*Creating Effective Teaching and Learning Environments: First Results from TALIS*, OECD Publishing.

第1章
TALISの概要

第1章　TALIS の概要

1.1 調査の概観

　OECD 国際教員指導環境調査（Teaching and Learning International Survey: TALIS）は、学校の学習環境と教員の勤務環境に焦点を当てた国際調査である。教員及び校長への質問紙調査を通じて、職能開発などの教員の環境、学校での指導状況、教員へのフィードバックなどについて、国際比較可能なデータを収集し、教育に関する分析や教育政策の検討に資することを目指している。
　2008 年に第 1 回調査が実施され（参加 24 か国・地域、日本は不参加）、2009 年 6 月に結果が公表された。今回の第 2 回調査は 2013 年に実施され、日本を含む 34 か国・地域が参加した。

1.2 調査の目的

　TALIS は、職能開発などの教員の環境、学校での指導状況、教員へのフィードバックなどについて、国際比較可能なデータを収集し、教育に関する分析や教育政策の検討に資することを目指している。データの国際比較分析により、参加国は自国と共通の問題に直面している国があることを知り、それらの国の政策アプローチから学ぶことが可能となる。

1.3 参加国

　TALIS 2013 年調査の参加国は、以下の 34 か国・地域である。
　オーストラリア、フランドル（ベルギー）、アルバータ（カナダ）、チリ、チェコ、デンマーク、エストニア、フィンランド、フランス、アイスランド、イスラエル、イタリア、日本、韓国、メキシコ、オランダ、ノルウェー、ポーランド、ポルトガル、スロバキア、スペイン、スウェーデン、イングランド（イギリス）、アメリカ[1]、ブラジル、ブルガリア、クロアチア、キプロス、ラトビア、マレーシア、ルーマニア、セルビア、シンガポール、アブダビ（アラブ首長国連邦）。
　国名表記については、以下の文章及び図表では、煩雑さを避けるため、「アメリカ合衆国」ではなく「アメリカ」とするなど、略称を用いる。
　また、ベルギーはフランドル地域のみ、カナダはアルバータ州のみ、イギリスはイングランドのみ、アラブ首長国連邦はアブダビ首長国のみが参加しているが、やはり煩雑さを避けるため、以下原則として「国・地域」という表記ではなく、「国」とする。
　2008 年調査においては前期中等教育（ISCED 2）の教員を対象に 24 か国が参加した。2013 年調査においては前期中等教育の教員を対象とした調査をコア調査として 34 か国が参加して実施しつつ、その他に以下の 3 つのオプション調査が行われた。
　①**初等教育**（ISCED 1）：初等教育の教員を対象とした調査
　②**後期中等教育**（ISCED 3）：後期中等教育の教員を対象とした調査
　③**TALIS-PISA リンク**：PISA 2012 年調査に参加した学校の教員を対象とした調査

---

1. アメリカは、実施率（回答率）が国際ガイドラインの定める基準（1.4.3 項参照）に達しなかったため、参加国平均や統計的な分析には含まれていないが、参考データとして各表の最下欄に掲載した。

各調査の参加国一覧を表 1.3.1 に示す。なお、日本は、2008 年調査には不参加、2013 年調査のコア調査（前期中等教育の教員を対象とした調査）のみに参加している。

表 1.3.1　TALIS の参加国

	TALIS 2008	TALIS 2013 コア	TALIS 2013 オプション	TALIS 2013 オプション	TALIS 2013 オプション
	ISCED 2	ISCED 2	ISCED 1	ISCED 3	TALIS-PISA リンク
OECD 加盟国					
オーストラリア		○		○	○
オーストリア	○				
フランドル（ベルギー）	○	○	○		
アルバータ（カナダ）		○			
チリ		○			
チェコ		○			
デンマーク	○	○	○	○	
エストニア	○	○			
フィンランド		○	○	○	○
フランス		○			
ハンガリー	○				
アイスランド	○	○		○	
アイルランド	○				
イスラエル		○			
イタリア	○	○		○	
日本		○			
韓国	○	○			
メキシコ	○	○	○	○	○
オランダ	○	○			
ノルウェー	○	○	○	○	
ポーランド	○	○	○	○	
ポルトガル	○	○			○
スロバキア	○	○			
スロベニア	○				
スペイン	○	○			○
スウェーデン		○			
トルコ	○				
イングランド（イギリス）		○			
アメリカ		○			
OECD 非加盟国					
ブラジル	○	○			
ブルガリア	○	○			
クロアチア		○			
キプロス		○			
ラトビア		○			○
リトアニア	○				
マレーシア	○				
マルタ	○				
ルーマニア		○			○
セルビア		○			
シンガポール		○		○	○
アブダビ（アラブ首長国連邦）		○		○	
参加国数	24	34	6	10	8

出所：OECD（2009）及び OECD（2014）を基に、国立教育政策研究所が作成。

1.4 調査の対象と標本抽出

1.4.1 調査の対象

　TALISでは、調査結果を国際的に比較可能なものとするため、調査参加国が従うべき国際ガイドラインを設けている。ここでは、このガイドラインに沿って行われた、調査の対象となる教員集団（母集団）の決定、対象となる教員集団から実際にTALISに参加する教員の選出（標本抽出）、日本の実施率について説明する。

　TALISの対象となる教員集団は、各ISCEDレベルにおいて、学校での通常の仕事として授業を含む指導を行う教員とその校長と定義されている。コア調査のISCED 2のみに参加した日本の場合、調査の対象となる教員集団は、前期中等教育段階において、学校での通常の仕事として指導を行う教員となる。また、同一の学校で異なるISCEDレベルの指導を行う教員についても、調査対象のISCEDレベルの指導を行う場合はTALISの母集団に含まれる。すなわち、日本の中等教育学校の教員のうち前期中等教育段階（中等教育学校前期課程）の指導を行う教員はTALISの母集団に含まれることになる。指導の時間数については問われていない。なお、国際ガイドラインに従い、成人教育と特別な支援を要する生徒への教育のみを行う学校については調査対象外であり、母集団に含まれていない。

　（詳細はOECDから公表される「TALIS 2013 Technical Report」を参照）

TALIS 2013における「前期中等教育段階の教員」の定義
　通常の仕事として、学習計画に沿った中学校教育課程又は中等教育学校前期課程に関する指導を、少なくとも1クラスで実施している教員とする。指導の時間数は問わない。

　日本の調査の対象となる教員集団（母集団）は、平成22年度の文部科学省『学校基本調査報告書』に基づき、中学校と中等教育学校に所属する教員とした（特別支援学校を除く）。対象となった学校の合計数は10,863校であり、対象となった教員の合計数は289,125人であった（『学校基本調査報告書』の「本務者」と「兼務者」（非常勤の講師等）の合計数）。

　TALISの対象と調査方法の概要は以下のとおりである。

OECDによるTALISの対象と調査方法の概要
- 各国で調査対象とした母集団：前期中等教育の教員及び校長
- 標本数：1か国につき200校、1校につき教員20人と校長1人
- 学校及び教員の抽出：一般的な学校及び学校内で一般的な教員
- 目標実施（回答）率：その国で、抽出された学校の75％、抽出された教員の75％の回答を目標とする。抽出された教員の50％が回答した学校は、回答した学校とみなされる。
- 調査票：教員用及び校長用に別々に調査票を用意し、回答時間は45～60分程度を目安
- データの収集方法：調査用紙又はオンラインによる記入
- 調査時期：南半球の国々では2012年9～12月、北半球の国々では2013年2～6月

1.4.2　標本抽出

　TALISにおいて対象の教員の抽出は、国際ガイドラインに従って、参加各国の教員の状況の縮図が最もうまく描けるように行われた。標本抽出法は、「層化二段抽出法」が採用されている。その手順は、まず、調査対象者が所属する学校をその特徴（公立／私立等）に基づいてグループ（層）に分け、母集団に対する各グループ（各層）の教員割合に基づいて抽出すべき学校数を決定する。第一段階の抽出として、各層ごとに、所属する教員の人数に比例した確率で学校を無作為抽出する（確率比例抽出）。第二段階として、抽出された学校内で一定数の教員（TALISでは通常、各学校20人）を無作為抽出する。第二段階の教員の選出は、調査参加校から提供されるその学校の教員[2]の基礎情報（年齢、性別、指導教科）を考慮に入れた上で、無作為に抽出される。

　日本における層化はTIMSS 2011年調査における層化の中学校の分類を踏まえて、「地域類型」と「学校種別」に基づいて、5つの層に分類した。つまり、東京23区及び政令指定都市（大都市）の公立校、人口30万人以上の市の公立校、その他の市の公立校、町村部の公立校、国立・私立学校の5つの層である。中等教育学校は「地域類型」と「学校種別」に基づいて、各層に分けて分類している。層別の学校数、教員数、教員割合、抽出学校数を表1.4.1に示す。

表1.4.1　層別の学校数、教員数、教員割合、抽出学校数

層	学校数	教員数	教員割合	抽出学校数	調査予定教員数[1]
東京23区及び政令指定都市・公立	1,746	52,472	18.1%	36	720
人口30万人以上の市・公立	1,289	40,098	13.9%	28	560
その他の市・公立	5,166	129,600	44.8%	90	1,800
町村部・公立	1,809	33,860	11.7%	23	460
国立・私立	853	33,095	11.4%	23	460
全体	10,863	289,125	100.0%	200	4,000

1. 調査予定教員数は、各学校20人として計算した。

---

2. 調査参加校から提供されるその学校の教員については、国際ガイドラインに従い、次の教員は除外されている。生徒への教科指導を担当しない教頭等、教育支援スタッフ、司書教諭、カウンセラー、養護教諭、栄養教諭、任用期間が連続6週以下の臨時的任用教員、成人教育を主に担当する教員、長期休暇中の教員。

1.4.3 日本の実施率

日本でのTALISに参加した学校数と教員数の内訳を表1.4.2に示す。200の抽出校のうち、176校が調査実施を承諾した。国際ガイドラインでは、抽出校が何らかの理由で調査に参加できない場合に2校まで代替校（第1代替校、第2代替校）が認められている。代替校の抽出については、前述の第一段階の抽出の際に同時に行われている。

日本では参加・協力できない24校の抽出校について代替校（第1代替校）に依頼をした結果、16校が承諾し、合わせて192校で調査を実施した（表1.4.2）。第二段階の教員の選出については、この192校の校内担当者から提供を受けた各学校の教員の基礎情報（年齢、性別、指導教科）を用いて、国立教育政策研究所が国際教育到達度評価学会データ処理センター（IEA DPC）提供の専用ソフトウェアを用いて無作為抽出を行った。原則として各校20人の教員を抽出するが、教員数が20人以下の学校については、国際ガイドラインに従って全ての教員が選出されている。日本では第二段階において、合計3,521人の教員が選出された（表1.4.2）。この調査に参加した学校の3,521人のうち、退職や質問紙未返却等の場合を除いた3,484人から有効な回答を得た（表1.4.3）。

なお、調査対象の抽出については、国際サンプリングレフェリーに計画・実施等の全てについてチェックを受け、承認を得ている。

表1.4.2　層別の参加学校数（抽出校、代替校）と参加教員数

層	抽出校	代替校	合計学校数	参加教員数
東京23区及び政令指定都市・公立	30	5	35	670
人口30万人以上の市・公立	27	1	28	532
その他の市・公立	85	3	88	1,587
町村部・公立	20	3	23	372
国立・私立	14	4	18	360
全体	176	16	192	3,521

表1.4.3　調査に参加した学校における回答状況

調査参加状況	抽出数	推定数
退職・離任等	4	235
質問紙未返却	28	0
回答	3,484	222,809
対象外	4	249
除外	1	0
全体	3,521	223,293

国際ガイドラインでは、データが国際的に比較可能なものになるために、学校の実施率（回答率）及び教員の実施率（回答率）について国際的に定められた基準がある。学校については代替校を含めて75%以上の調査実施が求められた。ここで、各校において抽出された教員の50%以上が回答した場合、その学校は調査が実施されたとみなされる。日本の場合、抽出校に代替校を含めた学校実施率は96%で、国際ガイドラインが求める基準を上回った（表1.4.4の「代替校を含めた後の学校実施率」）。教員については、抽出校及び代替校で抽出された教員の総数に対して75%以上の調査実施が求められた。日本の場合、抽出校及び代替校で抽出された教員に対する教員実施率は99%で、国際ガイドラインが求める基準を上回った（表1.4.4の「実施学校における教員実施率」）。

TALIS の概要　第 1 章

表 1.4.4　実施率と教員数（推定数）

国　名	実施学校数	実施学校における実施教員数	代替校を含める前の学校実施率 (%)	代替校を含めた後の学校実施率 (%)	実施学校における教員実施率 (%)	総実施率 (%)	教員数（推定数）
オーストラリア	123	2,059	58	81	87	70	106,225
ブラジル	1,070	14,291	97	97	94	91	594,874
ブルガリア	197	2,975	95	99	97	96	26,501
チリ	178	1,676	88	91	93	85	51,632
クロアチア	199	3,675	99	99	96	95	16,714
キプロス	98	1,867	99	99	95	95	3,754
チェコ	220	3,219	99	100	98	98	37,419
デンマーク	148	1,649	53	81	77	62	25,125
エストニア	197	3,129	93	100	99	99	7,728
フィンランド	146	2,739	91	99	91	90	18,386
フランス	204	3,002	79	82	75	61	198,232
アイスランド	129	1,430	95	95	80	76	1,901
イスラエル	195	3,403	98	98	86	85	33,065
イタリア	194	3,337	76	98	90	88	178,382
日本	192	3,484	88	96	99	95	222,809
韓国	177	2,933	68	89	88	78	85,184
ラトビア	116	2,126	77	80	96	77	12,894
マレーシア	150	2,984	75	75	97	73	92,735
メキシコ	187	3,138	95	96	91	87	250,831
オランダ	127	1,912	54	81	75	61	58,190
ノルウェー	145	2,981	56	73	80	58	22,631
ポーランド	195	3,858	83	100	97	97	132,502
ポルトガル	185	3,628	91	93	92	86	44,496
ルーマニア	197	3,286	100	100	98	98	68,810
セルビア	191	3,857	80	96	97	92	23,179
シンガポール	159	3,109	100	100	99	99	9,583
スロバキア	193	3,493	87	99	96	95	27,163
スペイン	192	3,339	97	97	91	88	204,508
スウェーデン	186	3,319	93	96	87	84	30,043
地域としての参加							
アブダビ（アラブ首長国連邦）	166	2,433	89	89	83	74	7,919
アルバータ（カナダ）	182	1,773	76	94	93	87	10,208
イングランド（イギリス）	154	2,496	56	75	83	63	216,131
フランドル（ベルギー）	168	3,129	68	84	89	75	19,184
アメリカ	122	1,926	39	62	83	51	1,052,144

出所：OECD（2014）Table A.2。

1.5 調査項目

教員及び校長への質問紙の調査項目については、2008年調査からの継続の質問に加え、2013年調査において新規の質問や指標が追加された。2013年調査での主な調査項目は以下のとおりである。

- 校長のリーダーシップ（分散型又はチーム型のリーダーシップに関する新規指標を含む）
- 職能開発（教員の初任者研修に関する新規指標を含む）
- 教員の評価とフィードバック
- 教員の信念・態度・実践（生徒評価の実践に関する新規指標を含む）
- 教員の自己効力感・仕事への満足度、学校や教室の雰囲気

実際の教員質問紙及び校長質問紙は、本報告書の巻末に資料として掲載している。

1.6 調査実施体制

1.6.1 国際的な調査実施体制

TALISの国際的な実施体制としては、OECDを中心として、調査に参加する国の代表で構成されるTALIS参加国会合（BPC: Board of Participating Countries）や、各国の国内実施責任者で構成される国内調査実施責任者（NPM: National Project Managers）会合等が設置されている。調査の開発・実施においては、OECD労働組合諮問委員会（TUAC: Trade Union Advisory Committee）との連携もなされた。また、質問紙の開発等に当たる専門委員会や、データ処理等に当たる国際コンソーシアムが置かれている（図1.6.1）。

①**TALIS参加国会合（BPC）**：調査に参加する国の政府代表で構成され、TALISの全般的な枠組みや調査内容を決定する。

②**専門委員会**：質問開発専門委員会（Instrument Development Expert Group）が質問紙の開発を行い、技術諮問委員会（Technical Advisory Group）が調査実施上の技術的助言を行う。

③**国際コンソーシアム**：OECDとの契約に基づき、国際教育到達度評価学会データ処理センター（IEA DPC）が質問紙の翻訳承認やデータ処理を、カナダ統計局が標本抽出に関する業務を行う。

④**国内調査実施責任者（NPM）会合**：各国の国内調査実施責任者が、OECD及び国際コンソーシアム、並びに他の参加国との間で情報の共有を図る。

図 1.6.1　TALIS の実施体制

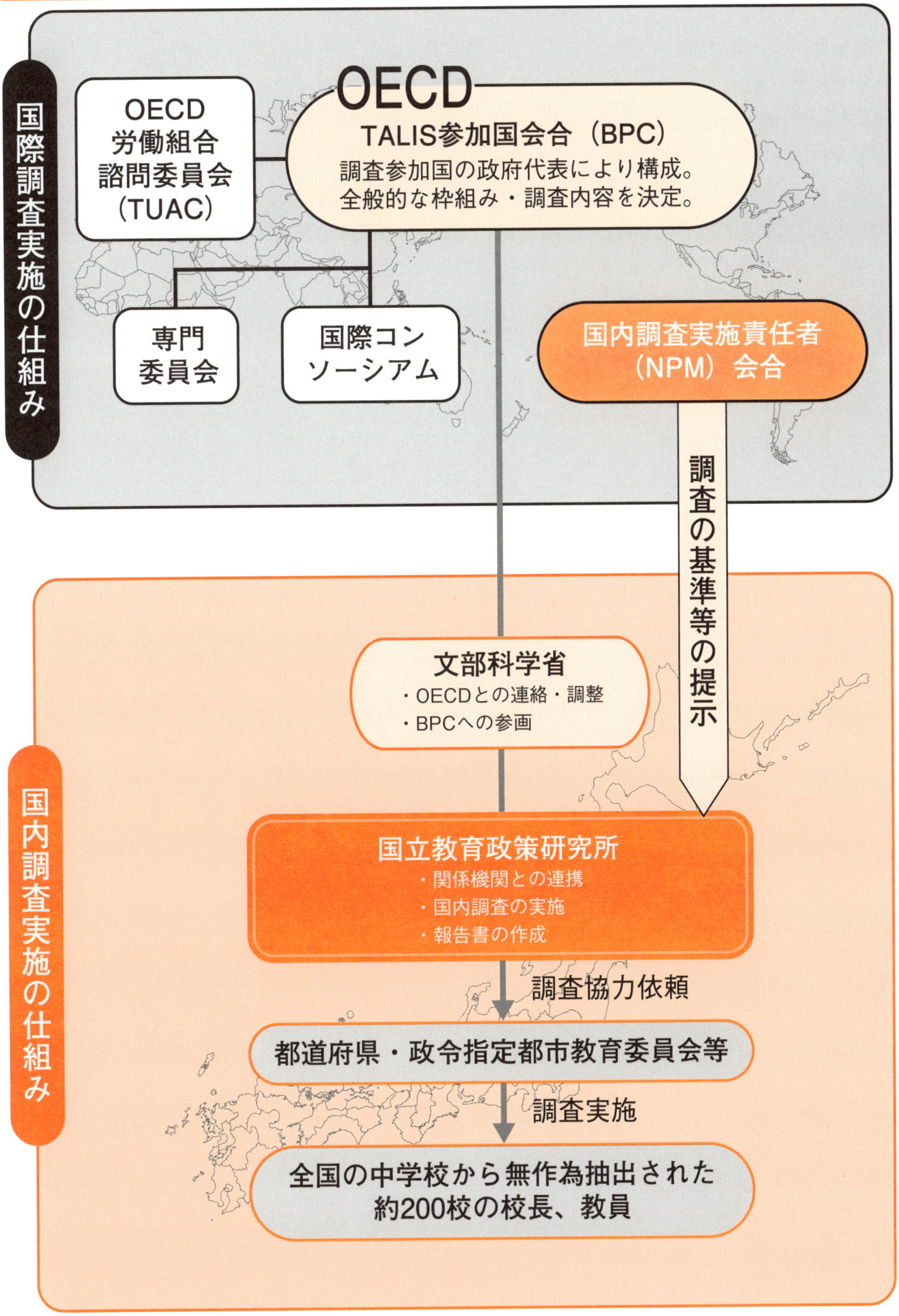

国際調査実施の仕組み

OECD
- TALIS参加国会合（BPC）
  調査参加国の政府代表により構成。全般的な枠組み・調査内容を決定。
- OECD労働組合諮問委員会（TUAC）
- 専門委員会
- 国際コンソーシアム
- 国内調査実施責任者（NPM）会合

↓ 調査の基準等の提示

国内調査実施の仕組み

文部科学省
- OECDとの連絡・調整
- BPCへの参画

国立教育政策研究所
- 関係機関との連携
- 国内調査の実施
- 報告書の作成

↓ 調査協力依頼

都道府県・政令指定都市教育委員会等

↓ 調査実施

全国の中学校から無作為抽出された約200校の校長、教員

1.6.2　日本国内の調査実施体制

　各参加国は、国際的な基準に従って、国内調査実施機関、国内調査実施責任者（NPM）、国内データ管理者（NDM: National Data Manager）を定めることが求められた。日本では、国立教育政策研究所が国内調査実施機関となり、同研究所の研究企画開発部総括研究官が国内調査実施責任者、教育課程研究センター基礎研究部総括研究官が国内データ管理者を務めた。

　調査の実施にあたっては、前述のとおり、全国の中学校及び中等教育学校から無作為抽出された200校に対して、都道府県・政令指定都市教育委員会等を通じて協力依頼を行った。

　本報告書の作成は、OECD、文部科学省と連携しつつ、国立教育政策研究所において行った。

1.7　調査の実施と結果の処理

1.7.1　調査の実施

　TALIS 2013年調査は、南半球の国々では2012年9月から12月、北半球の国々では2013年2月から6月の間に実施された。日本では2013年2月中旬から3月中旬にかけて行われた。

　データ収集は、日本ではインターネットを利用するオンラインデータ収集は用いずに、調査用紙のみを使用した。

　全国の前期中等教育段階の学校（中学校又は中等教育学校前期課程）から無作為抽出された200校（抽出方法については1.4.2項参照）に対し、文部科学省及び国立教育政策研究所の連名で、公立学校には都道府県・政令指定都市教育委員会を通じて、私立学校には直接、協力依頼状を送付した。各学校には校内担当者の選任を依頼し、教員名簿の提出、校内での質問紙の配付・回収・返送、国立教育政策研究所との連絡調整等に当たっていただいた。

1.7.2　結果の処理

　日本では質問紙の回収後は、データ入力を行い、2013年5月に日本の調査結果データ一式を国際コンソーシアムに提出した。その後、IEAデータ処理センターがデータクリーニング及びウェイト調整を行い、それに係る問い合わせに国立教育政策研究所が対応し、データを確定させた。

第2章
教員と学校の概要

第2章　教員と学校の概要

要　旨

　本章は、①教員の年齢・性別、学歴、勤務経験などの教員の状況と、②学校の教育資源、生徒の状況、学校の裁量、雰囲気などといった学校の概要について、OECDが行った分析から日本について得られた結果を整理する。これらは、後続の各章の分析や政策提言の基礎となるデータである。それぞれの国の制度や歴史的な変遷、社会的・文化的な慣習など様々な背景があり、単純な比較ができるものではないが、参加国の「平均的な教員像」「平均的な学校の環境」を理解し、日本との比較・分析をすることができる。この章の分析から、主に以下の知見が得られる。

■平均的な教員像[1]

	参加国平均	日本
女性の割合	68%	39%
平均年齢	43歳（平均勤続年数16年）	42歳（平均勤続年数17年）
学歴	大学卒以上　91%	大学卒以上　96%
勤務形態	82%が常勤で、83%が終身雇用	96%が常勤で、80%が終身雇用

■平均的な学校の環境[1]

	参加国平均	日本
国公私別の教員数の割合	国公立82%、私立19%	国公立90%、私立10%
生徒数平均[2]	546人	357人
教員数平均[2]	45人	24人
一学級当たりの生徒数	24人	31人
指導支援職員	教員14人につき1人	教員12人につき1人
事務・経営の職員	教員6人につき1人	
その他	教員と生徒との関係は良好	

- 教員のうち女性の割合が3分の2を超える国が22か国あり、日本は参加国の中で唯一女性の割合が半分を切っている。また、40歳代・50歳代の教員が占める割合が参加国平均52.6%、日本は55.2%と高い割合となっており、今後、他のいくつかの国と同様に日本でも教員不足が懸念される。
- 日本も含め多くの国で、教員養成課程など公的な教育において、担当教科の内容や指導法、指導実践が含まれていると、実際に教壇に立つ際に、これらに対する準備ができていると感じる傾向にある。
- 質の高い指導を行う上では、資格を持つ教員や有能な教員の不足（日本79.7%）、特別な支援を要する生徒への指導能力を持つ教員の不足（日本76.0%）や支援職員の不足（日本72.4%）などが妨げになっていると回答した校長の学校に所属する教員の割合が多い。
- 日本は、学校の雰囲気（いじめや遅刻等の発生状況、教員と生徒等との信頼関係など）は参加国平均と比べておおむね上回っており、特に、教職員間の信念の共有については、ほとんどの校長が肯定的な回答をしている。地域と緊密な連携を図っていると回答したのは、全体の4分の3程度となっている。

---

1. 教員に関するデータは、他に文部科学省『学校基本調査報告書』や『図表でみる教育OECDインディケータ』がある。
2. 学校規模については、初等教育や後期中等教育も併せて行う学校種も含まれている国もあるため、日本と単純な比較はできない。

- ほとんどの学校では、教員の給与の決定に関する学校の自律的裁量がないと回答している。しかし参加国の多くの割合の学校では生徒の品行規則の設定（参加国平均 95.8%）や教科書・教材の選定（参加国平均 94.0%）について自律的裁量があると回答している。
- 日本は、生徒の指導・評価に関する項目以外は、学校の自律的裁量があると答えた校長の学校に所属する教員の割合は参加国平均を下回っているものの、必ずしも全ての事項において自律的裁量が求められるわけではないことがわかっている。

2.1 教員の性別・年齢

本節では、調査対象者の性別及び年齢について分析を行う。教員の性別の偏りは、生徒の成績やモチベーション、教員の確保など様々な点に影響する可能性があると OECD（2014）は指摘している。また、いくつかの国では教員の高年齢化という課題に直面しているとしている[3]。

表 2.1.1 は、女性教員の割合、年齢層別の構成、及び平均年齢を示している。女性教員の割合をみると、参加国平均が 68.1% に対して、ラトビア（88.7%）、エストニア（84.5%）、スロバキア（81.9%）、ブルガリア（81.2%）においては 8 割以上の教員で女性が占めている中、日本は 39.0% と、参加国中最下位の割合となっている。

平均年齢については、参加国平均が 42.9 歳に対して、36.0 歳（シンガポール）から 48.9 歳（イタリア）の中に全ての国が収まっている。日本は 41.9 歳で参加国平均に近い年齢ではあるが、全体的には平均年齢が低い国となっている。

教員の年齢層別の割合をみてみると、日本においては、50 歳以上 59 歳以下の年齢層が 28.1% と最も多い割合となっているが、参加国平均では 30 歳以上 39 歳以下及び 40 歳以上 49 歳以下の年齢層がそれぞれ 29.2%、28.8% と最も多い割合となっている。

それぞれの年齢層別にみてみると、25 歳未満の教員の割合は日本では 5.3% であり、フランドル（ベルギー）（5.8%）に次ぎ、2 番目に多い割合となっている（参加国平均 1.9%）。参加国では 1% 以下の国が半数以上を占めている。25 歳以上 29 歳以下は、日本は 13.3% と参加国平均（10.0%）よりも高い割合となっている。30 歳代では、参加国平均が 29.2% のところ、日本は 23.4% と、オランダ（23.4%）、スペイン（23.2%）、オーストラリア（22.9%）とほぼ同様の割合となっている。40 歳代は、参加国平均が 28.8%、日本は 27.1% となっており、50 歳代では、参加国平均が 23.8%、日本は 28.1%、60 歳以上の年齢層では、参加国平均が 6.3%、日本は 2.8% となっている。

---

3. Drudy, S.（2008）, "Gender balance/gender bias: The teaching profession and the impact of feminisation", *Gender and Education*, Vol. 20/4, pp. 309-323.

第 2 章　教員と学校の概要

表 2.1.1　教員の性別と年齢構成

国　名	女性の割合 % (S.E.)	25歳未満 % (S.E.)	25歳以上30歳未満 % (S.E.)	30歳以上40歳未満 % (S.E.)	40歳以上50歳未満 % (S.E.)	50歳以上60歳未満 % (S.E.)	60歳以上 % (S.E.)	平均年齢 平均 (S.E.)
オーストラリア	59.2 (1.4)	4.2 (0.5)	11.5 (0.9)	22.9 (1.1)	24.3 (1.3)	30.2 (1.5)	6.9 (0.6)	43.4 (0.3)
ブラジル	71.1 (0.7)	4.6 (0.4)	13.0 (0.6)	36.2 (0.7)	30.2 (0.7)	13.7 (0.5)	2.3 (0.2)	39.2 (0.2)
ブルガリア	81.2 (0.8)	0.6 (0.2)	2.8 (0.4)	18.3 (0.9)	31.5 (1.1)	40.9 (1.2)	5.8 (0.5)	47.4 (0.2)
チリ	62.8 (1.3)	2.9 (0.5)	18.2 (1.1)	28.5 (1.3)	20.2 (1.1)	23.3 (1.3)	7.1 (0.9)	41.3 (0.5)
クロアチア	74.3 (0.8)	0.4 (0.2)	13.3 (0.6)	34.4 (0.8)	21.5 (0.8)	17.8 (0.8)	12.6 (0.6)	42.6 (0.2)
キプロス	70.1 (1.1)	0.6 (0.2)	6.0 (0.5)	37.0 (1.3)	26.2 (1.1)	28.2 (1.1)	2.0 (0.3)	42.7 (0.2)
チェコ	76.5 (0.7)	0.8 (0.1)	10.0 (0.6)	26.5 (0.9)	27.4 (0.9)	27.4 (0.9)	7.8 (0.5)	44.2 (0.2)
デンマーク	59.6 (1.2)	0.4 (0.1)	5.6 (0.8)	29.7 (1.4)	28.5 (1.5)	24.7 (1.3)	11.1 (0.9)	45.0 (0.3)
エストニア	84.5 (0.6)	1.3 (0.2)	6.1 (0.5)	17.2 (0.8)	27.2 (0.9)	31.9 (1.0)	16.3 (1.0)	47.9 (0.3)
フィンランド	72.4 (0.7)	0.3 (0.1)	7.4 (0.5)	28.4 (0.9)	31.0 (0.9)	27.4 (1.0)	5.4 (0.5)	44.1 (0.2)
フランス	66.0 (0.7)	0.7 (0.2)	7.8 (0.7)	32.6 (1.0)	32.7 (0.9)	21.5 (0.8)	4.7 (0.4)	42.6 (0.2)
アイスランド	71.9 (1.2)	0.6 (0.2)	5.7 (0.6)	28.2 (1.3)	33.8 (1.3)	22.1 (1.2)	9.6 (0.8)	44.6 (0.3)
イスラエル	76.3 (1.4)	1.6 (0.3)	12.1 (1.2)	29.6 (1.0)	29.4 (1.0)	21.3 (0.9)	6.0 (0.6)	42.1 (0.4)
イタリア	78.5 (0.7)	0.0 (0.0)	1.0 (0.2)	15.7 (0.7)	32.9 (0.9)	39.4 (0.9)	11.1 (0.5)	48.9 (0.2)
日本	39.0 (0.8)	5.3 (0.4)	13.3 (0.6)	23.4 (0.8)	27.1 (1.0)	28.1 (1.1)	2.8 (0.4)	41.9 (0.2)
韓国	68.2 (1.1)	1.2 (0.3)	9.7 (0.6)	28.4 (1.2)	33.5 (1.1)	26.4 (1.3)	0.9 (0.2)	42.4 (0.3)
ラトビア	88.7 (0.6)	1.6 (0.4)	3.3 (0.5)	17.9 (1.2)	33.6 (1.6)	33.1 (1.1)	10.5 (0.8)	47.1 (0.3)
マレーシア	70.5 (1.0)	0.6 (0.2)	17.7 (0.8)	34.2 (0.9)	34.9 (1.0)	12.6 (0.6)	0.0 (0.0)	38.9 (0.2)
メキシコ	53.8 (1.1)	2.6 (0.4)	10.0 (0.7)	29.2 (1.1)	32.3 (1.0)	21.9 (1.0)	4.0 (0.5)	42.1 (0.3)
オランダ	54.6 (1.3)	4.4 (0.9)	12.7 (0.9)	23.4 (1.2)	22.6 (1.1)	29.4 (1.4)	7.5 (0.6)	43.2 (0.4)
ノルウェー	61.0 (1.0)	1.5 (0.4)	9.7 (0.8)	28.5 (1.0)	26.4 (1.1)	18.8 (0.8)	15.2 (1.3)	44.2 (0.4)
ポーランド	74.9 (1.0)	0.8 (0.2)	7.8 (0.6)	35.0 (0.9)	33.0 (1.2)	21.6 (0.9)	1.8 (0.3)	41.9 (0.2)
ポルトガル	73.2 (0.8)	0.0 (0.0)	1.2 (0.2)	24.2 (0.9)	46.6 (0.9)	25.5 (0.9)	2.4 (0.3)	44.7 (0.2)
ルーマニア	69.2 (1.0)	3.6 (0.6)	9.9 (0.7)	38.6 (1.1)	21.0 (0.9)	17.9 (0.8)	9.0 (0.7)	41.6 (0.3)
セルビア	65.6 (0.7)	1.2 (0.2)	9.1 (0.6)	34.4 (1.0)	25.1 (0.8)	20.4 (0.7)	9.9 (0.6)	43.1 (0.2)
シンガポール	65.0 (0.9)	5.0 (0.4)	26.8 (0.8)	37.9 (0.9)	18.6 (0.7)	8.6 (0.5)	3.0 (0.3)	36.0 (0.2)
スロバキア	81.9 (0.8)	0.5 (0.1)	10.8 (0.7)	30.9 (0.9)	25.3 (0.9)	25.4 (1.0)	7.1 (0.6)	43.4 (0.3)
スペイン	58.8 (1.0)	0.2 (0.1)	2.6 (0.4)	23.2 (1.0)	38.8 (0.9)	31.8 (0.9)	3.5 (0.3)	45.6 (0.2)
スウェーデン	66.5 (0.8)	0.6 (0.2)	4.4 (0.5)	25.7 (1.0)	31.4 (1.0)	24.5 (0.8)	13.3 (0.7)	46.0 (0.3)
地域としての参加								
アブダビ（アラブ首長国連邦）	58.9 (1.9)	1.4 (0.3)	10.6 (0.9)	45.3 (1.5)	31.0 (1.1)	10.1 (0.8)	1.6 (0.3)	38.7 (0.3)
アルバータ（カナダ）	60.3 (1.3)	2.3 (0.5)	16.1 (1.0)	33.3 (1.4)	26.9 (1.3)	18.6 (1.2)	2.8 (0.4)	40.1 (0.3)
イングランド（イギリス）	63.2 (1.1)	3.8 (0.4)	17.1 (0.8)	34.4 (1.2)	24.6 (0.8)	17.9 (0.7)	2.2 (0.4)	39.2 (0.3)
フランドル（ベルギー）	68.1 (1.4)	5.8 (0.5)	17.8 (0.7)	30.5 (1.1)	22.0 (1.0)	23.2 (0.9)	0.7 (0.2)	39.3 (0.2)
参加国平均	68.1 (0.2)	1.9 (0.1)	10.0 (0.1)	29.2 (0.2)	28.8 (0.2)	23.8 (0.2)	6.3 (0.1)	42.9 (0.0)
アメリカ	64.4 (1.1)	3.1 (0.5)	12.6 (1.3)	28.6 (1.1)	25.4 (1.1)	22.7 (1.1)	7.7 (0.7)	42.2 (0.4)

出所：OECD（2014）Table 2.1.

2.2 教員の学歴と教員養成段階の教育内容

本節では、学歴をはじめとする教員の教育の状況についての分析を行う。OECD（2014）は、教員になる前の教育の内容や質は、将来教員になってからの学習のニーズに影響を与える場合があるとしている。これまでの研究[4]では、教員の学歴や教育・経験が生徒の成績に与える影響については、関連がないというものと、教員養成課程の教育が教員の能力に影響を与えるというものの両面の見解があると指摘している。

表2.2.1は、教員の学歴を示している。OECD（2014）では、教育段階区分を国際教育標準分類（ISCED 1997）に準拠し、四つに区分をしているが、本報告書では日本の学校種の区分に合わせ、高等教育未修了者（Below ISCED Level 5）を「1　高等学校以下」の者、非大学型高等教育修了者（ISCED Level 5B）を「2　短期大学・高等専門学校」を卒業した者、大学型高等教育修了者（ISCEC Level 5A）を「3　大学学部」「4　大学院修士課程」を卒業した者、上級研究学位プログラム修了者（ISCED Level 6）を「5　大学院博士後期課程」を修了した者と分けている。

教員の学歴についての参加国平均をみると、高等教育未修了者（高等学校以下）が2.3%、非大学型高等教育（短期大学・高等専門学校）修了者が7.1%、大学型高等教育（大学学部及び大学院修士課程）修了者が89.5%、上級研究学位プログラム（大学院博士後期課程）修了者が1.4%となっている。これは、フランドル（ベルギー）（回答した教員の85.4%が非大学型高等教育修了者であり、大学型高等教育修了者は11.8%）を除く参加国全体でほぼ同様の傾向がみられる。OECD（2014）は、教員資格の条件は国によって異なり、ベルギーの場合、非大学型高等教育を修了することが教員資格取得の最低要件となっていると解説している。

日本の結果をみてみると、高等学校以下の者が0.1%、短期大学・高等専門学校修了者が3.5%、大学学部及び大学院修士課程修了者が95.8%、大学院博士後期課程修了者が0.6%であった。

---

4. Buddin, R. and G. Zamarro (2009), "Teacher qualifications and student achievement in urban elementary schools", *Journal of Urban Economic*, Vol. 66, pp. 103-115.
　Clotfelter, C.T., H.F. Ladd and J.L. Vigdor (2010), "Teacher credentials and student achievement in high school: A cross-subject analysis with student fixed effects", *The Journal of Human Resources*, Vol. 45/3, pp. 655-681.

表 2.2.1　教員の学歴

国　名	高等学校以下 (ISCED 5 未満) %	S.E.	短期大学・高等専門学校[2] (ISCED 5B) %	S.E.	大学学部及び大学院修士課程 (ISCED 5A) %	S.E.	大学院博士後期課程 (ISCED 6) %	S.E.
オーストラリア	0.1	(0.1)	0.0	(0.0)	98.9	(0.2)	0.9	(0.2)
ブラジル	4.5	(0.5)	1.8	(0.2)	93.5	(0.6)	0.3	(0.1)
ブルガリア	1.0	(0.2)	7.8	(0.8)	90.8	(0.8)	0.4	(0.2)
チリ	0.5	(0.2)	17.9	(1.3)	81.1	(1.3)	0.5	(0.2)
クロアチア	a	a	17.7	(0.8)	81.9	(0.8)	0.4	(0.1)
キプロス	a	a	0.7	(0.2)	96.2	(0.5)	3.1	(0.5)
チェコ	4.4	(0.4)	1.9	(0.3)	89.2	(0.6)	4.5	(0.4)
デンマーク	2.1	(0.5)	0.6	(0.2)	97.1	(0.5)	0.2	(0.1)
エストニア	5.2	(0.5)	5.9	(0.5)	88.5	(0.7)	0.4	(0.1)
フィンランド	1.1	(0.2)	2.9	(0.4)	94.5	(0.5)	1.4	(0.3)
フランス	0.9	(0.2)	3.6	(0.4)	93.4	(0.5)	2.2	(0.3)
アイスランド	10.0	(0.9)	4.7	(0.5)	85.3	(1.0)	0.0	(0.0)
イスラエル	0.8	(0.2)	1.5	(0.3)	96.4	(0.4)	1.3	(0.2)
イタリア	3.6	(0.4)	15.8	(0.6)	78.1	(0.7)	2.5	(0.4)
日本	0.1	(0.0)	3.5	(0.4)	95.8	(0.4)	0.6	(0.2)
韓国	0.1	(0.1)	0.1	(0.1)	98.0	(0.3)	1.8	(0.3)
ラトビア	1.4	(0.3)	1.5	(0.3)	97.0	(0.4)	0.1	(0.1)
マレーシア	1.7	(0.4)	6.8	(0.7)	91.4	(0.7)	0.1	(0.1)
メキシコ	8.7	(0.6)	1.5	(0.2)	89.1	(0.7)	0.7	(0.2)
オランダ	4.1	(0.8)	0.7	(0.2)	94.6	(0.8)	0.7	(0.2)
ノルウェー	2.0	(0.4)	a	a	97.9	(0.4)	0.1	(0.1)
ポーランド	0.1	(0.0)	0.0	(0.0)	98.8	(0.2)	1.1	(0.2)
ポルトガル	0.3	(0.1)	2.4	(0.2)	84.8	(0.6)	12.4	(0.6)
ルーマニア	1.2	(0.3)	5.4	(0.5)	92.3	(0.6)	1.1	(0.2)
セルビア	1.6	(0.3)	15.5	(0.8)	82.7	(0.8)	0.1	(0.0)
シンガポール	1.8	(0.2)	5.5	(0.4)	92.4	(0.5)	0.3	(0.1)
スロバキア	1.6	(0.3)	0.2	(0.1)	97.5	(0.4)	0.7	(0.1)
スペイン	3.4	(0.3)	1.0	(0.2)	91.4	(0.5)	4.2	(0.4)
スウェーデン	3.8	(0.3)	7.7	(0.5)	87.9	(0.7)	0.6	(0.1)
地域としての参加								
アブダビ（アラブ首長国連邦）	1.8	(0.7)	4.7	(0.6)	92.6	(0.9)	0.9	(0.3)
アルバータ（カナダ）	0.1	(0.1)	1.0	(0.3)	97.5	(0.4)	1.4	(0.3)
イングランド（イギリス）	1.4	(0.3)	1.7	(0.3)	95.2	(0.5)	1.6	(0.3)
フランドル（ベルギー）	2.6	(0.3)	85.4	(0.8)	11.8	(0.8)	0.2	(0.1)
参加国平均	2.3	(0.1)	7.1	(0.1)	89.5	(0.1)	1.4	(0.0)
アメリカ	0.1	(0.1)	0.4	(0.2)	98.0	(0.5)	1.4	(0.4)

1. 学歴のカテゴリーは、国際教育標準分類（ISCED）に基づく。
・ISCED 5A の課程は、一般的に学修期間が長く理論志向が強い。他方、ISCED 5B の課程は、多くの場合学修期間が短く、より実践的でスキルの獲得を目指す傾向が強い。ここでは、ISCED 5A（Bachelor：学士課程）と ISCED 5A（Master：修士課程）とを区別しなかった。
2. 学士課程がここに含まれる国もある。
出所：OECD（2014）Table 2.2.

表2.2.2は、公的な教育（教員養成課程）や研修プログラムの修了状況及びその内容について示したものである。その修了状況をみると、参加国平均が89.8%となっており、いずれの国も70%以上の教員が修了している。日本は87.8%と参加国平均並みの修了率である[5]。

回答者である教員が実際に受けたと回答した教育・研修の内容についてみると、参加国平均は「担当教科の内容」「担当教科の指導法」「担当教科の指導実践（教育実習、インターンシップ）」いずれについても、「全ての担当教科について含まれていた」が約70%、「一部の担当教科について含まれていた」が約20%となっている。日本は、担当教科の内容・指導法・指導実践が全ての担当教科について含まれていたという回答が約70%であるのは参加国平均とほぼ同様であるが、一部の担当教科について含まれていたという回答は約30%と参加国平均よりもやや高い傾向があった。

「担当教科の内容」については、参加国平均をみると「全ての担当教科について含まれていた」が72.5%、「一部の担当教科に含まれていた」が22.6%であり、日本はそれぞれ71.2%、27.3%であった。「全ての担当教科に含まれていた」と回答した教員が90%を超える国がある一方、50%に達していない国もあり、教育・研修において、必ずしも担当している教科の内容を学んでいない国もあることが示されている。

「担当教科の指導法」については、参加国平均は「全ての担当教科について含まれていた」が69.6%、「一部の担当教科に含まれていた」が22.7%であるところ、日本はそれぞれ67.6%、29.7%であった「担当教科の指導実践」については、参加国平均は「全ての担当教科について含まれていた」が67.1%、「一部の担当教科に含まれていた」が22.0%であるところ、日本はそれぞれ69.5%、28.2%であり、参加国平均よりもやや高い数値となっている。

表2.2.2　教員養成課程あるいは研修プログラムの修了状況とその内容

国名	教員養成課程や研修プログラムを修了した割合	公的な教育や研修に含まれていた内容					
		担当教科の内容		担当教科の指導法		担当教科の指導実践（教育実習、インターンシップ）	
		全ての担当教科について含まれていた	一部の担当教科について含まれていた	全ての担当教科について含まれていた	一部の担当教科について含まれていた	全ての担当教科について含まれていた	一部の担当教科について含まれていた
	% (S.E.)	% (S.E.)	% (S.E.)	% (S.E.)	% (S.E.)	% (S.E.)	% (S.E.)
日本	87.8 (0.7)	71.2 (0.9)	27.3 (0.9)	67.6 (0.9)	29.7 (0.9)	69.5 (0.8)	28.2 (0.8)
参加国平均	89.8 (0.1)	72.5 (0.2)	22.6 (0.2)	69.6 (0.2)	22.7 (0.2)	67.1 (0.2)	22.0 (0.2)

教員養成課程や研修プログラムを修了し、その内容に各項目が含まれていたと回答した教員の割合。
出所：OECD（2014）Table 2.3より抜粋。

---

5. 日本の場合、臨時免許状所有者である教員や、非正規及び私立学校の教員も回答しているため、修了率が100%にならない。なお、初任者研修の状況については第4章参照。

第2章　教員と学校の概要

　表2.2.3は、授業を行う際、教育内容、指導法、指導実践のそれぞれについて、どの程度準備できていると思うか、ということについて教員に尋ねた際の回答をみたものである。

　「担当教科の内容」についての参加国平均をみると、「非常に良くできている」「できている」「ある程度できている」「まったくできていない」と回答したのは、それぞれ60.3%、33.0%、5.5%、1.2%となっている。

　これに対し日本の教員は、「非常に良くできている」「できている」「ある程度できている」「まったくできていない」と回答したのは、それぞれ14.6%、61.5%、23.3%、0.6%となっている。日本は「非常に良くできている」と回答した割合は最も低いものの、「できている」「ある程度できている」を回答する割合の合計が参加国の中で一番高く（84.8%）、「非常に良くできている」「できている」「ある程度できている」と回答した合計は99.4%で参加国平均とほぼ同じであり、ほとんどの教員が「教科の内容」について準備ができていると感じていることがわかる。

　「担当教科の指導法」「担当教科の指導実践」についても「教科の内容」と同様の回答の傾向が見られる。「担当教科の指導法」についての参加国平均をみると、「非常に良くできている」「できている」「ある程度できている」「まったくできていない」と回答したのは、それぞれ44.7%、44.2%、9.7%、1.4%であったのに対し、日本はそれぞれ10.2%、59.7%、29.3%、0.8%となっており、フランスやフィンランドにおいても日本と同じような回答の傾向を示している。

　また、「担当教科の指導実践」についても参加国平均がそれぞれ49.7%、38.9%、9.5%、1.9%となっており、日本はそれぞれ10.1%、57.8%、30.6%、1.4%となっている。

　以上の三項目を比較すると、「教科の内容」よりも「担当教科の指導実践」や「担当教科の指導法」の方が、「非常によくできている」「できている」と回答している割合が若干少なくなっており、日本も参加国平均も同様の傾向があることがわかる。

　さらに、教員が何によって準備ができていると感じるのか、公的な教育（教員養成課程）に含まれていた内容によってロジスティック回帰分析を行った結果（表2.2.4）では、教員養成課程など公的な教育において、担当教科の内容や指導法、指導実践が含まれていると、実際に教壇に立つ際に、これらに対する準備ができていないと感じる割合が少ない傾向にある。さらに、「一部の担当教科」よりも「全ての担当教科」について含まれていたと回答していた方が、強い関連が見られた。

表 2.2.3 [1/3] 授業の準備状況についての教員の受け止め方

国　名	担当教科の内容							
	まったくできていない		ある程度できている		できている		非常に良くできている	
	%	S.E.	%	S.E.	%	S.E.	%	S.E.
オーストラリア	0.8	(0.3)	6.6	(0.9)	26.9	(1.2)	65.7	(1.3)
ブラジル	0.4	(0.1)	1.2	(0.2)	38.2	(1.0)	60.2	(1.0)
ブルガリア	1.1	(0.2)	6.8	(0.6)	25.2	(1.1)	66.9	(1.2)
チリ	0.1	(0.1)	3.3	(0.6)	36.7	(1.7)	59.9	(1.7)
クロアチア	0.2	(0.1)	1.6	(0.2)	20.7	(0.8)	77.6	(0.8)
キプロス	0.4	(0.2)	0.7	(0.2)	13.3	(0.8)	85.6	(0.8)
チェコ	0.2	(0.1)	1.2	(0.2)	40.2	(0.9)	58.4	(1.0)
デンマーク	0.2	(0.1)	7.1	(0.8)	43.9	(1.5)	48.8	(1.5)
エストニア	0.6	(0.2)	1.5	(0.3)	21.1	(1.0)	76.8	(1.1)
フィンランド	2.4	(0.3)	25.5	(1.0)	46.4	(1.1)	25.8	(1.0)
フランス	1.2	(0.2)	8.4	(0.5)	46.2	(1.0)	44.2	(1.1)
アイスランド	2.5	(0.4)	14.4	(1.0)	38.7	(1.2)	44.5	(1.2)
イスラエル	0.4	(0.2)	0.5	(0.1)	7.1	(0.6)	92.1	(0.6)
イタリア	0.1	(0.1)	4.2	(0.4)	55.6	(1.0)	40.1	(1.0)
日本	0.6	(0.1)	23.3	(0.9)	61.5	(0.9)	14.6	(0.6)
韓国	2.7	(0.3)	14.1	(0.7)	35.8	(1.1)	47.5	(1.1)
ラトビア	0.0	(0.0)	1.4	(0.2)	44.3	(1.1)	54.3	(1.1)
マレーシア	0.1	(0.1)	0.1	(0.1)	15.4	(0.8)	84.3	(0.8)
メキシコ	19.1	(0.9)	4.6	(0.4)	36.1	(1.1)	40.2	(1.2)
オランダ	0.8	(0.2)	6.2	(0.6)	48.1	(1.5)	44.9	(1.5)
ノルウェー	0.6	(0.2)	6.4	(0.8)	54.5	(1.3)	38.5	(1.2)
ポーランド	0.2	(0.1)	1.4	(0.6)	23.0	(0.9)	75.4	(1.2)
ポルトガル	0.2	(0.1)	1.6	(0.2)	28.2	(0.9)	70.0	(0.9)
ルーマニア	0.1	(0.0)	0.1	(0.1)	16.2	(1.2)	83.6	(1.2)
セルビア	0.6	(0.2)	0.6	(0.1)	16.9	(0.7)	81.9	(0.7)
シンガポール	0.8	(0.2)	13.4	(0.6)	50.5	(0.9)	35.3	(0.9)
スロバキア	0.2	(0.1)	0.8	(0.2)	28.0	(1.1)	71.0	(1.1)
スペイン	0.2	(0.1)	0.9	(0.2)	24.0	(1.0)	75.0	(1.0)
スウェーデン	0.6	(0.2)	2.6	(0.3)	33.1	(1.1)	63.7	(1.2)
地域としての参加								
アブダビ（アラブ首長国連邦）	0.9	(0.2)	2.0	(0.4)	13.8	(1.0)	83.2	(1.1)
アルバータ（カナダ）	0.7	(0.2)	10.7	(0.7)	32.3	(1.4)	56.2	(1.5)
イングランド（イギリス）	1.4	(0.4)	5.5	(0.5)	25.2	(0.9)	67.9	(1.0)
フランドル（ベルギー）	0.7	(0.2)	3.7	(0.3)	40.2	(1.0)	55.3	(1.1)
参加国平均	1.2	(0.2)	5.5	(0.5)	33.0	(1.0)	60.3	(1.1)
アメリカ	0.3	(0.3)	4.7	(0.6)	23.3	(1.2)	71.7	(1.1)

出所：OECD（2014）Table 2.4 web.

表 2.2.3 [2/3] 授業の準備状況についての教員の受け止め方

以下の項目に対する教員の授業準備の程度
担当教科の指導法

国　名	まったくできていない %	S.E.	ある程度できている %	S.E.	できている %	S.E.	非常に良くできている %	S.E.
オーストラリア	0.8	(0.2)	8.6	(0.8)	39.0	(1.3)	51.6	(1.5)
ブラジル	0.8	(0.1)	6.4	(0.4)	54.8	(1.0)	38.0	(1.0)
ブルガリア	1.8	(0.3)	9.3	(0.6)	33.6	(1.4)	55.3	(1.5)
チリ	0.2	(0.1)	3.0	(0.5)	40.3	(1.4)	56.5	(1.5)
クロアチア	0.7	(0.2)	6.9	(0.5)	40.4	(0.8)	52.0	(0.9)
キプロス	0.4	(0.2)	2.9	(0.5)	32.4	(1.1)	64.3	(1.2)
チェコ	0.3	(0.1)	8.2	(0.5)	51.5	(0.9)	40.0	(1.0)
デンマーク	0.2	(0.1)	15.3	(0.9)	50.2	(1.5)	34.3	(1.4)
エストニア	0.5	(0.1)	2.6	(0.3)	36.1	(1.1)	60.8	(1.2)
フィンランド	2.5	(0.3)	33.4	(1.0)	48.4	(1.0)	15.6	(0.7)
フランス	6.9	(0.5)	32.8	(1.0)	48.5	(1.1)	11.8	(0.6)
アイスランド	2.4	(0.4)	19.2	(1.1)	45.6	(1.4)	32.9	(1.2)
イスラエル	0.5	(0.2)	0.7	(0.2)	17.1	(0.8)	81.8	(0.9)
イタリア	0.3	(0.1)	9.5	(0.5)	60.7	(1.0)	29.5	(1.0)
日本	**0.8**	**(0.1)**	**29.3**	**(1.0)**	**59.7**	**(1.0)**	**10.2**	**(0.6)**
韓国	2.9	(0.3)	16.4	(0.7)	44.1	(1.1)	36.6	(1.1)
ラトビア	0.1	(0.1)	3.0	(0.4)	55.2	(1.2)	41.7	(1.2)
マレーシア	0.3	(0.1)	0.7	(0.1)	34.1	(1.1)	65.0	(1.1)
メキシコ	15.1	(0.7)	8.9	(0.6)	43.8	(1.1)	32.2	(1.0)
オランダ	1.4	(0.3)	13.3	(1.1)	57.1	(1.6)	28.3	(1.2)
ノルウェー	0.6	(0.2)	10.8	(1.1)	62.0	(1.3)	26.5	(1.5)
ポーランド	0.2	(0.1)	2.3	(0.6)	33.3	(0.9)	64.1	(1.1)
ポルトガル	0.3	(0.1)	4.7	(0.4)	47.1	(0.9)	47.9	(0.9)
ルーマニア	0.1	(0.1)	1.4	(0.3)	33.8	(1.3)	64.7	(1.4)
セルビア	0.7	(0.2)	2.4	(0.3)	33.0	(1.0)	64.0	(1.0)
シンガポール	0.6	(0.1)	19.2	(0.8)	57.3	(0.9)	22.9	(0.8)
スロバキア	0.2	(0.1)	2.5	(0.3)	42.9	(1.0)	54.3	(1.1)
スペイン	0.6	(0.2)	8.2	(0.6)	54.6	(0.9)	36.6	(1.0)
スウェーデン	1.2	(0.2)	9.0	(0.6)	44.8	(1.1)	45.1	(1.2)
地域としての参加								
アブダビ（アラブ首長国連邦）	0.7	(0.2)	3.2	(0.4)	23.8	(1.2)	72.4	(1.3)
アルバータ（カナダ）	0.9	(0.3)	10.2	(0.7)	41.1	(1.3)	47.7	(1.4)
イングランド（イギリス）	1.1	(0.2)	8.4	(0.8)	36.8	(1.4)	53.7	(1.0)
フランドル（ベルギー）	0.9	(0.2)	6.5	(0.5)	55.0	(1.2)	37.7	(1.2)
参加国平均	**1.4**	**(0.2)**	**9.7**	**(0.6)**	**44.2**	**(1.1)**	**44.7**	**(1.1)**
アメリカ	0.6	(0.2)	7.8	(0.9)	37.2	(1.2)	54.3	(1.5)

出所：OECD（2014）Table 2.4 web.

表2.2.3 [3/3] 授業の準備状況についての教員の受け止め方

国　名	以下の項目に対する教員の授業準備の程度							
	担当教科の指導実践							
	まったくできていない		ある程度できている		できている		非常に良くできている	
	%	S.E.	%	S.E.	%	S.E.	%	S.E.
オーストラリア	0.8	(0.2)	7.9	(1.0)	30.6	(1.2)	60.7	(1.4)
ブラジル	0.5	(0.1)	3.0	(0.2)	42.4	(1.0)	54.1	(1.0)
ブルガリア	2.4	(0.4)	10.4	(0.7)	29.9	(1.2)	57.4	(1.4)
チリ	0.3	(0.1)	2.7	(0.5)	37.4	(1.4)	59.5	(1.5)
クロアチア	1.5	(0.2)	9.3	(0.5)	34.1	(0.8)	55.1	(1.0)
キプロス	0.7	(0.2)	2.5	(0.4)	24.6	(1.1)	72.2	(1.2)
チェコ	0.9	(0.2)	9.8	(0.6)	43.8	(0.8)	45.5	(0.9)
デンマーク	0.6	(0.2)	11.4	(0.8)	42.6	(1.3)	45.4	(1.4)
エストニア	1.6	(0.3)	4.6	(0.4)	34.4	(1.0)	59.4	(1.0)
フィンランド	3.5	(0.3)	30.6	(1.0)	44.3	(0.9)	21.7	(0.8)
フランス	7.8	(0.5)	34.3	(0.7)	46.6	(0.9)	11.3	(0.6)
アイスランド	3.5	(0.4)	18.2	(1.1)	35.2	(1.2)	43.1	(1.2)
イスラエル	0.6	(0.2)	1.3	(0.2)	19.7	(0.8)	78.4	(0.8)
イタリア	0.4	(0.1)	8.4	(0.5)	57.9	(1.1)	33.3	(1.1)
日本	1.4	(0.2)	30.6	(1.0)	57.8	(0.9)	10.1	(0.6)
韓国	4.1	(0.4)	17.9	(0.7)	41.3	(1.1)	36.7	(1.1)
ラトビア	0.4	(0.1)	4.4	(0.6)	53.5	(1.4)	41.7	(1.2)
マレーシア	0.1	(0.1)	0.4	(0.1)	28.5	(1.1)	71.0	(1.1)
メキシコ	17.1	(0.8)	7.7	(0.6)	38.0	(0.8)	37.3	(1.0)
オランダ	2.7	(0.4)	15.8	(1.1)	47.8	(1.4)	33.7	(1.6)
ノルウェー	0.6	(0.2)	8.2	(1.1)	56.6	(1.6)	34.6	(1.4)
ポーランド	0.5	(0.1)	3.8	(0.7)	29.2	(0.8)	66.5	(1.1)
ポルトガル	0.1	(0.1)	4.7	(0.4)	44.6	(0.9)	50.6	(0.9)
ルーマニア	0.2	(0.1)	1.7	(0.3)	23.7	(1.1)	74.4	(1.2)
セルビア	0.7	(0.2)	1.6	(0.2)	29.7	(1.1)	68.1	(1.1)
シンガポール	1.1	(0.2)	20.1	(0.7)	54.7	(0.9)	24.1	(0.9)
スロバキア	1.3	(0.4)	3.4	(0.4)	39.1	(1.3)	56.2	(1.3)
スペイン	0.9	(0.2)	6.5	(0.5)	47.0	(1.1)	45.6	(1.0)
スウェーデン	1.1	(0.2)	8.7	(0.6)	35.7	(1.1)	54.5	(1.2)
地域としての参加								
アブダビ（アラブ首長国連邦）	0.6	(0.1)	2.0	(0.4)	17.8	(1.0)	79.7	(1.1)
アルバータ（カナダ）	1.3	(0.3)	8.4	(0.6)	33.3	(1.3)	57.0	(1.3)
イングランド（イギリス）	0.9	(0.2)	6.3	(0.5)	31.5	(1.0)	61.3	(1.0)
フランドル（ベルギー）	1.5	(0.3)	8.4	(0.6)	51.1	(0.9)	39.1	(1.1)
参加国平均	1.9	(0.2)	9.5	(0.6)	38.9	(1.1)	49.7	(1.1)
アメリカ	0.7	(0.2)	8.0	(0.9)	31.5	(1.4)	59.8	(1.5)

出所：OECD（2014）Table 2.4 web.

第 2 章　教員と学校の概要

表 2.2.4　教員の授業準備の分析（ロジスティック回帰分析）[1,2]

国　名	担当教科の内容が準備できている[3] 説明変数 担当教科の内容が公的な教育や研修の「全ての担当教科」に含まれていた β	オッズ比	担当教科の内容が公的な教育や研修の「一部の担当教科」に含まれていた β	オッズ比	担当教科の指導方法が準備できている[3] 説明変数 担当教科の指導方法が公的な教育や研修の「全ての担当教科」に含まれていた β	オッズ比	担当教科の指導方法が公的な教育や研修の「一部の担当教科」に含まれていた β	オッズ比	担当教科の指導実践が準備できている[3] 説明変数 担当教科の指導実践が公的な教育や研修の「全ての担当教科」に含まれていた β	オッズ比	担当教科の指導実践が公的な教育や研修の「一部の担当教科」に含まれていた β	オッズ比
オーストラリア	1.5	4.6	0.6	1.8	1.9	6.7	1.2	3.4	1.2	3.5	1.0	2.7
ブラジル	1.8	5.9	0.5	1.6	2.0	7.2	0.8	2.3	0.7	2.0	0.4	1.6
ブルガリア	3.1	22.6	1.5	4.6	2.9	18.7	1.6	4.9	2.7	14.9	1.6	5.2
チリ	0.9	2.4	-0.9	0.4	2.2	8.7	0.9	2.4	1.0	2.8	-0.2	0.8
クロアチア	2.0	7.2			1.0	2.7	0.5	1.6	1.2	3.5	0.3	1.4
チェコ	2.1	7.8	1.3	3.7	0.7	2.1	0.5	1.7	0.3	1.3		
デンマーク	1.0	2.7	0.4	1.4	0.9	2.5	0.0	1.0	0.7	2.0	0.2	1.3
エストニア	1.7	5.6	0.6	1.8	1.7	5.5	1.2	3.4	2.2	9.4	1.4	4.0
フィンランド	1.9	6.5	1.1	3.0	1.7	5.5	0.9	2.4	2.0	7.1	1.6	4.8
フランス	2.6	13.0	1.3	3.5	1.6	4.8	0.7	1.9	1.1	2.9	0.3	1.3
アイスランド	1.4	3.9	0.5	1.7	2.2	8.6	1.1	2.9	1.1	3.1	0.5	1.6
イスラエル	2.0	7.2	0.8	2.3	2.9	17.6	1.4	4.0	2.3	9.9	1.1	3.0
イタリア	0.4	1.5	-0.8	0.4	1.3	3.9	0.7	2.0	0.5	1.7	-0.1	0.9
日本	0.6	1.9	0.1	1.1	0.3	1.4	-0.2	0.8	0.7	2.0	0.2	1.3
韓国	1.2	3.3	-0.1	0.9	1.6	5.0	0.6	1.7	1.4	4.0	0.3	1.4
ラトビア	2.5	11.7	0.7	2.0	2.2	9.0			1.7	5.5	1.2	3.5
マレーシア												
メキシコ	-0.4	0.7	0.2	1.2	-0.2	0.8	0.2	1.2	-0.3	0.8	0.1	1.1
オランダ	1.3	3.8	0.5	1.6	0.4	1.5			1.0	2.7	0.8	2.3
ノルウェー	0.7	2.0			2.3	9.5	1.1	2.9	1.9	6.9	0.9	2.6
ポーランド	2.2	8.6	1.0	2.7	1.7	5.6	1.5	4.4	1.7	5.6	1.2	3.2
ポルトガル	1.4	4.1			2.3	9.9	1.0	2.8	1.7	5.4	0.4	1.5
ルーマニア	1.4	4.1	1.7	5.6	3.3	26.4	2.4	11.4	2.4	1.6	1.7	5.4
セルビア												
シンガポール	1.0	2.9			1.0	2.7			0.9	2.5		
スロバキア	1.5	4.6	0.6	1.8	1.5	4.5	1.2	3.4	1.6	4.8	1.5	4.4
スペイン	2.1	8.0	1.3	3.6	1.8	5.9	0.8	2.2	1.2	3.3	0.4	1.5
スウェーデン	2.2	8.6	1.6	4.8	2.1	8.2	1.2	3.2	0.8	2.3	0.2	1.1
地域としての参加												
アブダビ（アラブ首長国連邦）	1.2	3.2	0.8	2.3	1.9	6.9	1.1	3.1	1.2	3.2		
アルバータ（カナダ）	1.7	5.2	0.5	1.7	2.1	8.5	0.9	2.3	1.1	3.1		
イングランド（イギリス）	1.8	5.8	0.8	2.2	1.9	6.7	1.0	2.6	1.4	4.1	0.7	2.0
フランドル（ベルギー）	2.3	9.5	1.4	3.9	1.5	4.4	1.2	3.2	1.4	4.2	1.1	3.1

1. 5％水準で統計的に有意な関連が見られない場合には空欄とする。
2. 細字の数値は標本の 5％未満のケースを基にしたデータであり、解釈には注意が必要である。
3. 「まったくできていない」「ある程度できている」と回答した教員を参照カテゴリとした。
出所：OECD（2014）Table 2.5.

2.3 教員の勤務経験と雇用形態

　本節では、教員の勤務年数や職務の内容、他の職業の経験について示している。OECD（2014）は、これらは教員の技能と能力を考察するのに役立つものであり、特に最初の5年間については、経験年数が生徒の学習状況に影響するという研究[6]があることを指摘している。

　表 2.3.1 は、教員の勤務経験について示している。この表では、「現在の学校での教員としての通算勤務年数」「教員としての通算勤務年数」「他の教育関係の仕事（教育委員会の指導主事等を含む）での勤務年数（教員としての年数は含まない）」「上記以外の仕事での勤務年数」それぞれの平均年数を示している。

　「現在の学校での教員としての通算勤務年数」の参加国平均は 9.8 年であるが、日本の公立学校では定期的な人事異動が行われているため、日本は 4.5 年と韓国と同様、最も少ない年数となっている。参加国の半数以上の国々で平均通算勤務年数が 10 年を超えている。

　「教員としての通算勤務年数」の参加国平均は 16.2 年であり、日本は 17.4 年と参加国平均並みである。また、「教員としての通算勤務年数」が 20 年以上であると回答した日本の教員の割合は 43.0%（参加国平均は 32.6%）となっており、教員の高年齢化が進んでいることや職業の流動性が低いことが背景にあると考えられる。

　「他の教育関係の仕事での勤務年数」の参加国平均は 2.7 年であり、日本は 0.6 年と参加国中最も少ない年数となっている。また、「上記以外の仕事での勤務年数」についても参加国平均は 3.8 年である中、日本の平均年数は 0.8 年となっており、他の仕事から教職に就く教員が少ないことがわかる。

　表 2.3.2 は、教員としての、現在の雇用状況について示したものである。常勤職員（常時勤務の 91% 以上の労働時間を教員としての業務に費やしている職員）は、参加国平均は 82.4% となっているが、日本は 96.2% という結果が示されている。

　質問紙では、非常勤職員として働いている理由も尋ねているが、参加国平均では、「非常勤で働くことを自ら選んだ」との回答が 52.2%、「常勤で働くことができなかった」との回答が 47.8% となっており約半数ずつであったが、日本の場合、それぞれ 67.2%、32.8% の回答となっており、自ら選んだと回答している割合が多くなっている。

　表 2.3.3 は、現在の学校における教員としての雇用形態を示しており、参加国平均でみると、「終身雇用」という契約で雇われている教員の割合は 82.5%、「1 年を超える有期雇用契約」は 5.8%、「1 年以下の有期雇用契約」は 11.9% となっている。日本はそれぞれ 80.1%、6.3%、13.6% と参加国平均と類似する傾向となっている。

---

6. Rockoff, J.E. (2004), "The impact of individual teachers on students' achievement: Evidence from panel data", *American Economic Review*, Vol. 94/2, pp. 247-252.

表 2.3.1　教員の平均勤務年数

国　名	現在の学校での教員としての通算勤務年数 平均	S.E.	教員としての通算勤務年数 平均	S.E.	他の教育関係の仕事での勤務年数 平均	S.E.	その他の仕事での勤務年数 平均	S.E.
オーストラリア	8.7	(0.2)	16.7	(0.3)	1.8	(0.1)	5.6	(0.2)
ブラジル	7.0	(0.2)	13.6	(0.2)	3.7	(0.1)	6.6	(0.1)
ブルガリア	14.5	(0.3)	21.5	(0.2)	3.3	(0.3)	5.7	(0.2)
チリ	9.8	(0.4)	15.1	(0.5)	6.3	(0.3)	4.2	(0.2)
クロアチア	12.8	(0.2)	15.7	(0.3)	1.5	(0.2)	3.8	(0.2)
キプロス	4.8	(0.1)	13.4	(0.2)	4.0	(0.2)	5.9	(0.2)
チェコ	12.7	(0.2)	17.7	(0.3)	1.2	(0.1)	1.8	(0.1)
デンマーク	12.0	(0.4)	16.1	(0.3)	1.9	(0.1)	4.4	(0.2)
エストニア	14.4	(0.3)	21.6	(0.3)	3.4	(0.2)	4.2	(0.2)
フィンランド	10.5	(0.2)	15.5	(0.2)	1.2	(0.1)	3.2	(0.1)
フランス	9.4	(0.2)	17.1	(0.3)	2.0	(0.1)	1.6	(0.1)
アイスランド	10.0	(0.2)	14.3	(0.3)	4.0	(0.2)	9.6	(0.3)
イスラエル	10.7	(0.3)	16.1	(0.4)	3.0	(0.1)	3.6	(0.1)
イタリア	8.1	(0.2)	19.8	(0.3)	1.2	(0.1)	2.9	(0.1)
日本	4.5	(0.1)	17.4	(0.2)	0.6	(0.0)	0.8	(0.1)
韓国	3.9	(0.2)	16.4	(0.3)	0.9	(0.1)	0.7	(0.0)
ラトビア	15.6	(0.4)	22.0	(0.4)	3.4	(0.2)	3.6	(0.2)
マレーシア	7.2	(0.2)	13.6	(0.3)	1.2	(0.1)	0.7	(0.0)
メキシコ	11.3	(0.3)	15.8	(0.3)	4.5	(0.3)	7.4	(0.4)
オランダ	10.7	(0.3)	15.7	(0.3)	3.3	(0.2)	5.0	(0.3)
ノルウェー	10.8	(0.4)	15.5	(0.4)	1.9	(0.1)	4.2	(0.2)
ポーランド	11.2	(0.2)	17.1	(0.2)	2.1	(0.1)	1.8	(0.1)
ポルトガル	10.4	(0.2)	19.4	(0.2)	3.4	(0.2)	1.8	(0.1)
ルーマニア	10.4	(0.2)	16.5	(0.3)	4.5	(0.3)	2.5	(0.1)
セルビア	11.1	(0.2)	14.9	(0.2)	9.6	(0.4)	4.7	(0.2)
シンガポール	5.6	(0.1)	9.7	(0.2)	1.2	(0.1)	1.9	(0.1)
スロバキア	12.2	(0.3)	17.7	(0.3)	1.4	(0.1)	2.0	(0.1)
スペイン	9.2	(0.2)	18.3	(0.3)	2.8	(0.1)	3.2	(0.1)
スウェーデン	9.8	(0.2)	16.4	(0.3)	2.6	(0.1)	5.7	(0.1)
地域としての参加								
アブダビ（アラブ首長国連邦）	5.5	(0.2)	12.8	(0.2)	1.4	(0.1)	1.4	(0.1)
アルバータ（カナダ）	7.1	(0.3)	12.9	(0.3)	2.4	(0.1)	7.0	(0.2)
イングランド（イギリス）	7.9	(0.3)	12.4	(0.3)	1.6	(0.1)	5.3	(0.2)
フランドル（ベルギー）	12.7	(0.2)	15.2	(0.2)	0.8	(0.1)	2.1	(0.1)
参加国平均	9.8	(0.0)	16.2	(0.0)	2.7	(0.0)	3.8	(0.0)
アメリカ	8.7	(0.3)	13.8	(0.4)	3.0	(0.2)	8.1	(0.3)

出所：OECD（2014）Table 2.6.

表 2.3.2 教員の雇用状況（常勤・非常勤の別）

国　名	常勤 (常時勤務の 91%以上の 労働時間) %	S.E.	非常勤 (常時勤務の 71%以上 90%以下の 労働時間) %	S.E.	非常勤 (常時勤務の 50%以上 70%以下の 労働時間) %	S.E.	非常勤 (常時勤務の 50%未満の 労働時間) %	S.E.	非常勤で働く ことを自ら 選んだ %	S.E.	常勤で働く ことができな かった %	S.E.
オーストラリア	84.3	(1.2)	7.9	(0.5)	5.3	(0.6)	2.5	(0.5)	89.9	(1.5)	10.1	(1.5)
ブラジル	40.3	(1.2)	15.9	(0.6)	30.5	(0.9)	13.3	(0.6)	50.9	(1.4)	49.1	(1.4)
ブルガリア	92.8	(0.7)	3.3	(0.5)	3.0	(0.4)	0.9	(0.3)	24.8	(4.1)	75.2	(4.1)
チリ	68.5	(1.6)	18.2	(1.3)	9.2	(0.8)	4.1	(0.6)	35.8	(2.5)	64.2	(2.5)
クロアチア	87.3	(0.7)	4.4	(0.4)	4.6	(0.4)	3.7	(0.4)	11.2	(1.5)	88.8	(1.5)
キプロス	95.0	(0.6)	2.5	(0.4)	1.1	(0.3)	1.4	(0.3)	12.2	(3.2)	87.8	(3.2)
チェコ	81.1	(0.9)	6.8	(0.6)	6.3	(0.5)	5.9	(0.5)	60.6	(2.4)	39.4	(2.4)
デンマーク	89.6	(1.0)	7.6	(0.8)	1.6	(0.3)	1.2	(0.3)	86.3	(2.5)	13.7	(2.5)
エストニア	65.4	(1.5)	12.5	(0.8)	11.8	(0.7)	10.4	(0.7)	35.0	(1.8)	65.0	(1.8)
フィンランド	94.2	(0.6)	2.7	(0.3)	1.9	(0.3)	1.2	(0.3)	55.2	(4.1)	44.8	(4.1)
フランス	84.8	(0.9)	10.3	(0.7)	4.5	(0.5)	0.4	(0.1)	85.7	(2.2)	14.3	(2.2)
アイスランド	83.6	(0.8)	7.8	(0.6)	5.5	(0.6)	3.1	(0.4)	74.7	(3.0)	25.3	(3.0)
イスラエル	73.3	(1.5)	11.5	(1.3)	9.0	(0.5)	6.2	(0.7)	53.4	(2.5)	46.6	(2.5)
イタリア	89.1	(0.7)	3.3	(0.4)	5.2	(0.5)	2.5	(0.3)	49.0	(3.2)	51.0	(3.2)
日本	96.2	(0.6)	1.3	(0.3)	1.2	(0.2)	1.3	(0.3)	67.2	(5.3)	32.8	(5.3)
韓国	99.3	(0.2)	0.2	(0.1)	0.4	(0.1)	0.1	(0.1)	63.7	(13.4)	36.3	(13.4)
ラトビア	82.4	(0.9)	6.5	(0.4)	6.1	(0.6)	5.1	(0.6)	27.8	(2.9)	72.2	(2.9)
マレーシア	97.3	(0.4)	1.9	(0.4)	0.7	(0.2)	0.1	(0.0)	52.2	(6.3)	47.8	(6.3)
メキシコ	40.4	(1.6)	14.5	(0.7)	21.1	(1.0)	24.0	(1.1)	19.4	(1.6)	80.6	(1.6)
オランダ	43.4	(1.8)	28.6	(1.5)	18.5	(1.2)	9.5	(1.4)	87.0	(1.7)	13.0	(1.7)
ノルウェー	79.9	(1.4)	11.2	(1.0)	7.0	(0.4)	1.9	(0.3)	84.8	(2.3)	15.2	(2.3)
ポーランド	81.0	(1.3)	4.5	(0.4)	8.7	(0.7)	5.7	(0.9)	23.4	(2.8)	76.6	(2.8)
ポルトガル	94.5	(0.5)	2.4	(0.3)	1.3	(0.2)	1.8	(0.3)	7.4	(1.7)	92.6	(1.7)
ルーマニア	91.6	(0.8)	2.0	(0.4)	3.3	(0.4)	3.1	(0.6)	23.8	(3.8)	76.2	(3.8)
セルビア	81.3	(1.0)	8.7	(0.6)	5.1	(0.5)	4.9	(0.4)	3.8	(0.8)	96.2	(0.8)
シンガポール	96.5	(0.3)	1.9	(0.2)	1.6	(0.2)	0.1	(0.1)	93.7	(2.1)	6.3	(2.1)
スロバキア	88.3	(0.7)	3.1	(0.4)	2.9	(0.3)	5.7	(0.5)	45.0	(2.8)	55.0	(2.8)
スペイン	89.2	(0.9)	3.3	(0.4)	4.5	(0.5)	3.0	(0.4)	28.3	(2.9)	71.7	(2.9)
スウェーデン	78.3	(1.0)	14.4	(0.8)	5.7	(0.4)	1.6	(0.3)	78.9	(2.0)	21.1	(2.0)
地域としての参加												
アブダビ（アラブ首長国連邦）	98.7	(0.3)	0.9	(0.2)	0.3	(0.2)	0.1	(0.0)	60.5	(9.8)	39.5	(9.8)
アルバータ（カナダ）	91.1	(1.1)	3.4	(0.6)	4.2	(0.5)	1.3	(0.3)	66.2	(4.3)	33.8	(4.3)
イングランド（イギリス）	86.4	(0.9)	5.2	(0.5)	6.7	(0.6)	1.7	(0.3)	89.7	(2.8)	10.3	(2.8)
フランドル（ベルギー）	74.7	(1.1)	12.1	(0.7)	11.0	(0.8)	2.3	(0.4)	75.4	(1.7)	24.6	(1.7)
参加国平均	82.4	(0.2)	7.3	(0.1)	6.4	(0.1)	3.9	(0.1)	52.2	(0.7)	47.8	(0.7)
アメリカ	96.3	(0.9)	1.1	(0.2)	1.9	(0.6)	0.6	(0.3)	64.9	(10.0)	35.1	(10.0)

出所：OECD（2014）Table 2.7.

表 2.3.3　教員の雇用形態（終身・有期の別）[1]

国　名	終身雇用 %	S.E.	1年を超える有期雇用契約 %	S.E.	1年以下の有期雇用契約 %	S.E.
オーストラリア	87.4	(1.1)	3.8	(0.5)	8.9	(0.9)
ブラジル	76.5	(0.9)	7.8	(0.5)	15.7	(0.8)
ブルガリア	87.1	(1.1)	4.5	(0.5)	8.4	(0.8)
チリ	62.9	(1.7)	18.6	(1.4)	18.5	(1.4)
クロアチア	92.5	(0.6)	3.5	(0.4)	4.0	(0.4)
キプロス	73.1	(1.0)	6.8	(0.5)	20.1	(1.0)
チェコ	82.3	(0.9)	5.2	(0.5)	12.5	(0.8)
デンマーク	95.7	(0.6)	1.0	(0.3)	3.3	(0.6)
エストニア	84.5	(0.8)	6.0	(0.6)	9.5	(0.6)
フィンランド	76.9	(1.1)	3.9	(0.4)	19.2	(0.9)
フランス	95.8	(0.5)	0.4	(0.1)	3.8	(0.4)
アイスランド	85.1	(0.9)	5.1	(0.6)	9.8	(0.7)
イスラエル	78.6	(1.4)	4.7	(0.5)	16.7	(1.3)
イタリア	81.5	(0.9)	a	a	18.5	(0.9)
日本	80.1	(0.9)	6.3	(0.5)	13.6	(0.7)
韓国	82.6	(0.9)	12.0	(0.8)	5.4	(0.5)
ラトビア	93.1	(0.6)	4.1	(0.4)	2.8	(0.5)
マレーシア	99.8	(0.1)	0.1	(0.1)	0.0	(0.0)
メキシコ	76.2	(1.1)	12.5	(0.7)	11.2	(1.0)
オランダ	84.0	(1.0)	2.5	(0.5)	13.5	(1.0)
ノルウェー	87.1	(1.0)	3.3	(0.5)	9.6	(0.8)
ポーランド	84.5	(1.6)	2.3	(0.4)	13.2	(1.6)
ポルトガル	75.7	(1.0)	9.1	(0.5)	15.2	(0.9)
ルーマニア	69.5	(1.3)	5.6	(0.5)	25.0	(1.3)
セルビア	82.1	(1.0)	4.4	(0.4)	13.5	(0.9)
シンガポール	90.1	(0.5)	7.1	(0.5)	2.8	(0.3)
スロバキア	80.9	(1.1)	4.6	(0.5)	14.5	(0.9)
スペイン	81.5	(1.0)	2.7	(0.3)	15.8	(1.0)
スウェーデン	89.1	(0.7)	1.8	(0.3)	9.1	(0.6)
地域としての参加						
アブダビ（アラブ首長国連邦）	50.0	(2.7)	26.0	(1.9)	23.9	(2.2)
アルバータ（カナダ）	80.2	(1.3)	3.1	(0.4)	16.7	(1.2)
イングランド（イギリス）	93.6	(0.5)	1.7	(0.3)	4.6	(0.5)
フランドル（ベルギー）	83.2	(1.0)	4.2	(0.5)	12.6	(0.7)
参加国平均	82.5	(0.2)	5.8	(0.1)	11.9	(0.2)
アメリカ	67.1	(2.6)	8.2	(1.5)	24.7	(2.3)

1. 計算に適さない「a」のセルがある国では、各カテゴリーを足した合計が100%とはならない。
出所：OECD（2014）Table 2.8.

2.4 学校の状況

　この節では、校長質問紙から得られた学校の状況・背景について分析を行う。教員の仕事は、学校の所在地、設置者、規模、生徒の特徴により大きく異なるものである。これら全ての要因は教員の勤務環境にとって大変重要なものであり、相互に影響し合うものである。

　OECD（2014）は、理想的な学校規模についての議論は、どの時代においても議論されてきた重要な論点であるとして、学校規模が、生徒や学校組織のもたらす成果に与える影響について、小規模の学校であれば全てがうまく機能することに対して、学校規模が大きくなればなるほど、教員と生徒の関係性の構築がより困難となり、社会経済的な問題を抱える生徒や、学習をするに当たり困難を抱える生徒を見落としがちになる可能性が高まるといった研究[7]を紹介している。

　学校の設置者別の教員数の割合については、参加国平均で国公立学校81.8%、私立学校19.4%となっている。日本は本調査では国公立学校89.9%、私立学校10.1%となっている。

　表2.4.1は、授業で使う言語が母語ではない生徒のいる学校の教員の割合を示したものである。参加国平均では、「1%以上10%以下」であるとした学校の教員が約半数の46.4%であり、次に「なし」であるとした学校の教員が32.2%、「11%以上30%以下」が10.8%となっている。日本は、「なし」という学校の教員が56.6%、「1%以上10%」が41.4%で、この両者でほぼ100%となり、授業で使う言語が母語ではない生徒の割合が11%以上の学校の教員は2.1%と非常に少ない割合となっている。

　表2.4.2は、特別な支援を要する生徒（精神的、身体的又は情緒的に困難な条件にあることによって、特別な学習を行う必要性が公式に認定されている生徒）のいる学校の教員の割合を示したものである。参加国平均では、「1%以上10%以下」が65.0%、「11%以上30%以下」が22.1%、「なし」が9.5%となっているが、日本は「1%以上10%以下」が77.8%、「なし」が13.0%、「11%以上30%以下」が9.2%となっている。

　表2.4.3は、社会経済的に困難な家庭環境（住居や栄養、医療などの生活上必要な基礎的な条件を欠いている家庭環境）にある生徒のいる学校の教員割合を示したものである。参加国平均では、「1%以上10%以下」が41.9%、「11%以上30%以下」が31.6%、「なし」が6.9%となっているが、日本は「1%以上10%以下」が39.9%、「11%以上30%以下」が39.2%とほぼ同様の割合となっており、「なし」が15.0%となっており、「なし」と回答した割合が少し高くなっている。

　OECD（2014）では、教員の学歴や勤務経験と、上記の生徒が10%以上いる学校（いわゆる「困難校」）への教員配置の状況との関連を見たところ、日本を含め、ほとんどの国で教員配置との関連が見られないことが指摘されており（OECD, 2014, Table 2.12）、日本については、教育の地域間格差や学校間格差などが生じないように広域人事が行われていることが背景として考えられる。

---

7. Leithwood, K., and D. Jantzi (2009), "A review of empirical evidence of school size effects: A policy perspective", *Review of Educational Research*, Vol. 79, pp. 464-490.

第2章　教員と学校の概要

表2.4.1　授業で使う言語が母語ではない生徒のいる学校の教員の割合

国　名	なし		1～10%		11～30%		31～60%		61%以上	
	%	S.E.	%	S.E.	%	S.E.	%	S.E.	%	S.E.
日本	56.6	(3.2)	41.4	(3.2)	1.5	(0.9)	0.6	(0.6)	0.0	(0.0)
参加国平均	32.2	(0.5)	46.4	(0.6)	10.8	(0.4)	4.8	(0.3)	5.8	(0.3)

以上の学校特性について回答した校長の学校に所属する教員の割合。
1. これらのデータは校長が推定した回答によるものである。
出所：OECD（2014）Table 2.12 web2 より抜粋。

表2.4.2　特別な支援を要する生徒のいる学校の教員の割合

国　名	なし		1～10%		11～30%		31～60%		61%以上	
	%	S.E.	%	S.E.	%	S.E.	%	S.E.	%	S.E.
日本	13.0	(1.7)	77.8	(2.6)	9.2	(2.0)	0.0	(0.0)	0.0	(0.0)
参加国平均	9.5	(0.4)	65.0	(0.7)	22.1	(0.6)	2.8	(0.3)	0.6	(0.1)

以上の学校特性について回答した校長の学校に所属する教員の割合。
1. これらのデータは校長が推定した回答によるものである。
2. 「特別な支援を要する生徒」は、精神的、身体的又は情緒的に困難な条件にあることによって、特別な学習を行う必要性が公式に認定されている生徒を指す。「学力の高い生徒（Gifted students）」は、本調査及びその他の OECD 調査において定義される「特別な支援」を要するとは見なされない。
出所：OECD（2014）Table 2.12 web2 より抜粋。

表2.4.3　社会経済的に困難な家庭環境にある生徒のいる学校の教員の割合

国　名	なし		1～10%		11～30%		31～60%		61%以上	
	%	S.E.	%	S.E.	%	S.E.	%	S.E.	%	S.E.
日本	15.0	(2.3)	39.9	(3.5)	39.2	(3.3)	5.8	(1.8)	0.0	(0.0)
参加国平均	6.9	(0.3)	41.9	(0.7)	31.6	(0.7)	13.0	(0.5)	6.6	(0.3)

以上の学校特性について回答した校長の学校に所属する教員の割合。
1. これらのデータは校長が推定した回答によるものである。
2. 「社会経済的に困難な家庭環境」とは、住居、栄養、医療などの生活上必要な基礎的な条件を欠いている家庭環境を指す。それらの家庭は補助金やその他の福祉給付金を受け取っているか、受け取る資格がある状況にあるが、受けられる福祉の種類は国によって異なる。
出所：OECD（2014）Table 2.12 web2 より抜粋。

　表2.4.4は、生徒数、教員数等の学校規模を示したものである。

　学校1校当たりの生徒数（在学者数）をみると、参加国平均は546.4人であるところ、日本は357.3人と参加国平均よりも少ない結果となっている。

　また、学校1校当たりの教員数をみると、参加国平均は45.5人であり、日本は24.2人と参加国平均よりもかなり少ない人数となっており、アルバータ（カナダ）（18.4人）に次ぐ教員数の少なさである。

　次に、教員1人当たりの生徒数をみてみると、参加国平均が12.4人であるところ、日本は20.3人と、チリと並んで最も多くなっている。他方、キプロス（7.1人）は最も少なく、ノルウェー、アイスランド、ポーランド、フランドル（ベルギー）、エストニアが約8人で続いている。

　1学級当たりの生徒数をみると、参加国平均は24.1人となっているが、日本は、シンガポール（35.5人）、メキシコ（33.0人）、韓国（32.4人）、マレーシア（32.1人）、チリ（31.8人）に次ぎ31.2人となっており、1学級当たりの生徒数が多くなっている。

　職員1人に対する教員数についてみると、「指導支援に携わる職員（教員の補助者や教員以外で指導や教員補助を行う職員、教育課程や学習指導の専門職、教育メディアに関する専門職（司書）、心理学や看護の専門職を含む）」に対する教員の比率は、参加国平均は14.4人で、日本は11.5人とやや少ない人数となっている。

また、「学校の事務に携わる職員（受付担当者、秘書、事務補助員を含む）」及び「学校の経営に携わる職員（校長、副校長・教頭、その他学校経営に関することを主たる業務とする者を含む）」を合算した職員数でみると、職員1人当たりの教員数が参加国平均で6.3人、日本の平均も6.0人とほぼ同数になっている。

表2.4.4　学校規模

国　名	在学者数[1] 平均	S.E.	教員数[1] 平均	S.E.	教員1人当たりの生徒数[2] 平均	S.E.	指導支援に携わる職員1人当たりの教員数 平均	S.E.	学校事務及び経営に携わる職員1人当たりの教員数 平均	S.E.	1学級当たりの生徒数（前期中等教育のみ）[3] 平均	S.E.
オーストラリア	814.2	(51.5)	66.6	(4.2)	12.3	(0.2)	8.1	(1.0)	4.4	(0.3)	24.7	(0.7)
ブラジル	586.0	(12.8)	33.8	(1.3)	19.1	(0.6)	13.8	(0.7)	4.5	(0.2)	30.8	(0.3)
ブルガリア	345.0	(9.7)	25.9	(0.6)	12.5	(0.3)	9.4	(0.7)	2.3	(0.1)	21.7	(0.2)
チリ	483.7	(20.2)	25.7	(1.2)	20.4	(1.8)	5.4	(0.4)	3.7	(0.2)	31.8	(0.6)
クロアチア	433.0	(20.6)	39.4	(1.8)	10.8	(0.6)	14.8	(0.5)	11.1	(0.4)	20.0	(0.2)
キプロス	364.1	(20.0)	49.5	(1.8)	7.1	(0.2)	22.5	(2.1)	4.9	(0.2)	20.7	(0.1)
チェコ	341.7	(7.7)	26.0	(0.6)	13.0	(0.2)	16.7	(0.9)	5.3	(0.1)	21.1	(0.2)
デンマーク	401.4	(13.2)	32.8	(1.3)	12.1	(0.2)	10.3	(0.9)	6.5	(0.2)	21.2	(0.2)
エストニア	297.3	(17.3)	32.2	(1.2)	7.7	(0.2)	9.5	(0.4)	6.7	(0.2)	17.3	(0.3)
フィンランド	348.0	(12.3)	33.1	(0.9)	10.0	(0.3)	8.2	(0.5)	12.4	(0.4)	17.8	(0.2)
フランス	542.9	(16.3)	39.9	(1.1)	13.6	(0.3)	5.6	(0.5)	6.8	(0.2)	25.5	(0.1)
アイスランド	247.8	(13.2)	27.0	(1.2)	8.4	(0.2)	4.3	(0.3)	6.9	(0.2)	19.6	(0.3)
イスラエル	494.2	(35.4)	47.7	(3.4)	10.8	(0.5)	6.8	(0.8)	3.9	(0.3)	27.6	(0.4)
イタリア	794.6	(29.3)	85.8	(2.5)	9.8	(0.3)	60.1	(3.6)	11.4	(0.4)	21.8	(0.2)
日本	357.3	(9.7)	24.2	(0.6)	20.3	(3.6)	11.5	(0.6)	6.0	(0.1)	31.2	(0.3)
韓国	567.2	(14.0)	31.7	(0.7)	15.5	(0.3)	8.6	(0.5)	3.8	(0.1)	32.4	(0.3)
ラトビア	295.1	(10.3)	32.8	(1.1)	9.1	(0.8)	8.1	(0.4)	5.2	(0.3)	17.7	(0.4)
マレーシア	1151.1	(20.6)	82.7	(1.1)	13.6	(0.2)	53.1	(2.8)	5.9	(0.2)	32.1	(0.3)
メキシコ	416.8	(23.2)	25.4	(0.9)	15.1	(0.7)	12.1	(0.8)	4.4	(0.3)	33.0	(0.6)
オランダ	869.9	(71.4)	74.4	(6.1)	11.4	(0.2)	9.8	(1.2)	7.5	(0.5)	25.4	(0.3)
ノルウェー	257.0	(13.6)	29.1	(1.5)	8.5	(0.3)	5.4	(0.3)	5.4	(0.3)	22.5	(0.5)
ポーランド	220.6	(9.4)	27.2	(0.9)	7.9	(0.3)	11.6	(0.7)	6.2	(0.3)	21.4	(0.2)
ポルトガル	1152.5	(51.9)	109.5	(4.7)	10.5	(0.2)	7.5	(1.2)	8.5	(0.3)	22.6	(0.2)
ルーマニア	474.0	(21.6)	31.6	(1.4)	15.1	(0.5)	22.0	(1.7)	7.9	(0.2)	21.7	(0.4)
セルビア	554.6	(21.4)	45.1	(1.7)	11.8	(0.4)	24.1	(1.3)	9.9	(0.4)	21.9	(0.3)
シンガポール	1251.4	(34.9)	91.1	(3.2)	14.0	(0.2)	11.9	(1.0)	2.7	(0.1)	35.5	(0.2)
スロバキア	314.3	(9.0)	25.0	(0.6)	12.1	(0.2)	16.9	(0.7)	4.0	(0.2)	19.1	(0.2)
スペイン	545.4	(26.3)	44.5	(1.8)	11.8	(0.3)	19.2	(1.1)	5.6	(0.2)	23.6	(0.2)
スウェーデン	373.5	(17.5)	35.1	(1.4)	10.8	(0.4)	7.1	(0.4)	10.5	(0.4)	21.4	(0.3)
地域としての参加												
アブダビ（アラブ首長国連邦）	887.6	(44.3)	61.6	(2.8)	14.0	(0.7)	12.7	(1.6)	5.9	(0.3)	25.1	(0.6)
アルバータ（カナダ）	334.9	(11.5)	18.4	(0.7)	18.0	(0.6)	3.8	(0.2)	4.2	(0.1)	25.8	(0.4)
イングランド（イギリス）	890.2	(27.4)	67.5	(2.8)	13.6	(0.2)	4.1	(0.2)	3.3	(0.2)	23.9	(0.3)
フランドル（ベルギー）	623.7	(49.8)	78.6	(4.9)	7.9	(0.5)	31.3	(3.5)	10.0	(0.6)	17.3	(0.3)
参加国平均	546.4	(4.8)	45.5	(0.4)	12.4	(0.1)	14.4	(0.2)	6.3	(0.0)	24.1	(0.1)
アメリカ	566.5	(43.6)	38.2	(2.3)	14.9	(1.0)	8.0	(1.4)	6.4	(0.3)	27.0	(0.6)

1. これらのデータは校長の回答によるもので、各国の学校レベルの平均データを表している。例えば、オーストラリアの前期中等教育段階の教員が勤務する学校当たりの平均在学者数が814.2人、平均教員数が66.6人となっているが、それらの学校の教育提供はISCED各レベルにわたり（例：前期及び後期中等教育が共に提供される）、前期中等教育の教員と生徒のみに当てはまるものではない。
2. 「教員1人当たりの生徒数」は、校長質問紙によるデータである。各国の学校ごとの教員1人当たりの生徒数の平均で計算されているため、この表により算出された平均とは異なる可能性がある。
3. これらのデータは教員の回答によるもので、週の授業計画の中から選ばれた特定の学級についてのものである。
出所：OECD（2014）Table 2.18.

2.5 学校の教育資源

　学校の教育資源とは、指導を行う教員（特定のニーズや教科に対応したもの）、物的資源（教材やコンピュータ、ソフトウェア）などとされている。

　OECD（2014）は、多くの国が教育の成果を高めるため、学校の資源の平等な分配などの政策を行っているが、それだけでは効果的でないものの、特に貧困や特別支援などの分野ではインセンティブになるという研究[8]を紹介している。この節では、教育資源の問題ついて分析を行う。

　表2.5.1は、学校で質の高い指導を行う上で妨げとなっている事項に対して、「非常に妨げになっている」又は「いくらか妨げになっている」と回答した校長の学校の教員数を合算し、割合を示している。日本は、「資格を持つ教員や有能な教員の不足」「特別な支援を要する生徒への指導能力を持つ教員の不足」「職業教育を行う教員の不足」「教育用コンピュータソフトウェアが不足している、あるいは適切ではない」「図書館の教材が不足している、あるいは適切でない」「支援職員の不足」の回答がそれぞれ参加国平均を上回り、「教材（教科書など）が不足している、あるいは適切でない」（参加国平均26.3%、日本17.2%）、「教育用コンピュータが不足している、あるいは適切でない」（参加国平均38.1%、日本28.3%）の回答が参加国平均を下回っている。

　「資格を持つ教員や有能な教員の不足」（日本79.7%、参加国平均38.4%）は参加国中最も高い割合となっており、「特別な支援を要する生徒への指導能力を持つ教員の不足」（日本76.0%、参加国平均48.0%）はフランスとともに最多、「職業教育を行う教員の不足」（日本37.3%、参加国平均19.3%）はチリ（46.4%）、イスラエル（45.8%）、ルーマニア（42.6%）に次ぐ割合となっており、「支援職員の不足」（日本72.4%、参加国平均46.9%）はイタリア（77.5%）に次ぐ割合となっている。

　日本が「資格を持つ教員や有能な教員の不足」などで高い割合を示している背景としては、教員の業務量の多さ・勤務時間の長さによる多忙感の未解消や、生徒の抱える課題の多様化による専門的なスキルの必要性が高まっていることがあると考えられる。そのため、質の高い教育を実施するためには、教員数の増加と、教員の質の向上が必要だと考える校長が多いのではないだろうか。

---

8. Hanushek, E.A. (2006), "School resources", in E.A. Hanushek and F. Welch (eds.), *Handbook of Economics of Education*, Vol. 2, pp. 866-908, Amsterdam, the Netherlands.

表 2.5.1 [1/2] 学校における教育資源

国　名	資格を持つ教員や有能な教員の不足 %	S.E.	特別な支援を要する生徒への指導能力を持つ教員の不足 %	S.E.	職業教育を行う教員の不足 %	S.E.	教材（教科書など）が不足している、あるいは適切でない %	S.E.	教育用コンピュータが不足している、あるいは適切でない %	S.E.
オーストラリア	47.8	(6.3)	37.4	(6.1)	27.6	(5.8)	13.9	(3.9)	8.0	(2.3)
ブラジル	49.2	(2.6)	55.3	(2.5)	33.2	(2.6)	27.2	(2.2)	44.9	(2.6)
ブルガリア	27.3	(3.0)	28.6	(2.9)	11.2	(2.3)	34.5	(3.5)	41.0	(3.4)
チリ	56.7	(4.6)	51.5	(4.9)	46.4	(4.6)	23.2	(3.7)	29.1	(4.1)
クロアチア	24.7	(2.8)	63.1	(3.6)	4.9	(1.7)	27.4	(3.4)	52.0	(3.9)
キプロス	38.3	(0.2)	40.9	(0.3)	31.5	(0.2)	30.9	(0.2)	39.9	(0.2)
チェコ	27.3	(3.4)	24.8	(3.4)	8.1	(1.9)	28.3	(3.5)	33.2	(3.3)
デンマーク	14.8	(3.5)	40.5	(5.1)	11.3	(3.1)	19.8	(3.7)	40.6	(4.9)
エストニア	50.4	(4.4)	61.3	(4.0)	12.9	(2.9)	51.1	(4.2)	34.8	(3.9)
フィンランド	17.1	(3.3)	56.0	(4.8)	4.9	(1.8)	22.3	(4.2)	46.4	(4.4)
フランス	31.7	(3.8)	76.4	(2.8)	9.1	(2.3)	23.6	(3.5)	24.3	(3.3)
アイスランド	13.9	(0.1)	28.4	(0.1)	29.1	(0.1)	13.8	(0.1)	49.4	(0.1)
イスラエル	53.5	(4.4)	52.1	(4.2)	45.8	(4.3)	29.3	(4.0)	59.1	(4.3)
イタリア	38.3	(3.5)	58.0	(3.7)	12.1	(2.3)	56.4	(3.9)	56.0	(3.9)
日本	79.7	(2.7)	76.0	(3.2)	37.3	(3.3)	17.2	(2.8)	28.3	(3.4)
韓国	36.7	(4.2)	50.4	(3.9)	35.7	(3.9)	15.0	(2.6)	12.5	(2.8)
ラトビア	24.6	(4.6)	26.2	(4.1)	4.1	(1.9)	29.1	(4.3)	36.7	(4.8)
マレーシア	31.1	(4.0)	21.3	(3.5)	15.6	(3.2)	15.7	(3.3)	52.6	(4.3)
メキシコ	56.0	(3.8)	58.1	(3.9)	29.1	(3.2)	38.9	(3.4)	66.7	(3.2)
オランダ	71.1	(4.6)	71.4	(5.0)	9.6	(3.7)	16.6	(3.9)	47.4	(5.7)
ノルウェー	43.1	(7.3)	64.8	(6.6)	2.1	(1.2)	15.1	(4.3)	48.4	(6.9)
ポーランド	12.7	(2.7)	19.8	(3.1)	2.2	(1.0)	11.7	(2.7)	29.0	(4.0)
ポルトガル	27.2	(3.9)	43.4	(4.1)	24.0	(3.3)	12.2	(2.4)	17.4	(3.0)
ルーマニア	58.1	(3.7)	56.1	(3.8)	42.6	(3.9)	77.1	(3.1)	75.8	(3.7)
セルビア	19.8	(3.3)	65.1	(4.0)	6.0	(2.5)	20.1	(3.2)	36.5	(3.9)
シンガポール	50.5	(0.3)	48.4	(0.3)	9.6	(0.1)	1.3	(0.0)	4.3	(0.0)
スロバキア	29.9	(3.4)	32.6	(3.5)	10.5	(2.4)	82.1	(2.9)	37.2	(3.5)
スペイン	34.1	(3.6)	61.6	(3.6)	12.3	(2.2)	23.5	(2.9)	35.3	(3.6)
スウェーデン	32.4	(3.4)	49.9	(4.1)	8.7	(2.2)	23.4	(3.3)	52.7	(3.7)
地域としての参加										
アブダビ（アラブ首長国連邦）	59.8	(5.0)	51.3	(4.6)	35.8	(4.9)	28.5	(3.8)	35.0	(4.1)
アルバータ（カナダ）	30.3	(4.4)	45.5	(5.1)	30.7	(4.2)	15.0	(3.8)	33.4	(4.1)
イングランド（イギリス）	46.1	(4.4)	26.5	(3.7)	12.5	(3.0)	13.4	(2.8)	21.6	(3.1)
フランドル（ベルギー）	33.4	(4.8)	42.7	(4.7)	22.2	(3.8)	10.1	(2.5)	29.5	(4.4)
参加国平均	38.4	(0.7)	48.0	(0.7)	19.3	(0.5)	26.3	(0.6)	38.1	(0.7)
アメリカ	34.3	(5.4)	32.6	(5.0)	19.0	(4.9)	24.8	(4.2)	34.7	(5.1)

質の高い指導を行う上で、各項目の教育資源の問題が「非常に妨げになっている」「いくらか妨げになっている」と回答した校長の学校に所属する教員の割合。
出所：OECD（2014）Table 2.19.

表 2.5.1 [2/2]　学校における教育資源

国　名	インターネット接続環境が不十分である %	S.E.	教育用コンピュータソフトウェアが不足している、あるいは適切でない %	S.E.	図書館の教材が不足している、あるいは適切でない %	S.E.	支援職員の不足 %	S.E.
オーストラリア	14.6	(3.2)	12.0	(3.5)	6.5	(1.9)	28.2	(4.6)
ブラジル	48.8	(2.5)	55.9	(2.3)	43.8	(2.5)	57.1	(2.3)
ブルガリア	12.6	(2.5)	30.6	(3.3)	35.9	(3.4)	13.4	(2.4)
チリ	37.6	(4.8)	36.1	(4.9)	34.6	(4.4)	42.6	(4.3)
クロアチア	32.8	(3.4)	53.0	(3.9)	44.6	(4.0)	38.2	(3.4)
キプロス	32.7	(0.2)	43.5	(0.2)	35.6	(0.2)	44.2	(0.2)
チェコ	11.0	(2.4)	27.6	(3.4)	33.0	(3.6)	47.5	(3.7)
デンマーク	37.5	(4.9)	29.6	(4.2)	18.4	(4.0)	48.3	(5.3)
エストニア	12.7	(2.3)	33.2	(3.9)	29.4	(3.4)	49.0	(4.1)
フィンランド	32.8	(4.2)	45.8	(4.1)	25.6	(4.1)	51.5	(4.2)
フランス	23.9	(3.4)	30.5	(3.7)	19.3	(3.4)	58.9	(4.0)
アイスランド	29.6	(0.1)	54.1	(0.1)	17.1	(0.1)	23.3	(0.1)
イスラエル	50.1	(4.3)	54.1	(4.5)	43.6	(4.6)	58.4	(4.2)
イタリア	47.4	(3.9)	53.8	(3.9)	43.6	(3.7)	77.5	(2.9)
日本	29.8	(3.7)	40.1	(3.6)	40.2	(3.6)	72.4	(3.0)
韓国	7.7	(2.0)	9.9	(2.4)	18.4	(3.4)	54.7	(4.1)
ラトビア	15.6	(3.8)	30.4	(4.3)	29.8	(4.2)	36.1	(4.4)
マレーシア	56.9	(4.0)	41.3	(4.4)	35.2	(4.3)	37.1	(4.5)
メキシコ	64.9	(3.6)	65.5	(3.3)	51.0	(3.5)	59.6	(3.5)
オランダ	30.8	(5.4)	53.7	(5.1)	16.8	(4.2)	45.7	(5.6)
ノルウェー	37.8	(5.6)	35.3	(5.5)	29.7	(5.8)	46.4	(5.6)
ポーランド	21.2	(3.7)	40.1	(4.0)	21.7	(3.6)	32.3	(4.2)
ポルトガル	12.9	(3.0)	27.3	(3.6)	16.9	(3.3)	66.8	(3.8)
ルーマニア	64.1	(3.9)	74.7	(3.4)	66.6	(3.7)	65.4	(3.8)
セルビア	32.8	(4.1)	44.7	(4.1)	33.1	(4.0)	22.1	(3.7)
シンガポール	6.5	(0.1)	7.1	(0.2)	4.6	(0.1)	29.3	(0.2)
スロバキア	14.1	(2.3)	31.8	(3.5)	45.7	(3.6)	44.4	(3.5)
スペイン	36.0	(4.0)	41.9	(3.7)	26.6	(3.3)	72.1	(3.5)
スウェーデン	32.9	(3.7)	36.2	(3.8)	13.1	(2.7)	61.0	(4.2)
地域としての参加								
アブダビ（アラブ首長国連邦）	33.8	(4.1)	39.4	(4.1)	39.3	(4.5)	52.7	(4.7)
アルバータ（カナダ）	24.9	(3.5)	25.0	(3.7)	17.3	(3.3)	46.4	(4.8)
イングランド（イギリス）	15.4	(3.0)	14.4	(3.2)	18.4	(3.6)	18.8	(3.7)
フランドル（ベルギー）	25.8	(4.4)	19.0	(3.8)	12.3	(2.7)	45.3	(4.4)
参加国平均	29.9	(0.6)	37.5	(0.6)	29.3	(0.6)	46.9	(0.7)
アメリカ	24.7	(5.2)	26.9	(5.6)	14.9	(3.3)	47.1	(5.1)

質の高い指導を行う上で、各項目の教育資源の問題が「非常に妨げになっている」「いくらか妨げになっている」と回答した校長の学校に所属する教員の割合。
出所：OECD（2014）Table 2.19.

2.6 学校の雰囲気

　学校の雰囲気は、学校生活の質を構成するものであり、安全に関する問題（いじめ、言葉や身体上の暴力）、教員や生徒による遅刻・欠席、カンニング、犯罪行為（器物損壊、薬物使用や飲酒）や差別という項目を含む。また、教員間や生徒と教員の間の信頼関係、連携関係、尊重・共有の程度ということも含まれる。

　OECD（2014）は、これまでの研究[9]から、学校の雰囲気は多くの面で生徒や教員に大きな影響を与えるが、中でも重要なのが、学力の向上の観点であるとしている。また、教員と生徒との良好な関係は、学校の雰囲気に良い影響を与えるだけでなく、いじめや暴力行為の予防、学習意欲に影響を与え、教員の自信にもつながるとしている。

　表2.6.1は、生徒に関する事項で、学校内で起こっている事案について、少なくとも1週間に1度は起こっていると校長が回答した学校の教員数の割合を要因別に示している。日本は、「遅刻」（参加国平均51.8%、日本50.6%）と「欠席（正当な理由のない欠席）」（参加国平均38.7%、日本40.4%）の割合が他の項目よりも高いが、「欠席（正当な理由のない欠席）」という項目以外は参加国平均を下回っている。また、「欠席（正当な理由のない欠席）」、「器物損壊・窃盗」（参加国平均4.4%、日本3.1%）、「生徒間の暴力による身体的危害」（参加国平均2.3%、日本1.6%）、「教職員への脅迫又は暴言」（参加国平均3.4%、日本2.2%）については、参加国平均とほぼ変わらない割合となっている。

---

9. MacNeil, A., D. Prater and S. Busch (2009), "The effects of school culture and climate on student achievement", *International Journal of Leadership in Education: Theory and Practice*, Vol. 12/1, pp.73-84.

　Eliot, M. *et al.* (2010), "Supportive school climate and student willingness to seek help for bullying and threats of violence", *Journal of School Psychology*, Vol. 48, pp. 533-553.

　Eccles, J.S. *et al.* (1993), "Negative effects of traditional middle schools on students' motivation", *Elementary School Journal*, Vol. 93, pp. 553-574.

　Hoy, W.K. and A.E. Woolfolk (1993), "Teachers' sense of efficacy and the organizational health of schools", *The Elementary School Journal*, Vol. 93, pp. 355-372.

第2章　教員と学校の概要

表 2.6.1　生徒が関連する要因別にみた学校の雰囲気

国　名	遅刻 %	S.E.	欠席（正当な理由のない欠席） %	S.E.	カンニング %	S.E.	器物損壊・窃盗 %	S.E.	生徒間の脅迫又は暴言（もしくは他の形態の非身体的いじめ） %	S.E.	生徒間の暴力による身体的危害 %	S.E.	教職員への脅迫又は暴言 %	S.E.	ドラッグの使用・所持や飲酒 %	S.E.
オーストラリア	66.1	(4.9)	58.9	(5.2)	2.5	(1.8)	3.1	(1.6)	25.2	(4.4)	3.5	(1.6)	9.7	(2.8)	0.0	(0.0)
ブラジル	51.4	(2.5)	38.4	(2.2)	17.4	(1.7)	11.8	(1.6)	34.4	(2.1)	6.7	(1.0)	12.5	(1.5)	6.9	(1.4)
ブルガリア	40.7	(3.5)	25.2	(3.0)	12.4	(2.9)	6.3	(1.4)	20.9	(3.3)	5.3	(2.1)	2.1	(1.1)	0.8	(0.5)
チリ	72.6	(4.1)	52.6	(4.2)	16.5	(3.3)	3.1	(1.6)	17.6	(3.6)	4.4	(1.9)	6.3	(2.4)	1.1	(1.1)
クロアチア	19.9	(3.0)	10.7	(2.2)	30.6	(3.6)	1.3	(0.7)	16.1	(2.5)	1.5	(0.9)	1.8	(0.9)	0.0	(0.0)
キプロス	59.0	(0.2)	51.3	(0.2)	8.7	(0.2)	8.2	(0.1)	23.2	(0.2)	7.3	(0.2)	5.4	(0.1)	0.0	(0.0)
チェコ	39.4	(3.8)	5.7	(1.5)	12.9	(2.4)	3.9	(1.5)	4.9	(1.6)	0.0	(0.0)	0.5	(0.4)	0.9	(0.6)
デンマーク	37.7	(5.3)	30.5	(4.7)	4.4	(2.5)	0.0	(0.0)	9.4	(3.4)	2.4	(1.4)	2.1	(1.3)	0.0	(0.0)
エストニア	53.4	(4.3)	48.6	(4.2)	34.3	(4.3)	1.5	(0.8)	23.5	(3.7)	1.7	(1.1)	11.0	(2.7)	1.4	(0.8)
フィンランド	86.5	(3.0)	64.0	(4.0)	2.0	(1.5)	2.4	(1.5)	27.8	(3.8)	0.0	(0.0)	3.6	(1.6)	1.0	(0.7)
フランス	61.6	(3.6)	50.9	(3.5)	16.5	(2.8)	6.8	(2.0)	23.7	(3.0)	7.0	(1.9)	3.0	(1.3)	0.9	(0.6)
アイスランド	34.6	(0.1)	26.9	(0.1)	0.0	(0.0)	0.0	(0.0)	6.0	(0.1)	0.0	(0.0)	2.2	(0.0)	0.8	(0.0)
イスラエル	57.7	(4.0)	49.3	(4.1)	9.9	(2.2)	7.9	(2.2)	12.8	(2.7)	5.9	(1.5)	0.3	(0.3)	0.6	(0.6)
イタリア	32.2	(3.5)	10.0	(2.5)	20.9	(2.9)	3.5	(1.8)	10.1	(2.6)	1.5	(1.4)	2.1	(1.6)	0.0	(0.0)
日本	50.6	(3.8)	40.4	(3.5)	0.0	(0.0)	3.1	(1.3)	3.6	(1.5)	1.6	(0.9)	2.2	(1.1)	0.0	(0.0)
韓国	26.1	(3.7)	19.9	(3.2)	0.8	(0.8)	3.3	(1.5)	8.2	(2.4)	2.0	(1.1)	0.0	(0.0)	0.0	(0.0)
ラトビア	47.3	(4.6)	39.4	(4.4)	34.0	(5.2)	0.8	(0.8)	18.2	(4.2)	0.0	(0.0)	5.0	(2.4)	0.0	(0.0)
マレーシア	56.9	(3.9)	57.6	(3.9)	9.0	(2.7)	10.8	(2.9)	0.0	(0.0)	0.0	(0.0)	0.0	(0.0)	0.0	(0.0)
メキシコ	46.4	(4.0)	45.5	(3.3)	18.2	(3.0)	13.2	(2.8)	29.5	(3.7)	10.8	(2.3)	3.0	(1.0)	3.6	(1.4)
オランダ	75.7	(4.6)	52.9	(5.4)	58.5	(5.4)	8.4	(3.1)	21.9	(4.5)	1.3	(1.3)	2.8	(2.0)	3.0	(1.8)
ノルウェー	60.8	(7.4)	45.5	(5.4)	2.9	(1.8)	1.8	(1.0)	15.3	(5.7)	0.0	(0.0)	3.9	(2.4)	0.8	(0.8)
ポーランド	51.5	(4.4)	38.0	(4.0)	40.0	(3.9)	4.0	(1.5)	8.0	(2.2)	0.0	(0.0)	0.3	(0.3)	0.3	(0.3)
ポルトガル	58.1	(3.3)	33.3	(3.4)	13.0	(2.8)	7.4	(2.2)	14.6	(2.8)	5.0	(1.7)	5.5	(1.7)	3.6	(1.5)
ルーマニア	28.7	(3.5)	29.6	(3.7)	5.4	(1.7)	1.9	(0.9)	9.0	(2.0)	0.9	(0.8)	0.0	(0.0)	0.0	(0.0)
セルビア	43.7	(4.2)	36.0	(3.9)	9.0	(2.0)	2.2	(1.1)	12.6	(2.5)	0.5	(0.5)	1.6	(0.5)	0.0	(0.0)
シンガポール	51.8	(0.3)	35.0	(0.3)	0.0	(0.0)	0.0	(0.0)	1.8	(0.0)	0.0	(0.0)	0.6	(0.0)	0.0	(0.0)
スロバキア	40.0	(3.5)	14.1	(2.2)	15.3	(2.7)	4.5	(1.6)	2.2	(1.1)	0.0	(0.0)	0.6	(0.6)	0.0	(0.0)
スペイン	37.6	(3.8)	24.8	(3.1)	11.1	(2.3)	4.9	(1.5)	13.9	(2.7)	0.1	(0.1)	1.9	(1.0)	3.6	(1.4)
スウェーデン	78.4	(3.2)	67.2	(3.7)	7.2	(2.0)	3.6	(1.4)	31.1	(3.7)	0.8	(0.8)	4.9	(1.8)	0.5	(0.5)
地域としての参加																
アブダビ（アラブ首長国連邦）	52.1	(4.6)	38.7	(4.9)	4.1	(2.0)	4.3	(1.8)	6.5	(2.2)	0.6	(0.5)	0.0	(0.0)	0.0	(0.0)
アルバータ（カナダ）	70.1	(4.4)	61.8	(4.6)	5.2	(1.9)	1.6	(1.2)	28.7	(4.7)	2.0	(1.2)	2.6	(1.3)	6.0	(2.2)
イングランド（イギリス）	55.6	(4.8)	42.5	(4.3)	0.0	(0.0)	2.4	(1.1)	15.7	(2.6)	1.3	(0.8)	6.5	(1.8)	0.0	(0.0)
フランドル（ベルギー）	65.1	(3.8)	30.1	(4.3)	12.3	(3.2)	7.4	(2.6)	30.7	(4.2)	1.3	(1.0)	9.1	(2.0)	3.9	(1.7)
参加国平均	51.8	(0.7)	38.7	(0.6)	13.2	(0.5)	4.4	(0.3)	16.0	(0.5)	2.3	(0.2)	3.4	(0.3)	1.2	(0.1)
アメリカ	73.3	(5.0)	60.7	(5.5)	17.4	(4.7)	5.5	(2.6)	20.9	(4.3)	1.7	(1.7)	4.7	(2.1)	3.5	(2.3)

少なくとも1週間に1度は各項目の生徒行動が見られると回答した校長の学校に所属する教員の割合。
出所：OECD（2014）Table 2.20.

表2.6.2は、学校内の雰囲気について校長に質問した際、「非常に良く当てはまる」「当てはまる」と回答した校長の学校の教員の割合を示したものである。日本はほぼ全ての項目について参加国平均に近いが、「教職員は学校教育に関する信念を共有している」という項目は参加国平均を11.0%ポイント上回っている。「学校と地域コミュニティとの間で緊密な連携を図っている」と回答した校長の学校の教員の割合は75.3%と、他の項目が全て90%以上であるにもかかわらず、低めの割合となっている。参加国平均も同様の傾向となっており、地域コミュニティとの連携にまだ課題があることがわかる。

表2.6.3は、学校内の雰囲気について教員に質問した際、「非常に良く当てはまる」「当てはまる」と回答した教員の割合と、「教員と生徒との関係が良好である」という質問に対して「非常に良く当てはまる」「当てはまる」と回答した校長の割合を示している。この質問への回答は、各国であまりばらつきがなく、概ね、いずれの国においても、それぞれの質問に対して90%以上の教員が「非常に良く当てはまる」「当てはまる」と回答しており、日本は参加国平均と比較すると、「通常、教員と生徒は互いに良好な関係にある」「ほとんどの教員は、生徒の幸せが重要であると考えている」「教員と生徒との関係が良好である」という質問については参加国平均よりも低く、「ほとんどの教員は、生徒の声に関心を持っている」「生徒が特別な援助を必要としている時、学校は支援している」という質問については参加国平均よりも高くなっている。しかし、いずれの項目にしても参加国平均と日本の割合の差は3%ポイント以内で大きな差はみられなかった。

表2.6.2　職場での共通理解や連携

国名	教職員は学校教育に関する信念を共有している %	S.E.	学校と地域コミュニティとの間で緊密な連携を図っている %	S.E.	教職員は困難な問題についてオープンに話し合える %	S.E.	同僚の考え方を相互に尊重している %	S.E.	成功を共有する文化がある %	S.E.
日本	98.1	(1.0)	75.3	(3.2)	96.1	(1.4)	95.2	(1.6)	96.4	(1.4)
参加国平均	87.1	(0.5)	75.0	(0.6)	92.7	(0.4)	93.1	(0.4)	90.0	(0.4)

各項目が「非常に良く当てはまる」「当てはまる」と回答した校長の学校に所属する教員の割合。
出所：OECD（2014）Table 2.22より抜粋。

表2.6.3　校長及び教員からみた教員と生徒の関係

国名	通常、教員と生徒は互いに良好な関係にある %	S.E.	ほとんどの教員は、生徒の幸せが重要であると考えている %	S.E.	ほとんどの教員は、生徒の声に関心を持っている %	S.E.	生徒が特別な援助を必要としている時、学校は支援している %	S.E.	教員と生徒との関係が良好である %	S.E.
日本	94.8	(0.6)	93.6	(0.5)	94.2	(0.5)	93.9	(0.5)	97.1	(1.2)
参加国平均	95.3	(0.1)	96.5	(0.1)	91.8	(0.1)	91.4	(0.1)	98.0	(0.2)

各項目が所属する学校で「非常に良く当てはまる」「当てはまる」と回答した教員の割合、及び「教員と生徒の関係が良好である」という項目に対して「非常に良く当てはまる」「当てはまる」と回答した校長の学校に所属する教員の割合。
出所：OECD（2014）Table 2.23より抜粋。

2.7 学校の自律的裁量

この節では、学校の自律的裁量の程度と項目について分析を行う。学校が自律的裁量を持つことが認められている分野とそうでない分野がある

OECD（2014）は、多くの国では学校の自律的裁量を拡大することが考えられており、チャータースクールなどさらに裁量を認めた学校や地方分権化を進めているとしているとしている[10]。日本においても、地方自治体における学校裁量による予算・事業など、学校での裁量の拡大に向けた取組や、コミュニティ・スクールの導入など地域とともにある学校づくりが行われている。

また、OECD（2014）では、一般的には学校の自律的裁量の拡大は学習成果の改善につながることが明らかにされているが、その影響は国によって異なるとしている[11]。さらに、どの分野の裁量が重要かについては異なる見解があるとしている。

表2.7.1は、学校運営の際、学校側がどのくらいの自律的裁量を持つか（それぞれの項目について意思決定が行われる際、積極的な役割を果たしているか）についての校長の認識を示したものである。OECD（2014）では、この質問は、それぞれの項目について、「校長」「校長以外の学校運営チームメンバー」「学校運営チームメンバー以外の教員」「学校理事会」「教育委員会・文部科学省」という5項目の選択肢が与えられているが、日本には「学校理事会」が存在しないため、「学校理事会」を除く4項目の選択肢が与えられ、複数回答を可能としている。

日本の状況をみてみると、「生徒の品行規則の設定」「生徒の評価方針（全国的な評価方針を含む）の設定」については、それぞれ98.5%（参加国平均95.8%）、89.6%（参加国平均79.1%）であり、参加国平均よりも高くなっている。

「教員の採用」については18.0%（参加国平均は74.7%）、「教員の解雇又は停職」は17.4%（参加国平均は68.4%）となっている。また、「教員の初任給（給与体系を含む）の決定」について日本は6.5%（参加国平均35.9%）、「教員の昇給の決定」は日本は16.1%（参加国平均37.1%）、「学校内の予算配分の決定」は日本は59.5%（参加国平均82.5%）、「生徒の入学許可」は日本は45.9%（参加国平均81.2%）である。「教科書・教材の選定」は、学校で裁量を持つ割合が100%であるとした国々が参加国の約3分の1となっているが、日本は43.4%となっている。「履修内容（全国的なカリキュラム（学習指導要領）を含む）の決定」や「履修コースの選定」についても日本は参加国平均よりも低く、それぞれ53.5%、55.8%となっている。

このような結果となっているのは、公立学校と私立学校の割合の違いや、教育制度や文化の違いが大きく影響している。特に日本においては、国が学習指導要領を定めるとともに、公立学校では、県費負担教職員制度が採用され、給与水準の確保や広域人事による教職員の適正を図っているなど、教育委員会に人事や給与の決定権、教科書の採択権限が留保されており、これにより教育機会の確保や教育水準の維持向上が図られていることが背景として考えられる。

---

10. Finnegan, K. (2007), "Charter school autonomy: The mismatch between theory and practice", *Educational Policy*, Vol. 21/3, pp. 503-526.

11. Hanushek, E.A., S. Link and L. Woessmann (2013), "Does school autonomy make sense everywhere? Panel estimates from PISA", *Journal of Development Economics*, Vol. 104, pp. 212-232.

表 2.7.1 [1/2]　学校の自律的裁量

国　名	教員の採用 %	S.E.	教員の解雇又は停職 %	S.E.	教員の初任給（給与体系を含む）の決定 %	S.E.	教員の昇給の決定 %	S.E.	学校内の予算配分の決定 %	S.E.	生徒の品行規則の設定 %	S.E.
オーストラリア	90.9	(2.2)	72.9	(4.0)	33.2	(4.5)	29.5	(3.8)	93.9	(3.5)	98.4	(1.1)
ブラジル	37.6	(1.6)	38.0	(1.8)	18.8	(1.1)	18.3	(1.3)	66.0	(2.3)	94.3	(1.1)
ブルガリア	100.0	(0.0)	100.0	(0.0)	81.6	(3.0)	88.9	(2.7)	97.6	(1.4)	98.9	(0.8)
チリ	73.6	(3.3)	71.9	(3.4)	61.6	(3.3)	61.4	(3.3)	66.3	(3.2)	97.0	(1.2)
クロアチア	100.0	(0.0)	96.3	(1.4)	2.9	(1.3)	2.0	(1.1)	82.4	(2.8)	96.1	(1.4)
キプロス	24.9	(0.2)	23.8	(0.1)	23.1	(0.1)	23.1	(0.1)	50.4	(0.2)	93.9	(0.1)
チェコ	100.0	(0.0)	100.0	(0.0)	98.2	(1.1)	96.6	(2.0)	100.0	(0.0)	100.0	(0.0)
デンマーク	100.0	(0.0)	97.7	(2.2)	45.3	(5.2)	48.6	(5.5)	100.0	(0.0)	100.0	(0.0)
エストニア	100.0	(0.0)	99.7	(0.3)	95.4	(1.4)	83.8	(2.9)	97.5	(1.1)	100.0	(0.0)
フィンランド	79.5	(3.3)	54.2	(4.2)	24.4	(3.6)	29.0	(4.3)	95.7	(1.7)	97.8	(1.3)
フランス	31.4	(2.7)	16.2	(2.2)	1.2	(0.7)	1.8	(0.8)	97.5	(1.3)	100.0	(0.0)
アイスランド	100.0	(0.0)	100.0	(0.0)	14.5	(0.1)	28.0	(0.2)	70.2	(0.1)	100.0	(0.0)
イスラエル	85.9	(1.9)	75.9	(2.8)	16.3	(4.0)	23.8	(4.2)	73.8	(3.9)	99.6	(0.4)
イタリア	76.8	(3.3)	56.0	(4.0)	7.7	(1.6)	8.0	(1.7)	94.4	(1.7)	100.0	(0.0)
日本	18.0	(2.4)	17.4	(2.4)	6.5	(1.2)	16.1	(2.5)	59.5	(3.7)	98.5	(0.9)
韓国	42.1	(3.2)	32.8	(3.3)	11.6	(2.6)	8.7	(2.2)	95.4	(1.8)	97.2	(1.5)
ラトビア	99.5	(0.5)	100.0	(0.0)	75.9	(4.3)	72.3	(4.4)	94.7	(2.5)	97.6	(1.8)
マレーシア	7.1	(2.4)	6.5	(2.1)	0.0	(0.0)	11.3	(2.7)	40.1	(4.3)	64.7	(4.0)
メキシコ	30.7	(3.1)	29.2	(2.8)	18.1	(1.1)	18.5	(1.0)	52.2	(3.2)	87.3	(2.8)
オランダ	100.0	(0.0)	100.0	(0.0)	95.4	(2.3)	91.6	(2.8)	100.0	(0.0)	100.0	(0.0)
ノルウェー	96.2	(3.3)	77.8	(6.4)	17.4	(4.5)	19.4	(5.4)	95.8	(2.0)	92.9	(2.2)
ポーランド	99.4	(0.6)	99.0	(0.7)	49.3	(4.3)	32.8	(4.2)	90.6	(1.9)	100.0	(0.0)
ポルトガル	90.6	(2.0)	57.0	(3.5)	11.4	(1.8)	8.8	(1.6)	86.4	(2.7)	98.9	(0.8)
ルーマニア	67.4	(3.9)	71.7	(3.7)	10.0	(2.3)	11.6	(2.5)	44.3	(3.9)	100.0	(0.0)
セルビア	97.7	(1.2)	96.6	(1.3)	19.8	(3.3)	17.9	(2.7)	87.3	(2.5)	94.4	(1.8)
シンガポール	39.9	(0.3)	37.1	(0.2)	9.7	(0.1)	17.8	(0.1)	97.4	(0.0)	100.0	(0.0)
スロバキア	100.0	(0.0)	99.4	(0.6)	92.8	(1.9)	92.9	(1.9)	98.9	(0.8)	100.0	(0.0)
スペイン	26.8	(2.0)	25.8	(2.0)	5.0	(1.4)	5.5	(1.3)	54.7	(4.1)	93.4	(1.6)
スウェーデン	98.6	(1.3)	87.3	(2.3)	79.8	(2.7)	96.1	(1.5)	97.0	(1.3)	97.8	(1.1)
地域としての参加												
アブダビ（アラブ首長国連邦）	55.4	(3.0)	54.9	(3.0)	53.4	(3.0)	54.1	(2.8)	56.8	(2.9)	67.6	(3.7)
アルバータ（カナダ）	96.4	(1.4)	62.2	(4.8)	3.9	(1.5)	5.0	(1.7)	89.8	(2.5)	97.1	(1.4)
イングランド（イギリス）	100.0	(0.0)	100.0	(0.0)	94.4	(2.0)	97.4	(1.3)	100.0	(0.0)	100.0	(0.0)
フランドル（ベルギー）	100.0	(0.0)	100.0	(0.0)	6.0	(2.2)	4.1	(1.9)	95.1	(2.2)	96.6	(1.7)
参加国平均	74.7	(0.3)	68.4	(0.5)	35.9	(0.5)	37.1	(0.5)	82.5	(0.4)	95.8	(0.3)
アメリカ	96.2	(2.1)	88.1	(3.4)	53.5	(5.4)	58.8	(5.7)	88.1	(3.6)	87.4	(3.5)

各項目に対して、「校長」「校長以外の学校運営チームメンバー」「学校運営チームメンバー以外の教員」のうち少なくとも一つ以上が重要な責任を持つと回答した校長の学校に所属する教員の割合。
出所：OECD（2014）Table 2.24.

表 2.7.1 [2/2] 学校の自律的裁量

国　名	生徒の評価方針（全国的な評価方針を含む）の設定 %	S.E.	生徒の入学許可 %	S.E.	教科書・教材の選定 %	S.E.	履修内容（全国的なカリキュラム（学習指導要領）を含む）の決定 %	S.E.	履修コースの選定 %	S.E.
オーストラリア	90.7	(3.2)	98.7	(0.6)	100.0	(0.0)	86.0	(3.0)	100.0	(0.0)
ブラジル	65.3	(2.4)	76.9	(1.6)	95.8	(1.1)	55.1	(2.0)	46.1	(2.2)
ブルガリア	78.1	(3.2)	88.0	(2.3)	97.7	(1.2)	66.0	(3.5)	76.6	(2.7)
チリ	88.2	(2.7)	95.8	(1.5)	96.8	(1.3)	78.2	(3.3)	84.9	(2.6)
クロアチア	66.3	(3.2)	59.0	(3.4)	89.8	(2.3)	33.9	(3.5)	18.7	(2.7)
キプロス	82.9	(0.2)	32.4	(0.2)	60.1	(0.2)	35.4	(0.2)	29.7	(0.2)
チェコ	99.4	(0.5)	100.0	(0.0)	100.0	(0.0)	100.0	(0.0)	100.0	(0.0)
デンマーク	93.6	(2.1)	92.2	(3.9)	100.0	(0.0)	94.5	(2.0)	91.1	(3.9)
エストニア	100.0	(0.0)	98.1	(0.9)	100.0	(0.0)	96.3	(1.2)	98.4	(0.7)
フィンランド	74.6	(4.0)	84.8	(3.4)	99.4	(0.6)	75.9	(3.8)	89.9	(2.9)
フランス	70.5	(3.5)	61.5	(3.8)	99.6	(0.4)	21.8	(3.4)	47.3	(3.9)
アイスランド	93.1	(0.1)	84.1	(0.1)	98.5	(0.0)	70.1	(0.1)	91.1	(0.1)
イスラエル	89.6	(2.6)	83.2	(2.6)	93.8	(1.6)	79.1	(2.9)	93.0	(1.7)
イタリア	89.7	(2.3)	98.3	(1.0)	100.0	(0.0)	94.8	(1.7)	100.0	(0.0)
日本	89.6	(2.0)	45.9	(3.6)	43.4	(3.2)	53.5	(3.4)	55.8	(3.7)
韓国	51.5	(4.1)	85.5	(3.0)	99.2	(0.8)	66.9	(3.8)	95.1	(1.7)
ラトビア	91.9	(3.1)	99.3	(0.7)	98.8	(0.9)	76.2	(4.4)	96.2	(2.2)
マレーシア	20.7	(3.5)	27.8	(3.8)	88.4	(2.9)	10.5	(2.7)	84.3	(3.2)
メキシコ	45.9	(4.1)	72.2	(3.5)	93.4	(1.8)	22.8	(2.3)	36.5	(3.4)
オランダ	98.4	(1.6)	100.0	(0.0)	100.0	(0.0)	100.0	(0.0)	100.0	(0.0)
ノルウェー	83.2	(4.3)	56.7	(7.3)	99.0	(0.7)	83.9	(4.4)	78.9	(4.8)
ポーランド	98.5	(0.9)	98.3	(1.2)	100.0	(0.0)	79.0	(2.9)	68.7	(3.6)
ポルトガル	71.7	(3.6)	99.5	(0.5)	99.5	(0.5)	43.7	(3.5)	94.8	(1.5)
ルーマニア	56.8	(3.8)	77.2	(3.5)	94.3	(1.7)	48.2	(4.0)	83.5	(3.1)
セルビア	69.2	(3.6)	87.3	(2.5)	97.4	(1.2)	51.3	(3.8)	88.1	(2.4)
シンガポール	97.3	(0.0)	91.4	(0.1)	99.1	(0.0)	86.0	(0.2)	92.8	(0.1)
スロバキア	100.0	(0.0)	99.6	(0.4)	100.0	(0.0)	99.5	(0.5)	99.5	(0.5)
スペイン	37.1	(3.4)	53.3	(4.0)	98.2	(0.5)	32.5	(3.5)	39.0	(3.2)
スウェーデン	80.9	(2.9)	97.0	(1.4)	99.2	(0.6)	68.2	(3.7)	67.9	(3.9)
地域としての参加										
アブダビ（アラブ首長国連邦）	61.4	(3.6)	70.6	(3.7)	61.6	(4.0)	49.9	(3.6)	51.6	(4.2)
アルバータ（カナダ）	77.6	(4.1)	92.2	(2.6)	98.2	(0.7)	41.0	(4.4)	95.6	(1.5)
イングランド（イギリス）	99.4	(0.6)	84.6	(2.8)	100.0	(0.0)	96.7	(1.6)	100.0	(0.0)
フランドル（ベルギー）	96.2	(1.8)	88.9	(3.3)	100.0	(0.0)	34.1	(4.7)	79.0	(3.6)
参加国平均	79.1	(0.5)	81.2	(0.5)	94.0	(0.2)	64.6	(0.5)	78.0	(0.5)
アメリカ	64.0	(5.6)	79.9	(4.5)	84.7	(3.5)	60.3	(5.3)	87.3	(3.4)

各項目に対して、「校長」「校長以外の学校運営チームメンバー」「学校運営チームメンバー以外の教員」のうち少なくとも一つ以上が重要な責任を持つと回答した校長の学校に所属する教員の割合。
出所：OECD（2014）Table 2.24.

第3章
校長のリーダーシップ

第3章　校長のリーダーシップ

要　旨

　今日、校長に求められる役割は急速に拡大し、校長の持つ影響力は大きくなっている。これに伴い、高いレベルの経営的な洞察力と教授・学習に関する知識が彼らには求められるようになってきている。この校長の持つ影響力の大きさのために、生徒の学業成績の向上や良好な状態にない学校の改善を図ることに関心を持つ各国政府は、校長のリーダーシップに対する関心を急速に高めつつある。

　以上のような背景を踏まえて、本章では、校長のリーダーシップに関する政策や実践についての示唆を得るため、各国における校長の現状を明らかにし、国際比較を行った。具体的な質問項目は、校長の責任、校長が発揮している分散型リーダーシップ（distributed leadership）・教育的リーダーシップ（educational leadership）、校長の属性、校長が受けている公的な教育（formal education）、校長の前歴、職能開発（professional development）、仕事に対する満足度などに関するものである。

　今回の調査で得られた日本の校長に関する主な知見は以下のとおりである。

- 日本の校長は、1学年度に校長としての仕事に費やす時間を100％とすれば、「管理・統括に関する業務や打合せ」（35.6％）、「教育課程や学習指導に関する業務や会議」（25.2％）、「生徒との関わり」（14.6％）、「保護者との関わり」（11.2％）、「地域コミュニティや産業界との関わり」（8.3％）、「その他」（5.0％）という割合で仕事に時間を配分しており、この時間配分の在り方は参加国平均と大きな差はない。
- 日本においては、校長としての実力の発揮にとっての障壁のうち、指摘率の高い上位三つは、「不十分な学校予算や資源」（84.2％）、「政府の規制や政策」（64.8％）、「教員の職能開発の機会と支援の不足」（54.0％）である。参加国と比較すれば、日本の場合には「自分にかかっている重い業務負担と責任」（参加国平均71.8％、日本40.6％）及び「教員の年功賃金体系」（参加国平均47.6％、日本18.2％）を障壁として認識している校長が少ない。
- 日本においては、女性校長の割合（6.0％）が参加国の中で一番低く、校長の平均年齢（57.0歳）が参加国平均（51.5歳）よりも高く、また、50歳代の校長の割合（80.4％）が参加国の中で二番目に高い。
- 日本においては、「学校管理に関する、あるいは、校長を対象とした研修プログラムやコース」（参加国平均84.8％、日本96.5％）、「教員としての研修／教育プログラムやコース」（参加国平均90.4％、日本94.6％）、「学習指導力についての研修やコース」（参加国平均77.8％、日本93.8％）等の内容を含む公的な教育を受講したことのある校長の割合が参加国と比較して高い。
- 職能開発に関して、日本は、「専門的な勉強会、組織内指導（メンタリング）、調査研究」（参加国平均51.1％、日本56.9％）への参加割合は比較的高く、「研修講座、会議、視察」（参加国平均83.4％、日本83.1％）はほぼ同程度であり、「その他」（参加国平均33.5％、日本17.7％）への参加割合が幾分低く、そして全ての活動を通じて参加日数が少ないという傾向が指摘できる。さらに、以上の三つのいずれにも参加していない校長の割合は参加国平均よりも上回っている（参加国平均9.5％、日本14.6％）。
- 職能開発への参加の障壁に関して、参加国と比較した際に日本では「職能開発の日程が自分の仕事のスケジュールと合わない」（参加国平均43.1％、日本78.2％）ことが障壁として認識されている割合が際立って高い。

校長のリーダーシップ　第3章

> ■ 校長の仕事に対する満足度に関する全ての質問項目において、日本は参加国平均よりも低く、特に「現在の学校での自分の仕事の成果に満足している」（参加国平均94.5%、日本59.8%）という質問項目において低い。

3.1 校長の仕事の時間配分

校長に求められる役割が拡大する一方で、校長の時間が有限である以上、校長は多様な仕事に対して優先順位を付けて、時間配分を行うこと、すなわち、タイム・マネジメントが求められる。したがって、校長の仕事の優先順位の付け方と時間配分の在り方を把握することは各国政府にとって重要である。

今回の調査では、表3.1.1のとおり、校長の仕事を六つのカテゴリーに区分し、1学年度に校長としての仕事に費やす時間を100%とした場合に、それぞれのカテゴリーにどれだけの割合の時間を費やしているか質問している。表3.1.2は各国別のデータである。

表3.1.1　校長の仕事のカテゴリー別の時間配分（参加国平均・日本）

参加国平均	日本	校長の仕事のカテゴリー	補足事項
41.3%	35.6%	管理・統括に関する業務や打合せ	人事管理、規則管理、報告、学校の予算管理、日程や学級の編制、方針の立案、リーダーシップ・統率活動全般、国や自治体関係者からの要請への対応を含む
21.4%	25.2%	教育課程や学習指導に関する業務や会議	カリキュラム開発、授業、学級観察、生徒の評価、組織内指導（メンタリング）、教員の職能開発を含む
14.9%	14.6%	生徒との関わり	規律管理、カウンセリング、課外での対話を含む
11.2%	11.2%	保護者との関わり	公式なものと非公式なものの双方を含む
7.1%	8.3%	地域コミュニティや産業界との関わり	ー
4.1%	5.0%	その他	ー
100.0%	100.0%	合　計	ー

出所：OECD（2014）Table 3.1を基に国立教育政策研究所が作成。

OECD（2014）は、「管理・統括に関する業務や打合せ」と「教育課程や学習指導に関する業務や会議」の二つが校長の主な責任領域であり、業務時間の3分の2を費やしており、他に費やす時間はそれほど残されていないと指摘している。このカテゴリーによる時間配分に関しては、日本と参加国との間で大きな差は見出せない。

第3章　校長のリーダーシップ

表 3.1.2　校長の仕事のカテゴリー別の時間配分（各国別）

国　　名	管理・統括に関する業務や打合せ[1] 平均	S.E.	教育課程や学習指導に関わる業務や会議[2] 平均	S.E.	生徒との関わり[3] 平均	S.E.	保護者との関わり[4] 平均	S.E.	地域コミュニティや産業界との関わり 平均	S.E.	その他 平均	S.E.
オーストラリア	46.9	(2.3)	17.0	(1.5)	14.3	(0.8)	12.1	(0.8)	6.9	(0.4)	2.8	(0.5)
ブラジル	33.9	(0.8)	21.3	(0.5)	18.8	(0.5)	14.2	(0.3)	8.0	(0.2)	4.2	(0.3)
ブルガリア	44.0	(1.1)	23.1	(0.8)	12.5	(0.5)	9.9	(0.3)	7.1	(0.3)	3.3	(0.3)
チリ	30.3	(1.2)	26.5	(1.0)	17.9	(0.8)	13.7	(0.6)	7.5	(0.5)	4.2	(0.9)
クロアチア	37.4	(1.2)	22.3	(0.6)	13.1	(0.6)	10.9	(0.4)	9.7	(0.4)	6.5	(0.6)
キプロス	42.6	(1.5)	16.3	(0.7)	18.5	(0.8)	13.6	(0.6)	6.5	(0.4)	2.5	(0.3)
チェコ	50.2	(1.1)	21.5	(0.7)	10.3	(0.4)	8.4	(0.3)	4.9	(0.2)	4.7	(0.4)
デンマーク	50.5	(1.2)	17.6	(0.8)	11.7	(0.6)	10.4	(0.4)	5.9	(0.4)	3.8	(0.5)
エストニア	47.3	(1.1)	16.9	(0.6)	14.4	(0.6)	9.2	(0.4)	7.7	(0.4)	4.5	(0.3)
フィンランド	47.9	(1.3)	18.4	(0.8)	13.9	(0.6)	10.2	(0.5)	5.5	(0.3)	4.1	(0.5)
フランス	41.2	(1.2)	21.1	(0.6)	17.1	(0.9)	10.9	(0.3)	6.8	(0.3)	3.0	(0.3)
アイスランド	40.5	(1.4)	17.8	(1.0)	17.6	(0.8)	11.3	(0.5)	7.0	(0.5)	6.0	(0.9)
イスラエル	34.6	(2.4)	24.1	(1.0)	18.8	(1.0)	12.2	(0.8)	7.1	(0.6)	3.2	(0.6)
イタリア	36.1	(1.1)	24.6	(0.7)	12.6	(0.6)	14.4	(0.5)	9.6	(0.3)	2.6	(0.4)
日本	35.6	(1.0)	25.2	(0.7)	14.6	(0.5)	11.2	(0.4)	8.3	(0.4)	5.0	(0.6)
韓国	35.0	(1.3)	26.9	(1.0)	14.1	(0.6)	11.0	(0.4)	8.2	(0.5)	4.7	(0.7)
ラトビア	39.7	(1.2)	17.1	(0.7)	17.4	(0.7)	13.0	(0.8)	8.1	(0.5)	4.6	(0.6)
マレーシア	40.6	(1.2)	29.7	(1.0)	13.9	(0.5)	7.6	(0.4)	5.0	(0.2)	3.3	(0.3)
メキシコ	37.9	(1.2)	22.1	(0.8)	18.2	(0.6)	13.3	(0.5)	6.6	(0.4)	2.2	(0.2)
オランダ	53.6	(2.3)	18.3	(2.1)	6.9	(0.7)	8.7	(0.6)	7.2	(0.5)	5.2	(0.8)
ノルウェー	39.9	(1.7)	17.7	(1.0)	12.7	(0.7)	9.9	(0.7)	11.6	(0.7)	8.2	(1.2)
ポーランド	42.0	(1.2)	22.9	(0.8)	15.0	(0.7)	10.5	(0.4)	6.7	(0.3)	2.9	(0.3)
ポルトガル	44.8	(1.7)	18.5	(0.8)	14.4	(0.8)	10.8	(0.5)	6.7	(0.4)	4.9	(0.6)
ルーマニア	37.0	(1.0)	24.1	(0.7)	13.8	(0.5)	11.3	(0.4)	8.6	(0.4)	5.2	(0.5)
セルビア	38.2	(1.2)	22.4	(0.7)	12.6	(0.4)	10.9	(0.4)	10.4	(0.4)	5.6	(0.4)
シンガポール	43.9	(1.4)	21.8	(0.7)	15.8	(0.6)	9.7	(0.4)	6.1	(0.3)	2.7	(0.3)
スロバキア	44.7	(1.2)	21.2	(0.7)	13.3	(0.6)	10.4	(0.5)	6.6	(0.4)	3.8	(0.4)
スペイン	36.1	(1.2)	24.6	(1.1)	15.6	(0.9)	13.7	(0.6)	6.0	(0.4)	4.0	(0.7)
スウェーデン	50.9	(1.3)	18.5	(1.0)	13.6	(0.6)	10.3	(0.4)	2.8	(0.2)	3.8	(0.5)
地域としての参加												
アブダビ（アラブ首長国連邦）	34.0	(1.3)	23.4	(0.9)	17.6	(0.8)	13.5	(0.7)	7.7	(0.5)	3.9	(0.6)
アルバータ（カナダ）	38.7	(1.2)	23.1	(1.0)	21.1	(0.9)	11.7	(0.5)	4.2	(0.3)	1.3	(0.3)
イングランド（イギリス）	42.8	(1.2)	21.2	(0.7)	15.8	(0.7)	9.7	(0.5)	6.3	(0.5)	4.4	(0.8)
フランドル（ベルギー）	45.5	(1.4)	18.1	(0.9)	14.7	(0.8)	10.7	(0.7)	5.5	(0.3)	5.6	(1.0)
参加国平均	**41.3**	**(0.2)**	**21.4**	**(0.2)**	**14.9**	**(0.1)**	**11.2**	**(0.1)**	**7.1**	**(0.1)**	**4.1**	**(0.1)**
アメリカ	30.0	(1.6)	24.8	(1.3)	20.5	(1.4)	11.4	(0.8)	4.2	(0.4)	9.2	(0.9)

1学年度に仕事に費やす時間を100%とした場合、それぞれのカテゴリーにどれだけの割合の時間を費やしているかという質問に対する校長の回答。
1. 人事管理、規則管理、報告、学校の予算管理、日程や学級の編制、方針の立案、リーダーシップ・効率活動全般、国や自治体関係者からの要請への対応を含む。
2. カリキュラム開発、授業、学級観察、生徒の評価、組織内指導（メンタリング）、教員の職能開発を含む。
3. 規律管理、カウンセリング、課外での対話を含む。
4. 公式なものと非公式なものの双方を含む。
出所：OECD（2014）Table 3.1.

3.2 校長のリーダーシップ行動

　表3.2.1は、校長が過去12か月にとったリーダーシップ行動である。ここでの質問では、「学級内の規律の問題を教員と協力して解決した」「授業を観察した」「新たな指導実践を開発するための教員間の協力を支援する取組を行った」「教員が指導能力の向上に責任を持つよう具体的な取組を行った」「教員が担当する生徒の学習成果について責任を感じるよう具体的な取組を行った」「保護者に学校と生徒の成果についての情報を提供した」「学校事務に関する手順や報告における間違いをチェックした」「時間割に関する問題を解決した」「他校の校長と協働した」という全部で九つのリーダーシップ行動を挙げ、それぞれについて「なし」「時々」「頻繁に」「非常に頻繁に」という選択肢の中から選択を求めた。表3.2.1は「頻繁に」「非常に頻繁に」と回答した校長の各国の割合を示している。

　日本の場合には、「なし」と回答した校長の割合は、「時間割に関する問題を解決した」（19.5%）という項目を除き低く（0～5.6%）、「授業を観察した」と「他校の校長と協働した」を除く七つの項目について、「時々」と回答した割合が最も高い（48.8～71.7%）。

　日本は、これらの項目の中で、「授業を観察した」を除いた他の全ての項目で、「頻繁に」「非常に頻繁に」と回答した割合が参加国平均よりも低いという結果になっている。OECD（2014）では、「学級内の規律の問題を教員と協力して解決した」（参加国平均68.2%、日本33.2%）、「新たな指導実践を開発するための教員間の協力を支援する取組を行った」（参加国平均64.1%、日本33.9%）、「教員が指導能力の向上に責任を持つよう具体的な取組を行った」（参加国平均68.6%、日本38.9%）、「教員が相当する生徒の学習成果について責任を感じるよう具体的な取組を行った」（参加国平均75.5%、日本32.6%）、「時間割に関する問題を解決した」（参加国平均46.9%、日本8.8%）という項目に関して、日本が「頻繁に」「非常に頻繁に」と回答した割合が低いことに言及している。

　しかし、OECD（2014）も指摘しているとおり、それぞれの国により学校の状況が違うため、現実のリーダーシップ行動が、校長の当該業務をどれくらい重視しているかを直接反映したものではない可能性があるため、この数値の意味は慎重に解釈される必要がある。

第3章　校長のリーダーシップ

表 3.2.1 [1/2] 校長のリーダーシップ行動

国　名	学級内の規律の問題を教員と協力して解決した %	S.E.	授業を観察した %	S.E.	新たな指導実践を開発するための教員間の協力を支援する取組を行った %	S.E.	教員が指導能力の向上に責任を持つよう具体的な取組を行った %	S.E.	教員が担当する生徒の学習成果について責任を感じるよう具体的な取組を行った %	S.E.
オーストラリア	35.3	(6.4)	33.1	(6.6)	64.0	(5.6)	76.1	(5.1)	82.5	(5.2)
ブラジル	82.6	(1.8)	60.0	(2.6)	75.3	(2.1)	75.3	(2.0)	83.7	(1.9)
ブルガリア	78.6	(3.6)	89.1	(2.5)	69.4	(3.8)	88.3	(2.7)	96.9	(1.3)
チリ	80.0	(3.4)	71.8	(3.7)	84.5	(2.8)	87.9	(2.6)	92.9	(2.1)
クロアチア	73.7	(3.1)	51.2	(3.9)	61.7	(3.6)	64.8	(3.7)	72.1	(3.4)
キプロス	85.7	(3.2)	63.3	(5.0)	50.0	(5.3)	76.3	(3.7)	82.5	(4.0)
チェコ	69.9	(3.1)	51.7	(3.7)	69.0	(3.5)	70.1	(3.4)	72.6	(3.4)
デンマーク	56.0	(4.9)	17.1	(3.3)	43.9	(4.4)	53.6	(4.3)	45.5	(4.5)
エストニア	41.3	(3.4)	6.7	(1.5)	41.3	(3.7)	52.0	(3.3)	53.0	(3.5)
フィンランド	70.2	(3.7)	10.7	(2.8)	56.6	(3.8)	40.0	(3.6)	44.0	(4.4)
フランス	67.5	(4.1)	7.7	(2.5)	59.9	(4.1)	51.6	(4.8)	64.2	(4.0)
アイスランド	41.5	(4.7)	15.1	(3.7)	56.7	(4.3)	57.5	(5.2)	76.4	(4.4)
イスラエル	81.1	(3.4)	47.6	(6.2)	67.6	(6.2)	76.0	(4.4)	81.8	(3.5)
イタリア	83.6	(3.7)	33.7	(4.2)	64.9	(4.8)	59.8	(5.1)	71.0	(4.4)
日本	33.2	(4.3)	66.8	(3.4)	33.9	(4.3)	38.9	(4.0)	32.6	(3.5)
韓国	78.3	(4.7)	69.4	(3.8)	73.6	(4.6)	77.8	(3.8)	80.5	(3.9)
ラトビア	68.5	(5.6)	45.0	(4.9)	63.4	(5.6)	74.8	(4.6)	83.6	(4.1)
マレーシア	90.6	(2.6)	88.2	(2.3)	97.9	(1.1)	95.5	(1.6)	99.6	(0.4)
メキシコ	75.0	(3.7)	64.3	(4.2)	72.2	(4.1)	75.1	(3.6)	86.1	(2.6)
オランダ	27.8	(6.0)	43.1	(6.0)	42.8	(7.1)	69.1	(6.6)	86.9	(3.3)
ノルウェー	78.2	(3.7)	21.2	(6.5)	55.6	(8.0)	47.5	(7.4)	41.1	(6.8)
ポーランド	70.7	(3.7)	61.9	(4.9)	62.8	(4.3)	72.0	(4.4)	91.6	(3.0)
ポルトガル	70.0	(4.2)	5.2	(1.8)	61.0	(4.2)	63.3	(4.4)	74.5	(4.1)
ルーマニア	93.1	(2.6)	82.2	(3.2)	79.8	(3.5)	85.4	(2.5)	90.2	(2.3)
セルビア	80.4	(3.4)	70.4	(3.3)	85.7	(3.0)	81.5	(3.2)	82.1	(2.9)
シンガポール	63.8	(4.0)	58.5	(4.3)	65.4	(4.4)	84.4	(3.0)	91.1	(2.5)
スロバキア	78.8	(3.3)	61.8	(4.2)	81.5	(3.3)	79.3	(3.3)	82.7	(3.2)
スペイン	82.9	(3.1)	29.5	(4.0)	59.4	(5.1)	55.8	(4.8)	69.3	(4.3)
スウェーデン	50.3	(4.2)	27.8	(5.0)	53.9	(4.9)	44.1	(4.9)	63.9	(4.5)
地域としての参加										
アブダビ（アラブ首長国連邦）	86.0	(3.3)	88.0	(3.1)	91.3	(2.9)	93.4	(2.4)	93.2	(2.6)
アルバータ（カナダ）	81.1	(3.3)	76.0	(3.1)	71.1	(3.0)	79.1	(3.5)	84.8	(3.1)
イングランド（イギリス）	39.7	(5.9)	78.4	(4.9)	61.4	(3.9)	75.3	(4.3)	82.9	(4.9)
フランドル（ベルギー）	53.5	(5.4)	21.4	(4.2)	36.5	(4.8)	41.5	(4.8)	57.0	(3.7)
参加国平均	68.2	(0.7)	49.0	(0.7)	64.1	(0.8)	68.6	(0.7)	75.5	(0.6)
アメリカ	79.3	(5.4)	78.5	(5.7)	75.0	(4.9)	78.2	(5.5)	87.0	(4.9)

過去12か月の間に、各項目のリーダーシップ行動を「頻繁に」「非常に頻繁に」行ったと回答した校長の割合。
出所：OECD（2014）Table 3.2.

表 3.2.1 ［2/2］　校長のリーダーシップ行動

国　名	保護者に学校と生徒の成果についての情報を提供した %	S.E.	学校事務に関する手順や報告における間違いをチェックした %	S.E.	時間割に関する問題を解決した %	S.E.	他校の校長と協働した %	S.E.
オーストラリア	78.1	(5.5)	62.5	(6.8)	25.9	(6.0)	59.3	(6.0)
ブラジル	89.0	(1.4)	80.4	(2.0)	63.6	(2.6)	38.4	(2.5)
ブルガリア	78.5	(3.2)	82.6	(3.0)	56.0	(4.4)	56.9	(4.2)
チリ	89.5	(2.7)	92.1	(2.2)	74.0	(3.5)	42.2	(3.8)
クロアチア	38.5	(3.7)	64.0	(3.8)	45.4	(3.8)	77.6	(2.9)
キプロス	88.8	(3.4)	73.5	(4.1)	52.0	(4.7)	62.2	(4.0)
チェコ	54.7	(3.4)	94.1	(1.7)	20.3	(2.7)	37.2	(3.5)
デンマーク	28.0	(4.0)	24.4	(3.8)	39.9	(4.7)	58.3	(4.3)
エストニア	42.6	(3.7)	35.8	(3.4)	19.3	(2.8)	62.3	(3.3)
フィンランド	24.6	(3.2)	45.5	(4.2)	75.5	(3.4)	82.4	(3.3)
フランス	41.9	(4.1)	86.5	(2.5)	64.7	(3.9)	72.3	(3.6)
アイスランド	49.1	(4.8)	18.3	(3.8)	48.1	(5.1)	67.0	(4.9)
イスラエル	66.5	(5.7)	54.3	(6.2)	57.4	(5.6)	37.5	(5.6)
イタリア	72.3	(4.6)	71.9	(4.8)	49.7	(5.1)	51.4	(4.9)
日本	51.2	(3.5)	36.6	(3.4)	8.8	(2.6)	54.8	(4.2)
韓国	76.6	(4.3)	73.7	(4.5)	47.7	(3.9)	74.1	(4.9)
ラトビア	54.3	(6.9)	74.9	(5.2)	19.2	(5.1)	76.4	(4.8)
マレーシア	86.3	(2.9)	91.4	(2.4)	75.4	(3.5)	88.8	(2.7)
メキシコ	93.3	(2.1)	89.5	(2.5)	68.7	(3.6)	56.9	(4.0)
オランダ	71.0	(4.8)	38.1	(6.2)	22.0	(6.1)	86.2	(4.0)
ノルウェー	36.6	(6.1)	31.0	(5.9)	43.0	(8.5)	71.3	(6.7)
ポーランド	80.7	(3.3)	60.9	(4.8)	41.5	(4.4)	61.1	(4.5)
ポルトガル	84.0	(3.2)	36.8	(4.2)	66.8	(3.5)	57.0	(4.2)
ルーマニア	91.1	(2.7)	93.7	(2.3)	83.7	(3.2)	87.4	(2.9)
セルビア	77.8	(3.2)	81.4	(3.5)	69.5	(3.8)	95.8	(1.5)
シンガポール	68.1	(4.0)	68.7	(4.2)	32.6	(4.4)	36.1	(3.7)
スロバキア	66.9	(4.0)	48.4	(4.0)	24.5	(3.4)	58.6	(4.3)
スペイン	83.1	(2.6)	65.3	(4.7)	52.5	(4.7)	45.0	(5.0)
スウェーデン	29.8	(4.0)	26.4	(4.5)	30.7	(4.3)	50.2	(4.5)
地域としての参加								
アブダビ（アラブ首長国連邦）	89.2	(3.3)	84.8	(3.4)	74.1	(4.4)	57.8	(4.8)
アルバータ（カナダ）	75.2	(3.1)	46.7	(3.6)	42.5	(4.0)	63.5	(3.6)
イングランド（イギリス）	70.9	(5.1)	40.8	(4.5)	18.4	(2.6)	58.2	(4.6)
フランドル（ベルギー）	42.8	(3.8)	34.5	(4.0)	33.5	(4.7)	64.3	(4.4)
参加国平均	65.8	(0.7)	60.9	(0.7)	46.9	(0.8)	62.1	(0.7)
アメリカ	72.6	(6.4)	40.6	(5.7)	31.5	(5.6)	52.6	(6.9)

過去12か月の間に、各項目のリーダーシップ行動を「頻繁に」「非常に頻繁に」行ったと回答した校長の割合。
出所：OECD（2014）Table 3.2.

第3章 校長のリーダーシップ

3.3 データの活用による教育目標等の策定と研修計画策定への校長の関与

　ここ四半世紀ほどの間に、校長が得られるデータが増加することによって、意思決定に際して校長自身の知識を頼みの綱とする意思決定からデータの活用による意思選択への移行が進んできた。また、こうした移行はアカウンタビリティをより求める動きによって促進されてきた。今日の校長は、かつてとは異なって、生徒の成績や評価結果を活用して責任を持って学校の教育目標やプログラムを策定することが求められている。

　また、生徒の成績や評価結果を活用した学校の教育目標やプログラムの策定とともに、校長の学校での研修計画の策定に関する責任も急速に増しつつある。

　図 3.3.1 は、過去 12 か月に「学校の教育目標や教育プログラム（school development plan）を策定するために、生徒の成績や評価結果を活用した」（参加国平均 88.8%、日本 93.0%）、「学校での研修計画の策定に関わった」（参加国平均 79.1%、日本 95.1%）ということに対して「はい」と回答した割合を示したものである。日本は、参加国平均よりも肯定した割合が多い。

図 3.3.1　データの活用による教育目標等の策定と研修計画策定への校長の関与

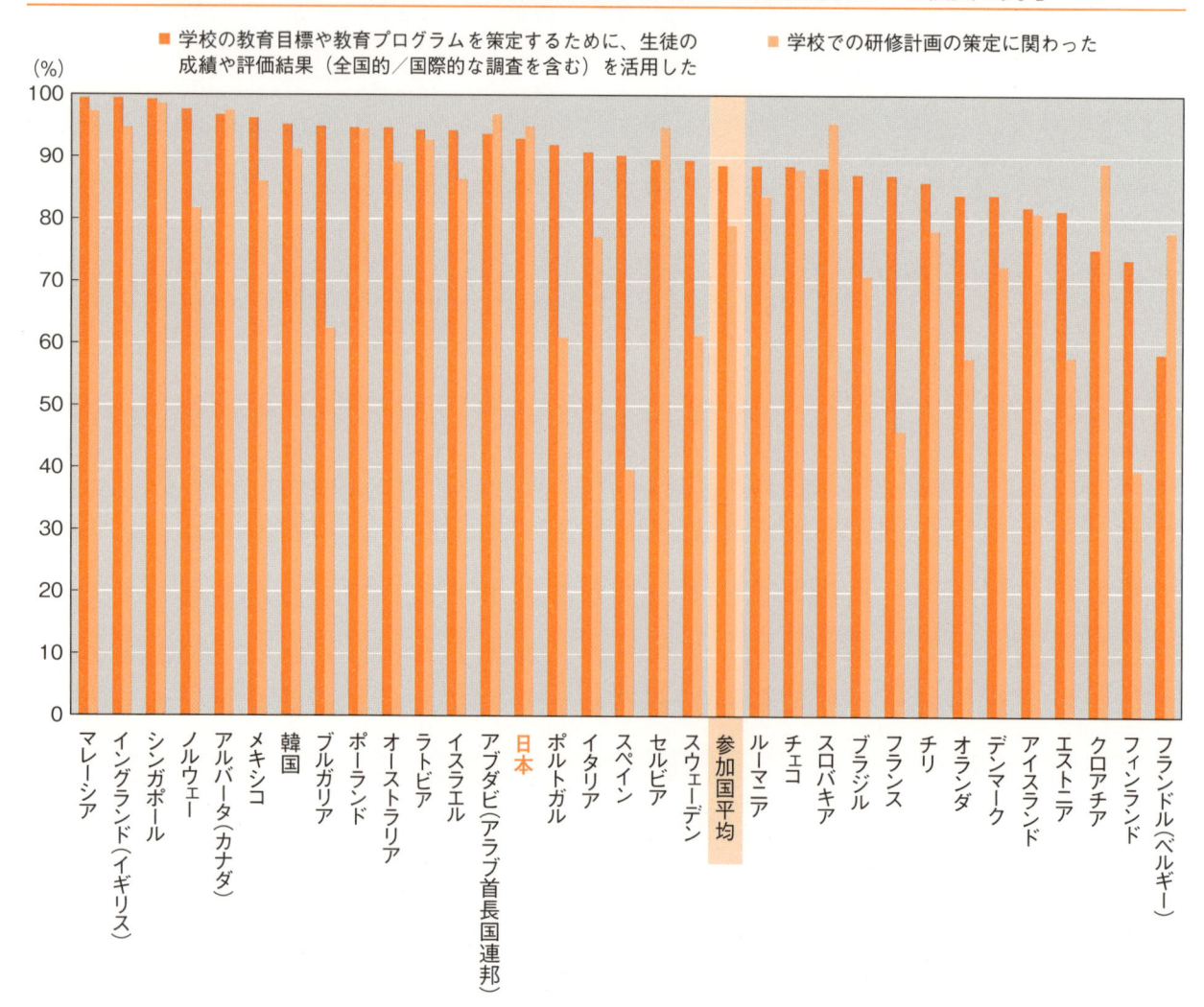

過去 12 か月の間に、データの活用による教育目標等の策定と研修計画策定への関与をそれぞれ行ったと回答した校長の割合。
各国は、学校の教育目標や教育プログラムを策定するために、生徒の成績や評価結果（全国的／国際的な調査を含む）を活用したと回答した校長の割合を基に降順で並べられている。
出所：OECD（2014）Table 3.3.

3.4 校長としての実力発揮にとっての障壁

　校長には多様な役割が求められており、そうした校長としての役割遂行の有効性は生徒の学業成績に影響力を有している。こうしたことから、校長としての実力発揮にとっての障壁を適切に把握することが各国政府にとって重要である。表3.4.1は、校長に対して、想定される九つの障壁を挙げ、それぞれについて「まったく妨げになっていない」「あまり妨げになっていない」「いくらか妨げになっている」「非常に妨げになっている」という選択肢の中から回答を求めた結果である。

　校長としての実力発揮にとっての障壁のうち、日本で指摘率の高い上位三つの項目は「不十分な学校予算や資源」(84.2%)、「政府の規制や政策」(64.8%)、「教員の職能開発の機会と支援の不足」(54.0%) である。参加国全体の場合には、指摘率の高い上位三つの項目は「不十分な学校予算や資源」(79.5%)、「自分にかかっている重い業務負担と責任」(71.8%)、「政府の規制や政策」(69.1%) である。参加国全体と大きく異なり、日本の場合には「自分にかかっている重い業務負担と責任」(参加国平均71.8%、日本40.6%) と「教員の年功賃金体系」(参加国平均49.1%、日本18.2%) を障壁として認識している校長が少ない。

第3章　校長のリーダーシップ

表3.4.1 [1/2]　校長としての実力発揮にとっての障壁

国名	不十分な学校予算や資源 %	S.E.	政府の規制や政策 %	S.E.	教員の休職・欠勤 %	S.E.	保護者の関与や支援の不足 %	S.E.	教員の年功賃金体系[1] %	S.E.
オーストラリア	80.4	(4.3)	71.5	(5.8)	28.7	(4.7)	45.8	(5.4)	31.6	(5.6)
ブラジル	61.2	(2.6)	60.1	(2.6)	53.9	(2.5)	70.9	(2.3)	59.0	(2.5)
ブルガリア	87.3	(2.5)	71.0	(3.4)	25.8	(3.5)	67.7	(4.1)	80.5	(3.4)
チリ	72.6	(3.4)	62.9	(3.8)	59.1	(4.2)	85.9	(3.0)	58.5	(3.5)
クロアチア	97.9	(1.0)	87.5	(2.8)	27.1	(3.4)	48.5	(3.9)	79.7	(3.0)
キプロス	83.3	(4.2)	76.8	(4.0)	65.6	(3.5)	40.6	(5.1)	40.0	(5.0)
チェコ	92.8	(1.7)	89.4	(2.2)	31.8	(3.2)	50.6	(3.7)	72.8	(3.3)
デンマーク	60.8	(4.4)	64.2	(4.4)	25.9	(3.8)	17.8	(3.4)	25.2	(3.9)
エストニア	89.2	(2.4)	84.6	(2.7)	34.2	(3.5)	51.8	(3.6)	52.9	(3.4)
フィンランド	77.0	(3.4)	35.2	(4.2)	40.8	(3.9)	38.2	(3.9)	34.9	(3.7)
フランス	79.3	(3.6)	58.2	(3.6)	25.7	(3.3)	48.4	(3.8)	36.5	(4.4)
アイスランド	75.5	(4.0)	41.5	(4.5)	40.6	(4.8)	43.8	(5.5)	57.7	(4.9)
イスラエル	77.9	(4.2)	54.5	(6.5)	58.8	(6.0)	45.0	(6.8)	53.5	(5.4)
イタリア	90.6	(2.5)	79.9	(4.3)	43.0	(4.5)	36.7	(4.2)	80.4	(3.5)
日本	84.2	(3.3)	64.8	(4.0)	35.9	(3.8)	39.9	(3.5)	18.2	(2.6)
韓国	84.2	(3.8)	83.4	(3.9)	24.2	(4.3)	47.1	(5.3)	36.9	(4.8)
ラトビア	87.5	(3.7)	77.4	(4.6)	21.0	(3.9)	51.5	(5.4)	76.3	(4.4)
マレーシア	61.2	(4.4)	28.0	(3.6)	40.7	(4.7)	44.8	(4.3)	15.7	(3.0)
メキシコ	76.4	(3.3)	42.3	(3.9)	45.9	(4.0)	68.1	(3.6)	32.1	(3.7)
オランダ	87.0	(3.2)	85.9	(5.1)	59.8	(6.9)	43.1	(7.0)	65.6	(7.2)
ノルウェー	73.3	(7.1)	54.4	(5.8)	36.9	(5.1)	35.4	(5.9)	9.2	(3.9)
ポーランド	89.5	(3.1)	88.8	(2.8)	32.8	(4.6)	48.6	(5.0)	73.2	(4.2)
ポルトガル	85.1	(2.9)	94.6	(1.9)	41.5	(4.3)	75.0	(3.9)	65.8	(4.4)
ルーマニア	90.0	(2.5)	81.3	(3.1)	28.5	(4.5)	70.5	(4.0)	72.5	(4.2)
セルビア	90.8	(2.6)	82.6	(3.9)	15.0	(3.0)	50.8	(3.9)	61.5	(4.2)
シンガポール	34.6	(4.0)	27.9	(3.8)	28.4	(3.7)	45.4	(4.3)	15.6	(2.8)
スロバキア	89.2	(2.6)	91.7	(2.2)	38.7	(3.9)	56.1	(4.4)	69.8	(3.8)
スペイン	83.0	(4.0)	83.9	(4.2)	19.2	(3.3)	51.7	(4.7)	47.9	(4.8)
スウェーデン	82.8	(3.5)	65.6	(4.4)	42.2	(4.4)	35.6	(4.5)	0.0	(0.0)
地域としての参加										
アブダビ（アラブ首長国連邦）	61.7	(4.3)	57.6	(4.8)	52.9	(5.0)	57.5	(5.2)	61.6	(4.5)
アルバータ（カナダ）	78.2	(3.3)	63.8	(4.1)	33.0	(3.7)	53.6	(3.8)	16.9	(2.6)
イングランド（イギリス）	78.1	(3.5)	79.3	(2.9)	49.3	(5.4)	38.1	(4.9)	31.9	(4.8)
フランドル（ベルギー）	80.8	(3.4)	89.8	(2.3)	53.8	(5.2)	28.3	(3.9)	36.8	(4.8)
参加国平均	79.5	(0.6)	69.1	(0.7)	38.2	(0.7)	49.5	(0.8)	49.1	(0.7)
アメリカ	61.9	(5.9)	65.9	(4.2)	36.4	(5.4)	59.9	(6.4)	33.4	(4.8)

校長として実力を発揮する上で、各項目が「いくらか妨げになっている」「非常に妨げになっている」と回答した校長の割合。
1. 年功賃金体系とは、教員の賃金が業績よりも学歴や年齢、先任であることなどによって主として決定されること。
出所：OECD（2014）Table 3.24 web.

表3.4.1 [2/2] 校長としての実力発揮にとっての障壁

国　名	校長の職能開発の機会と支援の不足 %	S.E.	教員の職能開発の機会と支援の不足 %	S.E.	自分にかかっている重い業務負担と責任 %	S.E.	他の教職員とのリーダーシップの共有不足 %	S.E.
オーストラリア	14.2	(4.1)	25.8	(6.5)	79.8	(4.2)	18.1	(3.8)
ブラジル	47.0	(2.9)	53.8	(2.8)	69.6	(2.7)	32.7	(2.6)
ブルガリア	29.1	(3.6)	43.1	(4.3)	74.6	(3.3)	42.0	(4.0)
チリ	53.7	(3.8)	60.8	(3.8)	73.4	(3.3)	42.8	(3.8)
クロアチア	49.3	(4.3)	64.5	(3.9)	86.9	(2.8)	70.8	(3.6)
キプロス	30.2	(4.5)	49.5	(4.8)	67.4	(4.8)	25.0	(3.8)
チェコ	28.8	(3.2)	42.6	(3.8)	82.0	(2.5)	34.5	(3.7)
デンマーク	19.5	(3.6)	38.0	(4.0)	64.1	(4.6)	18.0	(3.3)
エストニア	22.0	(3.2)	43.1	(3.6)	67.2	(3.5)	30.4	(3.2)
フィンランド	21.7	(3.6)	23.6	(3.5)	82.1	(3.6)	26.0	(3.5)
フランス	20.6	(3.2)	36.3	(4.3)	73.6	(3.5)	43.4	(3.7)
アイスランド	37.5	(5.0)	51.0	(5.1)	74.3	(4.4)	18.1	(4.0)
イスラエル	27.4	(5.0)	49.4	(6.2)	78.2	(5.1)	22.2	(5.8)
イタリア	48.5	(5.0)	71.8	(4.3)	68.1	(4.7)	20.7	(3.8)
日本	29.3	(4.0)	54.0	(4.3)	40.6	(3.2)	34.9	(3.3)
韓国	46.0	(5.4)	52.3	(5.2)	57.3	(5.3)	35.5	(4.9)
ラトビア	14.6	(4.4)	23.2	(4.6)	53.7	(5.2)	25.8	(6.0)
マレーシア	22.2	(3.2)	30.7	(3.8)	45.8	(4.6)	20.5	(3.9)
メキシコ	36.5	(4.0)	53.8	(4.1)	57.5	(4.4)	25.9	(4.0)
オランダ	14.0	(4.4)	37.9	(5.5)	59.3	(6.7)	28.1	(6.2)
ノルウェー	24.8	(5.2)	36.3	(4.0)	83.1	(4.4)	40.8	(7.1)
ポーランド	21.4	(4.3)	24.6	(4.5)	74.3	(4.0)	40.8	(4.3)
ポルトガル	52.5	(4.5)	65.2	(4.4)	77.4	(4.2)	27.0	(4.5)
ルーマニア	40.8	(3.9)	51.7	(4.2)	78.0	(4.0)	57.3	(4.9)
セルビア	57.6	(4.0)	67.8	(4.2)	77.8	(3.5)	54.2	(4.1)
シンガポール	8.2	(2.2)	6.8	(1.9)	75.9	(3.8)	23.0	(3.5)
スロバキア	22.8	(3.0)	28.8	(3.8)	80.8	(3.4)	25.0	(3.5)
スペイン	39.2	(4.4)	57.3	(4.4)	77.0	(4.0)	23.0	(4.1)
スウェーデン	18.3	(3.6)	44.9	(4.3)	87.0	(3.0)	44.0	(5.3)
地域としての参加								
アブダビ（アラブ首長国連邦）	44.7	(5.4)	56.9	(4.9)	61.9	(4.4)	44.5	(4.8)
アルバータ（カナダ）	24.6	(2.9)	26.8	(3.1)	88.0	(2.3)	25.3	(3.1)
イングランド（イギリス）	9.3	(2.5)	14.1	(2.8)	68.3	(5.1)	18.0	(4.5)
フランドル（ベルギー）	19.9	(3.1)	19.0	(3.6)	83.6	(3.3)	36.4	(4.3)
参加国平均	30.2	(0.7)	42.6	(0.7)	71.8	(0.7)	32.6	(0.7)
アメリカ	21.1	(4.2)	24.4	(6.0)	76.7	(4.3)	35.0	(6.9)

校長として実力を発揮する上で、各項目が「いくらか妨げになっている」「非常に妨げになっている」と回答した校長の割合。
1. 年功賃金体系とは、教員の賃金が業績よりも学歴や年齢、先任であることなどによって主として決定されること。
出所：OECD（2014）Table 3.24 web.

3.5 責任の共有

　学校の仕事、特に校長の仕事はその複雑さのために、その責任が広く共有され、又は共有されるべきであると急速に認識されるようになってきている。表 3.5.1 は、特定の業務に関して自らが重要な責任を持ち、かつ、その責任を他者と共有していると認識している校長の割合である。責任の共有とは、校長と、学校運営チーム、学校運営チーム以外の教員、学校理事会のメンバー、地方・中央政府当局などのメンバーが共に意思決定において重要な役割を果たしている状態を指している。

　日本では「教員の採用」「教員の解雇又は停職」「生徒の品行規則の設定」「生徒の入学許可」「教科書・教材の選定」等の全ての業務に関して、責任を共有している校長の割合が低い。OECD（2014）では「教員の採用」「教員の解雇又は停職」「生徒の品行規則の設定」「生徒の入学許可」「教科書・教材の選定」に関して、責任を共有している校長の割合が低いことに言及している。ただし、教育行政機関と校長との権限配分は各国により多様であり、データの読み取りにはこの点についての配慮が必要である。

表 3.5.1 [1/2] リーダーシップ行動の責任の共有

国　名	教員の採用 %	S.E.	教員の解雇又は停職 %	S.E.	教員の初任給（給与体系を含む）の決定 %	S.E.	教員の昇給の決定 %	S.E.	学校内の予算配分の決定 %	S.E.	生徒の品行規則の設定 %	S.E.
オーストラリア	50.9	(5.7)	26.2	(5.2)	15.3	(4.2)	18.5	(4.8)	55.4	(6.2)	62.5	(6.5)
ブラジル	24.1	(2.1)	22.4	(2.4)	4.8	(1.4)	4.8	(1.4)	32.5	(2.6)	53.1	(2.7)
ブルガリア	19.5	(3.5)	13.6	(3.0)	38.8	(3.8)	37.0	(3.6)	50.2	(3.8)	50.6	(4.0)
チリ	31.3	(3.6)	24.9	(3.2)	10.8	(2.4)	13.5	(2.4)	20.2	(3.1)	48.1	(4.1)
クロアチア	80.4	(3.4)	70.3	(3.7)	1.9	(1.2)	1.2	(0.9)	58.5	(4.1)	67.3	(3.6)
キプロス	19.8	(3.1)	16.7	(2.9)	10.4	(2.6)	7.4	(2.4)	34.4	(5.0)	66.7	(4.7)
チェコ	27.4	(2.8)	19.1	(2.4)	21.9	(2.7)	29.1	(3.2)	63.3	(3.5)	78.4	(2.9)
デンマーク	83.7	(3.2)	58.3	(4.1)	22.4	(4.0)	26.7	(3.9)	84.4	(3.6)	88.6	(2.8)
エストニア	63.8	(3.5)	35.9	(3.5)	33.3	(3.3)	55.6	(3.4)	67.7	(3.2)	75.3	(3.2)
フィンランド	39.5	(4.1)	23.3	(3.6)	6.4	(2.2)	14.3	(3.2)	36.9	(4.0)	58.3	(4.3)
フランス	15.1	(3.0)	11.0	(2.1)	0.9	(0.6)	1.6	(0.8)	52.1	(4.3)	59.0	(3.8)
アイスランド	38.7	(4.8)	26.0	(4.4)	6.8	(2.6)	11.8	(3.0)	31.7	(4.3)	75.5	(4.6)
イスラエル	51.4	(6.6)	36.9	(6.1)	10.1	(5.6)	14.3	(6.0)	43.7	(6.7)	75.3	(4.0)
イタリア	35.1	(4.2)	25.2	(3.8)	3.7	(1.4)	2.9	(1.2)	62.9	(4.8)	73.1	(4.0)
日本	7.0	(2.4)	9.1	(2.8)	1.5	(1.0)	9.2	(2.3)	26.2	(3.7)	43.6	(4.5)
韓国	12.0	(3.0)	7.9	(2.7)	1.3	(0.8)	0.0	(0.0)	20.1	(4.0)	20.8	(4.1)
ラトビア	53.1	(5.5)	45.5	(6.3)	52.5	(5.9)	50.4	(5.4)	75.2	(4.5)	73.6	(4.8)
マレーシア	2.7	(1.2)	4.4	(1.8)	0.0	(0.0)	9.2	(2.6)	25.0	(3.7)	42.1	(4.3)
メキシコ	16.4	(2.5)	14.2	(2.3)	6.0	(2.2)	8.3	(2.3)	18.0	(3.4)	40.7	(4.3)
オランダ	77.9	(4.6)	63.0	(7.7)	34.2	(6.8)	46.1	(7.5)	69.3	(5.1)	67.9	(7.9)
ノルウェー	56.3	(7.0)	41.9	(6.3)	15.2	(4.7)	16.1	(5.2)	52.1	(6.5)	75.5	(5.4)
ポーランド	23.5	(3.7)	11.7	(3.3)	20.5	(4.4)	23.7	(4.4)	50.6	(5.3)	65.4	(4.5)
ポルトガル	53.2	(4.3)	24.3	(4.3)	4.1	(2.1)	1.8	(0.9)	33.1	(4.2)	49.7	(4.6)
ルーマニア	36.0	(4.1)	24.1	(4.0)	4.0	(1.8)	4.9	(1.7)	23.0	(3.9)	49.6	(4.5)
セルビア	66.4	(4.0)	53.5	(3.6)	10.6	(2.7)	7.3	(2.1)	65.4	(4.0)	59.9	(3.7)
シンガポール	36.8	(4.0)	31.5	(4.0)	6.0	(1.9)	14.7	(3.0)	69.7	(4.1)	83.9	(3.4)
スロバキア	42.6	(3.7)	38.1	(3.4)	24.5	(4.0)	33.9	(4.0)	62.9	(3.7)	72.0	(3.4)
スペイン	21.9	(4.2)	19.9	(3.4)	2.8	(1.2)	3.2	(1.2)	28.4	(4.6)	62.1	(4.8)
スウェーデン	23.9	(4.1)	16.5	(2.9)	26.8	(4.3)	29.9	(3.9)	25.7	(4.0)	34.7	(4.1)
地域としての参加												
アブダビ（アラブ首長国連邦）	33.3	(4.0)	32.6	(4.2)	18.4	(3.7)	20.1	(3.5)	22.6	(3.4)	41.6	(4.4)
アルバータ（カナダ）	45.6	(3.7)	29.7	(3.6)	0.4	(0.4)	0.4	(0.4)	47.4	(3.3)	61.6	(3.0)
イングランド（イギリス）	66.0	(4.3)	54.6	(5.0)	51.4	(5.8)	60.6	(5.4)	73.6	(4.2)	72.6	(5.0)
フランドル（ベルギー）	33.1	(5.4)	39.6	(5.3)	0.0	(0.0)	0.0	(0.0)	60.5	(4.9)	64.7	(4.3)
参加国平均	39.0	(0.7)	29.5	(0.7)	14.2	(0.6)	17.5	(0.6)	46.7	(0.8)	61.0	(0.8)
アメリカ	43.0	(5.8)	41.2	(6.0)	0.0	(0.0)	0.6	(0.6)	33.8	(6.3)	51.9	(5.5)

上記の業務に関して意思決定が行われる際、校長自身が積極的な役割を果たすとともに、その他の主体（校長以外の学校運営チームメンバー、その他の教員、地方・中央政府当局）が積極的な役割を果たしていると回答した校長の割合。
出所：OECD（2014）Table 3.4.

第 3 章　校長のリーダーシップ

表 3.5.1 [2/2]　リーダーシップ行動の責任の共有

国　名	生徒の評価方針（全国的な評価方針を含む）の設定 %	S.E.	生徒の入学許可 %	S.E.	教科書・教材の選定 %	S.E.	履修内容（全国的なカリキュラムを含む）の決定 %	S.E.	履修コースの選定 %	S.E.
オーストラリア	55.4	(5.5)	39.9	(6.2)	34.5	(5.9)	42.7	(5.7)	75.8	(4.9)
ブラジル	41.9	(2.6)	39.6	(2.8)	52.1	(2.8)	30.0	(2.5)	27.4	(2.7)
ブルガリア	42.1	(4.2)	34.5	(3.3)	27.0	(3.6)	32.0	(3.7)	25.3	(3.2)
チリ	43.4	(3.9)	40.5	(4.0)	45.3	(4.2)	35.9	(3.9)	47.1	(3.9)
クロアチア	35.0	(3.8)	33.8	(3.7)	25.5	(3.4)	16.3	(2.9)	11.2	(2.4)
キプロス	50.5	(5.4)	28.4	(4.1)	37.2	(4.6)	22.9	(3.3)	22.9	(2.6)
チェコ	78.2	(2.8)	25.1	(2.8)	72.8	(3.1)	78.1	(3.0)	77.9	(3.0)
デンマーク	81.9	(3.4)	59.2	(4.6)	53.2	(4.5)	57.4	(4.6)	80.4	(3.6)
エストニア	69.2	(3.5)	50.8	(3.6)	53.6	(3.5)	36.1	(3.4)	74.8	(2.9)
フィンランド	43.0	(4.1)	26.0	(3.7)	47.6	(4.0)	34.5	(3.8)	59.9	(4.0)
フランス	51.0	(3.8)	29.3	(3.9)	62.5	(4.0)	8.9	(2.4)	35.6	(4.2)
アイスランド	73.3	(4.5)	47.2	(5.4)	51.9	(4.9)	56.2	(4.7)	76.7	(4.3)
イスラエル	61.6	(5.3)	59.2	(6.3)	64.2	(5.2)	51.6	(5.9)	76.8	(3.4)
イタリア	65.2	(3.8)	32.1	(4.1)	57.0	(4.9)	59.1	(4.1)	76.1	(3.6)
日本	39.9	(4.3)	17.5	(3.4)	23.0	(3.4)	25.6	(3.5)	23.6	(3.6)
韓国	18.6	(3.8)	11.6	(3.0)	18.5	(3.8)	19.1	(3.8)	13.8	(3.7)
ラトビア	56.9	(6.0)	28.0	(3.9)	58.9	(6.1)	40.0	(6.0)	64.1	(5.9)
マレーシア	17.0	(3.6)	18.7	(3.7)	43.0	(4.8)	6.6	(2.2)	46.8	(4.5)
メキシコ	31.2	(3.6)	33.2	(4.0)	38.5	(3.9)	18.5	(2.8)	26.2	(3.7)
オランダ	71.3	(5.8)	82.2	(4.5)	34.4	(7.2)	56.1	(5.8)	92.3	(2.6)
ノルウェー	74.0	(4.8)	32.8	(7.5)	73.9	(6.1)	60.3	(5.2)	65.4	(6.7)
ポーランド	67.6	(4.2)	19.1	(2.5)	59.4	(4.9)	40.0	(4.9)	49.0	(4.3)
ポルトガル	36.3	(4.2)	42.5	(4.7)	36.6	(4.2)	21.2	(4.2)	49.9	(4.4)
ルーマニア	32.2	(4.0)	31.3	(3.9)	34.1	(3.9)	17.7	(3.3)	27.6	(3.3)
セルビア	34.4	(3.9)	31.9	(3.1)	32.7	(4.1)	15.9	(3.6)	44.4	(4.6)
シンガポール	81.1	(3.4)	66.3	(4.0)	40.2	(3.9)	40.9	(4.1)	75.8	(4.0)
スロバキア	67.5	(4.0)	27.5	(3.3)	69.2	(4.0)	71.0	(3.6)	77.3	(3.1)
スペイン	27.6	(4.1)	21.2	(3.7)	39.5	(4.4)	15.0	(3.8)	28.5	(3.7)
スウェーデン	41.8	(4.6)	19.5	(3.8)	17.2	(3.6)	26.4	(4.1)	28.3	(4.1)
地域としての参加										
アブダビ（アラブ首長国連邦）	38.2	(3.9)	43.3	(4.3)	37.6	(4.2)	28.1	(3.6)	30.0	(4.1)
アルバータ（カナダ）	59.2	(3.3)	44.5	(3.8)	62.0	(3.5)	30.7	(3.7)	66.8	(3.3)
イングランド（イギリス）	68.1	(5.3)	49.4	(4.7)	34.1	(6.2)	40.5	(6.1)	66.0	(5.5)
フランドル（ベルギー）	69.2	(4.5)	50.1	(5.0)	37.0	(4.0)	7.8	(2.6)	66.1	(4.7)
参加国平均	52.2	(0.7)	36.9	(0.7)	44.7	(0.8)	34.6	(0.7)	51.8	(0.7)
アメリカ	41.8	(6.0)	35.4	(6.3)	51.2	(6.2)	42.0	(6.8)	67.2	(6.0)

上記の業務に関して意思決定が行われる際、校長自身が積極的な役割を果たすとともに、その他の主体（校長以外の学校運営チームメンバー、その他の教員、地方・中央政府当局）が積極的な役割を果たしていると回答した校長の割合。
出所：OECD（2014）Table 3.4.

3.6 分散型リーダーシップ

　今回の調査でOECDが重視しているリーダーシップの在り方の一つが分散型リーダーシップである。学校の意思決定に校長だけではなく、学校運営チームの校長以外のメンバーや副校長、教員等が参画していることを分散型リーダーシップ又は分散的意思決定として定義している。

　今回の調査では、分散型リーダーシップ尺度は「教職員が、学校の意思決定に積極的に参加する機会を提供している」「保護者が、学校の意思決定に積極的に参加する機会を提供している」「生徒が、学校の意思決定に積極的に参加する機会を提供している」という三項目から構成されている。

　OECD（2014）は、①性別、校長としての経験年数、教員としての経験年数などの校長の属性に関する項目と分散型リーダーシップの発揮の程度との関係、②学校が所在する市町村の人口、学校の設置者、学校の財源、教員数、生徒数、母語が日本語でない生徒の割合、特別な支援を要する生徒の割合、社会経済的に困難な家庭環境にある生徒の割合などの学校の属性に関する項目と分散型リーダーシップの発揮の程度との関係、③教材の不足、教育人材の不足、非行や暴力、学校文化、教員と事務職・経営職の比率、教員と指導支援職員の比率などの学校の雰囲気に関する項目と分散型リーダーシップの発揮の程度との関係を重回帰分析を用いて検討した。

　①に関しては、多くの国に共通する一貫した結果は見出されていない。日本に関して言えば、教員としての経験年数に関して正の関係性（β係数 = 0.04）が見出されている。

　②に関しても、多くの国に共通する一貫した結果は見出されていない。日本に関して言えば、学校が所在する市町村の人口が15,000人以上の学校の方が、それ以下の学校よりも分散型リーダーシップを発揮していないという関係性（β係数 = − 0.82）、教員数と正の関係性（β係数 = 0.03）、生徒数と正の関係性（β係数 = 0.00）が見出されている。

　③に関する結果が、表3.6.1である。日本（β係数 = 0.49）を含む23か国で分散型リーダーシップの発揮と「相互に尊重する学校の雰囲気」とは正の関係性が見出されている。この結果は、分散型リーダーシップは「相互に尊重する学校の雰囲気」のある学校で発揮しやすい、又は、分散型リーダーシップは「相互に尊重する学校の雰囲気」を育みやすいということを示唆している。

表 3.6.1　分散型リーダーシップと学校の雰囲気の関係（重回帰分析）[1]

国　名	教材等の不足[3]（多少の問題） β (S.E.)	教材等の不足[4]（問題） β (S.E.)	教育人材の不足[5]（多少の問題） β (S.E.)	教育人材の不足[6]（問題） β (S.E.)	生徒の非行発生頻度[7] β (S.E.)	相互に尊重する学校の雰囲気[8] β (S.E.)	教員と事務職・経営職の比率[9] β (S.E.)	教員と指導支援職員の比率[10] β (S.E.)
オーストラリア					0.10 (0.05)			
ブラジル					0.13 (0.03)	0.34 (0.06)		0.02 (0.01)
ブルガリア	-0.93 (0.36)							
チリ		1.87 (0.79)	-1.30 (0.62)					-0.10 (0.05)
クロアチア						0.24 (0.06)		
チェコ		-1.20 (0.51)		1.61 (0.72)				
デンマーク	-0.63 (0.27)							
エストニア		-1.00 (0.42)				0.28 (0.07)		
フィンランド						0.22 (0.07)		
フランス		1.76 (0.81)				0.26 (0.10)		
アイスランド		-3.57 (0.59)			-0.28 (0.12)		-0.11 (0.05)	
イスラエル				0.89 (0.35)			0.14 (0.07)	
イタリア			-0.43 (0.15)			0.09 (0.04)		
日本						0.49 (0.11)		
韓国	0.79 (0.37)					0.44 (0.09)		
ラトビア						0.24 (0.08)		
マレーシア						0.18 (0.05)		0.01 (0.00)
メキシコ								
オランダ						0.21 (0.10)		
ノルウェー				-0.74 (0.25)		0.23 (0.06)		
ポーランド						0.35 (0.11)		
ポルトガル		3.48 (1.10)			-0.19 (0.08)			
ルーマニア						0.19 (0.10)		
セルビア						0.34 (0.10)	-0.06 (0.03)	
シンガポール		1.15 (0.41)			-0.38 (0.13)	0.23 (0.07)		
スロバキア						0.36 (0.07)		
スペイン					2.21 (1.00)	0.23 (0.11)	0.31 (0.10)	
スウェーデン		-1.81 (0.46)	-0.65 (0.29)			0.14 (0.06)		
地域としての参加								
アブダビ（アラブ首長国連邦）	-0.92 (0.45)				-0.52 (0.15)	0.22 (0.06)		
アルバータ（カナダ）						0.15 (0.07)		
イングランド（イギリス）			-0.78 (0.36)			0.30 (0.11)		
フランドル（ベルギー）						0.40 (0.12)		

1. 有意な関係性が見られなかった部分は空欄としている。校長の性別、年齢、学歴を統制し、有意水準は5％である。細字の数値は標本の10％未満のケース数を基にした推定値であり、解釈には注意が必要である。
2. 連続変数である。詳細は OECD（2014）の第3章の Box 3.5 及び Annex B を参照のこと。
3. 「教材等の不足」変数は、参照カテゴリーを「問題ではない」「問題である」とする二値変数である。この変数は、「教材（教科書など）が不足している、あるいは適切でない」「教育用コンピュータが不足している、あるいは適切でない」「インターネット接続環境が不十分である」「教育用コンピュータソフトウェアが不足している、あるいは適切でない」「図書館の教材が不足している、あるいは適切でない」という質問項目から合成されている。
4. 「教材等の不足」変数は、参照カテゴリーを「問題ではない」「多少問題である」とする二値変数である。この変数は、「教材（教科書など）が不足している、あるいは適切でない」「教育用コンピュータが不足している、あるいは適切でない」「インターネット接続環境が不十分である」「教育用コンピュータソフトウェアが不足している、あるいは適切でない」「図書館の教材が不足している、あるいは適切でない」という質問項目から合成されている。
5. 「教育人材の不足」変数は、参照カテゴリーを「問題ではない」「問題である」とする二値変数である。この変数は、「資格を持つ教員や有能な教員の不足」「特別な支援を要する生徒への指導能力を持つ教員の不足」「職業教育を行う教員の不足」という質問項目から合成されている。
6. 「教育人材の不足」変数は、参照カテゴリーを「問題ではない」「多少問題である」とする二値変数である。この変数は、「資格を持つ教員や有能な教員の不足」「特別な支援を要する生徒への指導能力を持つ教員の不足」「職業教育を行う教員の不足」という質問項目から合成されている。
7. 「生徒の非行発生頻度」変数は連続変数であり、「器物損壊・窃盗」「生徒間の脅迫又は暴言（もしくは他の形態の非身体的いじめ）」「生徒間の暴力による身体的危害」「教職員への脅迫又は暴言」という質問項目から合成されている。
8. 「相互に尊重する学校の雰囲気」変数は連続変数であり、「教職員は困難な問題についてオープンに話し合える」「同僚の考え方を相互に尊重している」「成功を共有する文化がある」「教員と生徒との関係が良好である」という質問項目から合成されている。
9. 「教員と事務職・経営職の比率」は連続変数である。
10. 「教員と指導支援職員の比率」は連続変数である。

出所：OECD（2014）Table 3.7.

3.7 校長の年齢と性別の構成

表3.7.1は、女性校長の割合、校長の平均年齢、年齢層別の構成割合を示している。今回の参加国における典型的な校長は、50歳前後である。OECD（2014）は、ブラジル（29.8%）とルーマニア（31.3%）においては40歳よりも若い校長の割合が他国と比較して高いこと、逆にイタリア（46.5%）と韓国（45.6%）ではほぼ半数が60歳以上の校長であることを指摘している。

第2章で言及されているとおり、日本を除けば参加国の前期中等教育の教員の半分以上は女性が占めている。しかし、女性校長の占める割合は比較的低く、参加国全体で49.4%であり、校長の男女比率は国によって異なるものの、男性校長：女性校長比率は40：60～60：40の範囲に位置しているとしている。以上のような傾向には例外が見出され、ブラジル（74.5%）、ブルガリア（71.5%）及びラトビア（77.0%）では女性校長が多くを占めているが、逆に日本（6.0%）及び韓国（13.3%）では女性校長が圧倒的に少ないことを指摘している。

日本においては、女性校長の割合（6.0%）が参加国の中で一番低く、校長の平均年齢（57.0歳）が参加国平均（51.5歳）よりも高く、また、50歳代の校長の割合（80.4%）が参加国の中で二番目に高い。

第 3 章　校長のリーダーシップ

表 3.7.1　校長の年齢と性別の構成

国　名	女性校長の割合 %	女性校長の割合 S.E.	校長の平均年齢 平均	校長の平均年齢 S.E.	30歳未満 %	30歳未満 S.E.	30歳代 %	30歳代 S.E.	40歳代 %	40歳代 S.E.	50歳代 %	50歳代 S.E.	60歳以上 %	60歳以上 S.E.
オーストラリア	38.6	(5.5)	53.2	(1.0)	0.0	(0.0)	4.7	(4.5)	21.8	(5.2)	55.2	(6.3)	18.3	(4.5)
ブラジル	74.5	(2.1)	45.0	(0.4)	2.0	(0.7)	27.8	(1.9)	39.7	(2.3)	24.3	(1.8)	6.2	(1.4)
ブルガリア	71.5	(3.5)	51.1	(0.5)	0.0	(0.0)	4.6	(1.6)	35.2	(3.0)	47.2	(3.9)	13.0	(2.6)
チリ	53.4	(3.9)	53.7	(0.7)	0.0	(0.0)	6.4	(2.1)	24.2	(3.3)	39.3	(3.9)	30.2	(4.0)
クロアチア	59.9	(3.7)	52.0	(0.7)	0.0	(0.0)	8.7	(2.1)	25.5	(3.7)	43.7	(4.0)	22.2	(3.5)
キプロス	53.1	(4.3)	55.2	(0.5)	0.0	(0.0)	3.2	(1.8)	8.5	(2.6)	73.4	(4.3)	14.9	(3.4)
チェコ	48.4	(3.6)	50.3	(0.5)	0.0	(0.0)	6.3	(1.8)	38.8	(3.1)	44.6	(3.4)	10.3	(2.2)
デンマーク	32.4	(4.4)	52.9	(0.6)	0.0	(0.0)	4.1	(1.8)	24.3	(3.7)	52.1	(4.9)	19.5	(3.9)
エストニア	60.2	(3.4)	52.2	(0.6)	0.0	(0.0)	5.1	(1.6)	29.4	(3.3)	43.2	(3.5)	22.3	(2.9)
フィンランド	40.6	(4.0)	51.2	(0.6)	0.6	(0.6)	8.0	(2.3)	33.0	(3.8)	45.6	(4.1)	12.8	(3.0)
フランス	41.7	(3.7)	52.0	(0.5)	0.0	(0.0)	1.7	(1.0)	32.0	(4.1)	56.0	(4.6)	10.3	(2.3)
アイスランド	54.6	(4.7)	50.9	(0.8)	0.0	(0.0)	7.4	(2.6)	36.1	(4.5)	40.7	(4.5)	15.7	(3.8)
イスラエル	52.6	(6.0)	48.9	(0.9)	0.2	(0.2)	11.8	(3.5)	45.5	(6.7)	32.8	(5.8)	9.7	(2.7)
イタリア	55.2	(4.2)	57.0	(0.5)	0.0	(0.0)	1.0	(0.6)	13.2	(2.4)	39.4	(4.8)	46.5	(4.9)
日本	6.0	(1.9)	57.0	(0.3)	0.0	(0.0)	0.0	(0.0)	1.6	(1.0)	80.4	(3.0)	18.0	(3.1)
韓国	13.3	(2.2)	58.8	(0.2)	0.0	(0.0)	0.0	(0.0)	0.0	(0.0)	54.4	(4.2)	45.6	(4.2)
ラトビア	77.0	(4.2)	52.9	(0.8)	0.0	(0.0)	4.1	(1.7)	26.9	(5.1)	51.9	(4.5)	17.1	(3.4)
マレーシア	49.1	(4.6)	53.5	(0.3)	0.0	(0.0)	0.0	(0.0)	13.1	(3.2)	86.9	(3.2)	0.0	(0.0)
メキシコ	40.8	(3.7)	51.9	(0.6)	0.0	(0.0)	8.7	(2.5)	28.2	(3.6)	46.7	(4.3)	16.3	(2.8)
オランダ	30.8	(7.7)	52.2	(1.1)	0.0	(0.0)	6.4	(4.2)	26.4	(8.0)	49.2	(7.0)	18.0	(5.1)
ノルウェー	58.2	(8.0)	52.1	(1.0)	0.0	(0.0)	3.7	(1.6)	39.9	(8.1)	35.9	(8.0)	20.6	(5.4)
ポーランド	66.6	(4.3)	49.9	(0.6)	0.8	(0.6)	5.6	(2.6)	38.5	(4.5)	48.4	(4.8)	6.8	(2.4)
ポルトガル	39.4	(4.3)	52.1	(0.5)	0.0	(0.0)	4.9	(1.6)	24.9	(3.9)	57.4	(3.9)	12.8	(3.1)
ルーマニア	63.9	(4.3)	46.7	(0.9)	0.7	(0.7)	30.6	(4.0)	26.9	(3.7)	36.9	(4.6)	5.0	(1.7)
セルビア	55.3	(3.4)	49.0	(0.6)	0.0	(0.0)	13.8	(2.7)	39.2	(4.3)	35.1	(4.1)	11.9	(2.2)
シンガポール	52.5	(4.8)	48.3	(0.5)	0.0	(0.0)	10.7	(2.7)	39.4	(4.5)	47.9	(4.3)	2.0	(1.2)
スロバキア	60.0	(4.2)	52.5	(0.6)	0.0	(0.0)	9.7	(2.5)	23.3	(3.5)	49.6	(3.7)	17.4	(3.0)
スペイン	44.7	(5.0)	49.4	(0.8)	0.0	(0.0)	13.8	(3.7)	33.7	(4.9)	44.7	(5.1)	7.8	(1.9)
スウェーデン	54.9	(4.9)	50.7	(0.7)	0.0	(0.0)	4.2	(1.8)	45.0	(5.0)	38.0	(4.6)	12.9	(3.0)
地域としての参加														
アブダビ（アラブ首長国連邦）	60.9	(3.6)	49.0	(0.8)	0.0	(0.0)	9.2	(2.7)	49.1	(4.3)	27.4	(4.0)	14.3	(3.8)
アルバータ（カナダ）	43.1	(3.8)	49.3	(0.7)	0.0	(0.0)	10.9	(2.4)	41.4	(3.6)	39.3	(4.0)	8.4	(2.6)
イングランド（イギリス）	38.1	(4.1)	49.4	(0.5)	0.0	(0.0)	7.8	(2.4)	43.7	(3.9)	45.7	(3.5)	2.8	(1.2)
フランドル（ベルギー）	38.8	(5.1)	49.5	(0.6)	1.0	(1.0)	9.8	(2.4)	30.8	(5.0)	53.6	(4.7)	4.8	(2.2)
参加国平均	49.4	(0.8)	51.5	(0.1)	0.2	(0.0)	7.7	(0.4)	29.7	(0.7)	47.5	(0.8)	15.0	(0.6)
アメリカ	48.6	(5.7)	48.3	(1.1)	1.1	(1.1)	19.2	(5.0)	32.9	(4.0)	36.1	(5.7)	10.7	(4.1)

出所：OECD（2014）Table 3.8.

3.8 校長が受けた公的な教育（研修）

　生徒の学校教育で得られる知識・技能が、教員になることへの準備教育と行動に左右されるように、学校の質は校長の準備教育や行動に大きく依存する。むしろ、校長のリーダーシップは学校内の全ての生徒に影響を与えることから、校長のリーダーシップを改善することは、ただ一人の教員の実践の質を改善することよりも重要であるとOECDは指摘する。

　今回の調査では校長の学歴について国際教育標準分類（ISCED 1997）に基づいて分類している。調査対象の校長のほとんど（92.5%）がISCEDレベル5Aであり、日本の場合には98.4%の校長がこのレベルに相当する。ISCEDレベル5Aは一般的には学士課程と修士課程のことである。

　続いて、今回の調査では校長が「学校管理に関する、あるいは、校長を対象とした研修プログラムやコース」「教員としての研修／教育プログラムやコース」「学習指導力についての研修やコース」に関する公的な教育を受けたことがあるかどうかについて、また受けた場合には「校長就任前」「校長就任後」「両方」という選択肢を設け、受講の時期についても質問している。図3.8.1は、校長がこれまで受けた公的な教育においてそれぞれの内容が含まれていない割合を示したものである。参加国平均でみれば、「学校管理に関する、あるいは、校長を対象とした研修プログラムやコース」（15.2%）、「教員としての研修／教育プログラムやコース」（9.6%）、「学習指導力についての研修やコース」（22.2%）の校長がそれぞれのコースを受講していない。OECD（2014）は多くの校長がこうした教育を受けずに校長に就任しているという事実が最も衝撃的な発見であったと述べている。OECD（2014）は以上のような内容の公的な教育に各国が注目することは、確実に生徒の利益になり、また校長の専門家としての自覚を高めることにつながると述べている。

　表3.8.1は、それぞれのコースごとに受講割合と受講時期について整理したものである。受講の時期区分に注目して分析すれば、「学校管理に関する、あるいは、校長を対象とした研修プログラムやコース」（前：25.4%、後：37.5%、両方：21.9%、なし：15.2%）と「学習指導力についての研修やコース」（前：24.4%、後：30.6%、両方：22.8%、なし：22.2%）はほぼ均等に分散しており、「教員としての研修／教育プログラムやコース」（前：64.4%、後：7.7%、両方：18.3%、なし：9.6%）のみ「校長就任前」にコースを受ける人が多いことが示されている。

　日本の場合には、これらのコース等に参加した経験がないという校長は極めて少ない。いずれの時期区分においてもこれらのコースに全く参加したことがない校長の割合は、「学校管理に関する、あるいは、校長を対象とした研修プログラムやコース」（3.5%）、「教員としての研修／教育プログラムやコース」（5.4%）、「学習指導力についての研修やコース」（6.2%）である。また、日本に限定して、受講の時期区分に注目すれば、「学校管理に関する、あるいは、校長を対象とした研修プログラムやコース」（前：13.9%、後：45.4%、両方：37.1% なし：3.5%）の受講時期には「校長就任前」という割合が低く、「校長就任後」「両方」という割合が高いという特徴がある。

　OECD（2014）は各国における校長が受けたリーダーシップ訓練の強弱の程度を明らかにするために、「リーダーシップ訓練尺度」を作成し、各国を比較している。この尺度は、「学校管理に関する、あるいは、校長を対象とした研修プログラムやコース」「教員としての研修／教育プログラムやコース」「学習指導力についての研修やコース」のそれぞれについて、受講経験があれば1、なければ0とし、その合計数によって0＝訓練なし、1＝弱い訓練、2＝普通の訓練、3＝強い訓練に区分している。この尺度に基づいて、それぞれの国の校長が受けた訓練の強弱の分布を示したの

が表 3.8.2 である。日本（91.9%）は、韓国（90.9%）、シンガポール（88.8%）と並んで「リーダーシップ訓練が強」に分類される校長の割合が最も高いという結果となっている。

図 3.8.1　校長が受けた公的な教育に含まれていなかった要素

■「学習指導力についての研修やコース」　●「学校管理に関する、あるいは、校長を対象とした研修プログラムやコース」
●「教員としての研修／教育プログラムやコース」

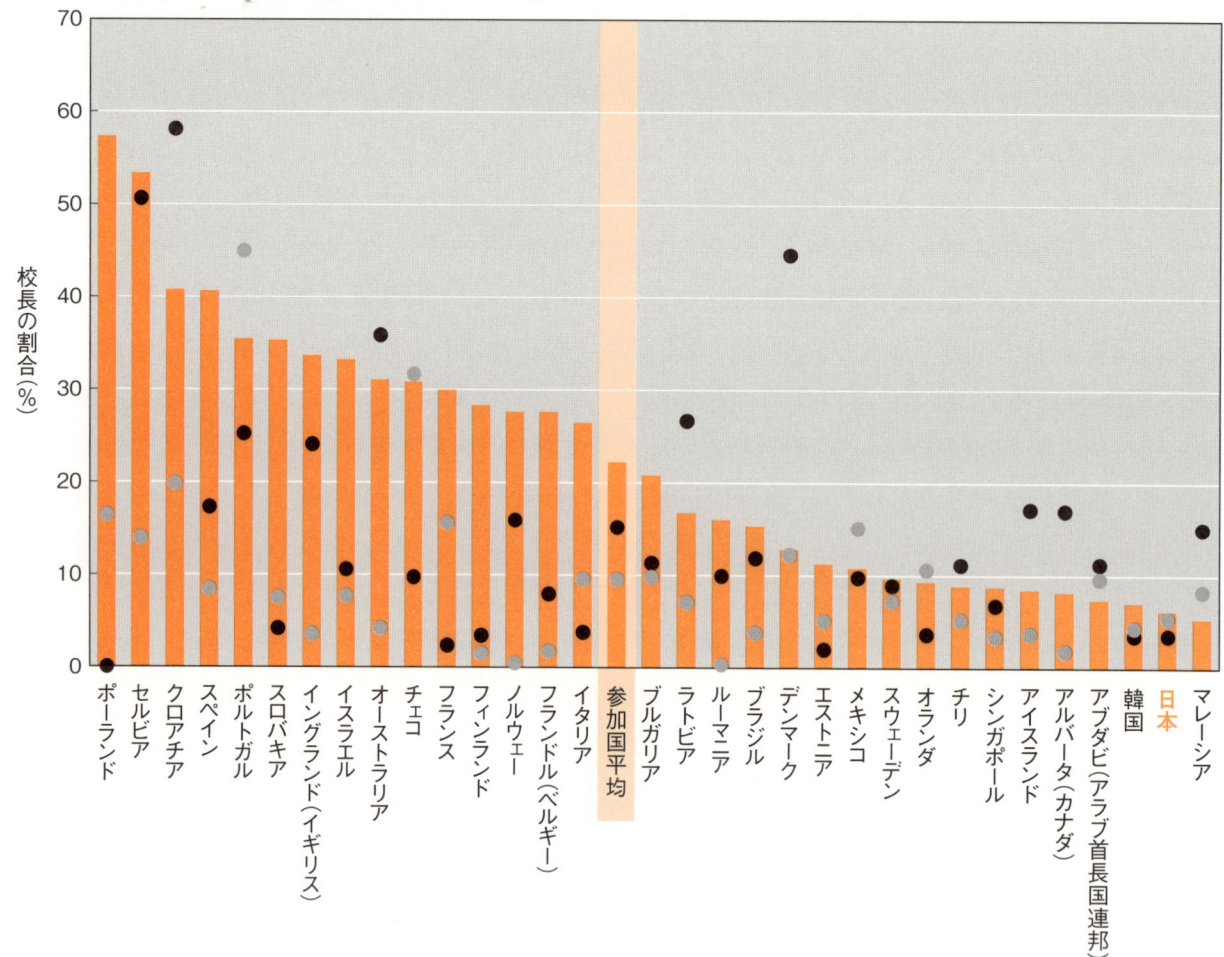

公的な教育において上記の項目が含まれていなかったと回答した校長の割合。
各国は、公的な教育において「学習指導力についての研修やコース」が含まれていなかったと回答した校長の割合を基に降順で並べられている。
出所：OECD（2014）Figure 3.6.

表 3.8.1 [1/2]　校長が受けた公的な教育に含まれていた要素

国　名	「学校管理に関する、あるいは、校長を対象とした研修プログラムやコース」								「教員としての研修／教育プログラムやコース」							
	就任前		就任後		就任前と後		含まれていない		就任前		就任後		就任前と後		含まれていない	
	%	S.E.	%	S.E.	%	S.E.	%	S.E.	%	S.E.	%	S.E.	%	S.E.	%	S.E.
オーストラリア	22.7	(5.0)	24.0	(4.7)	17.4	(4.7)	35.9	(5.5)	84.7	(3.3)	1.9	(1.1)	9.2	(2.2)	4.2	(2.1)
ブラジル	24.2	(2.4)	38.8	(2.4)	25.2	(2.2)	11.9	(1.5)	43.8	(2.5)	16.5	(2.3)	35.8	(2.6)	3.8	(0.8)
ブルガリア	11.2	(2.7)	66.2	(3.9)	11.3	(2.4)	11.3	(2.7)	55.8	(4.6)	16.2	(3.4)	18.2	(3.1)	9.8	(2.2)
チリ	44.8	(4.1)	18.4	(3.1)	25.6	(3.4)	11.1	(2.3)	49.2	(4.5)	13.1	(2.9)	32.5	(4.4)	5.2	(1.9)
クロアチア	0.0	(0.0)	36.8	(3.8)	5.1	(1.4)	58.1	(3.8)	58.1	(3.9)	3.3	(1.4)	18.8	(3.2)	19.8	(3.0)
キプロス	13.8	(3.2)	40.4	(5.2)	28.7	(4.5)	17.0	(3.4)	48.3	(5.1)	16.9	(4.3)	20.2	(4.1)	14.6	(4.0)
チェコ	18.6	(3.1)	52.7	(3.5)	18.9	(2.7)	9.7	(2.2)	48.2	(3.7)	5.0	(1.5)	15.1	(2.7)	31.7	(3.5)
デンマーク	3.3	(1.6)	41.4	(4.3)	10.7	(2.2)	44.6	(4.3)	82.6	(3.6)	4.3	(1.9)	0.8	(0.8)	12.2	(2.9)
エストニア	28.4	(3.2)	46.2	(3.4)	23.4	(3.0)	2.0	(1.1)	61.1	(3.6)	6.7	(1.5)	27.2	(3.4)	5.1	(1.4)
フィンランド	70.1	(3.9)	8.1	(2.3)	18.3	(2.9)	3.5	(1.6)	95.2	(1.8)	0.0	(0.0)	3.3	(1.5)	1.5	(1.1)
フランス	42.0	(4.4)	23.8	(3.8)	31.9	(3.9)	2.4	(1.4)	56.3	(4.0)	11.2	(2.2)	17.0	(3.0)	15.6	(2.9)
アイスランド	21.9	(4.2)	40.0	(4.8)	21.0	(4.2)	17.1	(3.8)	87.0	(3.3)	1.9	(1.3)	7.4	(2.8)	3.7	(1.9)
イスラエル	46.3	(5.5)	32.7	(7.4)	10.4	(2.9)	10.6	(2.9)	80.9	(4.8)	0.8	(0.5)	10.6	(4.5)	7.7	(2.2)
イタリア	21.3	(4.4)	41.3	(5.3)	33.6	(4.2)	3.8	(1.4)	54.7	(4.4)	17.8	(3.7)	17.9	(3.3)	9.6	(3.3)
日本	13.9	(2.3)	45.4	(4.4)	37.1	(3.8)	3.5	(1.3)	48.4	(4.3)	25.0	(4.2)	21.2	(3.3)	5.4	(1.7)
韓国	37.3	(5.3)	15.8	(3.4)	43.4	(5.5)	3.5	(2.1)	55.5	(5.9)	6.1	(2.7)	34.0	(5.3)	4.4	(2.7)
ラトビア	13.9	(3.5)	47.0	(6.7)	12.4	(3.0)	26.7	(5.6)	63.5	(6.5)	4.6	(2.5)	24.8	(5.5)	7.1	(4.4)
マレーシア	4.9	(2.0)	58.2	(5.1)	21.8	(4.2)	15.0	(3.4)	57.4	(4.1)	12.2	(2.5)	22.1	(3.9)	8.3	(2.1)
メキシコ	16.5	(3.2)	46.8	(3.9)	27.0	(3.2)	9.8	(2.4)	68.3	(3.5)	3.3	(1.4)	13.4	(2.4)	15.1	(2.8)
オランダ	30.1	(6.0)	37.4	(7.1)	28.8	(4.9)	3.6	(1.4)	87.7	(3.9)	0.8	(0.8)	0.9	(0.6)	10.6	(3.8)
ノルウェー	17.5	(6.1)	37.8	(7.2)	28.7	(3.7)	15.9	(4.4)	98.6	(0.8)	0.0	(0.0)	0.9	(0.7)	0.5	(0.5)
ポーランド	60.3	(4.2)	26.1	(4.6)	13.7	(2.9)	0.0	(0.0)	37.1	(4.3)	7.4	(3.0)	39.1	(4.4)	16.5	(3.7)
ポルトガル	28.6	(4.1)	32.2	(4.0)	14.0	(2.6)	25.2	(4.0)	23.5	(4.3)	13.8	(3.5)	17.7	(3.4)	45.0	(5.2)
ルーマニア	14.3	(3.1)	48.9	(4.4)	26.9	(3.9)	9.9	(3.2)	50.2	(4.7)	6.2	(2.7)	43.2	(4.4)	0.4	(0.4)
セルビア	6.1	(2.2)	34.8	(4.1)	8.4	(2.4)	50.7	(4.4)	45.6	(4.2)	5.2	(1.9)	35.3	(4.4)	14.0	(2.8)
シンガポール	65.2	(3.9)	6.0	(2.2)	22.1	(3.7)	6.8	(2.2)	85.9	(2.8)	0.7	(0.7)	10.0	(2.7)	3.4	(1.5)
スロバキア	17.9	(2.9)	57.8	(4.0)	20.1	(3.2)	4.2	(1.7)	47.2	(4.0)	19.4	(3.3)	25.8	(3.7)	7.6	(2.1)
スペイン	20.6	(3.3)	40.8	(4.8)	21.2	(3.5)	17.3	(3.2)	44.6	(4.1)	12.5	(2.9)	34.5	(4.5)	8.5	(2.3)
スウェーデン	8.2	(2.1)	61.5	(4.6)	21.4	(3.5)	8.9	(2.7)	90.6	(3.2)	0.7	(0.7)	1.4	(1.2)	7.2	(2.9)
地域としての参加																
アブダビ（アラブ首長国連邦）	21.0	(3.8)	34.8	(4.7)	33.1	(3.9)	11.2	(2.6)	44.3	(4.4)	16.5	(3.4)	29.6	(4.0)	9.6	(2.9)
アルバータ（カナダ）	38.7	(3.8)	21.0	(3.5)	23.4	(3.3)	17.0	(2.4)	86.7	(2.6)	0.0	(0.0)	11.4	(2.2)	1.9	(1.4)
イングランド（イギリス）	39.2	(3.6)	11.0	(4.4)	25.7	(4.4)	24.1	(5.7)	87.1	(4.7)	4.3	(3.3)	5.0	(2.4)	3.6	(2.3)
フランドル（ベルギー）	16.3	(2.5)	62.7	(4.0)	13.1	(3.3)	7.9	(3.0)	96.2	(2.0)	0.7	(0.5)	1.3	(0.7)	1.8	(1.8)
参加国平均	25.4	(0.6)	37.5	(0.8)	21.9	(0.6)	15.2	(0.5)	64.4	(0.7)	7.7	(0.4)	18.3	(0.6)	9.6	(0.5)
アメリカ	68.5	(6.5)	9.1	(4.1)	22.4	(5.9)	0.0	(0.0)	84.2	(4.5)	2.5	(2.0)	13.3	(4.1)	0.0	(0.0)

出所：OECD（2014）Table 3.10.

第3章　校長のリーダーシップ

表3.8.1 [2/2]　校長が受けた公的な教育に含まれていた要素

国　名	「学習指導力についての研修やコース」							
	就任前		就任後		就任前と後		含まれていない	
	%	S.E.	%	S.E.	%	S.E.	%	S.E.
オーストラリア	20.2	(3.8)	27.0	(4.8)	21.7	(5.1)	31.1	(6.2)
ブラジル	24.0	(2.4)	33.0	(2.8)	27.7	(2.6)	15.4	(1.7)
ブルガリア	7.2	(2.2)	61.3	(4.1)	10.7	(2.6)	20.8	(3.5)
チリ	30.0	(3.8)	28.1	(3.9)	33.0	(3.7)	8.9	(2.4)
クロアチア	5.5	(2.0)	43.1	(4.0)	10.7	(2.5)	40.8	(4.0)
キプロス	27.8	(4.6)	34.4	(5.4)	20.0	(4.0)	17.8	(4.1)
チェコ	22.0	(3.2)	33.9	(3.4)	13.2	(2.3)	30.9	(3.5)
デンマーク	16.9	(3.5)	40.1	(5.0)	30.2	(4.0)	12.8	(3.2)
エストニア	26.2	(3.2)	26.1	(3.1)	36.4	(3.5)	11.3	(2.2)
フィンランド	13.8	(3.3)	30.2	(3.8)	27.7	(4.1)	28.3	(3.6)
フランス	28.2	(3.5)	19.0	(3.2)	22.8	(3.4)	29.9	(3.4)
アイスランド	31.1	(4.5)	30.2	(4.6)	30.2	(4.5)	8.5	(2.8)
イスラエル	30.1	(5.3)	27.2	(5.7)	9.4	(2.9)	33.3	(5.7)
イタリア	17.3	(2.8)	31.2	(4.5)	25.1	(4.3)	26.5	(4.0)
日本	51.1	(4.1)	23.1	(4.0)	19.7	(3.1)	6.2	(1.9)
韓国	50.3	(5.8)	4.9	(1.7)	37.7	(4.9)	7.1	(2.8)
ラトビア	18.6	(4.3)	46.1	(5.0)	18.5	(3.6)	16.8	(4.5)
マレーシア	13.5	(3.2)	51.3	(4.6)	29.8	(4.3)	5.4	(1.5)
メキシコ	18.8	(3.5)	43.4	(4.0)	27.0	(4.0)	10.8	(2.6)
オランダ	23.0	(4.9)	36.3	(7.4)	31.3	(5.3)	9.3	(2.8)
ノルウェー	35.3	(7.9)	13.7	(4.3)	23.3	(3.3)	27.6	(6.9)
ポーランド	14.1	(4.1)	18.2	(2.9)	10.3	(3.2)	57.4	(4.7)
ポルトガル	12.6	(3.1)	38.3	(4.2)	13.7	(3.2)	35.5	(4.8)
ルーマニア	31.7	(4.5)	24.5	(4.0)	27.7	(3.7)	16.1	(3.1)
セルビア	2.5	(1.4)	35.9	(4.1)	8.1	(2.3)	53.4	(4.6)
シンガポール	48.4	(4.5)	6.0	(2.2)	36.8	(4.3)	8.8	(2.5)
スロバキア	20.2	(3.2)	30.6	(3.9)	13.8	(2.9)	35.4	(4.1)
スペイン	11.8	(2.9)	37.3	(4.0)	10.3	(2.6)	40.7	(4.7)
スウェーデン	48.1	(4.9)	14.4	(3.2)	27.8	(4.3)	9.7	(3.4)
地域としての参加								
アブダビ（アラブ首長国連邦）	21.4	(3.6)	36.6	(4.8)	34.6	(4.5)	7.4	(2.6)
アルバータ（カナダ）	34.1	(3.4)	24.2	(4.1)	33.4	(3.9)	8.2	(2.1)
イングランド（イギリス）	39.2	(5.9)	9.0	(3.4)	18.1	(4.7)	33.7	(4.9)
フランドル（ベルギー）	10.7	(2.5)	49.6	(4.3)	12.2	(2.8)	27.6	(4.6)
参加国平均	24.4	(0.7)	30.6	(0.7)	22.8	(0.7)	22.2	(0.7)
アメリカ	56.7	(6.4)	10.8	(4.1)	32.2	(5.9)	0.3	(0.3)

出所：OECD（2014）Table 3.10.

表 3.8.2 リーダーシップ訓練尺度[1]

国　名	リーダーシップ訓練を受けていない (0) %	S.E.	リーダーシップ訓練 弱 (1) %	S.E.	リーダーシップ訓練 中 (2) %	S.E.	リーダーシップ訓練 強 (3) %	S.E.
オーストラリア	0.3	(0.3)	26.5	(6.0)	17.5	(3.7)	55.6	(5.8)
ブラジル	2.4	(0.8)	5.3	(1.0)	14.6	(1.9)	77.7	(2.1)
ブルガリア	4.9	(1.8)	8.8	(2.4)	13.6	(2.8)	72.8	(3.7)
チリ	2.8	(1.4)	4.3	(1.7)	9.0	(2.4)	84.0	(2.9)
クロアチア	14.0	(2.6)	29.1	(4.3)	25.4	(3.4)	31.6	(3.7)
チェコ	2.7	(1.2)	19.7	(3.0)	25.2	(3.3)	52.4	(3.9)
デンマーク	1.8	(1.3)	12.2	(2.9)	42.7	(5.0)	43.3	(4.5)
エストニア	1.5	(0.9)	1.5	(1.0)	10.8	(2.3)	86.2	(2.3)
フィンランド	0.0	(0.0)	3.1	(1.6)	27.1	(3.7)	69.8	(3.8)
フランス	0.1	(0.1)	10.7	(2.8)	25.9	(3.3)	63.2	(3.4)
アイスランド	0.0	(0.0)	6.7	(2.5)	16.2	(3.5)	77.1	(4.3)
イスラエル	0.2	(0.2)	10.6	(2.3)	29.8	(6.1)	59.5	(6.3)
イタリア	0.3	(0.3)	2.9	(1.1)	33.2	(4.1)	63.6	(4.2)
日本	2.1	(1.1)	3.1	(1.3)	2.9	(1.2)	91.9	(2.1)
韓国	1.9	(1.9)	2.1	(1.9)	5.2	(1.4)	90.9	(3.0)
ラトビア	4.4	(3.8)	13.2	(4.5)	11.0	(4.2)	71.3	(5.7)
マレーシア	2.5	(1.1)	1.6	(0.8)	18.2	(3.8)	77.8	(3.8)
メキシコ	0.5	(0.5)	8.5	(2.6)	18.0	(3.3)	73.1	(3.4)
オランダ	1.4	(0.9)	0.9	(0.8)	17.6	(4.1)	80.1	(4.1)
ノルウェー	0.0	(0.0)	9.5	(3.6)	25.0	(6.1)	65.5	(7.1)
ポーランド	0.0	(0.0)	15.6	(3.8)	43.4	(4.3)	41.0	(4.6)
ポルトガル	22.5	(4.4)	12.7	(3.2)	25.2	(4.5)	39.6	(5.6)
ルーマニア	0.0	(0.0)	4.7	(2.1)	16.9	(3.7)	78.4	(3.9)
セルビア	12.5	(2.9)	32.6	(4.9)	19.1	(3.5)	35.8	(4.0)
シンガポール	3.4	(1.5)	1.4	(1.0)	6.1	(2.1)	89.2	(2.7)
スロバキア	0.4	(0.4)	8.5	(2.4)	29.1	(3.6)	62.0	(4.1)
スペイン	3.7	(1.8)	11.7	(2.8)	31.9	(4.4)	52.7	(4.1)
スウェーデン	0.0	(0.0)	4.9	(2.8)	16.6	(3.7)	78.5	(3.8)
地域としての参加								
アブダビ（アラブ首長国連邦）	1.9	(1.2)	4.5	(2.2)	13.6	(3.5)	79.9	(3.8)
アルバータ（カナダ）	0.0	(0.0)	6.8	(2.2)	13.6	(2.4)	79.7	(2.6)
イングランド（イギリス）	1.1	(0.6)	14.8	(3.9)	29.1	(6.1)	54.9	(6.1)
フランドル（ベルギー）	1.8	(1.8)	3.9	(2.1)	24.5	(4.0)	69.8	(4.8)
参加国平均	2.8	(0.3)	9.4	(0.5)	20.6	(0.7)	67.1	(0.8)

1.「リーダーシップ訓練尺度」は次の変数により構成されている。「学校管理に関する、あるいは、校長を対象とした研修プログラムやコース」「教員としての研修／教育プログラムやコース」「学習指導力についての研修やコース」。
　それぞれのコースについて受講した経験がない場合＝0、ある場合＝1 と得点化し、その合計により次のカテゴリーを作成した。0（リーダーシップ訓練を受けていない）、1（リーダーシップ訓練 - 弱）、2（リーダーシップ訓練 - 中）、3（リーダーシップ訓練 - 強）。
　この指標についての詳細は、OECD（2014）Box 3.6 及び Annex B 参照。
出所：OECD（2014）Table 3.11.

3.9 校長の前歴

　OECDは、どのような公的な教育を受けようとも、経験しないと学べないことがあると指摘し、校長の前歴を調査している。

　今回の調査の校長は現在までに、平均すれば、通算8.9年の校長経験、5.7年の校長職以外の管理職（副校長・教頭）経験、20.7年の教員経験、そして3.2年の他の職業経験から構成されている。OECD（2014）は、校長としての経験は教員としての経験を土台として作られていることが典型的であることが確認されたと述べている。

　各国間の違いとしては、校長経験が韓国（3.1年）では短く、デンマーク（12.6年）とラトビア（13.0年）では長いこと、校長職以外の管理職経験がブルガリア（2.0年）とポーランド（2.3年）では短く、イングランド（11.8年）では長いこと、教員経験が日本（29.6年）と韓国（29.2年）では長くブラジル（14.2年）、アイスランド（14.5年）、スウェーデン（13.9年）とアブダビ（アラブ首長国連邦）（11.5年）では短いことが特徴的な事柄として指摘されている。

　日本の校長は、平均すれば、4.5年の校長経験、4.9年の校長職以外の管理職経験、29.6年の教員経験、そして1.7年の他の職業経験があるという結果となっている。

表 3.9.1 [1/4] 校長の前歴

国　名	平均勤務年数 平均	S.E.	勤務年数 3年未満 %	S.E.	勤務年数 3～10年 %	S.E.	勤務年数 11～20年 %	S.E.	勤務年数 21年以上 %	S.E.
オーストラリア	8.0	(0.6)	14.9	(3.0)	57.3	(5.7)	23.7	(5.1)	4.2	(1.7)
ブラジル	7.3	(0.4)	24.9	(2.4)	51.5	(2.9)	17.1	(2.3)	6.4	(1.6)
ブルガリア	12.5	(0.7)	16.0	(3.1)	27.3	(3.3)	37.6	(4.4)	19.1	(3.5)
チリ	11.3	(0.9)	17.3	(3.2)	44.4	(5.0)	19.1	(3.1)	19.2	(3.8)
クロアチア	10.4	(0.6)	13.9	(2.9)	46.5	(3.8)	26.3	(3.6)	13.3	(2.8)
キプロス	4.7	(0.5)	43.3	(4.9)	45.4	(5.3)	8.2	(2.9)	3.1	(1.8)
チェコ	9.7	(0.5)	18.4	(2.6)	42.1	(3.7)	27.5	(3.4)	12.0	(2.3)
デンマーク	12.6	(0.5)	2.5	(1.5)	36.7	(4.6)	48.3	(4.6)	12.4	(2.7)
エストニア	12.1	(0.7)	19.3	(2.9)	34.0	(3.3)	23.3	(2.8)	23.3	(2.9)
フィンランド	11.3	(0.6)	13.7	(2.6)	37.1	(4.4)	36.4	(4.1)	12.8	(2.9)
フランス	7.5	(0.4)	19.3	(3.2)	56.3	(4.0)	20.4	(3.5)	4.0	(1.0)
アイスランド	10.6	(0.9)	21.2	(4.3)	38.5	(5.2)	26.9	(4.5)	13.5	(3.7)
イスラエル	9.8	(0.9)	17.9	(3.8)	42.3	(5.8)	30.5	(7.1)	9.4	(2.4)
イタリア	10.8	(0.8)	14.6	(3.2)	53.4	(4.6)	11.8	(2.5)	20.2	(3.8)
日本	4.5	(0.2)	29.7	(3.2)	67.5	(3.3)	2.8	(1.1)	0.0	(0.0)
韓国	3.1	(0.2)	46.5	(5.1)	53.5	(5.1)	0.0	(0.0)	0.0	(0.0)
ラトビア	13.0	(0.8)	9.2	(2.8)	31.7	(6.0)	43.2	(6.5)	15.9	(3.6)
マレーシア	6.5	(0.4)	28.1	(4.3)	52.3	(4.8)	17.3	(3.1)	2.3	(1.5)
メキシコ	10.8	(0.8)	14.8	(3.0)	46.2	(4.2)	24.5	(3.5)	14.5	(3.4)
オランダ	10.0	(1.3)	16.6	(5.8)	42.9	(7.9)	31.5	(5.3)	8.9	(3.8)
ノルウェー	8.7	(1.2)	17.7	(4.7)	48.9	(7.6)	20.0	(5.7)	13.3	(6.2)
ポーランド	11.2	(0.9)	14.9	(3.7)	34.1	(4.5)	38.0	(4.4)	12.9	(3.8)
ポルトガル	6.6	(0.7)	39.0	(4.8)	36.0	(4.0)	18.5	(3.6)	6.5	(1.9)
ルーマニア	7.0	(0.6)	33.5	(4.0)	38.8	(3.9)	24.2	(4.1)	3.5	(1.4)
セルビア	7.4	(0.4)	15.9	(2.9)	56.1	(4.3)	26.2	(3.8)	1.8	(0.9)
シンガポール	7.7	(0.4)	17.0	(1.3)	54.1	(4.4)	27.6	(3.7)	1.4	(1.0)
スロバキア	11.0	(0.6)	8.6	(1.9)	47.9	(3.8)	26.7	(3.6)	16.9	(3.0)
スペイン	7.9	(0.8)	21.0	(3.7)	50.7	(4.5)	24.4	(4.1)	3.9	(2.3)
スウェーデン	7.0	(0.5)	18.3	(3.6)	57.7	(5.0)	23.6	(4.6)	0.4	(0.4)
地域としての参加										
アブダビ（アラブ首長国連邦）	10.9	(0.8)	12.5	(3.1)	44.5	(4.8)	30.0	(4.4)	13.0	(3.7)
アルバータ（カナダ）	8.0	(0.5)	16.6	(2.9)	57.0	(3.6)	21.0	(3.3)	5.4	(2.2)
イングランド（イギリス）	7.5	(0.5)	20.3	(2.9)	54.5	(4.7)	23.7	(4.3)	1.4	(0.8)
フランドル（ベルギー）	7.3	(0.4)	22.2	(4.1)	48.8	(5.2)	28.5	(3.9)	0.5	(0.5)
参加国平均	8.9	(0.1)	20.0	(0.6)	46.5	(0.8)	24.5	(0.7)	9.0	(0.5)
アメリカ	7.2	(0.6)	19.8	(5.3)	57.5	(5.7)	22.7	(5.9)	0.0	(0.0)

出所：OECD（2014）Table 3.12.

表 3.9.1 [2/4] 校長の前歴

| 国　名 | 校長職以外の他の管理職（副校長・教頭）としての勤務年数 ||||||||||
| | 平均勤務年数 || 勤務年数 3年未満 || 勤務年数 3〜10年 || 勤務年数 11〜20年 || 勤務年数 21年以上 ||
	平均	S.E.	%	S.E.	%	S.E.	%	S.E.	%	S.E.
オーストラリア	10.5	(0.6)	7.2	(3.6)	48.2	(6.0)	36.8	(5.4)	7.8	(2.3)
ブラジル	6.0	(0.5)	41.8	(3.0)	39.2	(2.6)	14.1	(1.9)	4.9	(1.3)
ブルガリア	2.0	(0.3)	79.3	(3.6)	13.7	(3.2)	6.1	(2.1)	0.9	(0.5)
チリ	5.7	(0.7)	55.9	(4.1)	26.0	(3.9)	9.3	(2.7)	8.7	(2.6)
クロアチア	3.9	(0.7)	75.0	(3.8)	11.5	(2.8)	5.1	(2.0)	8.3	(2.4)
キプロス	9.4	(0.7)	7.4	(2.4)	71.3	(4.3)	9.6	(2.8)	11.7	(3.2)
チェコ	3.6	(0.3)	57.5	(3.5)	32.2	(3.4)	10.2	(2.0)	0.1	(0.1)
デンマーク	3.3	(0.5)	62.0	(4.2)	28.8	(3.8)	7.6	(2.1)	1.7	(1.2)
エストニア	4.1	(0.5)	59.9	(3.6)	24.4	(2.9)	11.2	(2.4)	4.6	(1.5)
フィンランド	2.9	(0.5)	68.8	(4.1)	22.8	(3.7)	6.1	(2.1)	2.3	(1.3)
フランス	6.0	(0.4)	27.2	(2.9)	57.7	(3.8)	12.7	(2.7)	2.4	(1.3)
アイスランド	4.7	(0.6)	45.3	(5.2)	43.4	(5.1)	10.4	(2.8)	0.9	(0.9)
イスラエル	7.1	(0.7)	27.9	(4.6)	49.4	(6.5)	17.4	(4.5)	5.3	(2.4)
イタリア	8.7	(0.6)	21.1	(4.2)	47.4	(4.6)	25.9	(4.1)	5.5	(2.0)
日本	4.9	(0.2)	19.6	(3.2)	77.0	(3.4)	3.5	(1.5)	0.0	(0.0)
韓国	4.6	(0.7)	39.2	(4.7)	56.8	(5.3)	0.4	(0.4)	3.5	(2.1)
ラトビア	6.5	(1.0)	48.0	(4.9)	28.3	(5.8)	14.2	(4.3)	9.5	(3.7)
マレーシア	9.4	(0.5)	17.0	(3.0)	42.7	(4.1)	36.5	(3.9)	3.7	(1.1)
メキシコ	6.6	(0.8)	46.2	(4.2)	31.8	(3.8)	13.4	(3.3)	8.6	(2.7)
オランダ	7.6	(0.7)	14.2	(2.6)	59.9	(6.5)	24.2	(5.9)	1.8	(1.4)
ノルウェー	3.8	(0.4)	49.4	(6.7)	42.0	(6.7)	8.6	(2.6)	0.0	(0.0)
ポーランド	2.3	(0.4)	73.0	(4.0)	19.2	(3.3)	7.4	(2.1)	0.4	(0.4)
ポルトガル	6.8	(0.5)	24.8	(4.1)	50.4	(4.9)	23.4	(4.0)	1.4	(0.8)
ルーマニア	6.2	(0.6)	40.0	(4.2)	41.1	(4.5)	13.4	(2.8)	5.4	(2.1)
セルビア	2.7	(0.5)	69.1	(5.1)	21.7	(4.4)	7.4	(2.7)	1.8	(1.1)
シンガポール	7.7	(0.5)	8.8	(2.5)	70.9	(4.0)	18.3	(3.4)	2.0	(1.2)
スロバキア	3.6	(0.4)	61.2	(4.1)	27.0	(3.7)	11.1	(2.6)	0.7	(0.7)
スペイン	4.5	(0.6)	45.4	(4.5)	43.9	(4.4)	7.3	(2.4)	3.4	(1.7)
スウェーデン	3.5	(0.4)	54.1	(4.5)	38.0	(4.5)	7.2	(1.9)	0.7	(0.7)
地域としての参加										
アブダビ（アラブ首長国連邦）	7.0	(0.7)	23.5	(4.2)	54.9	(4.8)	14.5	(3.8)	7.1	(2.7)
アルバータ（カナダ）	5.6	(0.4)	33.0	(3.5)	52.9	(3.8)	12.5	(2.3)	1.6	(0.9)
イングランド（イギリス）	11.8	(0.6)	4.2	(2.8)	45.4	(4.9)	39.1	(5.6)	11.3	(2.5)
フランドル（ベルギー）	4.2	(0.5)	46.1	(5.0)	44.9	(4.9)	8.2	(3.0)	0.8	(0.6)
参加国平均	5.7	(0.1)	41.0	(0.7)	41.4	(0.8)	13.7	(0.6)	3.9	(0.3)
アメリカ	4.4	(0.6)	44.6	(6.8)	45.8	(7.0)	5.2	(2.8)	4.4	(2.7)

出所：OECD（2014）Table 3.12.

表 3.9.1 ［3/4］ 校長の前歴

国　名	教員としての通算勤務年数									
	平均勤務年数		勤務年数 3年未満		勤務年数 3～10年		勤務年数 11～20年		勤務年数 21年以上	
	平均	S.E.	%	S.E.	%	S.E.	%	S.E.	%	S.E.
オーストラリア	26.7	(1.0)	1.2	(1.0)	6.9	(1.9)	15.5	(5.3)	76.4	(5.3)
ブラジル	14.2	(0.5)	7.2	(1.7)	31.2	(2.5)	37.6	(2.3)	23.9	(2.3)
ブルガリア	20.2	(0.9)	1.4	(0.9)	20.5	(3.4)	28.5	(3.5)	49.5	(4.2)
チリ	25.2	(1.0)	3.2	(1.6)	8.3	(2.2)	22.4	(3.6)	66.1	(4.2)
クロアチア	15.9	(0.7)	7.6	(2.2)	24.2	(3.4)	37.0	(3.7)	31.2	(3.6)
キプロス	27.8	(0.6)	1.0	(1.0)	3.1	(1.8)	15.5	(3.0)	80.4	(3.0)
チェコ	17.7	(0.7)	2.0	(1.0)	26.4	(3.3)	35.5	(3.6)	36.1	(3.6)
デンマーク	18.1	(0.9)	1.7	(1.2)	27.2	(4.0)	31.4	(4.5)	39.8	(4.8)
エストニア	22.4	(0.8)	5.1	(1.7)	12.7	(2.2)	24.5	(3.1)	57.7	(3.3)
フィンランド	17.2	(0.9)	3.1	(1.4)	25.9	(4.0)	36.3	(4.0)	34.7	(4.0)
フランス	14.8	(0.8)	19.7	(3.1)	18.5	(2.7)	33.4	(4.0)	28.4	(3.9)
アイスランド	14.5	(0.9)	3.8	(1.9)	39.0	(5.1)	35.2	(4.9)	21.9	(4.3)
イスラエル	23.4	(0.8)	0.0	(0.0)	8.8	(3.0)	25.4	(4.8)	65.8	(5.6)
イタリア	22.2	(0.7)	0.0	(0.0)	9.7	(2.7)	31.9	(4.4)	58.4	(4.6)
日本	29.6	(0.6)	1.0	(0.7)	0.3	(0.3)	6.3	(2.1)	92.3	(2.1)
韓国	29.2	(0.6)	0.6	(0.6)	1.0	(1.0)	8.8	(3.1)	89.6	(3.3)
ラトビア	25.0	(1.2)	3.6	(2.5)	8.6	(3.6)	21.4	(4.4)	66.4	(5.2)
マレーシア	26.4	(0.6)	0.0	(0.0)	5.2	(1.9)	11.2	(2.6)	83.5	(3.2)
メキシコ	23.8	(0.8)	2.2	(1.4)	12.4	(2.6)	23.6	(3.3)	61.8	(3.9)
オランダ	19.9	(1.5)	4.5	(3.2)	14.7	(2.2)	35.7	(5.5)	45.1	(7.7)
ノルウェー	15.4	(0.7)	1.0	(0.6)	30.5	(4.2)	46.1	(4.4)	22.4	(3.2)
ポーランド	25.5	(0.7)	0.7	(0.7)	2.9	(1.8)	17.4	(3.9)	79.0	(4.1)
ポルトガル	21.5	(0.7)	1.2	(0.7)	12.5	(2.9)	30.0	(3.6)	56.3	(3.8)
ルーマニア	23.3	(1.0)	1.8	(1.8)	2.1	(1.0)	37.0	(4.4)	59.1	(4.6)
セルビア	14.7	(0.6)	1.8	(0.9)	31.0	(4.0)	44.7	(3.8)	22.5	(3.1)
シンガポール	14.5	(0.8)	1.4	(1.0)	38.6	(4.2)	35.8	(3.8)	24.2	(3.6)
スロバキア	21.2	(0.8)	0.5	(0.4)	18.8	(2.7)	30.8	(3.5)	49.9	(3.8)
スペイン	23.2	(1.0)	0.5	(0.5)	8.7	(2.9)	29.0	(4.5)	61.8	(4.9)
スウェーデン	13.9	(0.7)	7.0	(2.9)	31.9	(4.3)	40.5	(5.1)	20.6	(3.1)
地域としての参加										
アブダビ（アラブ首長国連邦）	11.5	(0.9)	11.3	(3.2)	51.5	(4.5)	19.3	(3.4)	17.9	(3.7)
アルバータ（カナダ）	20.8	(0.8)	0.0	(0.0)	18.2	(3.3)	29.1	(3.5)	52.7	(3.8)
イングランド（イギリス）	24.5	(0.7)	2.2	(1.3)	5.6	(2.6)	23.1	(3.6)	69.2	(4.0)
フランドル（ベルギー）	17.9	(0.7)	0.5	(0.5)	17.6	(3.7)	51.3	(6.2)	30.6	(5.2)
参加国平均	20.7	(0.1)	3.0	(0.3)	17.4	(0.5)	28.8	(0.7)	50.8	(0.7)
アメリカ	13.3	(0.9)	1.1	(1.1)	51.8	(6.6)	30.6	(7.5)	16.5	(4.9)

出所：OECD（2014）Table 3.12.

表 3.9.1 [4/4] 校長の前歴

国　名	他の仕事での勤務年数								
	平均勤務年数		勤務年数 3年未満		勤務年数 3～10年		勤務年数 11～20年		勤務年数 21年以上	
	平均	S.E.	%	S.E.	%	S.E.	%	S.E.	%	S.E.
オーストラリア	2.7	(0.5)	69.7	(6.0)	24.4	(5.7)	4.8	(2.3)	1.0	(1.0)
ブラジル	4.7	(0.4)	55.0	(3.3)	29.2	(3.0)	11.8	(1.7)	4.0	(1.0)
ブルガリア	3.4	(0.5)	61.2	(3.5)	33.4	(4.0)	3.1	(1.5)	2.3	(1.4)
チリ	3.1	(0.6)	74.9	(3.9)	11.4	(2.8)	9.7	(2.6)	4.0	(1.8)
クロアチア	4.1	(0.7)	72.0	(3.8)	12.3	(2.9)	7.5	(2.4)	8.3	(2.3)
キプロス	2.6	(0.6)	82.4	(3.5)	10.6	(3.1)	3.5	(2.0)	3.5	(2.0)
チェコ	1.3	(0.2)	83.1	(2.8)	14.3	(2.6)	2.1	(0.6)	0.6	(0.6)
デンマーク	3.6	(0.5)	65.6	(4.3)	24.0	(4.3)	6.9	(2.4)	3.5	(1.2)
エストニア	5.5	(0.6)	57.9	(3.9)	21.3	(3.1)	13.2	(2.3)	7.6	(1.9)
フィンランド	2.2	(0.2)	70.4	(4.0)	26.6	(3.7)	3.0	(1.5)	0.0	(0.0)
フランス	5.6	(0.7)	57.3	(4.5)	22.0	(4.0)	13.4	(2.8)	7.3	(2.0)
アイスランド	4.8	(0.6)	53.5	(4.9)	33.7	(4.7)	9.9	(2.8)	3.0	(1.7)
イスラエル	3.6	(0.6)	63.4	(5.5)	27.9	(5.3)	3.0	(1.3)	5.7	(2.4)
イタリア	2.0	(0.4)	80.7	(3.3)	14.0	(2.7)	3.1	(1.2)	2.2	(1.2)
日本	1.7	(0.6)	86.0	(3.2)	10.1	(2.6)	1.0	(0.6)	2.8	(1.9)
韓国	1.4	(0.4)	86.1	(3.6)	11.8	(3.3)	0.5	(0.5)	1.6	(1.2)
ラトビア	4.6	(0.7)	61.2	(4.0)	22.3	(5.1)	10.1	(3.7)	6.4	(2.8)
マレーシア	1.0	(0.4)	93.6	(1.8)	2.6	(1.5)	2.0	(1.3)	1.9	(1.1)
メキシコ	6.4	(0.9)	58.9	(4.6)	18.0	(3.9)	12.6	(2.9)	10.4	(3.2)
オランダ	1.5	(0.4)	83.9	(2.5)	12.9	(1.9)	3.2	(1.7)	0.0	(0.0)
ノルウェー	5.8	(1.5)	47.3	(7.0)	31.8	(5.7)	16.0	(5.5)	4.9	(4.9)
ポーランド	1.8	(0.4)	80.3	(3.9)	13.8	(3.4)	4.5	(1.8)	1.4	(0.9)
ポルトガル	1.9	(0.4)	80.3	(3.9)	14.7	(3.6)	2.7	(1.5)	2.3	(1.2)
ルーマニア	2.8	(0.6)	78.2	(3.3)	11.9	(2.8)	5.8	(2.4)	4.0	(1.7)
セルビア	2.8	(0.5)	71.3	(4.3)	20.2	(3.9)	7.7	(2.6)	0.7	(0.5)
シンガポール	1.0	(0.2)	87.0	(2.8)	11.6	(2.6)	1.4	(1.0)	0.0	(0.0)
スロバキア	2.0	(0.5)	84.3	(2.8)	9.6	(2.1)	2.9	(1.5)	3.2	(1.5)
スペイン	3.9	(0.5)	65.0	(4.0)	23.7	(3.8)	5.3	(1.6)	6.0	(2.0)
スウェーデン	6.7	(0.7)	44.7	(4.3)	28.8	(3.8)	19.6	(4.7)	6.9	(3.0)
地域としての参加										
アブダビ （アラブ首長国連邦）	1.5	(0.5)	85.7	(3.8)	10.6	(3.2)	1.9	(1.4)	1.8	(1.8)
アルバータ（カナダ）	5.3	(0.7)	52.2	(3.9)	33.9	(3.7)	7.2	(2.3)	6.7	(2.1)
イングランド（イギリス）	2.4	(0.5)	77.0	(3.8)	17.6	(3.4)	2.1	(1.1)	3.3	(1.4)
フランドル（ベルギー）	1.9	(0.4)	78.8	(4.1)	14.4	(3.3)	6.4	(2.5)	0.5	(0.5)
参加国平均	3.2	(0.1)	71.2	(0.7)	19.0	(0.6)	6.3	(0.4)	3.6	(0.3)
アメリカ	3.7	(0.7)	60.3	(5.1)	31.4	(4.1)	5.4	(3.0)	2.9	(2.0)

出所：OECD（2014）Table 3.12.

3.10 職能開発の活動

　その領域に固有で専門的な知識を活用して質の高い仕事を遂行できることが専門家の目印だとすれば、職能開発を通じて知のメンテナンスを行うことは専門家の義務として課せられており、校長も専門家として、自らのスキルやコンピテンシーを向上させる義務をまぬがれないとOECDは指摘する。

　また、今日では、学校改善の努力の結果として、専門家同士が、自らの実践を共に吟味し新しい知識を獲得するという協働的な学習共同体への参画が、教育の世界における専門家にとって急速に一般的になりつつあると述べている。

　以上のような認識に基づいて、今回の調査では次の三つのカテゴリーの専門的職能開発の活動に過去12か月の間に校長が参加したかどうか、また参加した場合にはその参加日数についても質問した。カテゴリーとは「専門的な勉強会、組織内指導（メンタリング）、調査研究」「研修講座や会議、視察」「その他の活動」である。その結果を示したのが表3.10.1である。

　それぞれの活動に対する参加割合は国により違いがあり、「専門的な勉強会、組織内指導（メンタリング）、調査研究」では比較的割合が低いポルトガル（10.8%）、セルビア（20.6%）、スペイン（27.8%）、チェコ（28.1%）、ルーマニア（29.4%）からシンガポール（92.5%）まで、「研修講座や会議、視察」に関してはフランス（54.5%）からシンガポール（99.3%）までの広がりを持っている。

　日本は、諸外国と比較すれば、「専門的な勉強会、組織内指導（メンタリング）、調査研究」への参加割合は比較的高く、「研修講座、会議、視察」はほぼ同程度であり、「その他」への参加割合が幾分低く、そして全ての活動を通じて参加日数が少ないという傾向が指摘できる。さらに、以上の三つのいずれにも参加していない校長の割合は諸外国平均よりも上回っているという傾向がある。

　最後に、職能開発への参加の障壁について分析する。今回の調査では、「参加要件を満たしていない（資格、経験、勤務年数など）」「職能開発は費用が高すぎる」「雇用者からの支援が不足している」「職能開発の日程が自分の仕事のスケジュールと合わない」「家族があるため、時間が割けない」「自分に適した職能開発がない」「職能開発に参加する誘因（インセンティブ）がない」という七つの観点を設け、それらが職能開発への参加の障壁として認識されているかどうかについて、「まったく妨げにならない」「妨げにならない」「妨げになる」「非常に妨げになる」という選択肢を設け質問した。表3.10.2は「妨げになる」「非常に妨げになる」という項目を選択した人の国別の割合である。

　職能開発への参加の障壁に関して、参加国と比較した際に日本では「職能開発の日程が自分の仕事のスケジュールと合わない」（参加国平均43.1%、日本78.2%）が障壁として認識されている割合が際立って高い。また、「費用が高すぎる」と回答した割合（参加国平均29.9%、日本43.1%）も高い傾向にある。

　OECD（2014）では、校長は学校の全ての生徒の学業成績に影響を与えることを考えれば、一人の教員の実践の質を改善することよりも校長のリーダーシップの質を改善することがより重要であり、その観点から職能開発への参加の障壁を取り除くこと、そして、そうした活動への関心と機会を活性化させることが重要であると指摘している。

第 3 章　校長のリーダーシップ

表 3.10.1　校長の職能開発への参加割合と参加日数

国　名	職能開発に参加したことのない校長の割合[1] %	S.E.	専門的な勉強会、組織内指導（メンタリング）、調査研究に参加した校長の割合 %	S.E.	平均参加日数 平均	S.E.	研修講座や会議、視察に参加した校長の割合 %	S.E.	平均参加日数 平均	S.E.	その他の活動に参加した校長の割合 %	S.E.	平均参加日数 平均	S.E.
オーストラリア	3.1	(3.0)	84.2	(3.7)	7.6	(0.6)	93.4	(3.5)	8.1	(0.6)	36.4	(5.1)	4.5	(0.7)
ブラジル	14.5	(1.8)	39.1	(2.6)	50.5	(6.5)	71.0	(2.2)	37.4	(4.0)	36.8	(2.6)	29.2	(5.6)
ブルガリア	6.0	(2.1)	37.1	(3.6)	13.1	(2.5)	93.5	(2.1)	9.8	(1.5)	15.3	(2.9)	7.8	(1.2)
チリ	23.5	(3.1)	35.0	(3.6)	51.2	(13.7)	64.9	(3.7)	24.8	(5.3)	24.0	(3.5)	31.2	(10.3)
クロアチア	0.8	(0.6)	68.8	(3.5)	4.9	(0.4)	81.0	(3.1)	7.3	(0.6)	39.0	(3.5)	4.2	(0.8)
キプロス	32.6	(4.8)	21.1	(3.7)	22.9	(15.0)	51.6	(5.2)	21.9	(9.1)	16.3	(3.6)	14.0	(7.0)
チェコ	13.4	(2.4)	28.1	(3.3)	11.8	(2.5)	82.2	(2.7)	9.0	(1.2)	33.7	(3.6)	7.1	(1.8)
デンマーク	10.7	(2.9)	54.4	(4.3)	6.5	(0.8)	82.0	(2.9)	6.4	(0.5)	26.1	(4.0)	8.1	(1.9)
エストニア	5.1	(1.7)	54.1	(3.7)	7.7	(0.8)	93.9	(1.8)	10.2	(0.7)	48.0	(3.7)	6.9	(1.0)
フィンランド	8.3	(2.4)	48.1	(4.1)	4.4	(0.3)	87.7	(2.2)	5.8	(0.4)	36.2	(3.8)	3.7	(0.4)
フランス	24.1	(3.6)	46.2	(4.4)	7.2	(1.6)	54.5	(4.3)	3.8	(0.4)	21.8	(3.6)	8.5	(3.3)
アイスランド	3.7	(1.8)	37.0	(4.3)	17.4	(9.2)	94.4	(1.7)	7.1	(0.7)	42.6	(4.6)	9.6	(3.9)
イスラエル	6.2	(1.9)	59.1	(6.6)	13.4	(2.4)	86.2	(2.9)	13.1	(2.1)	26.6	(4.5)	10.6	(2.4)
イタリア	5.4	(1.6)	40.2	(4.1)	28.2	(10.7)	93.5	(1.7)	9.0	(0.9)	19.1	(3.4)	8.0	(1.2)
日本	14.6	(3.3)	56.9	(4.2)	6.1	(0.7)	83.1	(3.4)	9.5	(0.7)	17.7	(2.8)	3.8	(0.7)
韓国	5.6	(2.3)	65.6	(5.2)	11.9	(1.7)	86.6	(3.6)	14.1	(2.3)	48.8	(5.0)	7.6	(1.1)
ラトビア	0.7	(0.7)	53.6	(5.3)	12.0	(2.2)	98.0	(1.2)	15.2	(3.1)	52.2	(6.0)	8.6	(1.9)
マレーシア	1.5	(0.9)	78.0	(3.3)	12.1	(1.6)	98.1	(1.0)	14.8	(1.8)	58.4	(4.1)	9.8	(1.5)
メキシコ	5.3	(1.8)	33.6	(3.7)	56.3	(10.6)	87.2	(2.7)	24.3	(3.0)	27.4	(3.7)	37.3	(11.0)
オランダ	0.4	(0.4)	87.5	(6.6)	10.8	(2.5)	97.4	(0.9)	7.3	(1.0)	22.9	(6.0)	5.1	(0.9)
ノルウェー	9.5	(3.8)	54.1	(5.6)	9.2	(0.8)	83.3	(5.1)	8.6	(0.8)	33.0	(4.9)	8.3	(1.1)
ポーランド	0.7	(0.5)	31.2	(5.1)	14.5	(6.2)	95.6	(2.4)	9.1	(1.4)	51.2	(5.1)	8.0	(1.5)
ポルトガル	23.5	(4.0)	10.8	(2.7)	128.0	(74.2)	67.1	(4.3)	23.9	(5.9)	24.3	(3.6)	17.6	(6.5)
ルーマニア	12.5	(2.9)	29.4	(3.7)	24.6	(4.0)	75.0	(4.2)	21.9	(2.9)	41.8	(3.7)	14.8	(2.5)
セルビア	24.2	(3.9)	20.6	(3.4)	26.3	(12.6)	57.5	(4.6)	11.2	(2.8)	38.4	(4.3)	8.6	(1.8)
シンガポール	0.0	(0.0)	92.5	(2.1)	15.5	(2.6)	99.3	(0.7)	13.4	(1.3)	44.0	(4.2)	14.1	(5.8)
スロバキア	16.4	(3.0)	63.6	(3.5)	10.1	(1.0)	62.2	(4.0)	7.8	(0.9)	28.4	(3.7)	6.2	(1.1)
スペイン	22.9	(3.7)	27.8	(3.2)	25.7	(9.6)	67.6	(4.0)	11.8	(2.3)	39.5	(4.4)	10.4	(2.8)
スウェーデン	3.6	(1.9)	41.6	(4.6)	6.6	(1.2)	93.5	(2.3)	7.7	(0.6)	30.3	(4.0)	7.2	(1.6)
地域としての参加														
アブダビ（アラブ首長国連邦）	4.7	(1.9)	64.2	(5.1)	26.5	(11.1)	91.0	(2.4)	17.6	(7.1)	45.1	(5.2)	8.0	(1.2)
アルバータ（カナダ）	4.3	(1.5)	76.5	(3.4)	10.0	(1.8)	88.4	(2.8)	9.3	(1.2)	30.1	(3.6)	6.5	(1.0)
イングランド（イギリス）	3.2	(1.4)	78.7	(3.5)	6.4	(0.6)	94.4	(1.9)	5.3	(0.3)	26.1	(4.0)	4.1	(0.8)
フランドル（ベルギー）	0.9	(0.9)	67.3	(4.5)	6.2	(0.6)	97.4	(1.3)	8.3	(0.5)	24.3	(4.0)	4.9	(0.7)
参加国平均	9.5	(0.4)	51.1	(0.7)	20.2	(2.5)	83.4	(0.5)	12.6	(0.5)	33.5	(0.7)	10.4	(0.7)
アメリカ	6.0	(4.5)	68.2	(5.4)	23.6	(9.7)	91.0	(4.8)	18.4	(6.8)	42.3	(6.3)	21.8	(14.6)

過去12か月の間に、校長が校長向けの職能開発に参加した割合、その種類及び平均参加日数。細字の数値は標本の10%未満のケースであり、解釈には注意が必要である。
1. 校長質問紙の問7（1）（2）（3）で調査した職能開発のいずれにも参加したことがないと回答した校長の割合を示したものである。
出所：OECD（2014）Table 3.14.

表 3.10.2 職能開発への参加の障壁

国　名	参加要件を満たしていない %	S.E.	費用が高すぎる %	S.E.	雇用者からの支援が不足している %	S.E.	日程が自分の仕事のスケジュールと合わない %	S.E.	家族があるため、時間が割けない %	S.E.	自分に適した職能開発がない %	S.E.	参加する誘因（インセンティブ）がない %	S.E.
オーストラリア	0.6	(0.6)	31.6	(6.1)	9.2	(2.9)	60.9	(5.9)	28.2	(6.1)	10.5	(4.7)	34.2	(5.5)
ブラジル	7.5	(1.4)	24.1	(2.1)	33.4	(2.1)	38.6	(2.6)	13.1	(1.9)	20.7	(1.9)	31.5	(2.5)
ブルガリア	7.0	(1.9)	38.0	(3.7)	3.6	(1.4)	59.0	(4.3)	8.1	(2.3)	19.3	(2.9)	54.1	(3.3)
チリ	13.0	(2.8)	53.7	(4.3)	35.1	(3.9)	50.7	(3.9)	20.6	(3.3)	44.0	(4.2)	58.9	(4.0)
クロアチア	4.7	(1.7)	49.4	(4.2)	13.6	(2.6)	6.3	(1.9)	2.4	(1.1)	23.5	(3.3)	29.2	(3.0)
キプロス	13.7	(3.2)	34.7	(4.9)	38.3	(4.7)	48.4	(4.7)	22.6	(4.1)	47.4	(4.9)	53.6	(4.6)
チェコ	2.6	(1.1)	20.5	(2.8)	8.7	(2.1)	34.3	(3.6)	6.8	(1.7)	9.1	(2.0)	20.0	(3.1)
デンマーク	5.0	(2.0)	25.4	(4.1)	10.8	(2.7)	29.5	(4.6)	15.6	(3.4)	18.3	(3.1)	18.9	(3.5)
エストニア	7.1	(1.9)	22.5	(3.1)	9.2	(2.0)	14.8	(2.6)	5.6	(1.6)	16.3	(2.4)	9.7	(2.2)
フィンランド	2.3	(1.2)	9.8	(2.7)	8.8	(2.3)	42.2	(4.0)	17.8	(2.7)	16.1	(3.0)	30.1	(3.6)
フランス	6.9	(2.0)	18.8	(3.4)	13.8	(2.3)	59.9	(4.6)	9.9	(2.8)	19.8	(3.1)	37.5	(3.6)
アイスランド	6.5	(2.5)	27.1	(4.5)	14.0	(3.5)	56.1	(4.9)	22.4	(4.2)	16.8	(3.5)	29.0	(4.4)
イスラエル	1.4	(0.7)	5.1	(1.9)	12.0	(2.7)	56.8	(6.8)	21.9	(4.6)	20.9	(4.6)	42.0	(5.7)
イタリア	3.9	(1.5)	32.8	(4.7)	57.7	(4.2)	56.6	(4.4)	5.2	(1.6)	51.7	(4.7)	73.3	(4.3)
日本	11.4	(2.3)	43.1	(4.8)	35.0	(4.3)	78.2	(3.5)	15.3	(3.1)	29.8	(4.0)	26.3	(3.9)
韓国	31.2	(4.7)	17.5	(4.1)	36.3	(4.4)	67.3	(4.7)	3.6	(2.0)	18.0	(4.3)	40.9	(4.1)
ラトビア	2.0	(1.2)	20.6	(6.0)	9.6	(3.6)	26.2	(5.6)	10.9	(3.2)	8.6	(2.1)	13.9	(3.2)
マレーシア	9.6	(2.6)	8.9	(2.3)	6.9	(2.2)	42.4	(4.3)	1.5	(1.1)	15.4	(2.7)	18.7	(3.1)
メキシコ	22.5	(3.5)	36.9	(3.9)	46.6	(4.0)	41.3	(4.1)	13.0	(2.8)	37.2	(3.8)	47.5	(3.9)
オランダ	5.1	(2.8)	19.4	(8.0)	12.1	(6.8)	20.8	(6.6)	4.7	(2.6)	13.6	(3.7)	17.5	(6.8)
ノルウェー	0.5	(0.5)	24.0	(3.4)	20.1	(7.3)	44.9	(4.8)	15.1	(4.3)	5.5	(2.1)	18.7	(5.5)
ポーランド	6.6	(3.0)	42.7	(4.5)	19.8	(2.9)	29.6	(4.7)	15.0	(3.1)	36.8	(5.1)	36.9	(4.7)
ポルトガル	23.1	(3.1)	64.2	(3.9)	81.8	(3.6)	41.1	(4.3)	12.3	(2.8)	54.1	(4.3)	71.4	(4.3)
ルーマニア	7.6	(2.3)	40.4	(4.3)	7.5	(2.3)	28.6	(4.1)	14.9	(3.4)	3.9	(1.2)	43.5	(4.6)
セルビア	4.2	(2.1)	70.1	(3.7)	39.6	(4.1)	8.4	(2.2)	6.4	(2.0)	41.4	(3.3)	55.3	(3.9)
シンガポール	2.7	(1.4)	3.4	(1.5)	2.0	(1.2)	42.9	(3.9)	8.2	(2.4)	8.7	(2.4)	7.5	(2.3)
スロバキア	4.0	(1.7)	18.6	(3.2)	2.8	(1.3)	22.4	(3.4)	5.1	(1.8)	25.8	(3.7)	40.2	(3.2)
スペイン	3.6	(1.8)	33.2	(4.1)	27.4	(3.2)	56.2	(4.3)	29.0	(4.2)	53.3	(4.7)	79.1	(4.2)
スウェーデン	1.7	(0.8)	27.5	(4.7)	14.8	(3.1)	61.3	(5.0)	12.1	(2.7)	6.8	(2.0)	10.5	(2.7)
地域としての参加														
アブダビ（アラブ首長国連邦）	6.6	(2.7)	41.1	(5.1)	25.4	(4.1)	33.7	(4.3)	9.1	(2.8)	24.4	(3.8)	50.9	(4.6)
アルバータ（カナダ）	4.2	(2.0)	32.2	(3.8)	15.2	(3.1)	63.0	(3.5)	35.8	(3.8)	11.6	(2.8)	39.9	(3.8)
イングランド（イギリス）	3.2	(2.5)	29.7	(4.0)	3.7	(1.9)	56.8	(5.9)	17.0	(2.8)	7.7	(2.1)	18.1	(2.9)
フランドル（ベルギー）	4.9	(1.6)	21.1	(3.9)	8.1	(2.7)	43.4	(4.5)	9.2	(2.9)	0.9	(0.6)	10.8	(2.5)
参加国平均	7.2	(0.4)	29.9	(0.7)	20.7	(0.6)	43.1	(0.8)	13.3	(0.5)	22.4	(0.6)	35.4	(0.7)
アメリカ	4.2	(2.4)	39.1	(7.7)	11.0	(3.4)	66.9	(5.4)	24.3	(5.3)	10.1	(5.3)	25.8	(4.6)

職能開発に参加する際、各項目に対して「妨げになる」「非常に妨げになる」と回答した校長の割合。
出所：OECD（2014）Table 3.15.

3.11 教育的リーダーシップ

　分散型リーダーシップと並んで今回の調査で OECD が重視しているリーダーシップの在り方が教育的リーダーシップである。教育的リーダーシップとは、学校の目標が明瞭に表現され、学校環境を安全かつ学びに適したものにすること、教員が授業と授業改善に力を注げるようにすることを確実にする等の授業改善を図る校長の行動のことを指す。

　従来から、生徒の学業成績を向上させることは学校の重要な目標であったが、今日の国際的な経済競争の激化に伴って益々そのことの重みが増してきている。競争的な経済環境で求められるような教育を受けることを生徒に保証するように求める圧力及び結果に対するアカウンタビリティは、校長の教育的リーダーシップの重要性を高めてきたと OECD（2014）は指摘する。

　今回の調査では、教育的リーダーシップ尺度は、過去 12 か月の間に「新たな指導実践を開発するための教員間の協力を支援する取組を行った」「教員が指導能力の向上に責任を持つよう具体的な取組を行った」「教員が担当する生徒の学業成果について責任を感じるよう具体的な取組を行った」に関する三項目から構成されている。

　OECD（2014）は、教育的リーダーシップの発揮の程度と教育目標等の策定、研修計画作成への校長の関与、授業観察、教員評価に関連する行動などの有無との関係をロジスティック回帰分析を用いて検討した。その結果は表 3.11.1 である。

　日本の場合には、より教育的リーダーシップを発揮している校長は公的な評価の一環としての授業観察、教員評価の結果を踏まえた指導の改善を支援する組織内指導者（メンター）の指名、教員評価の結果を踏まえた校内での職務責任の変更、教員評価の結果を踏まえた教員の昇進の見込みの変更、などの行動をする傾向にあることが見出されている。

　表 3.11.2 は、教育的リーダーシップの発揮の程度と校長が教育課程や学習指導に関わる業務や会議に費やしている時間の割合、校長の仕事に対する満足度、相互に尊重する学校の雰囲気との関係を重回帰分析を用いて分析した結果である。多くの国で、教育的リーダーシップを高いレベルで発揮している校長はより教育課程や学習指導に関わる業務や会議に費やしている時間の割合が高く、満足度も高く、相互に尊重する学校の雰囲気があるという結果が示されている。日本においては、教育的リーダーシップの発揮と、校長の仕事に対する満足度（β 係数 = 0.39）、相互に尊重する学校の雰囲気（β 係数 = 0.31）との間に正の関係性がある。

表 3.11.1 [1/2] 教育的リーダーシップの発揮と教育目標等の策定、研修計画作成への校長の関与、授業観察、教員評価等との関係（ロジスティック回帰分析）[1]

国　名	校長が学校の教育目標や教育プログラムを策定するために生徒の成績や評価結果を活用した[2]	校長が学校での研修計画の策定に関わった[3]	校長による授業観察[4]	教員評価の結果を受けて、授業での指導の欠点を改善する方策について教員と話し合いを持つ[5]	教員評価の結果を受けて、各教員のために研修計画を策定する[5]	教員の業績が低かった場合、定期昇給の減額などの処分を課す[5]
	説明変数					
	教育的リーダーシップの発揮[6]	教育的リーダーシップの発揮[6]	教育的リーダーシップの発揮[6]	教育的リーダーシップの発揮[6]	教育的リーダーシップの発揮[6]	教育的リーダーシップの発揮[6]
オーストラリア		＋	＋			
ブラジル	＋	＋	＋			
ブルガリア	（＋）	＋		（＋）	＋	
チリ			＋			
クロアチア	＋	＋	＋			
チェコ			＋		＋	
デンマーク						
エストニア	＋	＋		（－）	＋	＋
フィンランド	＋	＋				
フランス		＋			＋	
アイスランド						
イスラエル	（＋）		＋	（＋）	（＋）	
イタリア	（＋）	＋	＋			
日本			＋			
韓国		（＋）				
ラトビア					（＋）	
マレーシア	（＋）		＋	（＋）		
メキシコ		＋	＋		＋	
オランダ		＋	＋			
ノルウェー			＋		＋	（＋）
ポーランド						
ポルトガル	（＋）	＋	（＋）	（＋）	＋	
ルーマニア			＋	（－）	＋	
セルビア	＋					
シンガポール			＋			
スロバキア			＋			
スペイン		＋	＋	＋	＋	
スウェーデン			＋			
地域としての参加						
アブダビ（アラブ首長国連邦）					（＋）	
アルバータ（カナダ）	（＋）	（＋）	＋		（＋）	
イングランド（イギリス）			＋			
フランドル（ベルギー）	＋	＋	＋			（＋）

1. 有意な関係性が見られなかった部分は空欄としている。有意な正の関係性がみられる変数は＋で示し、有意な負の関係性がみられる場合は－で示している。校長の性別、年齢、学歴を統制し、有意水準は5％である。（＋）（－）は標本の10％未満のケース数を基にした推定値であり、解釈には注意が必要である。
2. 参照カテゴリーを「校長が学校の教育目標や教育プログラムを策定するために生徒の成績や評価結果を活用しなかった」とする二値変数。
3. 参照カテゴリーを「校長が学校での研修計画の策定に関わらなかった」とする二値変数。
4. 参照カテゴリーを「校長が授業を観察したことが「時々」「なし」とする二値変数。
5. 参照カテゴリーを「なし」とする二値変数。
6. 連続変数である。詳細はOECD（2014）第3章のBox 3.5及びAnnex Bを参照のこと。
出所：OECD（2014）Table 3.16.

第 3 章　校長のリーダーシップ

表 3.11.1 [2/2]　教育的リーダーシップの発揮と教育目標等の策定、研修計画作成への校長の関与、授業観察、教員評価等との関係（ロジスティック回帰分析）[1]

国　名	教育評価の結果を受けて、指導の改善を支援する組織内指導者（メンター）を指名する[5]	教員評価の結果を受けて、校内での職務責任を変更する[5]	教員評価の結果を受けて、給与や賞与の額を変更する[5]	教員評価の結果を受けて、教員の昇進の見込みを変える[5]	教員評価の結果を受けて、教員の解雇や雇用契約の不更新[5]
	説明変数				
	教育的リーダーシップの発揮[6]	教育的リーダーシップの発揮[6]	教育的リーダーシップの発揮[6]	教育的リーダーシップの発揮[6]	教育的リーダーシップの発揮[6]
オーストラリア					
ブラジル					
ブルガリア	＋				＋
チリ					－
クロアチア					
チェコ				＋	
デンマーク	＋				
エストニア	＋				
フィンランド	＋		＋		
フランス					
アイスランド					
イスラエル				＋	
イタリア					
日本	＋	＋		＋	
韓国					
ラトビア					
マレーシア					＋
メキシコ		＋			
オランダ	（＋）	－		＋	（＋）
ノルウェー	＋			＋	
ポーランド		＋			
ポルトガル					
ルーマニア	＋				
セルビア					
シンガポール			＋		
スロバキア				＋	
スペイン		＋			＋
スウェーデン	＋				
地域としての参加					
アブダビ（アラブ首長国連邦）					
アルバータ（カナダ）	＋				
イングランド（イギリス）					
フランドル（ベルギー）			（－）		

1. 有意な関係性が見られなかった部分は空欄としている。有意な正の関係性がみられる変数は＋で示し、有意な負の関係性がみられる場合は－で示している。校長の性別、年齢、学歴を統制し、有意水準は 5％ である。（＋）（－）は標本の 10％ 未満のケース数を基にした推定値であり、解釈には注意が必要である。
2. 参照カテゴリーを「校長が学校の教育目標や教育プログラムを策定するために生徒の成績や評価結果を活用しなかった」とする二値変数。
3. 参照カテゴリーを「校長が学校での研修計画の策定に関わらなかった」とする二値変数。
4. 参照カテゴリーを「校長が授業を観察したことが「時々」「なし」とする二値変数。
5. 参照カテゴリーを「なし」とする二値変数。
6. 連続変数である。詳細は OECD（2014）第 3 章の Box 3.5 及び Annex B を参照のこと。
出所：OECD（2014）Table 3.16.

表 3.11.2 教育的リーダーシップの発揮と教育課程や学習指導に関わる業務や会議に費やしている時間の割合、校長の仕事に対する満足度、相互に尊重する学校の雰囲気との関係（重回帰分析）[1]

国 名	校長が教育課程や学習指導に関わる業務や会議に費やしている時間の割合[2] 教育的リーダーシップの発揮[3] β	S.E.	校長の仕事に対する満足度[3] 教育的リーダーシップの発揮[3] β	S.E.	相互に尊重する学校の雰囲気[3] 教育的リーダーシップの発揮[3] β	S.E.
オーストラリア	1.55	(0.37)			0.34	(0.11)
ブラジル			0.21	(0.04)	0.31	(0.04)
ブルガリア			0.64	(0.15)	0.48	(0.13)
チリ						
クロアチア					0.19	(0.08)
チェコ			0.19	(0.06)	0.14	(0.06)
デンマーク	1.14	(0.42)				
エストニア			0.21	(0.06)		
フィンランド						
フランス						
アイスランド						
イスラエル	1.23	(0.44)	0.18	(0.07)	0.14	(0.06)
イタリア			0.26	(0.08)	0.32	(0.10)
日本			**0.39**	**(0.11)**	**0.31**	**(0.10)**
韓国			0.26	(0.10)	0.34	(0.11)
ラトビア						
マレーシア			0.33	(0.08)	0.40	(0.11)
メキシコ			0.14	(0.05)	0.21	(0.10)
オランダ	1.45	(0.58)	0.24	(0.10)		
ノルウェー			0.17	(0.08)		
ポーランド			0.29	(0.10)		
ポルトガル	0.95	(0.37)	0.28	(0.06)	0.22	(0.07)
ルーマニア			0.31	(0.10)	0.25	(0.11)
セルビア			0.48	(0.10)	0.26	(0.13)
シンガポール					0.21	(0.07)
スロバキア					0.16	(0.08)
スペイン	0.86	(0.37)			0.22	(0.08)
スウェーデン	2.08	(0.47)	0.23	(0.07)		
地域としての参加						
アブダビ（アラブ首長国連邦）			0.22	(0.09)	0.25	(0.12)
アルバータ（カナダ）			0.15	(0.07)	0.24	(0.08)
イングランド（イギリス）						
フランドル（ベルギー）	1.54	(0.64)				

1. 有意な関係性が見られなかった部分は空欄としている。校長の性別、年齢、学歴を統制し、有意水準は5%である。
2. 校長がこの仕事に費やす時間の割合を示す連続変数。この仕事には、カリキュラム開発や、授業、学級観察、生徒の評価、組織内指導（メンタリング）及び教員の職能開発を含む。
3. 連続変数である。詳細はOECD（2014）第3章のBox 3.5及びAnnex Bを参照のこと。

出所：OECD（2014）Table 3.17.

3.12 校長の仕事に対する満足度

各国の校長の仕事に対する満足度について、「当てはまる」「非常に良く当てはまる」と回答した人の割合を示したのが図3.12.1及び表3.12.1である。今回の調査では校長の仕事に対する満足度は、「現在の職場環境に対する満足度」と「校長という職業に対する満足度」という二つのカテゴリーから構成されている。これらの図表から、「校長という職業に対する満足度」の方が「現在の職場環境に対する満足度」よりも各国間のばらつきが大きいことがわかる。

日本は参加国と比較すれば、全ての質問項目で満足度が低く、特に「現在の学校での自分の仕事の成果に満足している」(参加国94.5%、日本59.8%) という質問項目において低いという結果を示している。また、OECD (2014) は「もう一度仕事を選べるとしたら、また校長になりたい」という質問に対する肯定率が日本 (61.2%) とセルビア (67.7%) において低いことに言及している。

図3.12.1 校長の仕事に対する満足度

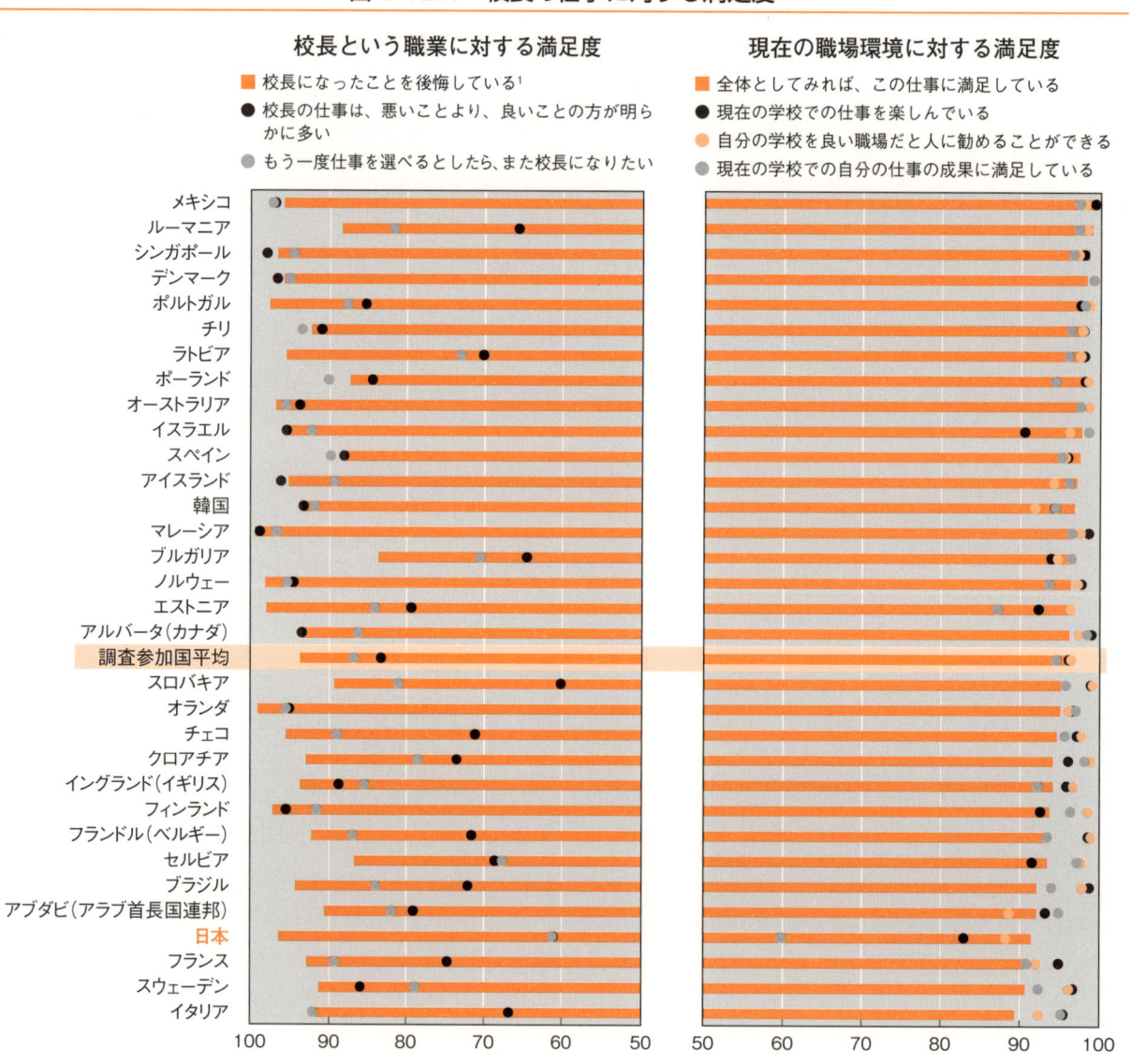

各項目に対して、「当てはまる」「非常に良く当てはまる」と回答した校長の割合 (%)。
各国の順番は、「全体として見れば、この仕事に満足している」という質問に、「当てはまる」「非常に良く当てはまる」と回答した校長の割合を基に、降順で並べられている。
1.「校長になったことを後悔している」という項目については、設問の性質により「まったく当てはまらない」「当てはまらない」と回答した校長の割合である。
出所：OECD (2014) Figure 3.11.

表3.12.1　校長の仕事に対する満足度

カテゴリー	質問項目	参加国	日本
現在の職場環境に対する満足度	現在の学校での仕事を楽しんでいる	96.1%	82.9%
	自分の学校を良い職場だと人に勧めることができる	96.4%	88.2%
	現在の学校での自分の仕事の成果に満足している	94.5%	59.8%
	全体としてみれば、この仕事に満足している	95.7%	91.4%
校長という職業に対する満足度	校長の仕事は、悪いことより、良いことの方が明らかに多い	83.3%	61.1%
	もう一度仕事を選べるとしたら、また校長になりたい	86.9%	61.2%
	校長になったことを後悔している	6.3%	3.6%

※数値は、「当てはまる」「非常に良く当てはまる」と回答した校長の割合。
出所：OECD（2014）Table 3.26 web を基に国立教育政策研究所が作成。

OECD（2014）は、①性別、校長としての経験年数、教員としての経験年数などの校長の属性に関する項目と校長の仕事に対する満足度との関係、②学校が所在する市町村の人口、学校の設置者、学校の財源、教員数、生徒数、母語が日本語でない生徒の割合、特別な支援を要する生徒の割合、社会経済的に困難な家庭環境にある生徒の割合などの学校の属性に関する項目と校長の仕事に対する満足度との関係、③教材の不足、教育人材の不足、非行や暴力、学校文化、教員と事務職・経営職の比率、教員と指導支援職員の比率などの学校の雰囲気に関する項目と校長の仕事に対する満足度との関係、④校長としての実力発揮にとっての障壁に関連する項目と校長の仕事に対する満足度との関係を重回帰分析を用いて検討した。

①に関しては、校長の仕事に対する満足度は、「教員としての経験年数」と負の関係性（β係数 = − 0.04）が見出されている。

②に関しては、校長の仕事に対する満足度は、「生徒数」と正の関係性（β係数 = 0.00）が見出されている。

③に関する結果が表3.12.2である。校長の仕事に対する満足度は、「相互に尊重する学校の雰囲気」とは正の関係性（β係数 = 0.38）があり、「生徒の非行発生頻度」とは負の関係性（β係数 = − 0.28）が見出されている。

④に関しては、「自分にかかっている重い業務負担と責任」と負の関係性（β係数 = − 0.60）が見出されている。他の項目に関しては、校長としての実力発揮にとっての障壁と校長の仕事に対する満足度との間に有意な関係性は見出せない。

表3.12.3は、校長の仕事に対する満足度と教育的リーダーシップ及び分散型リーダーシップとの関係を重回帰分析を用いて検討したものである。日本においては、教育的リーダーシップ（β係数 = 0.18）及び分散型リーダーシップ（β係数 = 0.35）と校長の仕事に対する満足度の間には正の関係性がある。

第3章　校長のリーダーシップ

表3.12.2　校長の仕事に対する満足度と学校の雰囲気との関係（重回帰分析）[1]

<table>
<tr><th rowspan="4">国　名</th><th colspan="14">校長の仕事の満足度[2]</th></tr>
<tr><th colspan="14">説明変数</th></tr>
<tr><th colspan="2">教材等の不足[3]（多少の問題）</th><th colspan="2">教材等の不足[4]（問題）</th><th colspan="2">教育人材の不足[5]（多少の問題）</th><th colspan="2">教育人材の不足[6]（問題）</th><th colspan="2">生徒の非行発生頻度[7]</th><th colspan="2">相互に尊重する学校の雰囲気[8]</th><th colspan="2">教員と事務職・経営職の比率[9]</th><th colspan="2">教員と指導支援職員の比率[10]</th></tr>
<tr><th>β</th><th>S.E.</th><th>β</th><th>S.E.</th><th>β</th><th>S.E.</th><th>β</th><th>S.E.</th><th>β</th><th>S.E.</th><th>β</th><th>S.E.</th><th>β</th><th>S.E.</th><th>β</th><th>S.E.</th></tr>
<tr><td>オーストラリア</td><td></td><td></td><td></td><td></td><td></td><td></td><td></td><td></td><td></td><td></td><td>0.19</td><td>(0.08)</td><td></td><td></td><td></td><td></td></tr>
<tr><td>ブラジル</td><td></td><td></td><td></td><td></td><td></td><td></td><td></td><td></td><td>-0.06</td><td>(0.03)</td><td>0.37</td><td>(0.05)</td><td></td><td></td><td></td><td></td></tr>
<tr><td>ブルガリア</td><td>-0.76</td><td>(0.30)</td><td>-1.97</td><td>(0.62)</td><td></td><td></td><td></td><td></td><td></td><td></td><td>0.32</td><td>(0.10)</td><td></td><td></td><td></td><td></td></tr>
<tr><td>チリ</td><td></td><td></td><td></td><td></td><td></td><td></td><td></td><td></td><td></td><td></td><td>0.19</td><td>(0.05)</td><td></td><td></td><td></td><td></td></tr>
<tr><td>クロアチア</td><td></td><td></td><td></td><td></td><td></td><td></td><td></td><td></td><td></td><td></td><td>0.45</td><td>(0.07)</td><td></td><td></td><td></td><td></td></tr>
<tr><td>チェコ</td><td></td><td></td><td></td><td></td><td></td><td></td><td></td><td></td><td></td><td></td><td>0.24</td><td>(0.08)</td><td></td><td></td><td></td><td></td></tr>
<tr><td>デンマーク</td><td></td><td></td><td></td><td></td><td></td><td></td><td></td><td></td><td>-0.20</td><td>(0.10)</td><td>0.27</td><td>(0.08)</td><td></td><td></td><td></td><td></td></tr>
<tr><td>エストニア</td><td></td><td></td><td></td><td></td><td></td><td></td><td></td><td></td><td></td><td></td><td>0.39</td><td>(0.11)</td><td></td><td></td><td>0.05</td><td>(0.02)</td></tr>
<tr><td>フィンランド</td><td></td><td></td><td></td><td></td><td></td><td></td><td>-1.33</td><td>(0.39)</td><td>-0.22</td><td>(0.10)</td><td>0.21</td><td>(0.08)</td><td></td><td></td><td>0.08</td><td>(0.02)</td></tr>
<tr><td>フランス</td><td></td><td></td><td></td><td></td><td></td><td></td><td></td><td></td><td>-0.23</td><td>(0.10)</td><td>0.22</td><td>(0.10)</td><td></td><td></td><td></td><td></td></tr>
<tr><td>アイスランド</td><td></td><td></td><td></td><td></td><td></td><td></td><td>-1.89</td><td>(0.70)</td><td></td><td></td><td></td><td></td><td></td><td></td><td></td><td></td></tr>
<tr><td>イスラエル</td><td></td><td></td><td></td><td></td><td></td><td></td><td></td><td></td><td></td><td></td><td>0.47</td><td>(0.09)</td><td></td><td></td><td></td><td></td></tr>
<tr><td>イタリア</td><td></td><td></td><td></td><td></td><td></td><td></td><td></td><td></td><td></td><td></td><td>0.18</td><td>(0.07)</td><td></td><td></td><td></td><td></td></tr>
<tr><td>日本</td><td></td><td></td><td></td><td></td><td></td><td></td><td></td><td></td><td>-0.28</td><td>(0.07)</td><td>0.38</td><td>(0.11)</td><td></td><td></td><td></td><td></td></tr>
<tr><td>韓国</td><td></td><td></td><td>-1.44</td><td>(0.45)</td><td></td><td></td><td></td><td></td><td></td><td></td><td>0.35</td><td>(0.09)</td><td></td><td></td><td></td><td></td></tr>
<tr><td>ラトビア</td><td>-0.52</td><td>(0.23)</td><td></td><td></td><td></td><td></td><td></td><td></td><td></td><td></td><td></td><td></td><td></td><td></td><td></td><td></td></tr>
<tr><td>マレーシア</td><td></td><td></td><td></td><td></td><td>0.68</td><td>(0.23)</td><td>1.17</td><td>(0.36)</td><td></td><td></td><td>0.37</td><td>(0.06)</td><td></td><td></td><td></td><td></td></tr>
<tr><td>メキシコ</td><td></td><td></td><td></td><td></td><td>0.80</td><td>(0.25)</td><td>0.69</td><td>(0.34)</td><td></td><td></td><td>0.19</td><td>(0.05)</td><td></td><td></td><td></td><td></td></tr>
<tr><td>オランダ</td><td></td><td></td><td></td><td></td><td></td><td></td><td></td><td></td><td></td><td></td><td>0.47</td><td>(0.12)</td><td></td><td></td><td></td><td></td></tr>
<tr><td>ノルウェー</td><td></td><td></td><td>-3.63</td><td>(0.68)</td><td></td><td></td><td></td><td></td><td>0.38</td><td>(0.17)</td><td>0.54</td><td>(0.12)</td><td></td><td></td><td></td><td></td></tr>
<tr><td>ポーランド</td><td></td><td></td><td>-1.13</td><td>(0.28)</td><td></td><td></td><td></td><td></td><td></td><td></td><td>0.35</td><td>(0.07)</td><td></td><td></td><td></td><td></td></tr>
<tr><td>ポルトガル</td><td></td><td></td><td>-1.56</td><td>(0.66)</td><td></td><td></td><td></td><td></td><td></td><td></td><td>0.20</td><td>(0.06)</td><td>-0.09</td><td>(0.04)</td><td></td><td></td></tr>
<tr><td>ルーマニア</td><td></td><td></td><td></td><td></td><td></td><td></td><td>0.99</td><td>(0.30)</td><td></td><td></td><td>0.36</td><td>(0.07)</td><td></td><td></td><td></td><td></td></tr>
<tr><td>セルビア</td><td>-1.03</td><td>(0.32)</td><td></td><td></td><td></td><td></td><td></td><td></td><td></td><td></td><td>0.18</td><td>(0.09)</td><td></td><td></td><td></td><td></td></tr>
<tr><td>シンガポール</td><td></td><td></td><td>-2.12</td><td>(0.57)</td><td></td><td></td><td></td><td></td><td></td><td></td><td>0.22</td><td>(0.07)</td><td></td><td></td><td></td><td></td></tr>
<tr><td>スロバキア</td><td></td><td></td><td></td><td></td><td></td><td></td><td></td><td></td><td></td><td></td><td>0.27</td><td>(0.10)</td><td></td><td></td><td></td><td></td></tr>
<tr><td>スペイン</td><td></td><td></td><td></td><td></td><td></td><td></td><td></td><td></td><td></td><td></td><td>0.31</td><td>(0.07)</td><td></td><td></td><td></td><td></td></tr>
<tr><td>スウェーデン</td><td></td><td></td><td></td><td></td><td></td><td></td><td></td><td></td><td></td><td></td><td></td><td></td><td></td><td></td><td></td><td></td></tr>
<tr><td colspan="17">地域としての参加</td></tr>
<tr><td>アブダビ（アラブ首長国連邦）</td><td>-0.91</td><td>(0.40)</td><td>-1.57</td><td>(0.48)</td><td></td><td></td><td></td><td></td><td>-0.35</td><td>(0.12)</td><td>0.25</td><td>(0.10)</td><td></td><td></td><td></td><td></td></tr>
<tr><td>アルバータ（カナダ）</td><td></td><td></td><td></td><td></td><td></td><td></td><td>-1.05</td><td>(0.38)</td><td></td><td></td><td>0.20</td><td>(0.06)</td><td></td><td></td><td></td><td></td></tr>
<tr><td>イングランド（イギリス）</td><td></td><td></td><td></td><td></td><td></td><td></td><td></td><td></td><td></td><td></td><td>0.24</td><td>(0.10)</td><td></td><td></td><td></td><td></td></tr>
<tr><td>フランドル（ベルギー）</td><td></td><td></td><td>1.58</td><td>(0.54)</td><td></td><td></td><td></td><td></td><td></td><td></td><td>0.29</td><td>(0.08)</td><td></td><td></td><td></td><td></td></tr>
</table>

1. 有意な関係性が見られなかった部分は空欄としている。校長の性別、年齢、学歴を統制変数とし、有意水準は5％である。細字の数値は標本の10％未満のケース数を基にした推定値であり、解釈には注意が必要である。
2. 連続変数である。詳細はOECD（2014）の第3章のBox 3.5及びAnnex Bを参照のこと。
3. 「教材等の不足」変数は、参照カテゴリーを「問題ではない」「いくらか問題である」とする二値変数である。この変数は、「教材（教科書など）が不足している、あるいは適切でない」「教育用コンピュータが不足している、あるいは適切でない」「インターネット接続環境が不十分である」「教育用コンピュータソフトウェアが不足している、あるいは適切でない」「図書館の教材が不足している、あるいは適切でない」という質問項目から合成されている。
4. 「教材等の不足」変数は、参照カテゴリーを「問題ではない」「問題である」とする二値変数である。この変数は、「教材（教科書など）が不足している、あるいは適切でない」「教育用コンピュータが不足している、あるいは適切でない」「インターネット接続環境が不十分である」「教育用コンピュータソフトウェアが不足している、あるいは適切でない」「図書館の教材が不足している、あるいは適切でない」という質問項目から合成されている。
5. 「教育人材の不足」変数は、参照カテゴリーを「問題ではない」「多少問題である」とする二値変数である。この変数は、「資格を持つ教員や有能な教員の不足」「特別な支援を要する生徒への指導能力を持つ教員の不足」「職業教育を行う教員の不足」という質問項目から合成されている。
6. 「教育人材の不足」変数は、参照カテゴリーを「問題ではない」「問題である」とする二値変数である。この変数は、「資格を持つ教員や有能な教員の不足」「特別な支援を要する生徒への指導能力を持つ教員の不足」「職業教育を行う教員の不足」という質問項目から合成されている。
7. 「生徒の非行発生頻度」変数は連続変数であり、「器物損壊・窃盗」「生徒間の脅迫又は暴言（もしくは他の形態の非身体的いじめ）」「生徒間の暴力による身体的危害」「教職員への脅迫又は暴言」という質問項目から合成されている。
8. 「相互に尊重する学校の雰囲気」変数は連続変数であり、「教職員は困難な問題についてオープンに話し合える」「同僚の考え方を相互に尊重している」「成功を共有する文化がある」「教員と生徒との関係が良好である」という質問項目から合成されている。
9. 「教員と事務職・経営職の比率」は連続変数である。
10. 「教員と指導支援職員の比率」は連続変数である。

出所：OECD（2014）Table 3.22.

表 3.12.3 教育的リーダーシップ・分散型リーダーシップと仕事に対する満足度の関係（重回帰分析）[1]

国　名	教育的リーダーシップ[2] 説明変数 校長の仕事に対する満足度[2] β	S.E.	分散型リーダーシップ[2] 説明変数 校長の仕事に対する満足度[2] β	S.E.
オーストラリア				
ブラジル	0.25	(0.04)	0.21	(0.07)
ブルガリア	0.20	(0.04)	0.33	(0.08)
チリ				
クロアチア			0.17	(0.08)
チェコ	0.28	(0.09)	0.18	(0.09)
デンマーク				
エストニア	0.21	(0.07)	0.21	(0.05)
フィンランド			0.14	(0.05)
フランス				
アイスランド				
イスラエル	0.38	(0.15)		
イタリア	0.23	(0.09)	0.10	(0.04)
日本	0.18	(0.05)	0.35	(0.08)
韓国	0.17	(0.08)	0.25	(0.10)
ラトビア				
マレーシア	0.34	(0.15)		
メキシコ	0.37	(0.14)	0.66	(0.13)
オランダ	0.21	(0.10)		
ノルウェー	0.24	(0.12)	0.13	(0.05)
ポーランド	0.16	(0.07)	0.45	(0.10)
ポルトガル	0.46	(0.10)	0.30	(0.10)
ルーマニア	0.36	(0.09)		
セルビア	0.27	(0.06)	0.29	(0.09)
シンガポール				
スロバキア	0.17	(0.08)		
スペイン				
スウェーデン	0.26	(0.10)	0.26	(0.11)
地域としての参加				
アブダビ（アラブ首長国連邦）	0.20	(0.09)	0.25	(0.11)
アルバータ（カナダ）	0.22	(0.10)		
イングランド（イギリス）				
フランドル（ベルギー）			0.37	(0.10)

1. 有意な関係性が見られなかった部分は空欄としている。校長の性別、年齢、学歴を統制変数とし、有意水準は 5％ である。
2. 連続変数である。詳細は OECD（2014）の第 3 章の Box 3.5 及び Annex B を参照のこと。
出所：OECD（2014）Table 3.19.

第4章
職能開発

第4章 職能開発

要　旨

本章は、教員の職能開発に焦点を当てたものである。

生徒の学力向上において教員の指導能力を含めた職能開発は重要な要素となっている。そのため多くの国において、高い質の教員を育成するために、高い指導活動の水準を設定し、それらを達成するためのコンピテンシーの開発と整備を図っている。そして、その一環として初任者への研修、現職教員への研修等の教員の職能開発の仕組みを拡充整備している。

今回の調査は、職能開発で重要なことや教員が受けた導入教育及び組織内指導（メンタリング）プログラムにおける違いに焦点が当てられている。調査結果からは、教員及び学校ごとに職能開発の影響や研修ニーズ、研修受講の障壁などを分析し、政策立案者や学校管理職、教員への提言をまとめている。

ここでいう職能開発とは、自己のスキル（skill）、知識（knowledge）、専門性（expertise）、その他教員としての特性（characteristics）を発展させることを目的とした活動と定義している。

そこで本章では、初任者研修と職能開発に関する日本のデータに注目する。初任者研修の参加率、参加状況に関する質問項目、各学校での組織内指導者（メンター）の状況に関する質問項目、職能開発の参加率、参加状況に関する質問項目、職能開発の形態に関する質問項目、職能開発の内容に対するニーズに関する質問項目、職能開発へ参加するに当たっての支援及び障壁に関する質問項目から構成されている。

今回の調査で得られた日本に関する主な知見は以下のとおりである。

- 参加国平均で、教員の回答によると、教員の48.6%が公式の初任者研修プログラム、44.0%の教員は非公式の初任者研修活動、教員の47.5%が一般的な学校事務の説明を受けている。それに対して日本では、83.3%の教員が公式の初任者研修に参加している。
- 職能開発の組織内指導者（メンター）について、日本は参加国に比べて指導者による支援を受ける割合が高いという傾向がある（参加国平均12.8%、日本33.2%）。
- 参加国平均では88.4%の教員が、日本では83.2%の教員が過去12か月以内に職能開発に参加している。形態としては課程（コース）やワークショップが一般的である。日本では、これらに加えて、他校の見学も高い状況である（参加国平均19.0%、日本51.4%）。
- 特別な支援を要する生徒への指導、指導用のICT技能、職場で使う新しいテクノロジーに関する研修へのニーズが参加国平均で比較的高い状況である。日本では、研修へのニーズが全体的に高く、前述の三つに加えて、生徒への進路指導やカウンセリング、担当教科等の分野に関する知識と理解や指導方法へのニーズも高い状況である。
- 研修参加に当たっては、多くの国で職能開発の日程が自分の仕事のスケジュールと合わないことなどが障壁となっている。日本はこれに加えて、職能開発費用が高すぎることや雇用者の支援が不足していることが高い割合を示している。一方で、職能開発に対する誘因（インセンティブ）がないと回答した教員の割合が参加国平均（48.0%）よりも低い（38.0%）という特徴がある。

4.1　初任者研修の状況

　初任者研修の参加状況（表 4.1.1）について、参加国平均で、教員の回答によると、教員の 48.6% が公式の初任者研修プログラム、44.0% の教員は非公式の初任者研修活動に参加している。それに対して日本では、教員の 83.3% が公式の初任者研修プログラム[1]、18.4% の教員が非公式の初任者研修活動に参加している。

　初任者研修において、参加国平均で 47.5% の教員が一般的な学校事務の説明を受けているのに対して、日本は 69.3% が受けていると回答している（表 4.1.1）。

　日本では、昭和 63 年に公布された「教育公務員特例法及び地方教育行政の組織及び運営に関する法律の一部を改正する法律」により、初任者研修が導入され、法定研修として、公立の小学校等の教諭等のうち、新規に採用された者を対象に実施されている。その目的は、初任者に対して実践的指導力と使命感を養うとともに幅広い知見を得させることである。採用の日から 1 年間実施される。実施者は、都道府県及び政令指定都市、中核市の教育委員会である。校内研修として週 10 時間以上、年間 300 時間以上を、校外研修として年間 25 日以上実施される。平成 15 年度からは、主に小中学校において、初任者研修に専念する教員として初任者 4 人当たり 1 人の拠点校指導教員を配置する「拠点校方式」が導入されている。

　校内研修では、教員に必要な素養等に関する指導、初任者の授業を観察しての指導、授業を初任者に見学させての指導が行われている。「拠点校方式」では、拠点校指導教員及び、校内の全教員で授業の公開など、学校の様々な業務を行いながら研修を行う。校内にコーディネータ役の校内指導教員を配置し、教科指導、生徒指導、学級経営等の必要な研修分野を全教員が分担して指導する。一方、校外研修では、教育センター等での講義・演習、企業・福祉施設等での体験、社会奉仕体験や自然体験に関わる研修、青少年教育施設等での宿泊研修などが行われる。

---

1. 本調査は、非正規及び私立学校の教員も回答しているため、参加率が 100% にならない。

第 4 章　職能開発

表 4.1.1　初任者研修の参加の状況

国　名	公式の初任者研修への参加 %	S.E.	公式の初任者研修に含まれない非公式の初任者研修活動への参加 %	S.E.	一般的な学校事務の説明への参加 %	S.E.
オーストラリア	52.6	(1.6)	51.4	(1.2)	61.1	(1.1)
ブラジル	32.4	(0.8)	33.0	(0.9)	32.8	(1.0)
ブルガリア	68.9	(1.5)	62.0	(1.3)	81.3	(1.1)
チリ	36.6	(2.0)	39.6	(1.7)	36.4	(1.4)
クロアチア	68.0	(0.8)	54.0	(0.9)	59.7	(0.9)
キプロス	51.1	(1.2)	35.4	(1.2)	30.9	(1.0)
チェコ	45.2	(1.1)	55.6	(1.1)	45.0	(1.0)
デンマーク	26.6	(1.6)	39.5	(1.6)	27.8	(1.3)
エストニア	19.4	(1.1)	34.8	(1.1)	37.3	(1.2)
フィンランド	16.3	(1.1)	51.5	(1.0)	42.5	(1.2)
フランス	55.1	(1.2)	41.9	(0.9)	49.0	(1.1)
アイスランド	29.5	(1.2)	34.6	(1.3)	36.4	(1.4)
イスラエル	51.5	(1.2)	29.5	(1.1)	30.1	(0.9)
イタリア	49.4	(1.1)	32.7	(1.0)	49.7	(1.0)
日本	83.3	(0.8)	18.4	(0.8)	69.3	(1.0)
韓国	72.3	(0.8)	60.1	(0.9)	71.1	(1.0)
ラトビア	35.9	(1.2)	46.3	(1.2)	40.8	(1.3)
マレーシア	87.4	(0.8)	60.6	(1.3)	80.8	(0.9)
メキシコ	57.2	(1.2)	52.4	(1.1)	44.9	(1.1)
オランダ	45.6	(1.5)	46.5	(1.3)	60.0	(1.7)
ノルウェー	10.3	(1.5)	35.5	(1.4)	20.0	(1.4)
ポーランド	37.8	(1.4)	59.7	(1.2)	50.3	(1.1)
ポルトガル	35.5	(1.0)	39.6	(1.0)	21.0	(0.8)
ルーマニア	51.2	(1.2)	58.7	(1.4)	59.4	(1.2)
セルビア	59.1	(1.1)	35.7	(0.9)	44.0	(1.1)
シンガポール	80.0	(0.8)	60.3	(1.0)	82.6	(0.8)
スロバキア	60.5	(1.2)	46.0	(1.1)	31.2	(1.1)
スペイン	35.3	(1.2)	35.0	(1.0)	21.8	(1.0)
スウェーデン	10.7	(0.7)	19.1	(0.8)	22.8	(0.9)
地域としての参加						
アブダビ（アラブ首長国連邦）	70.9	(2.0)	53.7	(1.4)	58.7	(1.3)
アルバータ（カナダ）	51.0	(1.7)	42.7	(1.4)	55.4	(1.3)
イングランド（イギリス）	75.8	(0.9)	46.5	(1.3)	57.5	(1.2)
フランドル（ベルギー）	42.5	(1.0)	40.4	(0.9)	54.4	(1.1)
参加国平均	48.6	(0.2)	44.0	(0.2)	47.5	(0.2)
アメリカ	59.3	(2.0)	44.1	(2.1)	57.6	(1.2)

1. 教員の参加率について、教員の回答は、初めて教職に就いた際の初任者研修についての回答である。
出所：OECD（2014）Table 4.1 より抜粋。

4.2 学校内での職能開発の組織内指導者の状況

　教員が各学校で組織内指導者（メンター）による支援を受けている割合は、参加国平均では12.8％であるのに対して、日本では33.2％となっており（表4.2.1）、他国に比べて、教員が校内において指導を受けていることがわかる。また同時に、教員への組織内指導者を務める教員も、参加国平均よりも高い16.5％の割合を示している。このように日本では、校内に指導をする教員がいる中で、教員が支援を受けることが可能な状況がある。これは、日本の学校における校内研修（collaborative lesson studies）という実践が背景にあると言える。

　校内研修とは、日本の学校において伝統的に実践されているものである。学校長が作成する個々の教員の育成計画に基づき、研修主任等が中心となり、当該学校の全教員が参加して、組織的、具体的、実践的に行われるものである。自校の教育課題の解決や学校教育目標の具現化を目指して、実地に研究、研鑽を積み、個々の教員の資質能力を高めることを目的とするものである。具体的には、教員同士で授業実践を観察し合い、評価し、児童生徒の学習のつまずきを分析し、効果的な学習方法を教員自身が自己認識することにより継続的な改善を目指して、教員が協同的に行う活動である。

第 4 章　職能開発

表 4.2.1　組織内指導者（メンター）の状況

国　名	組織内指導（メンタリング）[1] への参加状況（教員回答)			
	指導者の支援を受けている教員		他の教員への指導者を務める教員	
	%	S.E.	%	S.E.
オーストラリア	16.7	(1.4)	28.0	(1.1)
ブラジル	33.7	(1.0)	6.4	(0.4)
ブルガリア	6.1	(0.7)	10.2	(0.7)
チリ	4.5	(0.9)	6.6	(0.7)
クロアチア	5.6	(0.4)	13.8	(0.7)
キプロス	6.4	(0.5)	5.2	(0.5)
チェコ	3.8	(0.4)	7.7	(0.7)
デンマーク	4.2	(0.7)	12.7	(0.9)
エストニア	3.3	(0.5)	9.1	(0.8)
フィンランド	2.8	(0.5)	3.8	(0.5)
フランス	3.5	(0.4)	5.5	(0.4)
アイスランド	5.8	(0.7)	12.3	(0.8)
イスラエル	20.2	(0.8)	23.3	(1.0)
イタリア	4.5	(0.4)	5.1	(0.4)
日本	33.2	(1.1)	16.5	(0.8)
韓国	18.5	(0.7)	34.3	(0.9)
ラトビア	4.1	(0.6)	7.0	(0.7)
マレーシア	26.5	(1.4)	26.5	(1.2)
メキシコ	17.0	(1.0)	10.9	(0.8)
オランダ	16.6	(1.2)	19.4	(1.4)
ノルウェー	6.9	(2.8)	7.7	(0.7)
ポーランド	11.6	(0.6)	14.9	(0.7)
ポルトガル	4.3	(0.4)	7.6	(0.5)
ルーマニア	8.0	(0.7)	8.2	(0.8)
セルビア	8.2	(0.5)	13.5	(0.6)
シンガポール	39.6	(0.9)	39.4	(0.9)
スロバキア	4.2	(0.4)	8.9	(0.5)
スペイン	3.8	(0.4)	6.8	(0.5)
スウェーデン	3.7	(0.4)	5.5	(0.4)
地域としての参加				
アブダビ（アラブ首長国連邦）	51.9	(1.8)	29.2	(1.1)
アルバータ（カナダ）	13.0	(1.3)	20.7	(1.3)
イングランド（イギリス）	19.1	(1.2)	31.4	(1.0)
フランドル（ベルギー）	10.2	(0.8)	10.2	(1.0)
参加国平均	12.8	(0.2)	14.2	(0.1)
アメリカ	12.2	(1.1)	16.8	(1.3)

1. 組織内指導とは、学校での教員に対する指導を指す。教員養成の学生への実習指導は含まない。
出所：OECD（2014）Table 4.3 より抜粋。

4.3 職能開発の状況

　職能開発の参加状況は、過去12か月以内に職能開発に参加している教員の割合が、参加国平均で88.4%である。日本は83.2%である（表4.3.1）。

　過去12か月以内にいかなる形態の支援も受けずに職能開発に参加した教員の割合は、参加国平均で5.7%である。日本は、6.7%の割合である（表4.3.1）。

　職能開発の費用負担については表4.3.1が示すように、自己負担なしが参加国平均で66.1%であるのに対し、日本は56.4%と低い割合である。一方、ある程度の自己負担の割合は、参加国平均で25.2%であるのに対し、日本は32.9%である。また、全額負担の割合は、参加国平均で8.6%であるのに対して、日本は10.7%である。

　このように日本の教員は、他国に比べて金銭的には自己負担をしながら、職能開発に取り組んでいることがわかる。

第 4 章　職能開発

表 4.3.1　教員の過去 12 か月以内の職能開発への参加状況と費用負担

国　名	過去 12 か月以内に職能開発に参加した割合[1] %	S.E.	過去 12 か月以内にいかなる形態の支援も受けずに職能開発に参加した教員の割合[2] %	S.E.	職能開発費用の自己負担 なし %	S.E.	ある程度 %	S.E.	全額 %	S.E.
オーストラリア	96.6	(0.5)	1.2	(0.4)	75.0	(1.5)	23.5	(1.3)	1.5	(0.4)
ブラジル	91.5	(0.5)	14.7	(0.9)	58.4	(1.1)	21.8	(0.7)	19.8	(1.0)
ブルガリア	85.2	(1.1)	1.4	(0.3)	84.9	(1.2)	12.1	(1.0)	3.0	(0.5)
チリ	71.7	(1.8)	11.2	(1.1)	58.9	(1.8)	23.9	(1.6)	17.2	(1.5)
クロアチア	96.8	(0.3)	1.3	(0.2)	73.3	(0.9)	22.9	(0.8)	3.8	(0.4)
キプロス	89.1	(0.7)	4.7	(0.7)	81.8	(1.2)	9.7	(0.9)	8.5	(0.9)
チェコ	82.5	(1.0)	2.3	(0.4)	77.2	(1.1)	17.5	(0.9)	5.4	(0.6)
デンマーク	86.4	(1.1)	1.5	(0.3)	84.9	(1.2)	13.3	(1.1)	1.8	(0.5)
エストニア	93.0	(0.5)	0.4	(0.1)	69.1	(1.1)	29.0	(1.0)	1.9	(0.3)
フィンランド	79.3	(1.0)	4.1	(0.5)	72.6	(1.1)	21.6	(1.0)	5.8	(0.6)
フランス	76.4	(0.9)	2.7	(0.4)	75.8	(1.1)	18.8	(1.0)	5.4	(0.6)
アイスランド	91.1	(0.8)	2.6	(0.6)	60.8	(1.4)	32.9	(1.4)	6.3	(0.8)
イスラエル	91.1	(0.6)	10.0	(0.7)	45.0	(1.1)	40.0	(1.2)	15.0	(0.7)
イタリア	75.4	(0.9)	9.5	(0.8)	69.2	(1.2)	16.6	(0.9)	14.2	(0.9)
日本	83.2	(0.8)	6.7	(0.6)	56.4	(1.4)	32.9	(1.2)	10.7	(0.8)
韓国	91.4	(0.6)	7.5	(0.6)	25.2	(1.1)	64.1	(1.3)	10.8	(0.8)
ラトビア	96.1	(0.6)	2.1	(0.5)	71.1	(1.7)	24.7	(1.6)	4.3	(0.6)
マレーシア	96.6	(0.4)	0.3	(0.1)	46.8	(1.4)	49.7	(1.4)	3.5	(0.3)
メキシコ	95.6	(0.4)	10.0	(0.8)	59.5	(1.2)	26.3	(1.1)	14.3	(0.9)
オランダ	93.2	(0.6)	2.5	(0.6)	77.5	(1.1)	18.0	(0.9)	4.5	(0.6)
ノルウェー	87.0	(0.9)	2.5	(0.4)	81.0	(1.2)	15.3	(1.0)	3.7	(0.4)
ポーランド	93.7	(0.7)	7.8	(0.6)	60.9	(1.2)	26.9	(1.1)	12.2	(0.8)
ポルトガル	88.5	(0.7)	28.6	(1.1)	42.8	(1.3)	24.4	(0.8)	32.8	(1.1)
ルーマニア	83.3	(1.2)	20.9	(1.1)	30.7	(1.2)	41.0	(1.3)	28.3	(1.4)
セルビア	92.9	(0.5)	5.5	(0.6)	52.7	(1.4)	36.7	(1.1)	10.6	(1.0)
シンガポール	98.0	(0.3)	0.2	(0.1)	89.7	(0.5)	9.5	(0.5)	0.8	(0.1)
スロバキア	73.3	(1.0)	6.8	(0.9)	54.3	(1.8)	31.6	(1.4)	14.0	(1.3)
スペイン	84.3	(1.0)	10.5	(0.7)	57.0	(1.2)	30.9	(1.0)	12.1	(0.8)
スウェーデン	83.4	(1.0)	1.6	(0.3)	86.3	(0.7)	10.7	(0.6)	3.0	(0.4)
地域としての参加										
アブダビ（アラブ首長国連邦）	92.0	(1.3)	1.7	(0.3)	62.5	(1.8)	33.9	(1.8)	3.6	(0.5)
アルバータ（カナダ）	97.7	(0.4)	1.1	(0.2)	61.9	(1.5)	36.3	(1.5)	1.8	(0.4)
イングランド（イギリス）	91.7	(0.7)	0.8	(0.3)	92.7	(0.7)	6.4	(0.6)	0.9	(0.3)
フランドル（ベルギー）	88.2	(0.9)	2.4	(0.3)	86.8	(0.7)	9.7	(0.7)	3.5	(0.4)
参加国平均	88.4	(0.1)	5.7	(0.1)	66.1	(0.2)	25.2	(0.2)	8.6	(0.1)
アメリカ	95.2	(0.8)	1.7	(0.5)	74.1	(1.5)	22.8	(1.2)	3.2	(0.6)

1. 過去 12 か月以内に次の職能開発の活動に少なくとも一つは参加した教員の割合。
　・課程（コース）・ワークショップ、教育に関する会議やセミナー、他校の見学、企業や公的機関やＮＧＯの見学、企業や公的機関やＮＧＯでの現職研修、資格取得プログラム（学位取得など）、教員同士の職能開発の研究グループへの参加、個人研究又は共同研究、学校の公式の取組である組織内指導（メンタリング）や同僚の観察・助言、コーチング活動
2. 金銭的な支援や、学校の就業時間内に行われた研修活動への参加のための勤務時間の割り振り、就業時間外の研修活動への参加のための金銭以外による支援を受けずに、職能開発活動に参加した教員の割合を指す。

出所：OECD（2014）Table 4.6.

4.4 職能開発の形態

　職能開発の形態としては（表 4.4.1）、課程（コース）・ワークショップ（参加国平均 70.9%）や教育に関する会議・セミナー（参加国平均 43.6%）が一般的である。日本では、これらに加えて、他校の見学が高い（参加国平均 19.0%、日本 51.4%）割合を示している点に特徴がある。

　日本では前述したとおり、校内研修が充実しており、その中で他校の校内研修での授業観察が行われている。また同時に、教員の自主的な勉強会などもあり、日常的に校内及び他校への授業参観が積極的に行われている。

第4章　職能開発

表 4.4.1 [1/2]　教員が過去12か月以内に受けた職能開発の形態

国　名	課程（コース）／ワークショップ %	S.E.	教育に関する会議やセミナー（教員又は研究者が研究成果を発表し、教育上の課題について議論するもの） %	S.E.	他校の見学 %	S.E.	企業、公的機関、NGO への見学 %	S.E.	企業、公的機関、NGO で現職研修 %	S.E.
オーストラリア	85.7	(0.9)	56.3	(1.6)	14.7	(1.0)	13.6	(0.9)	24.4	(1.8)
ブラジル	65.8	(0.9)	38.9	(0.9)	12.2	(0.7)	16.5	(0.7)	37.7	(1.0)
ブルガリア	60.3	(1.6)	39.8	(1.2)	15.2	(1.2)	7.3	(0.7)	23.8	(0.9)
チリ	55.3	(1.9)	29.8	(1.5)	9.0	(1.0)	9.4	(0.9)	8.1	(0.8)
クロアチア	79.1	(0.9)	79.4	(0.8)	6.7	(0.5)	6.1	(0.5)	6.6	(0.4)
キプロス	60.6	(1.2)	63.0	(1.3)	18.3	(0.9)	11.4	(0.8)	13.2	(0.9)
チェコ	69.7	(1.5)	22.4	(1.0)	13.9	(0.9)	18.3	(0.8)	14.4	(0.7)
デンマーク	72.9	(1.7)	36.4	(1.3)	5.7	(0.8)	12.4	(1.1)	5.3	(0.6)
エストニア	82.0	(0.7)	51.3	(1.2)	31.5	(1.3)	15.8	(0.8)	22.8	(1.0)
フィンランド	60.1	(1.3)	35.5	(1.2)	20.0	(1.1)	15.9	(1.1)	8.8	(0.7)
フランス	53.7	(1.2)	19.8	(0.9)	9.2	(0.7)	5.3	(0.5)	2.7	(0.3)
アイスランド	70.0	(1.3)	58.2	(1.4)	52.1	(1.3)	15.1	(1.2)	9.3	(0.9)
イスラエル	76.3	(1.0)	45.0	(1.1)	14.3	(1.1)	7.2	(0.5)	5.4	(0.6)
イタリア	50.9	(1.4)	31.3	(1.0)	12.5	(0.7)	5.2	(0.5)	3.4	(0.3)
日本	59.8	(1.0)	56.5	(1.1)	51.4	(1.3)	6.5	(0.5)	4.6	(0.4)
韓国	78.1	(0.9)	45.3	(1.2)	31.9	(1.3)	10.2	(0.6)	13.9	(0.7)
ラトビア	88.8	(1.1)	60.1	(1.5)	52.4	(1.6)	20.6	(1.1)	9.3	(0.9)
マレーシア	91.3	(0.7)	32.9	(1.3)	19.9	(1.4)	19.2	(1.1)	23.7	(0.9)
メキシコ	90.3	(0.7)	38.6	(1.2)	10.7	(0.7)	11.7	(0.7)	19.1	(0.9)
オランダ	78.4	(1.2)	45.7	(1.7)	15.8	(1.3)	20.1	(1.3)	23.4	(1.2)
ノルウェー	64.2	(1.4)	40.0	(2.5)	7.5	(1.0)	8.2	(1.3)	3.9	(0.4)
ポーランド	81.0	(1.0)	52.4	(1.2)	11.7	(0.9)	9.0	(0.7)	16.3	(0.8)
ポルトガル	66.5	(1.1)	40.4	(1.2)	16.7	(0.8)	39.1	(1.1)	12.8	(0.6)
ルーマニア	51.9	(1.4)	28.6	(1.3)	33.3	(1.2)	12.4	(0.8)	16.3	(1.0)
セルビア	69.9	(1.1)	60.4	(1.2)	14.6	(0.8)	12.4	(0.7)	11.1	(0.6)
シンガポール	92.9	(0.5)	61.4	(1.0)	24.1	(0.8)	20.8	(0.8)	16.5	(0.7)
スロバキア	38.5	(1.2)	25.0	(0.9)	4.1	(0.4)	2.1	(0.3)	4.0	(0.4)
スペイン	66.6	(1.4)	24.4	(0.9)	9.1	(0.5)	8.4	(0.5)	7.6	(0.5)
スウェーデン	58.1	(1.3)	45.1	(1.3)	13.5	(0.9)	9.5	(0.9)	7.4	(0.7)
地域としての参加										
アブダビ（アラブ首長国連邦）	81.6	(2.2)	49.8	(1.4)	28.1	(1.7)	28.8	(1.5)	31.7	(1.4)
アルバータ（カナダ）	84.9	(1.0)	73.6	(1.3)	19.8	(1.5)	8.1	(0.7)	21.4	(1.0)
イングランド（イギリス）	75.0	(1.3)	29.4	(1.2)	19.5	(1.1)	5.6	(0.6)	22.4	(1.1)
フランドル（ベルギー）	78.8	(1.2)	23.0	(1.0)	8.2	(0.9)	9.2	(0.7)	11.3	(0.6)
参加国平均	70.9	(0.2)	43.6	(0.2)	19.0	(0.2)	12.8	(0.1)	14.0	(0.1)
アメリカ	84.2	(1.4)	48.8	(2.2)	13.3	(1.2)	7.0	(0.7)	15.4	(1.1)

出所：OECD（2014）Table 4.9.

表 4.4.1 [2/2] 教員が過去 12 か月以内に受けた職能開発の形態

国　名	資格取得プログラム（学位取得など） %	S.E.	教員の職能開発を目的とする研究グループへの参加 %	S.E.	職務上関心を持っているテーマに関する個人研究又は共同研究 %	S.E.	学校の公式の取組である組織内指導（メンタリング）や同僚の観察・助言、コーチング活動 %	S.E.
オーストラリア	10.0	(0.7)	51.5	(1.6)	37.4	(1.4)	44.4	(1.8)
ブラジル	36.5	(0.9)	25.6	(0.8)	46.5	(0.8)	34.9	(1.0)
ブルガリア	49.0	(1.7)	21.6	(1.1)	22.6	(1.2)	30.9	(1.4)
チリ	16.7	(1.1)	21.7	(1.4)	32.8	(1.3)	14.1	(1.1)
クロアチア	6.5	(0.4)	62.6	(0.9)	35.0	(0.8)	19.7	(0.8)
キプロス	8.7	(0.7)	24.7	(1.1)	24.5	(1.0)	18.7	(0.9)
チェコ	17.6	(0.8)	17.4	(0.9)	15.8	(0.7)	34.3	(1.5)
デンマーク	10.2	(0.9)	40.8	(1.9)	19.0	(1.2)	18.3	(1.5)
エストニア	19.1	(0.8)	51.3	(0.9)	34.0	(1.1)	21.8	(1.4)
フィンランド	11.3	(0.7)	20.5	(1.0)	7.6	(0.6)	5.1	(0.7)
フランス	5.5	(0.5)	18.3	(0.8)	41.2	(1.0)	13.4	(0.8)
アイスランド	10.6	(0.9)	56.6	(1.3)	20.7	(1.2)	15.2	(1.0)
イスラエル	26.4	(1.2)	40.3	(1.1)	26.0	(1.0)	32.4	(1.1)
イタリア	9.8	(0.6)	21.8	(0.9)	45.6	(1.2)	12.3	(0.7)
日本	6.2	(0.5)	23.1	(1.0)	22.6	(1.0)	29.8	(1.1)
韓国	18.9	(0.8)	54.6	(1.1)	43.2	(1.2)	52.8	(1.2)
ラトビア	12.7	(1.3)	36.6	(1.5)	28.6	(1.1)	17.4	(1.3)
マレーシア	10.1	(0.7)	55.6	(1.2)	24.9	(1.1)	34.9	(1.2)
メキシコ	42.7	(1.2)	41.1	(1.2)	48.9	(1.1)	21.4	(1.0)
オランダ	20.0	(1.1)	30.3	(1.3)	38.3	(1.5)	33.6	(2.0)
ノルウェー	17.9	(1.2)	37.8	(1.7)	15.1	(1.0)	32.4	(1.9)
ポーランド	30.6	(1.0)	40.6	(1.3)	37.8	(1.3)	44.7	(1.2)
ポルトガル	28.6	(1.0)	19.1	(0.8)	36.6	(0.9)	12.9	(0.7)
ルーマニア	37.5	(1.1)	50.4	(1.3)	39.2	(1.2)	39.3	(1.5)
セルビア	7.6	(0.6)	33.1	(0.9)	31.9	(0.9)	28.2	(1.0)
シンガポール	10.1	(0.5)	52.7	(1.0)	45.4	(0.9)	65.2	(1.0)
スロバキア	23.2	(0.9)	34.3	(1.4)	11.2	(0.6)	40.4	(1.3)
スペイン	21.2	(0.8)	28.3	(1.0)	41.5	(1.1)	21.3	(0.9)
スウェーデン	10.4	(0.8)	41.5	(1.7)	9.6	(0.6)	17.5	(1.3)
地域としての参加								
アブダビ（アラブ首長国連邦）	16.8	(1.2)	44.6	(1.7)	48.9	(1.9)	60.5	(2.2)
アルバータ（カナダ）	10.8	(0.9)	62.9	(1.5)	48.9	(1.6)	35.0	(1.5)
イングランド（イギリス）	10.0	(0.9)	33.3	(1.2)	26.6	(1.1)	57.0	(1.2)
フランドル（ベルギー）	16.5	(0.8)	23.4	(1.0)	18.8	(0.8)	12.7	(0.8)
参加国平均	17.9	(0.2)	36.9	(0.2)	31.1	(0.2)	29.5	(0.2)
アメリカ	16.4	(1.2)	47.4	(1.8)	41.1	(1.6)	32.5	(1.8)

出所：OECD（2014）Table 4.9.

第4章　職能開発

4.5 職能開発の内容別のニーズ・障壁・支援

研修内容別のニーズについては、参加国平均で、特別な支援を要する生徒への指導（22.3％）、指導用のICT技能（18.9％）、職場で使う新しいテクノロジー（17.8％）に関するニーズが高い傾向がある（図4.5.1）。

日本は、ニーズが全体的に高い傾向にあり、前述の三つに加えて、担当教科等の分野の指導法に関する能力（56.9％）、担当教科の分野に関する知識と理解（51.0％）、生徒の行動と学級経営（43.0％）、生徒への進路指導やカウンセリング（42.9％）へのニーズが高い（表4.5.1）という特徴がある。

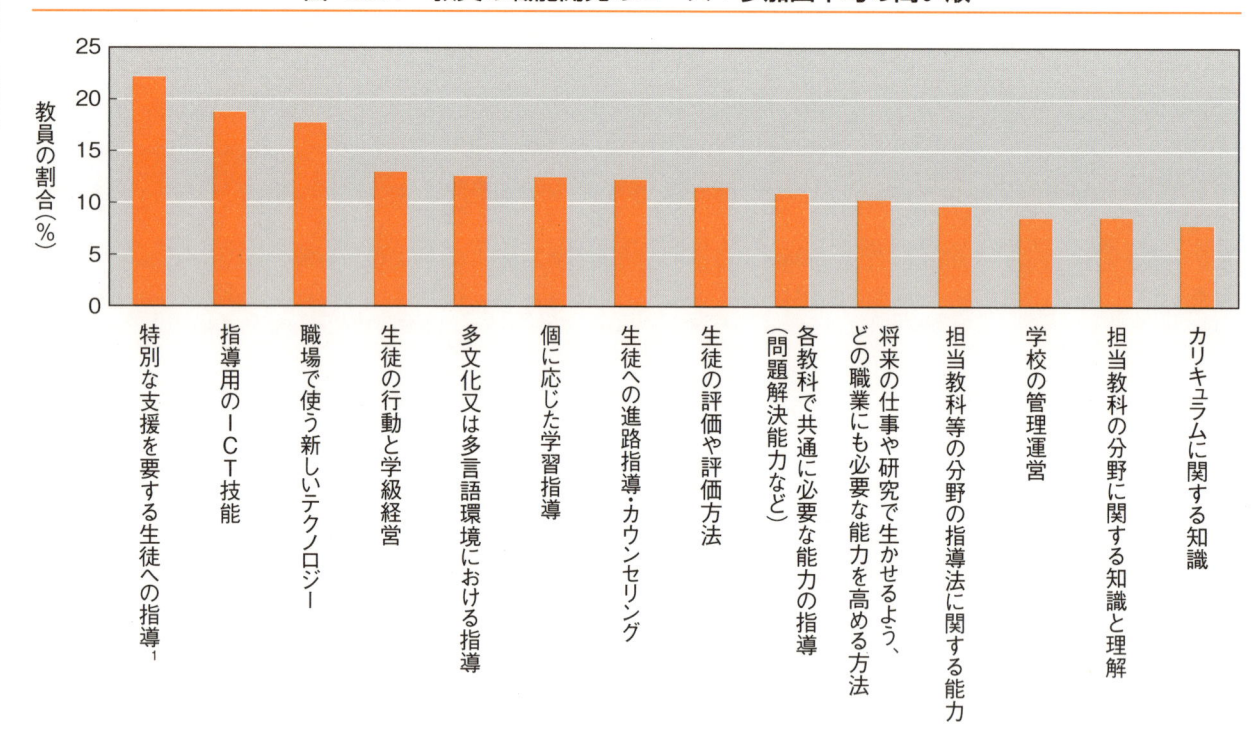

図4.5.1　教員の職能開発のニーズ：参加国平均の高い順

各領域について、職能開発の必要性が高いと感じていると回答した教員の割合。
1.「特別な支援を要する生徒への指導」とは、精神的、身体的又は情緒的に困難な条件にあることによって、特別な学習を行う必要性が公式に認定されている生徒への指導をいう。
出所：OECD（2014）Figure 4.14.

職能開発の参加に当たって障壁となっている事柄については、多くの参加国において自分の仕事のスケジュールと合わないことが挙げられている（50.6％）（表4.5.2）。日本でも最も高い割合を示している（86.4％）。

日本はこれに加えて、職能開発の費用が高すぎること（62.1％）や雇用者からの支援が不足していること（59.5％）、家族があるため時間が割けないこと（52.4％）が参加国平均よりも高い割合を示している。

また一方で、職能開発に参加する誘因（インセンティブ）がないという項目も参加国平均では2番目に高い割合（48.0％）を示しているが、日本では、38.0％と5番目に高い項目となっており、日本では職能開発への動機付けに関しては参加国との違いが見られる。

一方、職能開発の参加に実際に受けている支援の内容としては、参加国平均においては「就業時間内に研修活動に参加するため予め時間の割り振りを受けた」（54.5％）が最も多く、「就業時間外

の研修活動に参加するために給与の追加給付を受けた」(7.9%)及び「就業時間外の研修活動に参加するために金銭以外による支援を受けた（指導時間の短縮、休日、研究休暇など）」(14.1%)の支援は少ないという傾向が見られる（表 4.5.3）。日本も同じ傾向である。

日本では教員の研修に関しては、職務を遂行するために、絶えず研究と修養に努めなければならないと法的に規定されており（教育公務員特例法第 21 条第 1 項）、教員には研修する義務が課されており、初任、中堅、管理職の各段階に応じて求められる資質能力を育成することが期待されている。

日本では、職能開発においていずれの内容に対してもニーズが高いが、特に、担当教科等の分野に関する知識理解や指導法、進路指導やカウンセリング、生徒指導への研修分野にニーズが高い。これは日本の教員の職務内容の広範さと同時に、職能開発への動機付けが高いことが示すとおり、自己研鑽への意欲の高さが背景にあると考えられる。

その一方で、業務との兼ね合いなどに障壁を感じていることからもわかるとおり、職務が多忙であることが職能開発の参加を困難にしている状況がある。また雇用者の支援が不足しているということも障壁と感じており、今後雇用者の支援を充実させることも課題であることがわかる。そのためには、校務効率化、指導時間の組み替えの促進などの非金銭的支援や、金銭的な支援等も含めた支援の在り方を検討することが、職能開発の更なる充実を図る上で必要である。

第4章 職能開発

表4.5.1 [1/2] 教員の職能開発のニーズ

国　名	担当教科の分野に関する知識と理解 % (S.E.)	担当教科等の分野の指導法に関する能力 % (S.E.)	カリキュラムに関する知識 % (S.E.)	生徒の評価や評価方法 % (S.E.)	指導用のICT技能 % (S.E.)	生徒の行動と学級経営 % (S.E.)	学校の管理運営 % (S.E.)
オーストラリア	2.4 (0.5)	2.8 (0.5)	3.7 (0.5)	3.3 (0.4)	13.6 (0.9)	3.8 (0.6)	4.9 (0.7)
ブラジル	6.7 (0.4)	6.9 (0.4)	7.0 (0.5)	10.2 (0.4)	27.5 (0.7)	19.6 (0.8)	25.5 (0.7)
ブルガリア	12.4 (0.8)	11.8 (0.8)	14.5 (1.0)	13.4 (0.8)	20.3 (0.9)	15.8 (0.8)	9.1 (0.7)
チリ	5.7 (0.7)	6.1 (0.6)	7.0 (0.7)	9.7 (0.7)	12.8 (0.9)	12.1 (0.9)	16.5 (1.1)
クロアチア	5.7 (0.4)	8.6 (0.5)	3.6 (0.3)	13.5 (0.7)	19.7 (0.9)	19.9 (0.8)	5.8 (0.5)
キプロス	2.4 (0.4)	4.3 (0.6)	8.3 (0.8)	4.8 (0.6)	12.5 (0.7)	7.5 (0.8)	11.7 (0.9)
チェコ	8.5 (0.5)	6.1 (0.4)	3.0 (0.3)	5.3 (0.5)	14.8 (0.7)	13.6 (0.7)	4.0 (0.4)
デンマーク	6.4 (0.8)	6.0 (0.7)	3.2 (0.4)	7.5 (0.8)	18.7 (1.2)	6.9 (0.7)	3.1 (0.6)
エストニア	11.5 (0.7)	11.9 (0.7)	12.7 (0.7)	13.8 (0.8)	24.1 (0.9)	16.7 (1.0)	3.5 (0.3)
フィンランド	3.8 (0.4)	3.4 (0.4)	3.4 (0.3)	3.9 (0.4)	17.5 (1.0)	7.8 (0.6)	1.9 (0.3)
フランス	5.4 (0.4)	9.2 (0.6)	2.9 (0.3)	13.6 (0.7)	25.1 (0.9)	9.3 (0.7)	4.2 (0.4)
アイスランド	9.0 (0.8)	8.5 (0.8)	22.7 (1.2)	18.2 (1.1)	28.6 (1.5)	14.2 (1.0)	4.9 (0.8)
イスラエル	9.3 (0.6)	10.5 (0.7)	7.9 (0.6)	10.2 (0.6)	24.5 (1.2)	12.3 (0.6)	10.0 (0.6)
イタリア	16.6 (0.7)	23.5 (1.0)	11.3 (0.6)	22.9 (1.0)	35.9 (0.8)	28.6 (1.0)	9.9 (0.7)
日本	51.0 (0.9)	56.9 (0.9)	20.6 (0.9)	39.6 (0.9)	25.9 (0.9)	43.0 (0.9)	14.6 (0.7)
韓国	25.2 (0.9)	31.3 (1.0)	23.5 (0.9)	25.3 (1.1)	24.9 (1.1)	30.4 (1.1)	17.5 (0.8)
ラトビア	3.7 (0.5)	4.3 (0.5)	3.2 (0.5)	6.3 (0.6)	19.4 (1.1)	15.0 (1.0)	4.3 (0.5)
マレーシア	28.8 (1.0)	25.2 (1.0)	23.4 (0.9)	39.7 (1.3)	37.6 (1.2)	21.3 (1.1)	17.8 (0.9)
メキシコ	4.4 (0.6)	8.0 (0.8)	5.0 (0.5)	8.0 (0.6)	21.0 (1.0)	8.6 (0.6)	15.4 (0.8)
オランダ	6.9 (0.7)	5.6 (0.5)	4.3 (0.5)	6.6 (0.6)	14.9 (1.1)	9.0 (1.0)	4.2 (0.5)
ノルウェー	7.1 (0.7)	7.9 (0.7)	4.5 (0.4)	12.4 (1.2)	18.3 (1.4)	4.3 (0.5)	2.5 (0.3)
ポーランド	1.8 (0.3)	1.8 (0.3)	2.1 (0.3)	3.3 (0.4)	10.6 (0.8)	13.1 (0.7)	6.0 (0.4)
ポルトガル	4.7 (0.4)	4.2 (0.4)	2.9 (0.3)	4.8 (0.4)	9.2 (0.5)	10.4 (0.6)	14.1 (0.6)
ルーマニア	5.4 (0.5)	7.2 (0.5)	6.7 (0.6)	7.5 (0.6)	18.6 (0.9)	13.6 (0.7)	18.2 (0.9)
セルビア	5.4 (0.4)	6.6 (0.5)	7.1 (0.5)	9.1 (0.6)	19.5 (0.8)	14.5 (0.8)	6.9 (0.5)
シンガポール	6.2 (0.4)	9.9 (0.6)	7.1 (0.4)	11.9 (0.6)	11.8 (0.5)	9.3 (0.5)	7.4 (0.4)
スロバキア	9.1 (0.6)	8.0 (0.6)	11.9 (0.8)	9.3 (0.6)	18.6 (0.9)	14.5 (0.7)	7.9 (0.5)
スペイン	1.8 (0.2)	5.0 (0.5)	1.3 (0.2)	4.3 (0.6)	14.1 (0.7)	8.4 (0.6)	10.2 (0.5)
スウェーデン	9.6 (0.6)	9.1 (0.6)	16.5 (0.8)	26.4 (0.9)	25.5 (0.8)	9.1 (0.5)	3.1 (0.3)
地域としての参加							
アブダビ（アラブ首長国連邦）	2.3 (0.4)	4.0 (0.6)	3.3 (0.4)	4.7 (0.5)	9.5 (0.8)	6.1 (0.6)	12.2 (0.8)
アルバータ（カナダ）	2.6 (0.5)	2.4 (0.5)	2.3 (0.4)	4.5 (0.5)	9.3 (0.5)	3.8 (0.5)	4.1 (0.5)
イングランド（イギリス）	1.8 (0.3)	1.6 (0.3)	1.9 (0.5)	2.4 (0.3)	7.7 (0.7)	2.9 (0.3)	3.5 (0.4)
フランドル（ベルギー）	3.0 (0.3)	2.9 (0.4)	2.7 (0.3)	6.9 (0.6)	10.5 (0.7)	4.9 (0.4)	1.8 (0.3)
参加国平均	8.7 (0.1)	9.7 (0.1)	7.9 (0.1)	11.6 (0.1)	18.9 (0.2)	13.1 (0.1)	8.7 (0.1)
アメリカ	1.6 (0.3)	2.2 (0.4)	3.3 (0.5)	4.2 (0.7)	8.1 (0.8)	5.1 (0.6)	4.1 (0.5)

各領域について、職能開発の必要性が高いと感じていると回答した教員の割合。
1.「特別な支援を要する生徒への指導」とは、精神的、身体的又は情緒的に困難な条件にあることによって、特別な学習を行う必要性が公式に認定されている生徒への指導をいう。
出所：OECD（2014）Table 4.12.

表 4.5.1 [2/2] 教員の職能開発のニーズ

国 名	個に応じた学習手法 %	S.E.	特別な支援を要する生徒への指導[1] %	S.E.	多文化又は多言語環境における指導 %	S.E.	各教科で共通に必要な能力に関する指導（問題解決能力、学び方の学習など） %	S.E.	将来の仕事や研究で生かせるよう、どの職業にも必要な能力を高める方法 %	S.E.	職場で使う新しいテクノロジー %	S.E.	生徒への進路指導やカウンセリング %	S.E.
オーストラリア	6.2	(0.8)	8.2	(0.8)	4.4	(0.7)	3.1	(0.4)	4.2	(0.5)	12.5	(0.8)	5.9	(1.0)
ブラジル	12.0	(0.4)	60.1	(0.9)	46.4	(0.9)	19.0	(0.6)	21.7	(0.7)	36.9	(0.9)	36.0	(0.8)
ブルガリア	10.1	(0.9)	22.8	(1.0)	16.6	(1.0)	9.1	(0.7)	13.2	(0.9)	22.7	(1.3)	9.5	(0.6)
チリ	12.6	(0.8)	25.8	(1.5)	24.4	(1.3)	11.6	(1.0)	11.9	(1.0)	16.7	(1.1)	17.4	(1.2)
クロアチア	19.0	(0.7)	32.7	(0.9)	11.3	(0.7)	13.1	(0.7)	13.0	(0.7)	23.8	(0.9)	10.6	(0.6)
キプロス	9.2	(0.8)	27.0	(1.0)	17.5	(0.9)	9.0	(0.7)	15.2	(0.7)	20.0	(1.0)	17.1	(0.8)
チェコ	5.6	(0.4)	8.0	(0.5)	5.1	(0.4)	5.6	(0.5)	4.5	(0.4)	10.2	(0.7)	3.7	(0.4)
デンマーク	4.3	(0.6)	27.7	(1.3)	6.8	(0.7)	5.1	(0.6)	5.6	(0.7)	14.0	(1.1)	3.6	(0.5)
エストニア	9.9	(0.6)	19.7	(0.9)	9.2	(0.7)	14.7	(0.8)	8.0	(0.6)	20.9	(1.0)	7.9	(0.7)
フィンランド	8.3	(0.6)	12.6	(0.8)	5.4	(0.6)	4.3	(0.5)	1.3	(0.2)	13.9	(0.8)	1.5	(0.3)
フランス	19.1	(0.9)	27.4	(0.9)	11.4	(0.7)	11.2	(0.7)	11.6	(0.6)	17.0	(0.7)	20.5	(0.9)
アイスランド	11.8	(1.0)	16.1	(1.1)	8.9	(0.8)	6.6	(0.7)	7.8	(0.8)	19.1	(1.2)	6.4	(0.7)
イスラエル	12.7	(0.6)	22.8	(1.0)	13.0	(0.8)	14.4	(0.8)	13.2	(0.8)	22.9	(0.9)	13.9	(0.7)
イタリア	22.1	(0.8)	32.3	(1.0)	27.4	(0.9)	22.3	(0.7)	16.4	(0.8)	32.2	(0.9)	18.7	(0.8)
日本	40.2	(0.9)	40.6	(1.1)	10.7	(0.6)	34.5	(1.0)	22.0	(0.8)	16.0	(0.7)	42.9	(0.9)
韓国	25.1	(0.9)	36.0	(1.0)	18.9	(0.9)	27.5	(1.0)	25.0	(0.9)	18.9	(1.0)	42.6	(1.1)
ラトビア	13.6	(1.0)	12.1	(1.3)	4.8	(0.7)	11.3	(0.9)	5.0	(0.6)	24.3	(1.0)	9.7	(0.7)
マレーシア	22.4	(1.0)	10.0	(0.7)	10.4	(0.8)	23.7	(1.1)	21.1	(1.0)	30.8	(1.0)	17.3	(1.0)
メキシコ	13.6	(0.8)	47.4	(1.2)	33.2	(1.0)	11.2	(0.7)	17.8	(0.8)	28.1	(1.1)	21.2	(1.0)
オランダ	14.0	(1.0)	10.7	(1.0)	3.1	(0.5)	6.8	(0.9)	4.3	(0.5)	11.5	(1.2)	6.4	(0.7)
ノルウェー	5.2	(0.5)	12.4	(0.9)	7.4	(1.0)	8.0	(0.9)	6.7	(0.5)	8.7	(0.5)	5.0	(0.6)
ポーランド	9.2	(0.5)	14.4	(0.8)	5.5	(0.5)	7.2	(0.6)	3.9	(0.3)	13.2	(0.8)	7.2	(0.6)
ポルトガル	8.4	(0.5)	26.5	(1.0)	16.8	(0.7)	6.8	(0.5)	10.5	(0.5)	9.2	(0.6)	6.9	(0.4)
ルーマニア	15.1	(0.8)	27.0	(1.0)	19.7	(0.9)	13.7	(0.8)	17.4	(0.8)	22.0	(0.9)	15.2	(0.8)
セルビア	15.1	(0.7)	35.4	(1.1)	10.2	(0.6)	10.0	(0.5)	7.4	(0.5)	21.4	(0.8)	12.2	(0.7)
シンガポール	10.1	(0.6)	15.0	(0.5)	4.9	(0.4)	8.3	(0.6)	9.2	(0.6)	9.8	(0.6)	7.8	(0.5)
スロバキア	10.6	(0.6)	18.8	(0.9)	7.8	(0.6)	9.0	(0.5)	6.6	(0.5)	14.5	(0.7)	6.6	(0.5)
スペイン	8.5	(0.5)	21.8	(1.0)	19.0	(1.0)	7.9	(0.7)	9.4	(0.7)	14.0	(0.7)	8.1	(0.5)
スウェーデン	15.3	(0.9)	19.8	(1.0)	11.3	(0.9)	12.0	(0.6)	7.7	(0.5)	18.1	(0.8)	2.8	(0.4)
地域としての参加														
アブダビ（アラブ首長国連邦）	8.2	(0.6)	22.6	(1.1)	12.9	(0.9)	7.1	(0.6)	11.1	(0.8)	17.7	(1.3)	11.8	(0.9)
アルバータ（カナダ）	5.3	(0.6)	8.7	(0.7)	3.8	(0.6)	3.3	(0.5)	3.6	(0.5)	11.8	(0.9)	3.9	(0.5)
イングランド（イギリス）	3.4	(0.4)	6.4	(0.6)	6.9	(0.6)	3.6	(0.5)	4.1	(0.5)	8.4	(0.6)	5.7	(0.4)
フランドル（ベルギー）	6.6	(0.6)	5.3	(0.5)	3.1	(0.5)	3.2	(0.3)	2.1	(0.3)	4.8	(0.5)	2.1	(0.3)
参加国平均	12.5	(0.1)	22.3	(0.2)	12.7	(0.1)	11.0	(0.1)	10.4	(0.1)	17.8	(0.2)	12.4	(0.1)
アメリカ	5.1	(0.7)	8.2	(1.0)	5.0	(0.7)	4.7	(0.8)	7.0	(0.9)	14.6	(1.0)	4.3	(0.7)

各領域について、職能開発の必要性が高いと感じていると回答した教員の割合。
1.「特別な支援を要する生徒への指導」とは、精神的、身体的又は情緒的に困難な条件にあることによって、特別な学習を行う必要性が公式に認定されている生徒への指導をいう。
出所：OECD（2014）Table 4.12.

第4章　職能開発

表 4.5.2　職能開発の参加の障壁

国　名	参加要件を満たしていない（資格、経験、勤務年数など） %	S.E.	職能開発の費用が高すぎる %	S.E.	雇用者からの支援の不足 %	S.E.	職能開発の日程が仕事のスケジュールと合わない %	S.E.	家族があるため時間が割けない %	S.E.	自分に適した職能開発がない %	S.E.	職能開発に参加する誘因（インセンティブ）がない %	S.E.
オーストラリア	6.5	(0.5)	38.8	(1.6)	23.9	(1.4)	58.0	(1.4)	32.7	(1.8)	24.6	(1.1)	39.6	(1.5)
ブラジル	8.1	(0.4)	44.0	(0.8)	61.2	(1.0)	54.8	(0.9)	25.8	(0.8)	39.8	(0.9)	52.8	(1.1)
ブルガリア	10.4	(1.0)	58.1	(1.3)	12.7	(0.9)	51.3	(1.5)	28.8	(1.1)	45.4	(1.4)	65.7	(1.5)
チリ	24.8	(1.6)	72.8	(1.4)	52.8	(2.0)	62.3	(1.6)	45.8	(1.6)	63.6	(1.4)	73.1	(1.5)
クロアチア	3.8	(0.4)	47.9	(1.1)	19.5	(0.9)	22.3	(0.9)	21.8	(0.9)	34.9	(0.9)	39.8	(0.9)
キプロス	12.2	(0.8)	44.1	(1.3)	41.3	(1.2)	45.1	(1.3)	52.3	(1.3)	43.0	(1.2)	61.3	(1.2)
チェコ	7.2	(0.5)	36.1	(1.3)	21.1	(1.4)	45.0	(1.2)	31.8	(0.9)	25.9	(0.8)	37.8	(1.2)
デンマーク	11.0	(0.8)	55.6	(1.3)	26.0	(1.3)	40.2	(1.5)	20.3	(1.2)	38.3	(1.3)	39.2	(1.5)
エストニア	12.0	(0.8)	37.3	(1.1)	16.4	(0.9)	35.4	(1.3)	24.0	(1.1)	29.4	(1.0)	19.3	(0.9)
フィンランド	7.1	(0.6)	23.1	(1.3)	23.2	(1.6)	51.9	(1.2)	37.0	(1.2)	39.8	(1.2)	42.9	(1.4)
フランス	9.8	(0.7)	24.4	(0.9)	14.3	(0.7)	42.6	(1.0)	43.9	(1.1)	42.5	(1.3)	49.8	(1.1)
アイスランド	5.5	(0.7)	43.1	(1.4)	14.5	(1.2)	57.9	(1.3)	40.7	(1.4)	40.7	(1.4)	40.7	(1.7)
イスラエル	8.3	(0.6)	28.8	(1.1)	25.9	(1.3)	50.4	(1.2)	49.5	(1.0)	27.3	(0.9)	57.2	(1.1)
イタリア	14.0	(0.6)	53.0	(1.1)	39.8	(1.1)	59.6	(1.1)	39.2	(1.1)	66.6	(1.0)	83.4	(0.8)
日本	26.7	(0.8)	62.1	(1.1)	59.5	(1.0)	86.4	(0.6)	52.4	(0.9)	37.3	(0.9)	38.0	(0.9)
韓国	29.6	(1.0)	47.9	(0.9)	70.2	(1.0)	83.1	(0.8)	47.4	(1.0)	43.4	(1.1)	57.0	(1.1)
ラトビア	4.7	(0.5)	30.0	(1.5)	11.2	(0.9)	28.8	(1.2)	21.6	(1.1)	23.2	(1.1)	22.0	(1.1)
マレーシア	9.3	(0.6)	21.8	(1.0)	17.7	(1.0)	55.5	(1.1)	26.6	(0.9)	23.4	(0.8)	36.8	(1.2)
メキシコ	26.5	(1.0)	53.7	(1.3)	63.6	(1.2)	53.6	(1.2)	27.6	(1.0)	56.2	(1.4)	63.7	(1.3)
オランダ	8.2	(0.8)	26.3	(1.5)	26.9	(1.4)	38.3	(1.3)	26.9	(1.5)	39.3	(1.5)	30.9	(1.8)
ノルウェー	8.7	(0.7)	37.1	(1.7)	28.5	(2.1)	48.6	(2.1)	38.2	(1.6)	19.3	(1.0)	31.8	(1.4)
ポーランド	4.0	(0.4)	53.1	(1.1)	19.9	(1.0)	33.0	(1.2)	43.9	(1.0)	46.6	(1.6)	39.0	(1.2)
ポルトガル	13.2	(0.6)	80.7	(0.9)	92.1	(0.5)	74.8	(0.9)	48.2	(1.0)	67.5	(1.1)	85.2	(0.7)
ルーマニア	13.1	(1.0)	55.5	(1.3)	18.8	(1.0)	41.8	(1.1)	35.0	(1.4)	21.5	(1.0)	59.9	(1.3)
セルビア	8.7	(0.6)	58.1	(1.2)	34.5	(1.2)	27.4	(1.0)	22.3	(1.0)	47.7	(0.9)	51.9	(1.3)
シンガポール	15.6	(0.8)	19.8	(0.7)	21.0	(0.8)	62.2	(0.8)	45.2	(0.9)	22.4	(0.8)	37.3	(0.9)
スロバキア	11.0	(0.6)	49.7	(1.5)	17.5	(1.1)	34.2	(1.1)	36.3	(1.1)	43.0	(1.3)	41.6	(1.3)
スペイン	7.8	(0.5)	38.1	(1.0)	30.6	(1.0)	59.7	(1.1)	57.5	(1.0)	61.5	(1.1)	80.3	(1.2)
スウェーデン	7.7	(0.5)	60.6	(1.2)	35.4	(1.3)	58.1	(1.1)	22.6	(0.8)	46.1	(1.2)	38.2	(1.3)
地域としての参加														
アブダビ（アラブ首長国連邦）	4.5	(0.5)	41.2	(1.5)	39.6	(1.8)	45.2	(1.5)	27.1	(1.2)	40.9	(1.9)	57.9	(1.7)
アルバータ（カナダ）	5.8	(0.7)	42.4	(1.6)	21.6	(1.3)	61.2	(1.5)	44.1	(1.3)	32.0	(1.4)	47.6	(1.4)
イングランド（イギリス）	10.1	(0.8)	43.4	(1.7)	27.4	(1.4)	60.4	(1.4)	27.0	(1.1)	24.8	(1.1)	38.1	(1.2)
フランドル（ベルギー）	9.1	(0.5)	16.8	(0.9)	15.3	(0.9)	42.0	(1.2)	34.3	(1.1)	28.6	(1.0)	25.0	(0.9)
参加国平均	11.1	(0.1)	43.8	(0.2)	31.6	(0.2)	50.6	(0.2)	35.7	(0.2)	39.0	(0.2)	48.0	(0.2)
アメリカ	5.3	(0.8)	30.7	(2.2)	20.7	(1.4)	45.6	(1.4)	38.8	(1.2)	27.6	(1.6)	44.0	(1.6)

職能開発の参加に当たって「非常に妨げになる」「妨げになる」と回答した教員の割合。
出所：OECD（2014）Table 4.14.

表 4.5.3 教員が過去 12 か月の職能開発の参加に当たって受けた支援

国　名	学校の就業時間内に行われた研修活動に参加するために予め時間の割り振りを受けた %	S.E.	就業時間外の研修活動に参加するために、給与の追加給付を受けた %	S.E.	就業時間外の研修活動に参加するために、金銭以外の支援を受けた（指導時間の短縮、休日、研究休暇など） %	S.E.
オーストラリア	79.5	(1.2)	3.9	(0.4)	17.4	(1.2)
ブラジル	43.9	(1.1)	11.0	(0.9)	14.3	(0.7)
ブルガリア	51.4	(1.7)	26.2	(1.3)	16.4	(1.1)
チリ	44.4	(1.8)	11.9	(1.3)	17.8	(1.4)
クロアチア	73.5	(1.1)	10.6	(0.7)	11.1	(0.6)
キプロス	58.5	(1.5)	2.4	(0.5)	13.6	(1.0)
チェコ	60.5	(1.3)	14.3	(0.9)	15.0	(0.9)
デンマーク	61.9	(1.5)	11.6	(1.3)	10.1	(0.8)
エストニア	81.8	(1.1)	14.5	(1.1)	27.3	(1.2)
フィンランド	51.3	(1.6)	5.3	(0.7)	12.9	(0.8)
フランス	46.1	(1.2)	4.8	(0.5)	16.8	(0.8)
アイスランド	74.5	(1.2)	6.5	(0.8)	15.3	(1.2)
イスラエル	32.9	(1.2)	13.0	(0.7)	12.3	(0.9)
イタリア	26.9	(1.2)	5.7	(0.6)	11.3	(0.7)
日本	58.4	(1.3)	6.5	(0.7)	11.2	(0.9)
韓国	28.3	(0.9)	23.1	(0.9)	10.7	(0.7)
ラトビア	63.7	(1.5)	5.6	(0.7)	13.8	(1.1)
マレーシア	88.0	(0.7)	14.0	(1.0)	19.1	(1.1)
メキシコ	48.2	(1.3)	3.6	(0.5)	11.8	(0.8)
オランダ	70.0	(1.9)	3.3	(0.6)	13.5	(1.0)
ノルウェー	60.1	(1.9)	7.5	(0.9)	23.0	(1.4)
ポーランド	39.1	(1.3)	5.2	(0.7)	11.1	(0.7)
ポルトガル	15.1	(0.9)	0.7	(0.1)	3.9	(0.4)
ルーマニア	18.4	(1.2)	1.4	(0.3)	7.5	(0.6)
セルビア	46.8	(1.2)	1.8	(0.3)	13.8	(0.7)
シンガポール	70.3	(0.8)	7.3	(0.5)	16.6	(0.7)
スロバキア	54.0	(1.5)	14.4	(0.8)	16.0	(1.0)
スペイン	22.6	(1.3)	2.4	(0.4)	6.4	(0.5)
スウェーデン	64.3	(1.4)	4.3	(0.6)	31.1	(1.1)
地域としての参加						
アブダビ（アラブ首長国連邦）	61.3	(1.5)	5.5	(0.9)	14.9	(1.3)
アルバータ（カナダ）	73.9	(1.2)	8.2	(0.8)	16.9	(1.2)
イングランド（イギリス）	66.1	(1.5)	4.1	(0.5)	9.1	(0.6)
フランドル（ベルギー）	61.5	(1.7)	0.7	(0.2)	3.0	(0.4)
参加国平均	54.5	(0.2)	7.9	(0.1)	14.1	(0.2)
アメリカ	65.6	(2.0)	21.9	(1.8)	14.9	(1.4)

過去 12 か月に職能開発に参加するに当たり、各項目の支援を受けたと回答した教員の割合。
出所：OECD（2014）Table 4.11.

第 5 章
教員への評価とフィードバック

第5章　教員への評価とフィードバック

要　旨

　教員への評価とフィードバックは、教員の履歴や職能的成長の重要な構成要素をなす。評価とフィードバックの第一の目的は、教員の教育実践をよりよく理解し、改善するために使える情報をもたらすことである。教員への評価とフィードバックは、教員に対する職能的成長やキャリア機会（career opportunities）をもたらすこともできる。

　本章では、教員が学校内外の各種の情報源から得られる、公的な教員評価若しくは形式的でないフィードバックに、どのくらい接しているかを見る。ついで、評価とフィードバックの項目や詳細とともにそのもたらす影響についても明らかにする。さらに、学校裁量を増すことなどの要素が、教員への評価やフィードバックの性質や生じ方に影響を持つかどうかを検討する。

　今回の調査で得られた国際的な動向や日本の状況に関する主な知見は、本章に関しては以下の通りである。

- 教員への公的な教員評価と非公式なフィードバック（意見や批評）には、評価の供給源（評価者）、評価の形態、評価の内容などで多様な取組が行われている国とそうでない国があるが、日本は前者に属する。
- 教員評価による効果としては、教員への報酬的な側面、意欲や士気を高める側面、教育者としての実践力を高める側面、人事管理の合理化を通じて学校組織の開発に役立てる側面などが挙げられる。国際的に、評価によって士気や実践力が高まる学校改善の効果が教員に実感されている反面、報酬の効果や人事管理の合理化の効果はあまり認知されていない。日本は、とりわけ評価による学校改善効果への期待が強く、また効用感も各国随一である。
- 公的な教員評価の手法については、日本も含め全体として「直接的な授業観察」（参加国平均94.9％、日本98.4％）、「生徒のテスト結果の分析」（参加国平均95.3％、日本97.6％）が多く行われているが、日本ではその他に「自己評価に関する話し合い」（92.1％）、「教員の指導についての生徒へのアンケート」（86.5％）も多く行われている。
- 公的な教員評価の結果の活用については、参加国平均では「授業での指導の欠点を改善する方策について教員と話し合いを持つ」との割合が高く（98.5％）、日本もほぼ同様である（98.3％）。一方、給与や昇進などの人事管理面へ活用される割合は低く、日本でもその傾向が強い。
- 教員へのフィードバックの供給源については、日本は、校長や、校長以外の学校運営チームメンバーのほか、組織内指導者（メンター）や他の教員も含めて、あらゆる供給源について参加国平均を上回っており、様々な関係者から広くフィードバックを受けている。
- 教員へのフィードバックの形態については、参加国平均、日本ともに「授業観察の結果に基づくフィードバック」の割合が最も高い（参加国平均78.8％、日本86.9％）。日本では、その他のあらゆる形態（「教科に関する知識についての評価に基づくフィードバック」「教員の自己評価に基づくフィードバック」等）でも参加国平均と同程度か参加国平均を上回っており（63.3～77.6％）、フィードバックが多様な形態で行われている。
- 教員へのフィードバックの効果については、参加国全体として、指導実践の改善や、仕事への満足度、意欲の点で好影響があると多くの教員が回答しているが、日本では、参加国平均より多くの教員が肯定的な回答をしている。フィードバックが各項目に良い変化を「ある程度」「大きく」もたらしたと回答した教員の割合は、「指導実践」については、参加国平均62.0％、日本88.6％、「仕事への満足度」については、参加国平均63.4％、日本77.4％、「意欲」については、参加国

> 平均64.7%、日本81.5%、「教員としての自信」については、参加国平均70.6%、日本85.1%である。
> - 日本も含めて参加国全体として、教員評価やフィードバックの現状への見方と、制度や仕組みとしての見方では教員自身の中に大きなギャップがあり、制度や仕組みとして機能しているという理解は国際的に薄い。
> - 評価の頻度や質・具体的な進め方などについては、国際比較のデータとして不十分な面も大きいので慎重なデータ解釈と今後の調査研究の進展が必要であろう。

5.1 教員への評価とフィードバックの定義

TALISにおいては、教員個々人への評価とフィードバックと学校全体への評価とを区別して以下のように定義している。

- **公的な教員評価**：評価者としては校長、外部視察者、同僚教員などがあり得るが、TALISでは主に校長による教員評価を取り扱う。公式の手続や評価基準の定めのあるものが多い。
- **教員へのフィードバック**：これは広く定義されて、色々な手段（参観、意見交換、生徒の上げた成果の検討など）を通じて、教員個人がその教育活動に関して受ける反応や批評のあらゆるものを含む。TALISでは、教員が学校内で個人として受け取ったフィードバックについて質問した。
- **学校全体として教員が受ける評価やフィードバック**：教員個人への評価やフィードバック以外に、公式・非公式の形を問わず、学校運営全体への評価の中で得られる教員の教育活動への評価もある。TALISでは、教員にこのような全体的な形の評価やフィードバックの経験についても尋ねている。

5.2 公的な教員評価の状況

　公的な教員評価は政府の関与や規制を伴うことが考えられる。そうであれば、教員評価は政治から学校の指導・学習活動に影響を及ぼす「政策レバー」だとみなされてよい筈である。

　しかし実際には教員評価をそのような政治からの影響を強めるために使っていない国もある。フィンランドやスウェーデンの教員評価には国が定める枠組みというものはないが、教員たちは非公式的な形で様々なフィードバックを得ている。

　校長たちに対して、自校における公的な教員評価の実施頻度・実施方法・実施結果について尋ねたところ、次のような諸結果を得た。

　まず、公的な教員評価を受けた教員の割合は高い。校長調査によって回答した校長の学校に所属する教員の割合（以下、校長調査に基づく教員の割合はこれに同じ）をみると、参加国平均で全教員の約92.6％（日本96.2％）が公的な教員評価を受けたことがあるという。評価者別では、校長から公的な評価を受けたことがある教員の割合が86.2％（日本93.2％）、校長以外の学校運営チームメンバーから公的な評価を受けたことがある教員の割合が70.2％（日本72.4％）であった。また、学校運営チームメンバー以外の学校の同僚教員から公的な評価を受けたことがあるという教員の割合は48.4％（日本55.6％）であった（表5.2.1）。

　公的な教員評価の手法で最も頻繁に用いられるのは、良い実践をしたという証拠資料の収集である。表5.2.2は、公的な教員評価ではどのような資料が利用されるかを校長調査の結果によって示したものである。該当する教員の割合を見れば、授業観察が利用された割合は参加国平均94.9％（日本98.4％）、生徒のテスト結果の利用は同じく95.3％（日本97.6％）の順で高い。教員自身の自己評価は、日本で比較的活用の割合が高い（日本92.1％）が、これは教員の人事評価制度が自己評価を活用している場合が多いからであろうか。国による開きがあってフランスは43.7％にとどまるなど、参加国平均はさほど高くない（81.1％）。生徒を対象にした授業アンケートの活用も日本の方が割合が高く（86.5％）、フランス（29.9％）やポルトガル（48.2％）、参加国平均（78.8％）を超えている。

　公的な教員評価の主要な活用方途はまぎれもなく教員の能力開発である。表5.2.3を見ると、評価結果を基に「授業での指導の欠点を改善する方策について教員と話し合いを持つ」という教員は、校長調査によれば参加国平均で98.5％に上り、「各教員の研修計画の策定」に役立てる教員の割合も84.5％に上っている。日本はそれぞれの割合が98.3％と83.4％であり、いずれも国際的な高水準にある。なお、教員評価の結果を受けて「指導の改善を支援する組織内指導者（メンター）を指名する」という措置も参加国平均では72.5％（日本44.5％）であるが、これについては「メンター」の定義（身分待遇）や選任のなされかたに国際的な差異があるので比較が難しいと思われる。

　ところで、公的な教員評価の活用や影響については、教員の処遇の変更にはあまり影響していないことがTALIS 2008年調査（日本は不参加）における発見の一つであった[1]。校長が処遇に影響を及ぼすことをためらうせいか、法令で制限されているせいかもしれないが、同じ傾向はOECDのPISA 2012年調査においても再確認された[2]。この点、日本においては教育公務員に対する人事評価

---

1. OECD（2009），*Creating Effective Teaching and Learning Environments: First Results from TALIS*, OECD Publishing, Paris, http://dx.doi.org/10.1787/9789264072992-en.
2. OECD（2013），*PISA 2012 Results: What Makes Schools Successful? Resources, Policies and Practices*（Volume Ⅳ），PISA, OECD Publishing, http://dx.doi.org/10.1787/9789264201156-en.

の実施及びその処遇等への反映が現時点においては法律上の義務となっていないことは注意を要する。

　表5.2.3は、公的な教員評価の結果がどのように活用されるかを校長調査の結果によって示したものである。定期昇給の減額などの処分がとられる割合は参加国平均21.9%（日本8.7%）、給与や賞与額の増減は同じく34.3%（日本11.4%）などと、処遇への影響が参加国平均でも低い中、日本では特に低い。これは、処分や不利益を課さない代わりに評価の高い教員の処遇を厚くするフィンランド（同：6.4%と49.1%）、韓国（同：5.1%と49.3%）、ポーランド（同：12.3%と62.7%）などの国々とは好対照をなしている。

　ついで、参加国平均で、教員の55.7%は教員評価が昇進の見込みに関わる学校に勤務している。日本はそのような学校に勤務する教員の割合が低く（14.5%）、イタリア（6.0%）、ノルウェー（29.7%）、スペイン（26.9%）などとともに注目される。他方でシンガポール（96.7%）、イングランド（イギリス）（96.6%）のように教員評価は必ず昇進等に関わるといえる国や地域とは対照的である。さらに、解雇や契約の不更新の判断に使われる割合の参加国平均もほぼ同じ56.0%である。日本はここでも割合が低く、9.0%である。

表 5.2.1　公的な教員評価を受けたことがない教員

国　名	校長から公的な評価を受けたことがない %	S.E.	校長以外の学校運営チームメンバーから公的な評価を受けたことがない %	S.E.	組織内指導者（メンター）から公的な評価を受けたことがない %	S.E.	他の教員から公的な評価を受けたことがない %	S.E.	外部の個人又は機関から公的な評価を受けたことがない %	S.E.	一般に公的な評価を受けたことがない %	S.E.
オーストラリア	28.5	(5.8)	7.1	(2.3)	25.9	(4.4)	50.1	(6.4)	77.9	(4.4)	2.8	(1.4)
ブラジル	19.6	(1.6)	25.9	(2.0)	41.0	(2.5)	53.9	(2.6)	58.0	(2.7)	13.4	(1.4)
ブルガリア	18.0	(3.2)	25.7	(3.2)	50.6	(3.6)	39.3	(3.6)	14.7	(2.8)	10.2	(2.4)
チリ	7.3	(2.3)	13.6	(3.0)	60.3	(4.1)	45.1	(5.0)	52.9	(4.0)	4.1	(1.7)
クロアチア	7.8	(1.9)	38.1	(3.3)	21.2	(2.9)	64.3	(4.0)	13.9	(2.6)	2.6	(1.0)
キプロス	3.7	(0.1)	43.3	(0.2)	46.3	(0.2)	59.5	(0.2)	19.7	(0.1)	0.0	(0.0)
チェコ	0.2	(0.2)	7.7	(1.6)	67.2	(4.1)	55.4	(4.0)	6.9	(1.7)	0.2	(0.2)
デンマーク	10.3	(3.2)	30.7	(4.4)	82.0	(4.1)	62.6	(4.9)	76.1	(4.3)	9.0	(3.0)
エストニア	2.4	(1.1)	8.1	(1.7)	30.8	(3.4)	25.1	(3.2)	8.4	(2.4)	1.7	(1.0)
フィンランド	27.6	(3.9)	85.8	(3.2)	92.4	(2.5)	91.9	(2.5)	77.7	(4.0)	25.9	(4.2)
フランス	6.2	(2.0)	72.7	(3.3)	62.2	(4.1)	81.4	(3.1)	7.2	(2.0)	0.7	(0.7)
アイスランド	30.0	(0.1)	43.8	(0.1)	84.4	(0.1)	76.5	(0.1)	52.3	(0.1)	20.7	(0.1)
イスラエル	0.9	(0.7)	12.8	(2.6)	24.4	(3.9)	48.2	(4.1)	28.5	(3.9)	0.9	(0.7)
イタリア	74.7	(3.1)	88.0	(2.2)	89.9	(2.2)	89.7	(2.0)	88.8	(2.2)	70.1	(3.2)
日本	6.8	(1.7)	27.6	(3.3)	44.4	(4.1)	40.8	(3.7)	32.4	(3.2)	3.8	(1.1)
韓国	2.5	(1.3)	16.9	(3.0)	35.8	(4.0)	6.2	(2.0)	42.7	(4.2)	0.0	(0.0)
ラトビア	2.0	(1.5)	5.3	(2.4)	53.5	(5.2)	24.3	(3.9)	10.9	(3.6)	2.0	(1.5)
マレーシア	1.7	(1.2)	6.8	(2.1)	15.7	(3.2)	12.5	(2.4)	0.9	(0.9)	0.9	(0.9)
メキシコ	11.7	(2.9)	21.2	(3.2)	53.3	(4.0)	49.4	(3.9)	19.4	(3.0)	4.6	(1.9)
オランダ	48.6	(5.7)	7.9	(2.7)	84.3	(3.8)	71.0	(5.1)	46.8	(5.4)	2.4	(1.2)
ノルウェー	5.9	(2.0)	17.7	(4.4)	52.6	(5.4)	60.1	(7.5)	56.3	(7.9)	5.9	(2.0)
ポーランド	0.4	(0.4)	53.0	(4.3)	75.5	(3.2)	74.1	(3.4)	16.0	(3.3)	0.0	(0.0)
ポルトガル	17.1	(2.8)	56.0	(4.1)	26.1	(3.8)	28.9	(3.6)	62.2	(4.2)	2.4	(1.1)
ルーマニア	0.0	(0.0)	5.5	(1.7)	42.9	(4.1)	28.5	(3.3)	5.3	(1.7)	0.0	(0.0)
セルビア	3.3	(1.3)	23.9	(3.2)	9.9	(2.3)	33.2	(4.2)	8.7	(2.3)	2.2	(1.0)
シンガポール	0.6	(0.0)	0.0	(0.0)	46.3	(0.3)	73.1	(0.2)	53.4	(0.2)	0.0	(0.0)
スロバキア	0.6	(0.5)	4.5	(1.8)	61.5	(3.3)	42.4	(3.8)	17.8	(2.5)	0.0	(0.0)
スペイン	61.5	(3.4)	71.3	(3.3)	80.7	(2.8)	83.1	(2.7)	52.8	(3.5)	36.3	(3.5)
スウェーデン	9.2	(2.4)	58.7	(3.1)	75.4	(3.1)	69.9	(3.4)	29.3	(3.2)	3.6	(1.5)
地域としての参加												
アブダビ（アラブ首長国連邦）	0.8	(0.8)	7.2	(2.4)	25.5	(4.4)	46.2	(4.6)	36.6	(4.2)	0.0	(0.0)
アルバータ（カナダ）	18.3	(3.9)	48.6	(4.8)	77.3	(3.6)	74.5	(3.7)	81.4	(3.2)	16.1	(3.7)
イングランド（イギリス）	16.7	(4.0)	2.8	(1.4)	22.0	(4.2)	10.9	(2.4)	41.8	(5.1)	0.0	(0.0)
フランドル（ベルギー）	11.6	(3.1)	43.9	(4.5)	40.7	(3.7)	60.8	(4.2)	38.7	(4.0)	2.1	(1.3)
参加国平均	**13.8**	**(0.4)**	**29.8**	**(0.5)**	**51.6**	**(0.6)**	**52.5**	**(0.7)**	**37.5**	**(0.6)**	**7.4**	**(0.3)**
アメリカ	1.3	(1.3)	31.9	(6.6)	48.6	(6.0)	63.7	(5.2)	72.5	(4.6)	0.0	(0.0)

自校の教員は各項目に掲げる評価者による評価を受けていない又はいかなる評価も受けたことがないと回答した校長の学校に所属する教員の割合。
出所：OECD（2014）Table 5.1.

表 5.2.2 公的な教員評価の手法

国 名	勤務校で評価を実施している % (S.E.)	直接的な授業観察 % (S.E.)	教員の指導についての生徒へのアンケート % (S.E.)	教科内容に関する教員の知識についての評価 % (S.E.)	生徒のテスト結果の分析 % (S.E.)	教員の自己評価に関する話し合い % (S.E.)	保護者に対して行ったフィードバックに関する話し合い % (S.E.)
オーストラリア	97.2 (1.4)	94.6 (2.3)	75.9 (4.2)	76.6 (5.5)	94.2 (2.3)	87.9 (2.7)	86.9 (3.4)
ブラジル	86.6 (1.4)	92.9 (1.3)	88.4 (1.8)	78.9 (2.2)	98.1 (0.6)	79.6 (1.9)	91.6 (1.1)
ブルガリア	89.8 (2.4)	100.0 (0.0)	82.6 (3.1)	85.0 (3.0)	97.1 (1.8)	68.5 (4.0)	85.1 (2.4)
チリ	95.9 (1.7)	100.0 (0.0)	58.2 (4.8)	80.1 (4.0)	97.4 (1.3)	83.6 (3.6)	90.8 (2.7)
クロアチア	97.4 (1.0)	99.6 (0.4)	95.0 (1.6)	a a	93.7 (1.7)	80.0 (2.7)	92.9 (1.8)
キプロス	100.0 (0.0)	97.6 (0.1)	50.5 (0.2)	83.5 (0.2)	84.0 (0.2)	61.3 (0.2)	62.7 (0.2)
チェコ	99.8 (0.2)	100.0 (0.0)	96.8 (1.3)	74.7 (3.3)	99.6 (0.4)	93.5 (2.0)	97.8 (1.1)
デンマーク	91.0 (3.0)	90.7 (3.1)	78.8 (5.6)	66.5 (5.4)	95.7 (1.3)	79.1 (4.2)	95.3 (1.9)
エストニア	98.3 (1.0)	98.6 (1.0)	96.6 (1.1)	88.9 (2.7)	98.0 (2.1)	96.0 (1.5)	98.8 (0.8)
フィンランド	74.1 (4.2)	78.3 (4.0)	85.3 (4.0)	37.8 (4.9)	73.8 (5.0)	60.1 (4.5)	97.9 (1.6)
フランス	99.3 (0.7)	95.5 (1.5)	29.9 (3.8)	74.0 (3.6)	93.5 (2.0)	43.7 (4.2)	85.2 (3.1)
アイスランド	79.3 (0.1)	72.0 (0.1)	71.8 (0.1)	41.3 (0.2)	92.1 (0.1)	61.3 (0.2)	77.4 (0.1)
イスラエル	99.1 (0.7)	97.9 (1.4)	84.1 (3.3)	83.4 (3.7)	97.9 (1.6)	91.5 (2.2)	80.3 (4.0)
イタリア	29.9 (3.2)	73.7 (5.9)	52.3 (7.5)	45.2 (7.0)	88.4 (4.3)	62.2 (7.2)	82.8 (5.3)
日本	96.2 (1.1)	98.4 (1.2)	86.5 (2.7)	63.6 (3.7)	97.6 (1.1)	92.1 (2.2)	86.8 (2.4)
韓国	100.0 (0.0)	100.0 (0.0)	93.8 (2.0)	82.2 (3.3)	98.7 (0.9)	79.9 (3.3)	81.4 (3.2)
ラトビア	98.0 (1.5)	100.0 (0.0)	100.0 (0.0)	76.5 (4.8)	100.0 (0.0)	99.1 (0.9)	100.0 (0.0)
マレーシア	99.1 (0.9)	100.0 (0.0)	78.9 (3.5)	92.6 (2.3)	100.0 (0.0)	93.4 (2.0)	98.1 (1.2)
メキシコ	95.4 (1.9)	99.5 (0.5)	88.2 (2.4)	89.5 (2.6)	99.1 (0.7)	89.4 (2.3)	90.9 (1.8)
オランダ	97.6 (1.2)	98.8 (1.2)	94.4 (2.6)	88.6 (3.5)	94.3 (2.1)	88.0 (3.9)	74.7 (5.0)
ノルウェー	94.1 (2.0)	96.0 (1.5)	76.7 (5.3)	69.3 (6.2)	99.8 (0.2)	84.0 (3.6)	90.3 (4.3)
ポーランド	100.0 (0.0)	100.0 (0.0)	99.1 (0.6)	88.1 (2.4)	100.0 (0.0)	89.9 (1.8)	98.0 (0.9)
ポルトガル	97.6 (1.1)	96.2 (1.8)	48.2 (3.6)	56.8 (4.0)	90.3 (2.1)	85.3 (3.1)	72.5 (3.4)
ルーマニア	100.0 (0.0)	100.0 (0.0)	94.3 (1.8)	98.6 (0.7)	100.0 (0.0)	97.6 (1.1)	100.0 (0.0)
セルビア	97.8 (1.0)	97.6 (1.2)	57.0 (4.1)	80.2 (2.9)	86.8 (2.6)	70.6 (4.2)	86.3 (3.0)
シンガポール	100.0 (0.0)	100.0 (0.0)	74.5 (0.2)	96.8 (0.1)	98.5 (0.2)	97.1 (0.0)	92.6 (0.1)
スロバキア	100.0 (0.0)	100.0 (0.0)	92.5 (2.3)	78.9 (3.1)	100.0 (0.0)	85.1 (2.8)	95.3 (1.6)
スペイン	63.7 (3.5)	59.3 (4.7)	72.4 (4.4)	34.3 (4.1)	97.1 (1.5)	78.9 (3.4)	90.1 (2.5)
スウェーデン	96.4 (1.5)	96.3 (1.6)	91.5 (2.2)	63.4 (3.8)	99.4 (0.6)	69.3 (3.9)	87.4 (2.7)
地域としての参加							
アブダビ（アラブ首長国連邦）	100.0 (0.0)	100.0 (0.0)	92.6 (2.8)	97.7 (1.6)	99.1 (0.9)	92.3 (3.1)	99.8 (0.2)
アルバータ（カナダ）	83.9 (3.7)	99.8 (0.2)	69.7 (4.6)	80.9 (3.8)	92.4 (2.3)	85.7 (3.3)	92.8 (3.0)
イングランド（イギリス）	100.0 (0.0)	100.0 (0.0)	81.7 (3.4)	84.2 (3.3)	99.4 (0.6)	88.6 (2.3)	79.1 (4.1)
フランドル（ベルギー）	97.9 (1.3)	99.2 (0.8)	61.2 (4.8)	81.5 (3.7)	87.3 (3.4)	60.6 (4.1)	87.0 (3.0)
参加国平均	92.6 (0.3)	94.9 (0.3)	78.8 (0.6)	75.6 (0.6)	95.3 (0.3)	81.1 (0.5)	88.7 (0.5)
アメリカ	100.0 (0.0)	100.0 (0.0)	60.1 (5.7)	72.1 (5.2)	99.3 (3.8)	73.7 (5.5)	90.5 (3.2)

外部の個人又は機関、校長、校長以外の学校運営チームメンバー、組織内指導者（メンター）、学校運営チームメンバー以外の教員のうち少なくとも一つ以上の評価者が、各項目に掲げる手法で公的な評価を行っていると回答した校長の学校に所属する教員の割合。校長質問紙の問26の回答。公的な教員評価を行っていない学校は問25でフィルタリングされており、これらの学校は問26では除外されている。
出所：OECD（2014）Table 5.2.

表 5.2.3　公的な教員評価の結果の活用

国　名	授業での指導の欠点を改善する方策について教員と話し合いを持つ % (S.E.)	各教員のために研修計画を策定する % (S.E.)	教員の業績が低かった場合、定期昇給の減額などの処分を課す % (S.E.)	指導の改善を支援する組織内指導者（メンター）を指名する % (S.E.)	校内での職務責任を変更する % (S.E.)	給与や賞与の額を変更する % (S.E.)	教員の昇進の見込みを変える % (S.E.)	教員の解雇や契約の不更新 % (S.E.)
オーストラリア	100.0 (0.0)	92.4 (3.2)	5.4 (2.3)	98.3 (1.2)	79.8 (4.7)	14.2 (5.2)	80.4 (3.8)	68.3 (5.4)
ブラジル	100.0 (0.0)	87.9 (1.8)	11.5 (1.7)	82.9 (2.2)	50.4 (2.4)	25.4 (2.3)	46.7 (3.1)	59.4 (2.4)
ブルガリア	96.2 (1.9)	85.3 (3.1)	22.6 (3.4)	65.6 (4.0)	71.4 (3.6)	83.5 (2.9)	63.9 (3.9)	76.8 (3.5)
チリ	98.0 (1.6)	91.1 (2.7)	20.4 (4.1)	66.2 (5.2)	61.5 (4.8)	22.8 (4.5)	47.1 (5.4)	68.6 (4.8)
クロアチア	100.0 (0.0)	88.7 (2.4)	a a	53.0 (3.7)	56.1 (3.6)	a a	62.7 (3.8)	13.9 (2.8)
キプロス	100.0 (0.0)	88.0 (0.1)	8.2 (0.1)	85.1 (0.2)	50.0 (0.3)	6.6 (0.1)	69.9 (0.2)	40.4 (0.2)
チェコ	100.0 (0.0)	85.3 (3.0)	60.6 (3.7)	73.1 (3.2)	59.8 (4.2)	93.6 (1.8)	55.1 (3.7)	78.6 (3.4)
デンマーク	99.7 (0.3)	92.6 (2.0)	a a	61.5 (5.7)	86.7 (3.2)	7.3 (2.2)	54.4 (5.7)	68.8 (4.2)
エストニア	99.7 (0.3)	81.7 (2.8)	15.6 (3.0)	77.2 (3.5)	90.2 (2.4)	73.9 (3.3)	63.7 (4.0)	69.9 (3.7)
フィンランド	100.0 (0.0)	65.3 (5.2)	6.4 (2.8)	48.3 (5.0)	73.4 (4.5)	49.1 (5.5)	39.2 (5.2)	70.3 (5.0)
フランス	97.3 (1.2)	67.2 (3.7)	11.2 (2.6)	85.9 (2.8)	48.9 (4.0)	26.5 (3.2)	65.8 (3.7)	27.1 (3.4)
アイスランド	98.2 (0.1)	62.1 (0.2)	6.1 (0.1)	59.1 (0.2)	62.3 (0.2)	16.6 (0.1)	55.2 (0.2)	76.6 (0.2)
イスラエル	99.5 (0.5)	99.0 (0.7)	5.1 (1.7)	91.7 (1.9)	90.3 (2.5)	14.1 (3.2)	72.3 (4.2)	72.7 (4.0)
イタリア	94.2 (2.9)	75.4 (5.6)	6.5 (3.0)	71.4 (6.4)	50.0 (7.3)	22.9 (5.4)	6.0 (2.2)	29.4 (5.6)
日本	98.3 (1.0)	83.4 (2.8)	8.7 (1.8)	44.5 (3.5)	52.7 (3.6)	11.4 (2.1)	14.5 (2.4)	9.0 (2.1)
韓国	99.4 (0.6)	100.0 (0.0)	5.1 (1.7)	91.1 (2.4)	96.7 (1.4)	49.3 (4.4)	68.2 (3.9)	23.2 (3.7)
ラトビア	100.0 (0.0)	91.7 (2.9)	34.4 (4.6)	62.7 (4.7)	93.9 (2.0)	68.0 (4.1)	57.0 (5.7)	58.4 (4.6)
マレーシア	99.7 (0.3)	96.7 (1.7)	10.5 (2.4)	92.6 (2.2)	97.9 (1.1)	19.9 (3.7)	54.2 (4.5)	2.6 (1.5)
メキシコ	97.0 (1.4)	83.1 (3.0)	8.5 (2.0)	48.4 (3.9)	37.0 (3.5)	15.5 (2.5)	39.9 (3.8)	23.5 (2.8)
オランダ	100.0 (0.0)	96.8 (2.0)	18.5 (4.4)	99.4 (0.6)	82.8 (4.2)	39.2 (5.4)	71.9 (5.6)	96.2 (2.7)
ノルウェー	100.0 (0.0)	68.0 (7.1)	5.4 (3.3)	63.0 (7.2)	87.9 (2.9)	2.6 (1.6)	29.7 (7.2)	59.4 (8.0)
ポーランド	98.3 (1.0)	80.7 (3.6)	12.3 (2.7)	61.4 (3.8)	66.3 (4.2)	62.7 (4.3)	37.7 (3.6)	79.8 (2.9)
ポルトガル	90.7 (2.6)	64.1 (3.8)	0.0 (0.0)	54.7 (4.3)	48.9 (3.8)	3.6 (1.9)	35.6 (3.9)	24.2 (3.5)
ルーマニア	98.9 (0.8)	90.4 (2.0)	47.7 (3.7)	78.3 (3.1)	55.7 (3.6)	38.2 (3.2)	87.9 (2.3)	49.3 (3.9)
セルビア	100.0 (0.0)	95.4 (1.3)	26.3 (3.4)	65.1 (3.2)	64.0 (4.3)	11.5 (2.5)	38.0 (4.1)	22.2 (3.4)
シンガポール	100.0 (0.0)	100.0 (0.0)	78.6 (0.2)	100.0 (0.0)	100.0 (0.0)	87.6 (0.2)	96.7 (0.1)	86.7 (0.2)
スロバキア	100.0 (0.0)	73.9 (3.5)	56.3 (4.0)	57.3 (3.7)	65.3 (3.8)	75.7 (3.5)	57.1 (4.0)	83.2 (2.6)
スペイン	85.9 (3.4)	48.8 (4.7)	0.9 (0.7)	25.4 (4.4)	42.3 (4.5)	2.9 (1.5)	26.9 (3.9)	28.3 (3.6)
スウェーデン	100.0 (0.0)	90.3 (2.2)	78.8 (2.8)	80.3 (3.4)	86.8 (3.0)	45.4 (3.8)	63.0 (4.2)	73.5 (4.0)
地域としての参加								
アブダビ（アラブ首長国連邦）	98.5 (1.1)	96.2 (2.2)	21.7 (4.3)	79.9 (4.1)	76.4 (3.7)	38.1 (4.1)	60.7 (4.0)	55.1 (4.6)
アルバータ（カナダ）	99.9 (0.1)	95.6 (1.7)	4.5 (1.6)	88.9 (3.0)	71.3 (4.2)	3.0 (1.6)	69.3 (4.6)	80.3 (3.4)
イングランド（イギリス）	100.0 (0.0)	100.0 (0.0)	78.2 (3.2)	100.0 (0.0)	91.1 (2.2)	66.1 (5.0)	96.6 (1.7)	81.4 (4.0)
フランドル（ベルギー）	100.0 (0.0)	71.3 (3.7)	2.3 (1.4)	81.0 (3.4)	65.3 (3.9)	0.9 (0.9)	50.1 (4.7)	89.3 (3.1)
参加国平均	98.5 (0.2)	84.5 (0.5)	21.9 (0.5)	72.5 (0.6)	70.1 (0.6)	34.3 (0.6)	55.7 (0.7)	56.0 (0.7)
アメリカ	100.0 (0.0)	96.6 (2.5)	23.2 (5.9)	86.5 (4.0)	66.4 (5.4)	14.0 (4.4)	68.1 (6.0)	94.6 (2.1)

教員評価の結果を受けて各項目のことが「時々」「頻繁に」「常に」行われていると回答した校長の学校に所属する教員の割合。校長質問紙の問27の回答。公的な教員評価を行っていない学校は問25でフィルタリングされており、これらの学校は問27では除外されている。
出所：OECD（2014）Table 5.3.

5.3　教員へのフィードバックの状況

　TALIS 2013年調査では、教員調査において直接教員へのフィードバックのありようを尋ねた。本節では、教員が学校で受けるフィードバックについての調査結果に関し、その供給源、フィードバックの形態、及びその内容について順次紹介する。

5.3.1　フィードバックの供給源

　参加国では、平均して87.5%の教員が勤務校におけるフィードバックを得ていると回答しており、おしなべてフィードバックを得ている割合が多い。とはいえ国によって回答傾向が異なり、例えばデンマーク、フィンランド、アイスランド、イタリア、スペイン、スウェーデンの諸国は22%から45%の割合で勤務校でのフィードバックを受けたことがないと回答している。

　表5.3.1は、前期中等教育における教員について、自分の仕事ぶりについて公式・非公式を含めた様々な場で得られた大小各種のフィードバックの供給源を示している。フィードバックを得た者も得なかった者もともに含めて調査の母数とした。

　一般に校長等のリーダーは学校において教員が果たしている役割を熟知しており、効果的なフィードバックを与えやすい立場にいる。調査結果でも、校長からのフィードバックを得たことがあると回答した教員は54.3%（日本75.2%）であり、校長以外の学校内の学校運営チームメンバーからのフィードバックを得た者も49.3%（日本64.5%）に上る。同僚教員からのフィードバックはやや少なくて41.9%（日本47.2%）である。学校外の機関や個人からのフィードバックは28.9%で、組織内指導者（メンター）から得た割合は19.2%（日本39.1%）とさらに少なくなっている。

　日本の場合は、勤務校でのフィードバックの経験がない者は6.3%にとどまるほか、あらゆる供給源について各国平均を上回る割合を示している点が特徴的である。公的な教員評価の場合と打って変わって「校長以外の学校運営チームメンバー」「組織内指導者（メンター）」「他の教員」などの同僚的フィードバックがおしなべて多く見られる。

　供給源の多様さは、各国における学校内の組織の構成や権限配分関係を反映していると考えることもできよう。国によっては校長の管理的負担を分散させる取組を行っているところもある。

　データからは、前期中等教育の教員たちに、先にも見た五つの供給源、すなわち「学校外の機関や個人」「校長」「校長以外の学校運営チームメンバー」「組織内指導者（メンター）」「他の教員」のうち、いくつからのフィードバックを得ているかがわかる。これに見ると、参加各国の平均で55.6%の教員は一つないし二つの供給源を持つと回答し、20.2%が三つと回答している。3分の1以上の教員が「勤務校ではフィードバックを受けたことがない」と回答したフィンランド、アイスランド、イタリア、スウェーデンのような国がある一方で、四つ以上の供給源を持つと答えた教員が全体の20%を超えているのがルーマニア（37.2%）、日本（25.2%）、ラトビア（20.4%）となっている[3]。

3.　OECD（2014）Table 5.10 web.

第5章　教員への評価とフィードバック

表 5.3.1　教員へのフィードバックの供給源

国　名	外部の個人又は機関 %	S.E.	校長 %	S.E.	学校運営チームメンバー %	S.E.	組織内指導者（メンター） %	S.E.	他の教員 %	S.E.	勤務校ではフィードバックを受けたことがない[2] %	S.E.
オーストラリア	14.8	(1.0)	27.2	(1.6)	57.0	(2.0)	24.1	(1.5)	50.6	(2.0)	14.1	(1.5)
ブラジル	27.6	(0.9)	54.8	(1.0)	68.3	(1.1)	37.8	(1.2)	29.0	(0.8)	8.7	(0.5)
ブルガリア	56.6	(1.6)	94.5	(0.7)	31.1	(1.3)	16.0	(0.9)	43.5	(1.7)	1.8	(0.4)
チリ	20.1	(1.3)	34.1	(1.8)	60.6	(1.9)	13.6	(1.1)	23.4	(1.5)	14.0	(1.4)
クロアチア[3]	36.4	(0.9)	74.3	(1.3)	52.5	(1.4)	14.4	(0.7)	31.7	(1.0)	5.6	(0.5)
キプロス	46.5	(1.1)	47.0	(1.3)	35.1	(1.2)	15.6	(1.0)	38.1	(1.5)	17.5	(1.0)
チェコ	48.1	(1.2)	73.2	(1.4)	64.2	(1.6)	7.9	(0.6)	52.5	(1.4)	3.3	(0.5)
デンマーク	19.2	(1.3)	43.7	(2.5)	14.9	(1.1)	5.6	(0.9)	58.2	(1.6)	22.3	(1.3)
エストニア	28.2	(1.1)	52.3	(2.0)	80.1	(1.3)	5.8	(0.8)	45.8	(1.4)	7.0	(0.7)
フィンランド	18.5	(0.9)	42.4	(1.4)	6.6	(0.7)	0.7	(0.2)	43.0	(1.1)	36.9	(1.2)
フランス	70.3	(1.1)	43.1	(1.3)	18.2	(0.9)	6.1	(0.6)	20.7	(1.0)	16.1	(0.8)
アイスランド	11.8	(1.0)	21.0	(1.3)	31.8	(1.3)	4.6	(0.6)	23.8	(1.2)	45.4	(1.6)
イスラエル	34.2	(1.1)	68.7	(1.3)	50.3	(1.5)	29.5	(1.2)	29.7	(1.2)	10.0	(0.7)
イタリア	21.9	(0.8)	27.8	(1.0)	15.2	(0.8)	2.4	(0.3)	39.2	(1.0)	42.8	(0.9)
日本	30.9	(1.2)	75.2	(1.2)	64.5	(1.1)	39.1	(1.1)	47.2	(1.0)	6.3	(0.5)
韓国	13.0	(0.7)	29.8	(1.3)	29.3	(1.1)	9.4	(0.6)	84.4	(0.7)	6.0	(0.6)
ラトビア	34.2	(1.3)	61.3	(2.0)	89.8	(1.4)	6.5	(0.6)	57.5	(1.6)	2.9	(0.4)
マレーシア	25.6	(1.1)	46.3	(1.5)	90.5	(0.7)	28.8	(1.4)	33.3	(0.9)	1.1	(0.2)
メキシコ	38.9	(1.1)	56.3	(1.8)	60.1	(1.4)	24.0	(1.2)	34.7	(1.0)	9.5	(0.8)
オランダ	18.1	(1.7)	26.4	(1.7)	80.7	(1.7)	19.1	(1.6)	57.0	(1.5)	6.1	(0.8)
ノルウェー	9.8	(1.2)	45.3	(1.7)	43.9	(2.8)	3.2	(0.8)	57.4	(2.1)	16.2	(1.2)
ポーランド	32.3	(1.2)	93.0	(0.8)	38.2	(1.8)	26.2	(1.1)	50.7	(1.2)	1.7	(0.3)
ポルトガル	9.9	(0.6)	42.1	(1.1)	31.4	(1.0)	45.4	(1.2)	55.4	(0.9)	16.2	(0.8)
ルーマニア	64.5	(1.3)	89.4	(0.9)	58.2	(1.5)	43.0	(1.4)	47.3	(1.2)	2.7	(0.4)
セルビア	34.5	(0.9)	70.2	(1.2)	30.1	(1.0)	12.0	(0.7)	37.5	(1.3)	4.4	(0.4)
シンガポール	10.8	(0.6)	50.4	(0.9)	82.6	(0.8)	38.3	(0.9)	42.6	(1.0)	1.2	(0.2)
スロバキア	32.3	(1.4)	65.2	(1.5)	72.4	(1.1)	14.1	(0.7)	54.6	(1.3)	3.6	(0.4)
スペイン	17.3	(0.9)	21.8	(1.3)	42.4	(1.3)	25.9	(1.1)	34.7	(0.9)	31.5	(1.1)
スウェーデン	10.4	(0.7)	46.4	(1.5)	13.0	(1.2)	3.3	(0.5)	33.7	(1.2)	32.5	(1.2)
地域としての参加												
アブダビ（アラブ首長国連邦）	25.0	(1.6)	75.6	(2.9)	67.9	(1.5)	54.4	(1.9)	19.9	(1.3)	2.6	(0.6)
アルバータ（カナダ）	28.9	(1.4)	81.4	(1.3)	39.7	(1.7)	9.4	(1.1)	35.8	(1.3)	7.1	(0.5)
イングランド（イギリス）	28.9	(1.6)	41.9	(1.6)	85.2	(0.9)	28.9	(1.0)	51.1	(1.4)	0.9	(0.3)
フランドル（ベルギー）	33.8	(2.0)	69.8	(1.7)	19.6	(1.3)	18.2	(1.3)	19.7	(1.0)	14.3	(1.1)
参加国平均	28.9	(0.2)	54.3	(0.3)	49.3	(0.2)	19.2	(0.2)	41.9	(0.2)	12.5	(0.1)
アメリカ	23.6	(1.3)	84.6	(2.5)	48.2	(2.4)	10.5	(1.0)	27.4	(2.0)	1.9	(0.7)

1. 教員質問紙の問28で、各評価者から一つ以上の項目についてフィードバックを受けたことがあると回答した教員の割合。同一の教員が別の手法で別の評価者からフィードバックを受けることがある。
2. 教員質問紙の問28で、勤務校ではいかなる項目でもフィードバックを受けたことがないと回答した教員の割合。
3. 「教科に関する知識についての評価に基づくフィードバック」という項目はクロアチアには適当ではないとして除外されている。
出所：OECD（2014）Table 5.4.

5.3.2 フィードバックの諸形態

　教員へのフィードバックが教育の改善に有効であるというのは、教員の仕事ぶりに対する総合的な評価の仕組みがあってこそだと言われる。TALISにおける教員へのフィードバックの調査項目にしても、公的な教員評価がどれほど機能しているか次第でそのデータの意味が十全にもなる。そのような前提はあるが、フィードバックの諸形態についてみてゆく。

　表5.3.2は前期中等教育の教員へのフィードバックの諸形態を示したものである。本調査では、フィードバックの形態としては、「授業観察」「生徒アンケート」「教科に関する知識についての評価」「生徒のテスト結果の分析」「教員の自己評価」「保護者アンケートや話し合い」の6項目に分類している。表では、各教員が勤務校において経験したフィードバックの形態の割合を示した。

　調査結果によると、調査参加国の8割近い教員は「授業観察」に基づくフィードバックを受けているという（日本86.9%）。「生徒のテスト結果の分析」に基づくフィードバックを経験している教員は63.6%が各国の平均である（日本63.3%）。

　「教科に関する知識についての評価」については、参加国平均は54.8%である。ラトビア、マレーシア、ルーマニア、アブダビ（アラブ首長国連邦）は8割を超え、アイスランド、スペイン、スウェーデンは4分の1以下である。もっともこうした数字をもってただちにどの国は教員の知識を軽視しているなどとは言えない。教員へのフィードバックの文脈では顧慮されることが少なくても教員研修などでは大きな比重が置かれている場合もあるからである。日本は平均よりも多い67.4%である。

　「生徒アンケート」については、参加国平均は53.3%である。日本は平均よりも多い66.4%であった。「生徒アンケート」にも日本でよくみられる授業評価アンケートから、学校生活全般についての調査など内容的にも多様であるし、実態調査なのか満足度調査なのかによっても意味が分かれる。OECD（2014）においても、質問の内容を加味した更なる研究による掘り下げを必要とするとしている。

　「教員の自己評価」については、参加国平均は52.7%（日本77.6%）、「保護者アンケートや話し合い」については、参加国平均は53.4%（日本65.3%）である。

表5.3.2 教員へのフィードバックの形態

国　名	授業観察の結果に基づくフィードバック %	S.E.	生徒を対象とする授業アンケートに基づくフィードバック %	S.E.	教科に関する知識についての評価に基づくフィードバック %	S.E.	生徒のテスト結果の分析に基づくフィードバック %	S.E.	教員の自己評価に基づくフィードバック %	S.E.	保護者を対象とするアンケートや話し合いに基づくフィードバック %	S.E.
オーストラリア	69.6	(2.0)	39.8	(2.3)	33.0	(1.6)	56.0	(1.9)	44.6	(2.2)	39.8	(1.3)
ブラジル	80.7	(0.8)	67.2	(0.9)	68.4	(0.9)	83.2	(0.7)	59.0	(1.1)	70.1	(0.8)
ブルガリア	96.2	(0.5)	60.0	(1.7)	73.4	(1.5)	84.3	(1.0)	51.3	(1.7)	55.5	(1.6)
チリ	78.5	(1.7)	53.2	(2.1)	59.8	(1.7)	69.7	(1.6)	60.2	(1.7)	56.4	(1.8)
クロアチア	89.7	(0.7)	56.5	(1.2)	a	a	52.2	(1.1)	40.8	(1.2)	55.9	(1.0)
キプロス	74.5	(1.0)	33.3	(1.3)	49.7	(1.4)	48.7	(1.4)	41.9	(1.3)	46.3	(1.4)
チェコ	94.5	(0.7)	65.4	(1.2)	57.4	(1.1)	73.6	(1.2)	49.5	(1.3)	62.0	(1.2)
デンマーク	57.7	(1.9)	41.3	(1.3)	33.5	(1.3)	49.2	(1.6)	37.2	(1.4)	37.4	(1.4)
エストニア	88.5	(0.8)	69.8	(1.3)	73.0	(1.1)	71.6	(1.3)	70.9	(1.3)	61.9	(1.4)
フィンランド	46.2	(1.4)	26.2	(1.1)	25.9	(1.3)	27.6	(1.1)	20.8	(1.1)	37.4	(1.1)
フランス	79.2	(0.9)	37.7	(1.0)	48.4	(1.0)	43.0	(1.1)	15.7	(0.9)	34.3	(1.0)
アイスランド	35.9	(1.6)	17.3	(1.1)	18.1	(1.2)	26.6	(1.4)	15.3	(1.0)	31.3	(1.4)
イスラエル	79.6	(1.0)	49.2	(1.4)	61.4	(1.4)	67.3	(1.3)	56.4	(1.2)	32.7	(1.3)
イタリア	40.5	(1.0)	35.2	(0.9)	26.0	(0.9)	44.2	(1.0)	25.2	(1.0)	41.3	(1.0)
日本	86.9	(0.9)	66.4	(1.4)	67.4	(1.1)	63.3	(1.0)	77.6	(1.1)	65.3	(1.1)
韓国	91.2	(0.7)	77.3	(0.9)	78.1	(1.1)	84.0	(0.9)	75.3	(1.0)	70.5	(1.0)
ラトビア	94.9	(0.6)	81.2	(1.3)	83.5	(1.1)	91.0	(0.7)	89.0	(0.9)	80.7	(1.2)
マレーシア	97.5	(0.3)	77.3	(0.9)	89.3	(0.8)	93.2	(0.6)	78.7	(1.1)	78.4	(1.1)
メキシコ	82.1	(1.1)	63.2	(1.1)	68.5	(1.1)	80.6	(1.0)	69.8	(1.2)	67.7	(1.3)
オランダ	86.5	(1.3)	67.6	(2.7)	51.3	(2.1)	52.9	(2.2)	46.6	(1.8)	34.6	(1.8)
ノルウェー	73.2	(1.6)	53.7	(1.8)	40.8	(1.6)	52.9	(1.4)	47.5	(1.8)	48.4	(2.0)
ポーランド	97.3	(0.3)	64.9	(1.1)	72.1	(1.1)	83.7	(0.8)	62.3	(1.3)	73.1	(1.0)
ポルトガル	65.8	(1.2)	43.1	(1.2)	48.1	(1.1)	64.4	(1.1)	63.7	(1.1)	46.4	(1.1)
ルーマニア	95.8	(0.5)	92.3	(0.6)	91.0	(0.8)	90.0	(0.6)	93.4	(0.6)	87.7	(0.8)
セルビア	75.1	(1.2)	34.9	(1.1)	52.8	(1.2)	47.8	(1.2)	38.0	(1.1)	40.4	(1.0)
シンガポール	96.8	(0.4)	61.8	(0.8)	70.5	(0.9)	81.3	(0.7)	87.2	(0.6)	51.7	(0.9)
スロバキア	93.4	(0.6)	71.5	(1.1)	71.1	(1.0)	77.2	(1.1)	65.9	(1.1)	68.7	(1.1)
スペイン	42.6	(1.3)	35.8	(1.4)	20.9	(1.0)	53.6	(1.2)	27.3	(1.3)	45.6	(1.1)
スウェーデン	51.1	(1.7)	26.6	(1.4)	16.7	(0.9)	28.3	(1.0)	20.2	(0.9)	29.3	(0.9)
地域としての参加												
アブダビ（アラブ首長国連邦）	95.0	(0.7)	72.8	(1.9)	81.9	(1.3)	85.5	(1.1)	83.0	(1.5)	78.5	(1.3)
アルバータ（カナダ）	84.2	(1.0)	40.6	(1.6)	39.2	(1.3)	61.2	(1.4)	44.3	(1.3)	57.1	(1.3)
イングランド（イギリス）	98.9	(0.3)	42.3	(1.7)	38.5	(1.6)	69.8	(1.5)	45.9	(1.6)	40.9	(1.2)
フランドル（ベルギー）	81.4	(1.4)	34.9	(1.6)	42.6	(1.4)	41.9	(1.3)	35.4	(1.5)	34.1	(1.2)
参加国平均	78.8	(0.2)	53.3	(0.2)	54.8	(0.2)	63.6	(0.2)	52.7	(0.2)	53.4	(0.2)
アメリカ	97.7	(0.7)	26.3	(1.5)	46.3	(2.1)	63.8	(2.4)	48.6	(2.5)	41.0	(2.2)

各項目について、外部の個人又は機関、校長、校長以外の学校運営チームメンバー、組織内指導者（メンター）、その他の教員のうち少なくとも一つの評価者によりフィードバックを受けたことがあると回答した教員の割合。
出所：OECD（2014）Table 5.5.

5.3.3 フィードバックの重点

　教員へのフィードバックの内容がどのようなテーマを重点としているかということでは、表5.3.3 に見るように「生徒の成績」「生徒の行動と学級経営」「教科等の指導法」「教科等の知識」「他の教員との協働」「生徒の声（意見）」「保護者の声（意見）」「特別な支援を要する生徒への指導」「他の教員の指導改善」「多文化・多言語環境における指導」などについて、調査が行われた。

　このうち最も回答数が多いのは、表にあるとおりであるが、「生徒の成績」「生徒の行動と学級経営」「教科等の指導法」などとなっている。TALIS 2008 年調査とデータの対比ができる諸国について言えば、「生徒の成績」が顕著な伸びをみせている。例を挙げれば、オーストラリアの 51% から 88%、デンマークの 29% から 72%、アイスランドの 45% から 78%、イタリアの 62% から 95%、ノルウェーの 47% から 73%、ポルトガルの 64% から 95%、等である。

　この他、TALIS 2008 年調査との対比では、「特別な支援を要する生徒への指導」への関心も参加各国平均で 58% から 68% という率で伸びている。

表5.3.3 [1/2]　教員へのフィードバックの重点

国　名	生徒の成績 %	S.E.	担当教科等の分野に関する知識と理解 %	S.E.	担当教科等の分野の指導法に関する能力 %	S.E.	生徒の評価方法 %	S.E.	生徒の行動と学級経営 %	S.E.	特別な支援を要する生徒への指導 %	S.E.
オーストラリア	87.5	(1.4)	69.1	(1.5)	74.9	(1.2)	76.5	(1.5)	70.0	(1.6)	50.8	(1.8)
ブラジル	95.8	(0.3)	92.6	(0.4)	92.7	(0.4)	93.6	(0.4)	91.2	(0.5)	76.6	(0.9)
ブルガリア	91.9	(0.7)	89.1	(0.8)	90.2	(0.7)	83.3	(0.9)	80.2	(1.2)	56.2	(2.0)
チリ	90.1	(0.9)	91.8	(0.9)	92.3	(0.9)	90.1	(1.0)	91.2	(1.0)	79.7	(1.5)
クロアチア	92.1	(0.5)	83.7	(0.8)	89.1	(0.7)	91.2	(0.6)	89.6	(0.6)	82.3	(0.9)
キプロス	91.2	(0.9)	91.7	(0.8)	93.8	(0.6)	87.2	(0.8)	92.0	(0.8)	68.3	(1.3)
チェコ	94.4	(0.6)	88.7	(0.7)	91.4	(0.6)	90.7	(0.7)	93.5	(0.5)	81.6	(1.2)
デンマーク	71.6	(1.9)	80.9	(1.2)	83.5	(1.2)	60.9	(1.5)	84.8	(1.2)	60.6	(1.6)
エストニア	87.4	(0.8)	83.2	(0.9)	87.3	(0.8)	81.2	(0.9)	87.3	(0.9)	64.8	(1.4)
フィンランド	75.0	(1.2)	77.4	(1.1)	79.0	(1.0)	63.5	(1.6)	82.0	(1.1)	58.6	(1.3)
フランス	69.7	(0.9)	86.1	(0.9)	93.5	(0.5)	83.4	(0.7)	94.2	(0.5)	65.6	(1.0)
アイスランド	77.5	(1.8)	67.7	(1.9)	71.8	(1.8)	68.0	(1.9)	75.6	(1.7)	62.8	(1.9)
イスラエル	88.7	(0.8)	87.4	(0.8)	88.8	(0.8)	76.8	(1.1)	86.7	(0.8)	60.2	(1.2)
イタリア	95.1	(0.7)	89.9	(0.8)	89.8	(0.9)	87.3	(0.8)	92.7	(0.8)	87.5	(0.8)
日本	77.6	(0.9)	85.6	(0.7)	92.7	(0.5)	82.5	(0.8)	86.4	(0.7)	71.4	(1.1)
韓国	82.2	(0.9)	85.4	(0.7)	88.5	(0.7)	84.3	(0.9)	85.5	(0.7)	83.5	(0.7)
ラトビア	96.4	(0.4)	92.4	(0.8)	95.5	(0.6)	94.5	(0.5)	91.4	(0.8)	65.7	(2.0)
マレーシア	99.7	(0.1)	99.6	(0.1)	98.9	(0.2)	98.8	(0.2)	97.9	(0.3)	69.7	(1.3)
メキシコ	90.8	(0.8)	86.3	(0.8)	85.6	(0.9)	85.0	(0.9)	82.9	(0.9)	51.1	(1.5)
オランダ	81.6	(1.1)	75.6	(1.4)	94.6	(0.8)	73.8	(1.5)	92.6	(0.7)	60.9	(2.3)
ノルウェー	73.0	(1.2)	71.8	(1.5)	73.4	(1.5)	68.0	(1.4)	87.3	(1.0)	60.2	(2.6)
ポーランド	90.8	(0.8)	85.9	(0.8)	85.6	(0.7)	88.5	(0.8)	87.4	(0.7)	79.5	(1.1)
ポルトガル	94.8	(0.5)	89.4	(0.6)	93.1	(0.5)	92.6	(0.5)	93.7	(0.5)	84.2	(0.8)
ルーマニア	97.6	(0.3)	96.3	(0.4)	95.5	(0.5)	95.5	(0.5)	95.5	(0.5)	73.4	(1.5)
セルビア	95.2	(0.4)	92.0	(0.5)	91.8	(0.5)	91.6	(0.5)	91.9	(0.5)	90.4	(0.6)
シンガポール	94.7	(0.4)	87.2	(0.6)	91.0	(0.6)	88.2	(0.6)	86.3	(0.7)	47.2	(1.0)
スロバキア	94.9	(0.4)	92.7	(0.7)	93.7	(0.5)	92.4	(0.5)	93.7	(0.5)	85.0	(0.8)
スペイン	87.9	(0.8)	63.8	(1.4)	63.6	(1.4)	66.8	(1.4)	79.8	(0.9)	66.9	(1.4)
スウェーデン	74.7	(1.3)	59.0	(1.3)	72.3	(1.2)	68.7	(1.3)	77.7	(1.2)	60.0	(1.5)
地域としての参加												
アブダビ（アラブ首長国連邦）	88.9	(0.7)	84.2	(0.8)	84.3	(1.0)	86.0	(0.8)	84.9	(0.7)	65.1	(1.5)
アルバータ（カナダ）	87.6	(0.8)	75.1	(1.1)	78.6	(1.1)	86.1	(0.9)	75.7	(1.2)	65.2	(1.9)
イングランド（イギリス）	96.9	(0.4)	75.8	(1.3)	80.4	(0.9)	90.4	(0.8)	85.3	(1.1)	73.7	(1.1)
フランドル（ベルギー）	74.6	(1.2)	76.5	(1.1)	85.8	(0.7)	72.9	(1.2)	81.2	(0.9)	57.3	(1.3)
参加国平均	87.5	(0.2)	83.5	(0.2)	86.8	(0.2)	83.0	(0.2)	86.9	(0.2)	68.7	(0.2)
アメリカ	91.6	(0.7)	78.1	(1.4)	80.4	(1.4)	81.2	(1.5)	81.8	(1.2)	63.4	(1.6)

自身の考えとして、フィードバックでは各項目が「ある程度重視されている」「非常に重視されている」と回答した教員の割合。
出所：OECD（2014）Table 5.6.

表 5.3.3 [2/2] 教員へのフィードバックの重点

国　名	多文化又は多言語環境における指導 %	S.E.	他の教員に対し指導を改善するために自分が行ったフィードバック %	S.E.	保護者からのフィードバック %	S.E.	生徒からのフィードバック %	S.E.	他の教員との協働 %	S.E.
オーストラリア	30.1	(1.9)	46.6	(1.4)	55.1	(2.0)	62.9	(2.2)	71.3	(1.4)
ブラジル	64.7	(0.9)	79.3	(0.7)	85.2	(0.7)	87.6	(0.6)	90.3	(0.5)
ブルガリア	52.8	(1.8)	62.6	(1.6)	64.3	(1.5)	76.6	(1.2)	82.7	(1.1)
チリ	58.6	(2.1)	69.6	(1.6)	68.3	(1.6)	82.4	(1.5)	78.5	(1.7)
クロアチア	32.1	(1.2)	64.9	(1.1)	81.3	(0.8)	87.0	(0.7)	82.1	(0.6)
キプロス	67.4	(1.3)	59.4	(1.6)	66.5	(1.4)	77.1	(1.4)	81.8	(1.1)
チェコ	47.8	(1.3)	65.1	(1.2)	83.1	(0.9)	88.3	(0.8)	87.5	(0.8)
デンマーク	34.8	(2.2)	58.8	(1.7)	72.3	(1.5)	83.5	(1.3)	88.3	(1.1)
エストニア	35.1	(1.9)	50.4	(1.4)	71.9	(1.2)	82.0	(1.1)	80.4	(1.0)
フィンランド	25.6	(2.0)	34.4	(1.4)	76.2	(1.2)	78.2	(1.0)	80.2	(1.0)
フランス	22.7	(1.0)	26.5	(0.9)	49.7	(1.2)	55.9	(1.3)	77.2	(1.0)
アイスランド	33.9	(2.0)	36.3	(1.9)	58.8	(2.0)	61.2	(2.1)	73.1	(1.6)
イスラエル	39.1	(1.5)	48.5	(1.4)	55.6	(1.3)	76.0	(1.1)	79.7	(1.0)
イタリア	68.4	(1.4)	69.8	(1.3)	89.9	(0.9)	91.2	(0.8)	90.5	(0.8)
日本	28.4	(1.0)	56.6	(1.1)	70.9	(0.9)	80.9	(0.8)	79.9	(0.9)
韓国	60.0	(1.0)	74.4	(1.0)	69.1	(1.1)	82.2	(0.9)	80.5	(0.9)
ラトビア	44.6	(2.5)	71.2	(1.4)	85.3	(1.1)	90.6	(0.7)	88.4	(1.0)
マレーシア	70.2	(1.1)	93.2	(0.4)	95.6	(0.4)	98.0	(0.2)	98.8	(0.2)
メキシコ	38.9	(1.2)	53.5	(1.2)	62.8	(1.2)	79.4	(1.0)	70.9	(1.2)
オランダ	23.7	(1.9)	40.2	(1.2)	57.8	(1.5)	83.5	(1.6)	82.7	(1.1)
ノルウェー	24.3	(1.4)	43.8	(1.9)	63.9	(2.1)	75.2	(1.3)	77.8	(1.2)
ポーランド	18.1	(0.8)	53.0	(1.2)	70.1	(1.1)	74.6	(1.1)	75.4	(1.1)
ポルトガル	61.5	(1.1)	76.7	(0.8)	84.3	(0.7)	91.2	(0.6)	94.1	(0.5)
ルーマニア	59.2	(1.3)	77.0	(0.9)	91.7	(0.6)	96.9	(0.5)	94.4	(0.5)
セルビア	66.0	(1.1)	73.8	(1.0)	87.8	(0.7)	92.6	(0.5)	89.8	(0.6)
シンガポール	39.6	(1.0)	58.2	(1.0)	64.6	(0.8)	74.2	(0.8)	75.2	(0.9)
スロバキア	57.0	(1.3)	72.3	(0.9)	87.2	(0.7)	93.1	(0.5)	91.2	(0.5)
スペイン	49.5	(1.7)	55.1	(1.2)	72.3	(1.1)	72.3	(1.1)	71.7	(1.3)
スウェーデン	27.5	(1.8)	36.3	(1.4)	61.4	(1.4)	75.3	(1.1)	71.4	(1.3)
地域としての参加										
アブダビ（アラブ首長国連邦）	62.5	(1.6)	74.6	(1.4)	82.9	(1.4)	81.8	(1.3)	85.3	(1.2)
アルバータ（カナダ）	36.2	(1.8)	37.8	(1.7)	62.5	(1.5)	67.6	(1.5)	68.1	(1.5)
イングランド（イギリス）	33.2	(1.7)	44.2	(1.3)	43.2	(1.2)	55.4	(1.6)	48.8	(1.5)
フランドル（ベルギー）	29.1	(1.8)	29.7	(1.0)	44.7	(1.1)	55.9	(1.4)	74.5	(1.1)
参加国平均	43.7	(0.3)	57.4	(0.2)	70.8	(0.2)	79.1	(0.2)	80.7	(0.2)
アメリカ	38.2	(2.3)	31.9	(1.5)	47.7	(1.3)	47.7	(1.6)	60.7	(1.8)

自身の考えとして、フィードバックでは各項目が「ある程度重視されている」「非常に重視されている」と回答した教員の割合。
出所：OECD (2014) Table 5.6.

5.4　教員への評価とフィードバックの効果

　以上のように、教員への評価とフィードバックには参加各国で様々な方式があることを見ることができた。しかし各国で等しく最も重要なことは、こうした教員への評価やフィードバックが何をもたらすのか？　という問題であろう。先行研究からは、教員へのフィードバックには様々な効用があることが知られている。教員としての将来選択や職能開発や授業改善などに焦点を当てる諸研究がある。

　本調査ではフィードバックによる効果として、「校長や同僚から認められること」「学校改善を主導する役割」「キャリア向上の可能性」「職能開発の進展」「校内での職務責任」「教員としての自信」「給与や賞与」「学級経営」「担当教科等の知識と理解」「指導実践」「特別な支援を要する生徒への指導方法」「生徒の学習改善につながる学習方法」「仕事への満足度」「意欲」などについて調査が行われた。

　表5.4.1によれば、「校長や同僚から認められること」については、参加国平均が60.6%である。日本は83.0%と高率であるが、日本以外に4分の3以上の教員が回答している国は、ブルガリア、マレーシア、ルーマニアである。また半分以下というのはオーストラリア、アイスランド、ポルトガル、シンガポール、アルバータ（カナダ）、イングランド（イギリス）であった。

　「仕事への満足度」「意欲」はそれぞれ参加国平均で63.4%、64.7%である中で、日本は各77.4%と81.5%と高い率を示した。日本以外で4分の3以上の教員が回答している国は、ブルガリア、チリ、イタリア、マレーシア、メキシコ、ルーマニアであった。「教員としての自信」は、参加国全体で70.6%（日本は85.1%）であった。日本では、教員へのフィードバックが意欲面では前向きに作用していることがうかがえる。

　フィードバックによる効果の中心は、教育実践の改善にあるようである。参加国平均では62.0%の教員が「指導実践」への好影響を挙げている。日本は最高ポイントのマレーシアの95.2%について2番目の88.6%が肯定的である。マレーシア、メキシコ、チリなどとともに日本は教員がフィードバックの効果を教室場面で強く感じている国だということが見て取れる。

表 5.4.1 ［1/2］ 教員へのフィードバックの効果

国　名	校長や同僚から認められること % (S.E.)	学校改善を主導する役割 % (S.E.)	キャリア向上の可能性 % (S.E.)	職能開発を受ける量 % (S.E.)	校内での職務責任 % (S.E.)	教員としての自信 % (S.E.)	給与や賞与 % (S.E.)
オーストラリア	39.9 (1.3)	38.6 (1.5)	30.8 (1.3)	31.2 (1.2)	39.5 (1.3)	56.5 (1.7)	11.9 (1.0)
ブラジル	71.3 (0.9)	66.9 (0.9)	50.0 (1.0)	70.1 (0.8)	80.3 (0.7)	85.8 (0.6)	27.0 (0.8)
ブルガリア	79.6 (1.2)	60.1 (1.5)	32.0 (1.4)	54.1 (1.6)	82.1 (1.1)	87.0 (0.9)	47.0 (1.6)
チリ	70.3 (1.9)	64.3 (1.9)	64.1 (1.8)	68.3 (1.7)	74.9 (1.7)	86.1 (1.3)	47.0 (2.4)
クロアチア	55.7 (1.1)	45.0 (1.1)	33.0 (0.9)	47.4 (1.0)	52.3 (1.0)	73.3 (0.9)	15.4 (0.7)
キプロス	61.2 (1.5)	55.6 (1.4)	39.3 (1.5)	52.7 (1.7)	59.3 (1.5)	78.5 (1.1)	10.7 (0.9)
チェコ	57.3 (1.3)	38.6 (1.1)	21.6 (1.0)	30.3 (1.1)	43.6 (1.1)	62.4 (1.2)	27.3 (1.1)
デンマーク	56.2 (1.7)	44.4 (1.7)	22.7 (1.5)	47.9 (1.8)	47.7 (1.8)	64.7 (1.5)	11.2 (0.9)
エストニア	56.4 (1.4)	43.4 (1.4)	27.8 (1.6)	46.4 (1.5)	47.3 (1.4)	64.3 (1.3)	27.2 (1.2)
フィンランド	55.9 (1.5)	33.0 (1.4)	14.5 (1.3)	26.9 (1.1)	34.4 (1.4)	63.5 (1.4)	13.1 (1.1)
フランス	54.2 (1.2)	43.6 (1.1)	36.5 (1.1)	22.0 (1.0)	39.4 (1.1)	64.7 (1.1)	22.5 (1.0)
アイスランド	42.9 (2.3)	40.9 (2.3)	13.0 (1.4)	31.8 (1.9)	34.4 (2.1)	58.9 (2.0)	16.5 (1.7)
イスラエル	70.4 (1.2)	55.5 (1.2)	54.0 (1.5)	50.5 (1.3)	58.4 (1.2)	73.1 (1.1)	24.0 (1.1)
イタリア	54.3 (1.3)	45.3 (1.2)	a　a	46.2 (1.2)	a　a	71.9 (1.1)	a　a
日本	**83.0 (0.9)**	**63.4 (1.1)**	**33.6 (1.1)**	**41.9 (1.1)**	**71.1 (1.0)**	**85.1 (0.7)**	**27.9 (1.0)**
韓国	59.9 (1.1)	52.9 (1.2)	37.4 (1.2)	55.0 (1.2)	65.1 (1.2)	65.8 (1.0)	38.4 (1.0)
ラトビア	58.2 (1.4)	46.3 (1.6)	37.0 (1.6)	45.0 (1.5)	48.6 (1.2)	63.7 (1.6)	21.5 (1.2)
マレーシア	89.8 (0.8)	87.2 (0.8)	81.8 (0.8)	85.5 (0.7)	93.0 (0.6)	96.0 (0.4)	78.0 (1.0)
メキシコ	62.0 (1.4)	62.6 (1.3)	51.3 (1.2)	67.8 (1.2)	82.0 (1.0)	89.0 (0.8)	30.9 (1.3)
オランダ	52.2 (1.7)	45.3 (1.4)	31.1 (1.9)	36.6 (1.6)	44.1 (1.8)	58.7 (2.0)	19.9 (1.6)
ノルウェー	58.9 (1.8)	34.9 (2.1)	15.2 (1.3)	25.4 (1.4)	32.0 (1.8)	68.0 (1.3)	19.9 (1.5)
ポーランド	72.1 (1.0)	64.4 (1.0)	51.0 (1.1)	53.1 (1.1)	53.3 (1.1)	69.2 (0.8)	32.6 (1.0)
ポルトガル	47.9 (1.2)	46.2 (1.1)	23.7 (1.0)	38.5 (1.0)	44.9 (1.1)	58.8 (1.0)	6.5 (0.6)
ルーマニア	80.8 (1.0)	68.7 (1.2)	60.0 (1.5)	58.8 (1.3)	76.1 (1.0)	88.1 (0.6)	27.8 (1.3)
セルビア	68.1 (0.9)	51.1 (1.0)	36.2 (1.0)	55.8 (1.0)	66.2 (1.0)	75.7 (0.9)	20.5 (0.9)
シンガポール	49.1 (0.9)	49.1 (0.9)	44.3 (0.9)	47.0 (0.9)	57.9 (1.0)	69.2 (0.9)	38.0 (1.0)
スロバキア	68.5 (1.0)	62.6 (1.0)	39.6 (1.1)	47.4 (1.2)	60.1 (1.1)	71.9 (0.9)	37.0 (1.4)
スペイン	50.8 (1.2)	45.8 (1.2)	28.9 (1.0)	38.2 (1.0)	42.2 (1.2)	59.0 (1.1)	10.5 (0.9)
スウェーデン	60.0 (1.1)	37.6 (1.2)	20.4 (1.2)	23.6 (1.1)	38.3 (1.5)	61.4 (1.2)	33.2 (1.2)
地域としての参加							
アブダビ（アラブ首長国連邦）	74.8 (1.8)	72.7 (1.6)	49.8 (1.8)	67.7 (1.8)	73.2 (1.6)	81.3 (1.4)	31.3 (1.4)
アルバータ（カナダ）	44.3 (1.6)	43.7 (1.5)	33.7 (1.5)	36.6 (1.6)	44.1 (1.5)	60.5 (1.5)	10.7 (0.9)
イングランド（イギリス）	40.6 (1.3)	36.1 (1.4)	33.0 (1.4)	28.0 (1.5)	35.0 (1.3)	53.0 (1.3)	18.4 (1.1)
フランドル（ベルギー）	52.4 (1.4)	34.5 (1.2)	17.5 (0.8)	34.0 (1.0)	43.1 (1.0)	63.0 (1.1)	7.0 (0.6)
参加国平均	**60.6 (0.2)**	**50.9 (0.2)**	**36.4 (0.2)**	**45.8 (0.2)**	**55.1 (0.2)**	**70.6 (0.2)**	**25.3 (0.2)**
アメリカ	42.3 (1.3)	40.2 (1.5)	26.4 (1.0)	31.4 (1.3)	39.4 (1.5)	60.8 (1.6)	12.9 (1.2)

フィードバックが各項目に良い変化を「ある程度」「大きく」もたらしていると回答した教員の割合。
出所：OECD（2014）Table 5.7.

表 5.4.1 [2/2] 教員へのフィードバックの効果

国　名	学級経営 %	S.E.	主な担当教科等の分野に関する知識と理解 %	S.E.	指導実践 %	S.E.	特別な支援を要する生徒への指導方法 %	S.E.	生徒の学習改善につながる学習評価方法 %	S.E.	仕事への満足度 %	S.E.	意欲 %	S.E.
オーストラリア	39.5	(1.7)	33.5	(1.5)	45.0	(1.7)	29.0	(1.4)	42.9	(1.2)	46.9	(1.5)	50.0	(1.5)
ブラジル	75.3	(0.7)	77.2	(0.8)	79.9	(0.7)	45.9	(0.9)	78.5	(0.7)	72.4	(0.9)	72.5	(0.9)
ブルガリア	80.4	(1.2)	77.0	(1.1)	80.3	(1.2)	47.4	(1.9)	76.6	(1.2)	78.4	(1.1)	78.9	(1.0)
チリ	84.1	(1.3)	78.7	(1.5)	82.0	(1.3)	69.3	(1.8)	80.9	(1.4)	82.8	(1.7)	83.4	(1.7)
クロアチア	56.3	(1.0)	52.6	(1.0)	65.1	(1.0)	56.6	(1.0)	65.1	(1.0)	63.5	(1.1)	66.8	(1.1)
キプロス	62.0	(1.5)	52.4	(1.6)	65.0	(1.6)	44.7	(1.5)	60.4	(1.5)	69.6	(1.4)	61.1	(1.6)
チェコ	52.7	(1.4)	45.5	(1.1)	56.9	(1.0)	43.5	(1.3)	50.5	(1.2)	55.7	(1.0)	55.2	(1.0)
デンマーク	41.5	(1.4)	43.4	(1.5)	49.9	(1.7)	36.0	(1.7)	40.4	(1.5)	58.6	(1.9)	61.7	(1.7)
エストニア	44.2	(1.3)	50.4	(1.2)	54.1	(1.4)	37.4	(1.5)	47.9	(1.5)	54.7	(1.2)	55.7	(1.2)
フィンランド	32.8	(1.2)	32.8	(1.2)	37.7	(1.2)	30.3	(1.2)	31.8	(1.2)	59.6	(1.3)	61.0	(1.7)
フランス	42.1	(1.2)	34.9	(1.2)	51.5	(1.2)	33.5	(1.2)	44.5	(1.2)	59.3	(1.1)	62.0	(1.1)
アイスランド	39.7	(1.9)	37.4	(2.2)	44.7	(2.1)	36.7	(2.1)	49.5	(2.1)	58.3	(2.2)	57.2	(2.1)
イスラエル	56.1	(1.2)	54.6	(1.4)	60.3	(1.2)	42.2	(1.3)	55.1	(1.3)	72.4	(1.1)	73.8	(1.0)
イタリア	67.4	(1.2)	61.8	(1.2)	67.9	(1.1)	65.9	(1.2)	69.0	(1.1)	75.3	(1.1)	75.0	(1.1)
日本	71.2	(0.9)	86.2	(0.7)	88.6	(0.6)	63.2	(1.2)	75.5	(0.9)	77.4	(1.0)	81.5	(0.9)
韓国	57.8	(1.1)	62.8	(1.1)	64.4	(1.1)	61.4	(1.1)	58.4	(1.1)	53.0	(1.1)	57.4	(1.1)
ラトビア	44.3	(1.6)	55.1	(1.4)	62.1	(1.3)	37.3	(1.8)	59.4	(1.5)	53.6	(1.4)	56.2	(1.4)
マレーシア	92.4	(0.6)	95.5	(0.5)	95.2	(0.5)	60.7	(1.3)	94.2	(0.5)	94.1	(0.5)	94.7	(0.5)
メキシコ	82.9	(0.9)	83.4	(0.9)	86.3	(0.9)	49.3	(1.1)	81.6	(0.9)	89.3	(0.7)	86.6	(0.8)
オランダ	38.9	(1.6)	30.2	(1.4)	43.8	(1.8)	25.1	(1.7)	31.4	(1.3)	45.2	(1.6)	51.6	(1.8)
ノルウェー	47.1	(2.0)	39.7	(1.4)	52.2	(1.5)	33.5	(2.4)	47.9	(2.3)	54.6	(1.2)	52.9	(1.5)
ポーランド	58.6	(1.0)	52.4	(1.0)	63.5	(1.0)	61.6	(0.9)	67.3	(1.0)	67.8	(0.9)	69.1	(0.8)
ポルトガル	50.0	(1.1)	37.7	(1.0)	48.9	(1.1)	40.1	(1.2)	53.1	(1.1)	54.7	(1.1)	54.1	(1.0)
ルーマニア	78.6	(1.0)	72.0	(1.0)	80.7	(0.9)	56.7	(1.5)	82.9	(0.8)	84.4	(0.8)	83.6	(0.9)
セルビア	60.9	(1.1)	57.8	(1.1)	67.4	(1.0)	59.5	(1.2)	67.9	(0.9)	67.5	(1.0)	68.4	(1.0)
シンガポール	61.6	(0.9)	61.5	(1.0)	69.1	(0.8)	39.7	(1.2)	63.4	(0.9)	61.2	(0.9)	63.2	(1.0)
スロバキア	52.5	(1.1)	61.5	(1.1)	68.7	(1.0)	56.9	(1.3)	66.6	(1.1)	68.4	(1.1)	68.9	(1.1)
スペイン	44.8	(1.2)	33.4	(1.3)	45.4	(1.3)	40.5	(1.3)	53.2	(1.2)	53.5	(1.2)	55.3	(1.3)
スウェーデン	45.0	(1.2)	36.7	(1.1)	47.5	(1.2)	37.2	(1.2)	44.7	(1.1)	50.6	(1.4)	53.7	(1.3)
地域としての参加														
アブダビ（アラブ首長国連邦）	76.2	(1.6)	70.7	(1.8)	79.1	(1.6)	52.6	(1.7)	77.4	(1.5)	68.0	(1.5)	74.6	(1.5)
アルバータ（カナダ）	39.0	(1.7)	37.2	(1.7)	52.0	(1.8)	38.6	(1.8)	53.6	(1.7)	51.4	(1.4)	53.2	(1.4)
イングランド（イギリス）	41.7	(1.5)	26.7	(1.1)	48.1	(1.7)	29.6	(1.6)	49.5	(1.5)	38.9	(1.5)	41.3	(1.5)
フランドル（ベルギー）	37.7	(1.2)	32.6	(0.9)	44.1	(1.1)	32.8	(1.3)	39.9	(1.2)	52.3	(1.2)	55.6	(1.2)
参加国平均	56.2	(0.2)	53.5	(0.2)	62.0	(0.2)	45.3	(0.3)	59.4	(0.2)	63.4	(0.2)	64.7	(0.2)
アメリカ	41.5	(1.4)	35.8	(1.3)	54.5	(1.6)	34.9	(1.4)	49.5	(1.6)	48.9	(1.2)	52.8	(1.5)

フィードバックが各項目に良い変化を「ある程度」「大きく」もたらしていると回答した教員の割合。
出所：OECD（2014）Table 5.7.

5.5 学校現場での受け止められ方

　以上にみたように、学校の教員からはその教育活動に対するフィードバックの実践上の好影響について多くのことが聞かれた。にもかかわらず、より一般的な質問に対しては、教員を評価する制度やフィードバックの仕組みについては指導や学習の改善や教員の承認とは切り離されているとする回答がいずれの国でも少なくない。

　例えば、表5.5.1に示されるように教員評価やフィードバックの制度・仕組みは「教員の授業での指導にほとんど影響を与えない」という受け止め方を参加国全体では43.4%の教員が支持している。また過半数に上る50.6%がこうした評価やフィードバックが「大部分が管理上の要求を満たすため（largely done to fulfil administrative requirements）」に行われるという冷めた見方をしている。日本の平均では、前者32.4%後者47.3%でいくらか穏やかながら、こうした見方を否定できない数字が出ている。

　マレーシアなどはフィードバックの効果についても高いレベルの肯定的な数字を出し続けていながら、4分の3以上（76.2%）が「大部分が管理上の要求を満たすため」という教員評価観を支持している。こうした矛盾と思われる数字をどのように解釈するか。OECD（2014）では、教員たちが教員評価制度と現場の実践の連関を認めない、両者を断絶したものととらえているということは、教育政策で意図したとおりの効果が得られていない可能性が大きいと分析している。

　教員評価やフィードバックはまた、教員の処遇とも非接続だとみなされている。接続しているとみる教員は参加国平均で4割に届かない。自分の学校の「最もよく仕事をしている教員が最も認められている（報酬、ハイレベルの研修機会など）」と回答した教員が37.7%、「仕事の成果が芳しくない状態が続く教員は解雇されることがある」と回答した教員も31.3%にとどまる。これも、各教員の資質や能力を効果的に活用できるかどうかに関わりかねないとしている。

表 5.5.1 [1/2] 教員評価やフィードバックの制度の影響

国　名	最も良く仕事をしている教員が最も認められている %	S.E.	教員への評価・フィードバックは教員の授業での指導にほとんど影響を与えない %	S.E.	教員への評価・フィードバックは大部分が管理上の要求を満たすために行われている %	S.E.	教員が自らの仕事を改善できるよう、研修・訓練計画が用意されている %	S.E.
オーストラリア	31.3	(2.0)	43.2	(1.2)	61.8	(1.6)	50.5	(1.6)
ブラジル	18.4	(0.7)	33.9	(1.0)	42.8	(0.9)	69.4	(1.1)
ブルガリア	62.4	(1.7)	38.3	(1.4)	25.8	(1.4)	79.3	(1.3)
チリ	54.1	(2.3)	63.4	(1.8)	68.7	(1.6)	58.3	(2.1)
クロアチア	27.0	(1.0)	51.5	(1.1)	56.0	(1.2)	59.3	(1.1)
キプロス	27.9	(1.1)	47.3	(1.4)	57.8	(1.3)	64.7	(1.4)
チェコ	55.5	(1.7)	48.6	(1.2)	35.2	(1.4)	59.1	(1.6)
デンマーク	21.1	(1.4)	31.1	(1.6)	49.6	(1.5)	40.5	(1.7)
エストニア	42.7	(1.5)	47.2	(1.2)	43.3	(1.3)	57.4	(1.3)
フィンランド	25.3	(1.3)	49.9	(1.0)	62.0	(1.3)	38.5	(1.5)
フランス	13.6	(0.8)	48.6	(1.1)	61.3	(1.2)	42.2	(1.0)
アイスランド	17.8	(1.2)	42.0	(1.6)	45.8	(1.5)	35.5	(1.6)
イスラエル	28.0	(1.3)	40.9	(1.0)	45.9	(1.4)	63.4	(1.5)
イタリア	30.5	(1.0)	45.5	(1.0)	42.1	(1.2)	69.8	(1.2)
日本	37.1	(1.1)	32.4	(1.0)	47.3	(1.1)	45.6	(1.2)
韓国	51.0	(1.2)	40.6	(1.0)	59.8	(1.2)	69.4	(1.1)
ラトビア	58.1	(1.5)	43.8	(1.6)	48.3	(1.7)	48.0	(1.8)
マレーシア	90.1	(0.8)	44.5	(1.1)	76.2	(1.1)	95.9	(0.4)
メキシコ	36.3	(1.2)	40.0	(1.0)	44.1	(1.3)	63.9	(1.3)
オランダ	24.2	(1.2)	40.6	(2.0)	37.6	(1.9)	53.6	(2.6)
ノルウェー	14.9	(0.9)	50.7	(1.8)	38.6	(1.8)	52.4	(2.9)
ポーランド	63.9	(1.3)	40.5	(1.1)	43.5	(1.4)	83.1	(1.1)
ポルトガル	17.9	(0.9)	52.9	(0.9)	69.5	(0.9)	39.7	(1.1)
ルーマニア	57.2	(1.3)	28.8	(1.2)	43.8	(1.3)	68.9	(1.3)
セルビア	28.9	(1.3)	49.6	(1.0)	49.6	(1.2)	72.4	(0.9)
シンガポール	71.2	(0.9)	38.6	(1.0)	52.6	(0.9)	79.6	(0.8)
スロバキア	48.4	(1.3)	58.7	(1.0)	44.3	(0.9)	66.3	(1.3)
スペイン	17.6	(0.9)	47.1	(1.1)	50.5	(1.3)	50.5	(1.3)
スウェーデン	36.8	(1.3)	51.1	(1.1)	54.9	(1.2)	49.2	(1.3)
地域としての参加								
アブダビ（アラブ首長国連邦）	52.5	(2.1)	30.6	(1.6)	57.3	(1.9)	77.4	(1.7)
アルバータ（カナダ）	28.6	(1.7)	35.9	(1.3)	50.9	(1.8)	51.8	(1.5)
イングランド（イギリス）	40.1	(1.6)	34.0	(1.6)	51.1	(1.7)	65.5	(1.3)
フランドル（ベルギー）	15.0	(0.7)	40.6	(1.1)	51.3	(1.6)	28.9	(1.3)
参加国平均	37.7	(0.2)	43.4	(0.2)	50.6	(0.2)	59.1	(0.3)
アメリカ	40.8	(2.1)	39.4	(1.5)	60.1	(1.6)	56.6	(2.0)

自校の教員評価やフィードバックの制度について、各項目の考え方が「当てはまる」「非常に良く当てはまる」と回答した教員の割合。
出所：OECD（2014）Table 5.8.

表 5.5.1 [2/2]　教員評価やフィードバックの制度の影響

国　名	フィードバックは教員の指導に対する綿密な評価に基づいて行われている %	S.E.	仕事の成果が芳しくない状態が続く教員は解雇されることがある %	S.E.	授業が不適切である場合は、改善策について教員との話し合いが持たれる %	S.E.	教員の指導力向上の支援のため、組織内指導者（メンター）が指名される %	S.E.
オーストラリア	29.1	(1.7)	24.2	(1.4)	63.2	(1.9)	53.6	(2.1)
ブラジル	45.0	(1.0)	36.8	(0.9)	76.7	(0.8)	63.1	(1.0)
ブルガリア	64.0	(1.6)	47.7	(1.7)	87.2	(1.0)	65.5	(1.6)
チリ	60.1	(2.0)	59.6	(2.0)	74.2	(1.6)	48.2	(2.2)
クロアチア	45.2	(1.1)	a	a	65.6	(1.3)	30.7	(1.2)
キプロス	42.8	(1.3)	49.5	(1.5)	78.9	(1.1)	65.2	(1.3)
チェコ	51.8	(1.6)	45.9	(1.3)	83.8	(1.2)	39.4	(1.4)
デンマーク	22.6	(1.3)	35.6	(2.1)	66.8	(1.7)	33.5	(1.6)
エストニア	50.3	(1.5)	32.8	(1.5)	79.7	(1.0)	40.2	(2.0)
フィンランド	16.8	(0.8)	16.4	(1.0)	65.2	(1.2)	16.5	(1.3)
フランス	19.4	(0.9)	12.0	(0.7)	57.8	(1.1)	40.8	(1.3)
アイスランド	15.4	(1.1)	24.1	(1.2)	49.1	(1.6)	28.0	(1.5)
イスラエル	50.0	(1.5)	40.8	(1.6)	70.6	(1.1)	58.5	(1.1)
イタリア	a	a	a	a	69.2	(1.1)	38.3	(1.0)
日本	31.6	(1.1)	13.9	(0.9)	70.6	(0.9)	31.4	(1.2)
韓国	50.1	(1.2)	18.9	(1.0)	75.4	(1.0)	46.1	(1.3)
ラトビア	73.6	(1.2)	38.7	(2.2)	88.9	(1.0)	36.9	(1.9)
マレーシア	89.3	(0.8)	17.3	(0.8)	93.4	(0.5)	86.2	(0.7)
メキシコ	42.9	(1.2)	26.0	(1.2)	76.6	(0.9)	50.9	(1.4)
オランダ	44.1	(2.5)	34.9	(1.5)	74.3	(1.6)	65.5	(2.4)
ノルウェー	21.6	(3.2)	11.3	(1.7)	56.0	(2.1)	24.8	(3.5)
ポーランド	66.5	(1.4)	17.5	(1.0)	76.6	(1.4)	42.1	(1.7)
ポルトガル	53.4	(1.1)	37.3	(1.0)	66.3	(1.1)	49.8	(1.1)
ルーマニア	72.8	(1.3)	42.9	(1.3)	89.8	(0.8)	66.9	(1.4)
セルビア	56.5	(1.3)	18.5	(0.7)	80.1	(0.9)	52.5	(1.1)
シンガポール	68.2	(0.9)	45.5	(0.9)	88.0	(0.5)	83.8	(0.7)
スロバキア	65.5	(1.2)	30.8	(1.1)	86.7	(0.8)	35.7	(1.3)
スペイン	17.3	(1.0)	15.2	(1.1)	63.2	(1.0)	14.4	(0.9)
スウェーデン	15.4	(1.1)	26.9	(1.2)	61.7	(1.2)	26.8	(1.2)
地域としての参加								
アブダビ（アラブ首長国連邦）	76.2	(1.4)	46.0	(1.5)	82.6	(1.2)	68.2	(1.5)
アルバータ（カナダ）	45.6	(1.4)	26.3	(1.3)	69.1	(1.5)	47.3	(1.6)
イングランド（イギリス）	54.8	(1.5)	42.6	(1.5)	83.1	(1.1)	73.0	(1.3)
フランドル（ベルギー）	46.9	(1.4)	33.0	(1.4)	68.0	(1.4)	53.0	(1.5)
参加国平均	47.0	(0.3)	31.3	(0.2)	73.9	(0.2)	47.8	(0.3)
アメリカ	53.2	(2.2)	46.9	(2.3)	70.8	(2.0)	53.3	(2.0)

自校の教員評価やフィードバックの制度について、各項目の考え方が「当てはまる」「非常に良く当てはまる」と回答した教員の割合。
出所：OECD（2014）Table 5.8.

5.6 学校裁量の増大による影響

　学校裁量が生徒の教育成果に好影響を及ぼすことを示す諸研究でも、自由裁量と教育成果の直接的な因果関係を主張するものは少ない。むしろ包括的な学校改革戦略の中で学校裁量の効用を強調する。OECDのPISA 2012年調査でも学校裁量の増大と教育成果の向上との間に正の相関関係を見出すことができたが、どのようなメカニズムで裁量の増大が学校運営に好影響を及ぼすのかはわかっていない。OECD（2014）では今回の調査データを基にいくらかの分析を試みている。例えば、教員の昇給の決定権の有無のデータによって学校裁量の強弱を弁別することにして、それと教員への評価やフィードバックとの関連を見ようとした。しかし学校裁量の強い参加国も弱い参加国も、学校中で最も成果を上げている教員が最も高い処遇を受けていると回答している教員の割合にはさして変化はなかった。勤務成績の良くない教員を辞めさせる度合いについては、学校裁量の強い参加国の方がやや多めに見られる程度であった。

　今回のTALISのデータをもってしても学校裁量と教育効果の関係は十分な解明にまでは至っていない。

第6章
指導実践、教員の信念、学級の環境

第6章　指導実践、教員の信念、学級の環境

要　旨

　本章は、TALIS 参加国における指導実践、教員の信念、職能開発、専門的協働、仕事時間、学級の環境等に関する情報を示す。特に、指導と専門的実践について教員の回答を基に分析する。さらに教員が働く環境についての分析と、指導実践、教員の信念、学級の環境の間の関係についても分析を行う。

　以下、今回の調査で得られた日本に関する主な知見をまとめる。

- 日本の教員の 31.9％ はすべての生徒が教科内容を理解するまで生徒に類似した課題を「しばしば」又は「ほとんどいつも」行うと回答している。一方、参加国平均では 3 分の 2 以上の教員がこれを行っている。
- 生徒は課題や学級での活動に ICT（情報通信技術）を用いる指導実践を「しばしば」又は「ほとんどいつも」行うと回答した教員は、参加国平均の 37.5％ に対して日本では 9.9％ である。
- 日本では、フィンランド、フランス及び韓国とともに、男性教員は女性教員に比べて、生徒は課題や学級での活動に ICT を用いることが多いと回答する傾向がある。
- 日本では、韓国及びシンガポールとともに、指導実践について準備できていると感じる教員は、授業において少人数のグループ活動で共同の解決策を考え出すことを頻繁に行うと回答する傾向がある。
- 日本では、女性教員は男性教員に比べて、完成までに少なくとも一週間を必要とする課題をより頻繁に行うと回答する傾向がある。
- 日本では、職能開発の活動の中で、他校の見学に参加したことがある教員ほど、生徒が少人数のグループで、共同の解決策を考え出すことを行う頻度が高いと回答する傾向がある。また、職務上で関心があるテーマについての個人又は共同研究、組織内指導（メンタリング）や同僚の観察とコーチングといった職能開発に参加したことがある教員ほど、少人数のグループで共同の解決策を考え出すことを行う頻度が高いと回答する傾向がある。
- 日本では、フィンランド、フランス、イスラエル、ノルウェー及びフランドル（ベルギー）と同様に、担当クラスに特別な支援を要する生徒の割合が高いと回答した教員は、教室において ICT を含む実践の頻度が高いと回答する傾向がある。
- 日本では、生徒の学習評価方法として、個々の生徒にクラスメイトの前で質問に答えさせる方法が比較的よく行われている。また、生徒が特定の課題に取り組む様子を観察し、必要なフィードバックを即座に行うことについての教員の回答は、参加国平均の 79.7％ に対して日本では 43.0％ である。
- 教員の個人的な信念に関して、生徒は、問題に対する解決策を自ら見いだすことで、最も効果的に学習することについて、日本の 94.0％ の教員が肯定的な回答をしており、参加国平均（83.2％）を上回っている。一方、特定のカリキュラムの内容よりも、思考と推論の過程の方が重要であることについては、日本の 70.1％ の教員が肯定的な回答をしているが、参加国平均（83.5％）を下回っている。
- 教員間の協力について、他の教員の授業を見学をしたことがある教員は参加国平均の 55％ に対し、日本では 93.9％ である。
- 教員の回答による一週間当たりの仕事にかける時間は、参加国平均では 38.3 時間であるが、日本は最も多く 53.9 時間である。

- 実際に指導している時間（学習指導にかけている時間）は参加国平均の週 19.3 時間に対し、日本の教員は週 17.7 時間である。これは授業以外において、教育に関する他の仕事により多くの時間を費やしていることを意味している。
- 日本では課外活動の指導にかける時間が週 7.7 時間で、参加国平均の週 2.1 時間よりも顕著に長い。また、学校内外で個人で行う授業の計画や準備に費やす時間の参加国平均は 7.1 時間である一方、日本の教員は 8.7 時間と回答している。
- 参加国平均で 29.5％ の教員が授業において生徒の妨害により多くの時間が奪われていると回答している。日本については、最も低く 9.3％ の教員が同様の回答をしている。

分析の枠組み

OECD（2014）では先行研究で提示された図 6.0.1 の授業実践と信念に関する分析枠組みに基づき、指導実践、教員の信念、学校レベルの環境と学級レベルの環境の関連及び生徒の学習と教員の仕事に対する態度に対する効果について分析する。図は変数間の関連が双方向であることを示している。

図 6.0.1　授業実践と信念に関する分析枠組み

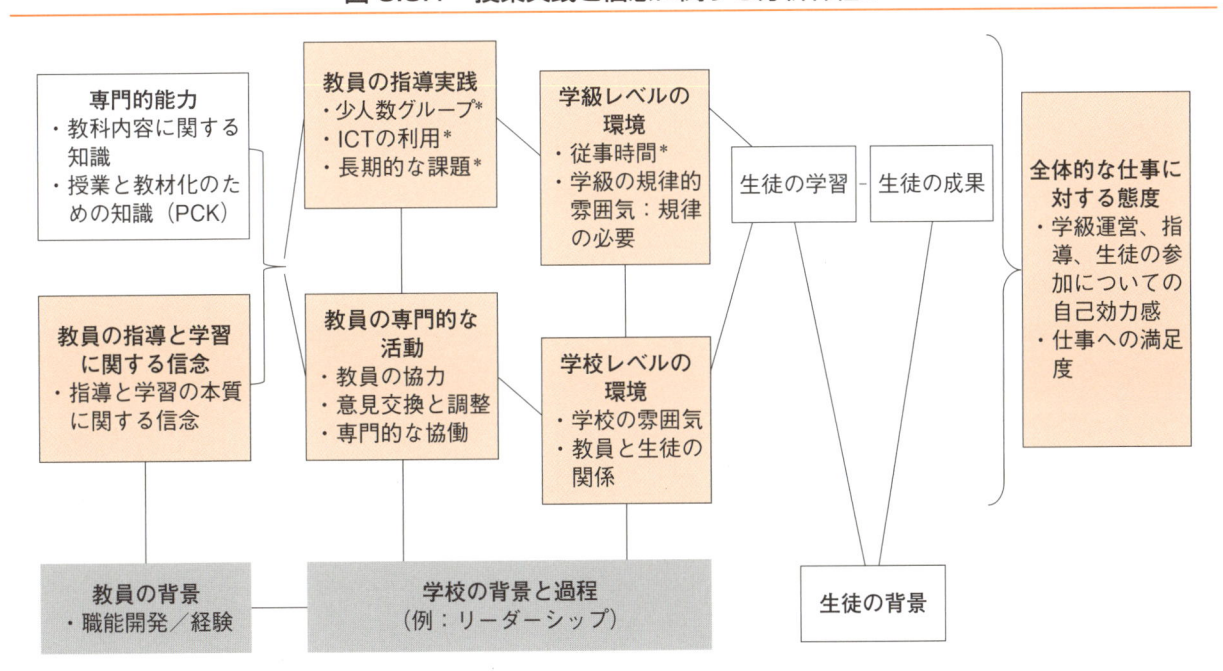

網掛けは TALIS 2013 年調査で調査されたもの。単独の質問項目についてはアスタリスク（*）がつけられている。
出所：OECD（2014）Figure 6.1. 国立教育政策研究所和訳。

第6章　指導実践、教員の信念、学級の環境

6.1 教室での指導実践

　教員の指導実践は教員の指導に関する信念や職能開発等と関連しており、生徒の学習において大きな影響を与えると考えられる。本節では、教員質問紙の結果を基に教室での指導実践についての分析を行う。

　表6.1.1は、TALISで着目する八種類の指導実践について、授業でどの程度行われているかを教員の回答を基にまとめたものである[1]。教員は教員質問紙の設問において、年度を通じて「対象学級」では八つの指導実践をどのくらいの頻度で行っているかについて、「ほとんどなし」「時々」「しばしば」「ほとんどいつも」から選択して回答した。表6.1.1では「しばしば」又は「ほとんどいつも」行うと回答した教員の割合を示している。なお、TALIS 2013年調査における「対象学級」とは、教員が質問紙を回答する時点から一週間前の火曜日午前11時以降において、最初に教えた前期中等教育段階の学級と定義されている。

　八つの指導実践について、参加国平均で「しばしば」又は「ほとんどいつも」行う教員の割合が高いものは、「前回の授業内容のまとめを示す」(73.5%)及び「生徒のワークブックや宿題をチェックする」(72.1%)の指導実践である。日本においてもこの二つの指導実践は、約6割以上の教員が「しばしば」又は「ほとんどいつも」行うと回答している。

　次に、表6.1.1において日本と参加国平均と差が顕著であるものを示す[2]。「全生徒が単元の内容を理解していることが確認されるまで、類似の課題を生徒に演習させる」指導実践を「しばしば」又は「ほとんどいつも」行うと回答した教員は、参加国平均の67.3%に対して日本では31.9%である。また、「生徒は課題や学級での活動にICT（情報通信技術）を用いる」指導実践を「しばしば」又は「ほとんどいつも」行うと回答した教員は、参加国平均の37.5%に対して日本では9.9%である。これらに加えて、日本と参加国平均との差が約15%ポイント以上のであるものを挙げると以下のようになる。「学習が困難な生徒、進度が速い生徒には、それぞれ異なる課題を与える」指導実践を「しばしば」又は「ほとんどいつも」行うと報告した教員は、参加国平均の44.4%に対して日本の教員は21.9%である。なお、この指導実践については、韓国とオランダでは実施頻度が高い教員の割合は約20%であるが、ノルウェーとアブダビ（アラブ首長国連邦）では約67%であり、各国間で比較的差が大きい。「生徒が少人数のグループで、問題や課題に対する共同の解決策を考え出す」指導実践は、生徒の協調的な学習活動に関連するものであるが、「しばしば」又は「ほとんどいつも」行うと回答した教員は、参加国平均の47.4%に対して日本は32.5%である。また、「新しい知識が役立つことを示すため、日常生活や仕事での問題を引き合いに出す」指導実践は、学習内容と日常生活との関連性を授業において示すことに関する項目であるが、これを「しばしば」又は「ほとんどいつも」行うと回答した日本の教員は約半数の50.9%である（参加国平均68.4%）。

---

1. TALISでは八種類の指導実践について着目し、その調査結果を示しているが、ここで挙げられたものは幾多ある指導法や指導実践の一部分である。他の指導法や指導実践についてはTALISの範囲外である。
2. 日本の場合、全般的に「時々」と回答する割合が高い（参考：OECD (2014) のTable 6.1 web）。

表6.1.1　指導実践

国名	前回の授業内容のまとめを示す % (S.E.)	生徒が少人数のグループで、問題や課題に対する共同の解決策を考え出す % (S.E.)	学習が困難な生徒、進度が速い生徒には、それぞれ異なる課題を与える % (S.E.)	新しい知識が役立つことを示すため、日常生活や仕事での問題を引き合いに出す % (S.E.)	全生徒が単元の内容を理解していることが確認されるまで、類似の課題を生徒に演習させる % (S.E.)	生徒のワークブックや宿題をチェックする % (S.E.)	生徒は完成までに少なくとも一週間を必要とする課題を行う % (S.E.)	生徒は課題や学級での活動にICT（情報通信技術）を用いる % (S.E.)
オーストラリア	72.3 (1.8)	43.7 (2.1)	45.5 (1.8)	68.6 (1.9)	62.9 (1.7)	65.2 (1.5)	51.8 (1.5)	66.8 (1.9)
ブラジル	79.2 (0.7)	65.6 (0.9)	48.6 (0.9)	89.4 (0.6)	74.2 (0.8)	89.7 (0.5)	38.4 (1.0)	30.3 (1.1)
ブルガリア	79.8 (1.1)	44.4 (1.3)	61.5 (1.3)	77.6 (1.1)	78.6 (0.9)	79.2 (0.9)	24.5 (0.9)	33.7 (1.3)
チリ	81.9 (1.4)	73.9 (1.4)	57.2 (2.2)	84.9 (1.2)	86.5 (1.3)	86.2 (1.2)	52.8 (2.1)	59.6 (2.3)
クロアチア	59.5 (1.1)	33.3 (1.0)	51.2 (1.1)	78.6 (0.8)	64.4 (1.0)	69.9 (1.0)	9.9 (0.6)	23.5 (0.9)
キプロス	83.8 (1.0)	51.3 (1.4)	35.5 (1.5)	82.8 (1.0)	81.2 (1.0)	84.6 (0.9)	26.8 (1.2)	46.4 (1.4)
チェコ	87.9 (0.6)	35.2 (1.0)	32.2 (1.0)	69.9 (1.0)	69.7 (1.0)	64.6 (1.1)	12.9 (0.7)	36.5 (1.1)
デンマーク	79.5 (1.3)	79.7 (1.2)	44.2 (1.6)	68.7 (1.3)	57.3 (1.4)	60.4 (1.4)	23.1 (1.2)	73.9 (1.9)
エストニア	80.2 (1.0)	37.9 (0.9)	47.0 (1.3)	60.0 (1.1)	67.6 (1.2)	71.2 (0.9)	15.4 (0.8)	29.2 (1.3)
フィンランド	62.0 (1.1)	36.7 (1.2)	36.6 (1.2)	63.7 (1.1)	50.7 (1.0)	62.4 (1.0)	14.1 (0.8)	18.2 (0.9)
フランス	74.3 (0.9)	36.8 (1.1)	22.0 (0.8)	56.9 (0.9)	55.5 (1.0)	65.7 (1.0)	21.8 (0.9)	24.2 (1.0)
アイスランド	38.0 (1.6)	43.9 (1.4)	49.0 (1.6)	39.6 (1.7)	47.8 (1.7)	47.3 (1.7)	24.7 (1.5)	31.8 (1.4)
イスラエル	69.4 (0.9)	32.0 (1.5)	33.4 (1.2)	50.2 (1.1)	71.1 (1.3)	65.6 (1.2)	23.2 (1.2)	18.7 (1.3)
イタリア	63.8 (1.0)	31.9 (1.2)	58.2 (1.2)	81.0 (0.9)	78.4 (1.0)	84.6 (0.8)	27.5 (1.1)	30.9 (1.4)
日本	59.8 (1.0)	32.5 (1.2)	21.9 (0.8)	50.9 (1.0)	31.9 (0.9)	61.3 (1.1)	14.1 (0.6)	9.9 (0.6)
韓国	70.8 (0.9)	31.8 (1.2)	20.4 (1.1)	49.5 (1.1)	48.0 (1.1)	53.4 (1.3)	14.0 (0.8)	27.6 (1.2)
ラトビア	79.7 (1.3)	34.4 (1.6)	52.8 (1.6)	87.3 (0.8)	83.7 (1.0)	78.7 (1.0)	15.0 (1.0)	40.5 (1.5)
マレーシア	78.2 (1.2)	56.9 (1.7)	39.6 (1.4)	75.7 (1.1)	77.8 (1.2)	93.7 (0.6)	39.7 (1.3)	19.2 (1.3)
メキシコ	62.8 (1.1)	73.4 (1.2)	31.9 (1.2)	84.8 (0.8)	79.8 (1.0)	93.7 (0.5)	57.1 (1.0)	56.2 (1.2)
オランダ	71.5 (1.6)	47.6 (2.0)	20.2 (1.3)	63.4 (1.7)	56.3 (1.8)	65.8 (1.3)	27.1 (1.7)	34.7 (2.1)
ノルウェー	89.2 (0.9)	72.7 (1.7)	67.4 (1.9)	53.6 (1.4)	66.4 (1.2)	71.9 (1.4)	33.7 (1.4)	73.8 (1.7)
ポーランド	78.1 (1.0)	42.4 (1.3)	55.5 (1.5)	75.5 (1.2)	78.7 (0.9)	63.5 (1.2)	15.8 (0.7)	36.4 (1.5)
ポルトガル	84.8 (0.7)	49.0 (0.9)	52.7 (0.9)	65.6 (1.0)	60.9 (1.0)	71.0 (0.8)	21.1 (0.8)	34.4 (0.9)
ルーマニア	76.7 (1.1)	55.7 (1.3)	58.0 (1.3)	54.4 (1.1)	80.3 (1.0)	84.0 (0.8)	21.6 (1.0)	26.0 (1.2)
セルビア	62.0 (1.1)	41.5 (1.0)	59.5 (1.1)	83.4 (0.7)	74.7 (0.8)	66.1 (1.0)	15.7 (0.7)	23.1 (0.9)
シンガポール	67.2 (1.0)	33.0 (0.9)	21.0 (0.8)	60.6 (0.9)	67.5 (0.9)	83.6 (0.7)	26.6 (0.8)	30.0 (0.8)
スロバキア	90.4 (0.6)	41.8 (1.0)	45.2 (1.2)	74.1 (0.9)	74.4 (0.8)	79.0 (0.9)	21.6 (0.9)	44.7 (1.3)
スペイン	71.8 (1.1)	33.4 (1.1)	40.3 (1.2)	77.3 (1.2)	70.4 (1.0)	79.7 (1.0)	26.4 (1.0)	37.0 (1.3)
スウェーデン	72.1 (1.1)	44.4 (1.2)	53.1 (1.2)	48.9 (1.3)	55.2 (1.2)	50.8 (1.2)	40.7 (1.3)	33.8 (1.7)
地域としての参加								
アブダビ（アラブ首長国連邦）	83.3 (1.3)	76.1 (2.0)	66.6 (2.3)	71.7 (1.4)	81.6 (1.3)	85.0 (0.9)	53.0 (2.0)	72.1 (1.7)
アルバータ（カナダ）	79.1 (1.1)	58.4 (1.4)	47.3 (1.8)	73.2 (1.3)	66.1 (1.5)	62.7 (1.5)	37.5 (1.5)	49.3 (1.6)
イングランド（イギリス）	75.2 (0.9)	58.4 (1.4)	63.2 (1.4)	62.5 (1.2)	61.8 (1.3)	85.4 (0.9)	38.3 (1.1)	37.1 (1.4)
フランドル（ベルギー）	60.4 (1.1)	33.8 (1.0)	27.9 (1.3)	72.0 (1.0)	59.3 (1.2)	52.9 (1.5)	20.6 (1.0)	27.0 (1.1)
参加国平均	73.5 (0.2)	47.4 (0.2)	44.4 (0.2)	68.4 (0.2)	67.3 (0.2)	72.1 (0.2)	27.5 (0.2)	37.5 (0.2)
アメリカ	80.5 (1.2)	54.7 (1.8)	36.2 (1.9)	71.2 (1.1)	70.7 (1.3)	79.1 (1.5)	36.8 (1.7)	45.9 (1.8)

各項目を「しばしば」「ほとんどいつも」行うと回答した教員の割合。
週の授業計画から選ばれた特定の学級について、教員の回答に基づくデータ。
出所：OECD（2014）Table 6.1.

6.1.1 教員の特徴

OECD（2014）では実証分析と先行研究を基にして表 6.1.1 の八つの指導実践のうち以下に示す三つについてより詳細に分析された[3]。

①生徒が少人数のグループで、問題や課題に対する共同の解決策を考え出す
②生徒は課題や学級での活動に ICT（情報通信技術）を用いる
③生徒は完成までに少なくとも一週間を必要とする課題を行う

これら三つの指導実践は、他の指導実践に比べて教員の信念に関してより情報を持つと推察されることから、下記の教員の特徴との関係についてさらに分析された。

教員の特徴	・性別 ・担当教科 ・経験年数 ・最終学歴 ・担当教科の内容に関する準備 ・担当教科の指導法に関する準備 ・担当教科の指導実践に関する準備

(1) 指導実践の項目「生徒が少人数のグループで、問題や課題に対する共同の解決策を考え出す」

日本の場合、担当教科の指導実践に関する準備ができていると思う教員ほど、生徒が少人数のグループで、問題や課題に対する共同の解決策を考え出すことを行っていると回答する傾向がある（オッズ比 1.64）。

(2) 指導実践の項目「生徒は課題や学級での活動に ICT（情報通信技術）を用いる」

日本の場合、女性教員は男性教員に比べて、「生徒は課題や学級での活動に ICT を用いる」ことが少ないと回答する傾向がある（オッズ比 0.69）。日本の数学と理科の教員はそれ以外の教員に比べて、また、日本の人文系の教員はそうでない教員に比べて、「生徒は課題や学級での活動に ICT を用いる」ことが少ないと回答する傾向があるが（オッズ比はそれぞれ 0.54、0.67）、多くの参加国も同様の傾向を示している。

(3) 指導実践の項目「生徒は完成までに少なくとも一週間を必要とする課題を行う」

日本の場合、女性教員は男性教員に比べて、「生徒は完成までに少なくとも一週間を必要とする課題を行う」ことが多いと回答する傾向がある（オッズ比 1.33）。一方、日本の数学と理科の教員はそれ以外の教員に比べて、また、日本の人文系の教員はそうでない教員に比べて、「生徒は完成までに少なくとも一週間を必要とする課題を行う」ことが少ないと回答する傾向があるが（オッズ比はそれぞれ 0.15、0.18）、多くの参加国も同様の傾向を示している。

---

3. これら三つの指導実践はこのセットの中で項目識別値（item discrimination values）が比較的大きいと分析された。

指導実践、教員の信念、学級の環境　第 6 章

表 6.1.2　教員の特徴と少人数グループの指導実践の関係（ロジスティック回帰分析）[1]

生徒が少人数のグループで、問題や課題に対する共同の解決策を考え出す[2]

説明変数

国名	女性[3] β / オッズ比[11]	数学／理科[4]の教員 β / オッズ比[11]	人文分野[5]の教員 β / オッズ比[11]	勤務年数[6] β / オッズ比[12]	最終学歴（ISCED 5A以上）[7] β / オッズ比[11]	担当教科の内容に関する準備ができていると思う[8] β / オッズ比[11]	担当教科の指導法に関する準備ができていると思う[9] β / オッズ比[11]	担当教科の指導実践に関する準備ができていると思う[10] β / オッズ比[11]
オーストラリア	0.23　1.57	-0.33　0.51	-0.12　0.78			-0.34　0.51	0.35　2.00	
ブラジル	0.24　1.62					-0.31　0.53	0.26　1.67	
ブルガリア		-0.38　0.46						
チリ		-0.24　0.62		0.02　1.02				
クロアチア	0.15　1.36	-0.28　0.57	-0.14　0.75				0.20　1.50	
チェコ	0.13　1.30	-0.30　0.54			-0.25　0.60	0.42　2.31		
デンマーク	0.24　1.61		0.31　1.85					
エストニア			0.20　1.50	0.01　1.01				
フィンランド	0.15　1.34						0.18　1.43	
フランス		-0.81　0.20	-0.88　0.17	-0.01　0.99				
アイスランド		0.25　1.65	0.31　1.86					
イスラエル			-0.30　0.55					
イタリア	0.17　1.41						0.21　1.51	
日本				-0.02　0.98				0.25　1.64
韓国		-0.24　0.62	-0.20　0.67				0.24　1.61	0.22　1.54
ラトビア			0.27　1.72					
マレーシア				0.01　1.01				
メキシコ			-0.26　0.59	0.02　1.02	0.25　1.65			
オランダ	0.14　1.33	-0.35　0.50	-0.51　0.36				0.22　1.54	
ノルウェー	0.17　1.40		0.27　1.71					
ポーランド	0.10　1.23	-0.53　0.35	-0.14　0.76					
ポルトガル		-0.45　0.41	-0.54　0.34					0.23　1.58
ルーマニア							0.66　3.72	
セルビア		-0.25　0.61					0.40　2.23	
シンガポール	0.17　1.41	-0.43　0.43					0.31　1.87	0.19　1.46
スロバキア		-0.29　0.56		0.01　1.01				0.30　1.81
スペイン		-0.36　0.49	-0.39　0.46		0.21　1.51			
スウェーデン	0.25　1.64		0.21　1.53					
地域としての参加								
アブダビ（アラブ首長国連邦）		0.30　1.84						
アルバータ（カナダ）	0.13　1.30		0.14　1.32					
イングランド（イギリス）	0.10　1.23			-0.01　0.99			0.37　2.08	
フランドル（ベルギー）		-0.42　0.43		-0.02　0.98				

1. この回帰分析では他の統制変数は用いていない。5% 水準で統計的に有意な関連が見られない場合には空欄とする。細字の数値は標本の 5% 未満のケースを基にしたデータであり、解釈には注意が必要である。
2. 「生徒が少人数のグループで、問題や課題に対する共同の解決策を考え出す」について、「しばしば」「ほとんどいつも」行うと回答した教員をまとめて扱った。オッズ比が 1 よりも大きいことは、下記のそれぞれの参照カテゴリーに比べて、表に示された対応するカテゴリーの少人数グループのオッズが増すことを意味し、オッズ比が 1 よりも小さいことは、オッズが減ることを意味する。例えば、オーストラリアの女性教員による少人数グループのオッズは、男性教員に比べて、57% 大きくなる。
3. 男性を参照カテゴリーとした。
4. 数学／理科以外の教員を参照カテゴリーとした。
5. 人文分野以外の教員を参照カテゴリーとした。
6. オッズ比の方向が経験年数の増加に基づいている連続変数。
7. 最終学歴が ISCED 5A よりも低い教員を参照カテゴリーとした。
8. 担当教科の内容の準備が「まったくできてない」「ある程度できている」と思う教員を参照カテゴリーとした。
9. 担当教科の指導法の準備が「まったくできてない」「ある程度できている」と思う教員を参照カテゴリーとした。
10. 担当教科の指導実践の準備が「まったくできてない」「ある程度できている」と思う教員を参照カテゴリーとした。
11. エフェクトコーディングを用いたため、オッズ比の推定値は β 係数の e を低とする指数をとった値と一致しない。詳細は OECD（2014）の Annex B を参照のこと。
12. これは β 係数の指数をとった値。

出所：OECD（2014）Table 6.2.

第6章 指導実践、教員の信念、学級の環境

表6.1.3 教員の特徴とICT利用の指導実践の関係（ロジスティック回帰分析）[1]

生徒は課題や学級での活動にICT（情報通信技術）を用いる[2]

説明変数

国　名	女性[3] β　オッズ比[11]	数学／理科[4]の教員 β　オッズ比[11]	人文分野[5]の教員 β　オッズ比[11]	勤務年数[6] β　オッズ比[12]	最終学歴（ISCED 5A以上）[7] β　オッズ比[11]	担当教科の内容に関する準備ができていると思う[8] β　オッズ比[11]	担当教科の指導法に関する準備ができていると思う[9] β　オッズ比[11]	担当教科の指導実践に関する準備ができていると思う[10] β　オッズ比[11]
オーストラリア		-0.24　0.62	0.28　1.76					
ブラジル	0.19　1.46	-0.21　0.66						0.36　2.05
ブルガリア	0.24　1.63	-0.42　0.44	-0.24　0.62			-0.43　0.42		
チリ					0.21　1.53			
クロアチア		-0.28　0.57	-0.46　0.40					0.26　1.69
チェコ		-0.24　0.62			-0.16　0.72		0.17　1.40	0.25　1.64
デンマーク		0.32　1.89	0.68　3.93					
エストニア				0.01　1.01				
フィンランド	-0.19　0.68	-0.45　0.40					0.16　1.37	
フランス	-0.10　0.82	-0.22　0.65	-0.18　0.69		-0.64　0.28	-0.26　0.59		
アイスランド			0.21　1.52				0.28　1.75	
イスラエル								
イタリア				0.01　1.01	0.30　1.84			
日本	-0.19　0.69	-0.31　0.54	-0.20　0.67	-0.02　0.98				
韓国	-0.16　0.72	-0.35　0.49	-0.21　0.66					0.21　1.53
ラトビア								
マレーシア				0.02　1.02				
メキシコ	0.11　1.24	-0.44　0.42	-0.29　0.56					
オランダ		-0.48　0.38			-0.44　0.42		0.29　1.79	
ノルウェー		0.22　1.55	0.76　4.53					
ポーランド								
ポルトガル		-0.36　0.49	-0.18　0.69					
ルーマニア		-0.21　0.66	-0.20　0.67					-0.61　0.30
セルビア		-0.54　0.34	-0.46　0.40					
シンガポール		-0.32　0.53	-0.13　0.76	0.01　1.01			0.14　1.33	
スロバキア		-0.15　0.74	-0.12　0.79				0.32　1.89	0.26　1.70
スペイン		-0.48　0.39	-0.22　0.64					0.31　1.85
スウェーデン			0.38　2.12					
地域としての参加								
アブダビ（アラブ首長国連邦）								
アルバータ（カナダ）			0.60　3.33					
イングランド（イギリス）		-0.57　0.32	-0.28　0.58					0.41　2.27
フランドル（ベルギー）		-0.55　0.33	-0.36　0.49		-0.24　0.62			

1. この回帰分析では他の統制変数は用いていない。5%水準で統計的に有意な関連が見られない場合には空欄とする。細字の数値は標本の5%未満のケースを基にしたデータであり、解釈には注意が必要である。
2. 「生徒は課題や学級での活動にICT（情報通信技術）を用いる」について、「しばしば」「ほとんどいつも」行うと回答した教員をまとめて扱った。オッズ比が1よりも大きいことは、下記のそれぞれの参照カテゴリーに比べて、表に示された対応するカテゴリーのICT利用のオッズが増すことを意味し、オッズ比が1よりも小さいことは、オッズが減ることを意味する。例えば、ブラジルの女性教員によるICT利用のオッズは、男性教員に比べて、46%大きくなる。
3. 男性を参照カテゴリーとした。
4. 数学／理科以外の教員を参照カテゴリーとした。
5. 人文分野以外の教員を参照カテゴリーとした。
6. オッズ比の方向が経験年数の増加に基づいている連続変数。
7. 最終学歴がISCED 5Aより低い教員を参照カテゴリーとした。
8. 担当教科の内容の準備が「まったくできてない」「ある程度できている」と思う教員を参照カテゴリーとした。
9. 担当教科の指導法の準備が「まったくできてない」「ある程度できている」と思う教員を参照カテゴリーとした。
10. 担当教科の指導実践の準備が「まったくできてない」「ある程度できている」と思う教員を参照カテゴリーとした。
11. エフェクトコーディングを用いたため、オッズ比の推定値はβ係数のeを低とする指数をとった値と一致しない。詳細はOECD（2014）のAnnex Bを参照のこと。
12. これはβ係数の指数をとった値。

出所：OECD（2014）Table 6.4.

表 6.1.4　教員の特徴と完成までに少なくとも一週間を必要とする課題の指導実践の関係（ロジスティック回帰分析）[1]

生徒は完成までに少なくとも一週間を必要とする課題を行う[2]

説明変数

国　名	女性[3] β　オッズ比[11]	数学／理科[4]の教員 β　オッズ比[11]	人文分野[5]の教員 β　オッズ比[11]	勤務年数[6] β　オッズ比[12]	最終学歴(ISCED 5A以上)[7] β　オッズ比[11]	担当教科の内容に関する準備ができていると思う[8] β　オッズ比[11]	担当教科の指導法に関する準備ができていると思う[9] β　オッズ比[11]	担当教科の指導実践に関する準備ができていると思う[10] β　オッズ比[11]
オーストラリア		-0.97　0.14						
ブラジル	0.19　1.45	-0.28　0.57			-0.20　0.68		0.24　1.63	
ブルガリア	0.28　1.75	-0.52　0.35	-0.22　0.65					
チリ		-0.50　0.37	-0.20　0.67					
クロアチア		-0.48　0.38	-0.24　0.62					
チェコ		-0.76　0.22	-0.35　0.50					
デンマーク		-0.45　0.41				-0.29　0.56		
エストニア		-0.70　0.24	-0.50　0.37				-0.48　0.38	
フィンランド		-1.69　0.03	-0.69　0.25		0.30　1.82			
フランス		-0.86　0.18	-0.51　0.36				-0.20　0.68	
アイスランド		-0.65　0.27	-0.26　0.59	-0.02　0.98				
イスラエル	0.20　1.51	-0.43　0.42	-0.24　0.61					
イタリア		-0.98　0.14	-0.67　0.26					
日本	0.14　1.33	-0.96　0.15	-0.86　0.18					
韓国		-0.77　0.22	-0.63　0.28					
ラトビア		-0.35　0.50						
マレーシア		-0.33　0.52	-0.17　0.71	0.02　1.02		-1.60　0.04		
メキシコ	0.14　1.31	-0.26　0.60		0.01　1.01				
オランダ	0.26　1.70	-1.07　0.12	-0.93　0.16					
ノルウェー		-0.85　0.18		-0.02　0.98			0.37　2.09	
ポーランド	0.19　1.47	-0.60　0.30	-0.16　0.73					0.51　2.75
ポルトガル		-0.97　0.14	-0.72　0.24		-0.28　0.57			
ルーマニア	0.18　1.44	-0.23　0.63						
セルビア	0.12　1.28	-0.74　0.23	-0.39　0.46					
シンガポール		-0.80　0.20	-0.45　0.41					0.24　1.62
スロバキア		-0.37　0.48						
スペイン		-0.93　0.16	-0.55　0.34				-0.17　0.71	0.34　1.97
スウェーデン		-0.97　0.14	-0.19　0.68	-0.01　0.99				-0.20　0.68
地域としての参加								
アブダビ（アラブ首長国連邦）		-0.14　0.75						
アルバータ（カナダ）		-0.77　0.21						
イングランド（イギリス）		-1.18　0.10	-0.70　0.24	0.02　1.02				0.34　1.96
フランドル（ベルギー）	-0.25　0.60	-1.02　0.13	-1.04　0.13					

1. この回帰分析では他の統制変数は用いていない。5％水準で統計的に有意な関連が見られない場合には空欄とする。細字の数値は標本の5％未満のケースを基にしたデータであり解釈には注意が必要である。
2. 「生徒は完成までに少なくとも一週間を必要とする課題を行う」について、「しばしば」「ほとんどいつも」行うと回答した教員をまとめて扱った。オッズ比が1よりも大きいことは、下記のそれぞれの参照カテゴリーに比べて、表に示された対応するカテゴリーの「完成までに少なくとも一週間を必要とする課題を行う」のオッズが増すことを意味し、オッズ比が1よりも小さいことは、オッズが減ることを意味する。例えば、ブラジルの女性教員による長期課題のオッズは、男性教員に比べて、45％大きくなる。
3. 男性を参照カテゴリーとした。
4. 数学／理科以外の教員を参照カテゴリーとした。
5. 人文分野以外の教員を参照カテゴリーとした。
6. オッズ比の方向が経験年数の増加に基づいている連続変数。
7. 最終学歴がISCED 5Aよりも低い教員を参照カテゴリーとした。
8. 担当教科の内容の準備が「まったくできてない」「ある程度できている」と思う教員を参照カテゴリーとした。
9. 担当教科の指導法の準備が「まったくできてない」「ある程度できている」と思う教員を参照カテゴリーとした。
10. 担当教科の指導実践の準備が「まったくできてない」「ある程度できている」と思う教員を参照カテゴリーとした。
11. エフェクトコーディングを用いたため、オッズ比の推定値はβ係数のeを低とする指数をとった値と一致しない。詳細はOECD（2014）のAnnex Bを参照のこと。
12. これはβ係数の指数をとった値。

出所：OECD（2014）Table 6.3.

6.1.2 職能開発

　第4章で示したように本調査における職能開発は、課程（コース）・ワークショップ、教育に関する会議やセミナー、他校の見学、企業や公的機関やNGOの見学、企業や公的機関やNGOでの現職研修、資格取得プログラム、教員の職能開発を目的とする研究グループへの参加、職務上で関心があるテーマについての個人研究又は共同研究、組織内指導（メンタリング）や同僚の観察・助言とコーチングの活動を指している。TALIS 2013年調査のデータからは、職能開発に参加する教員は、前述の三つの指導実践を用いる傾向があることが示唆されている。大多数の参加国では、少なくとも一つの職能開発の活動とこれらの指導実践との間に関連性がある。

　日本の場合、職能開発の活動と三つの指導実践の関連については、下に示す指導実践の項目「生徒が少人数のグループで、問題や課題に対する共同の解決策を考え出す」ついてのみ統計的に有意な関連性が見られた。

（1）指導実践の項目「生徒が少人数のグループで、問題や課題に対する共同の解決策を考え出す」

　日本の場合、職能開発の活動の中で、他校の見学に参加したことがある教員ほど、「生徒が少人数のグループで、問題や課題に対する共同の解決策を考え出す」ことを行っていると回答する傾向がある（オッズ比1.24）。また、職務上で関心があるテーマについての個人研究又は共同研究、組織内指導（メンタリング）や同僚の観察とコーチングといった職能開発に参加したことがある教員ほど、「生徒が少人数のグループで、問題や課題に対する共同の解決策を考え出す」ことを行っていると回答する傾向がある（オッズ比はいずれも1.27）。

表 6.1.5 職能開発と少人数グループの指導実践の関係（ロジスティック回帰分析）[1]

生徒が少人数のグループで、問題や課題に対する共同の解決策を考え出す[2]

説明変数

国 名	課程（コース）・ワークショップへの参加[3] β	オッズ比[10]	教育に関する会議やセミナーへの参加[4] β	オッズ比[10]	他校の見学[5] β	オッズ比[10]	資格取得プログラム[6] β	オッズ比[10]	教員の職能開発を目的とする研究グループへの参加[7] β	オッズ比[10]	関心があるテーマについての個人又は共同研究[8] β	オッズ比[10]	組織内指導（メンタリング）や同僚の観察・助言とコーチングの活動[9] β	オッズ比[10]
オーストラリア	0.19	1.45					0.21	1.53						
ブラジル							0.10	1.23	0.11	1.25			0.14	1.33
ブルガリア									0.15	1.36			0.14	1.33
チリ							0.27	1.72						
クロアチア									0.14	1.31	0.15	1.35	0.15	1.35
チェコ									0.13	1.29	0.18	1.45	0.09	1.19
デンマーク														
エストニア														
フィンランド					0.11	1.25			0.19	1.46	0.35	2.00		
フランス											0.21	1.51		
アイスランド														
イスラエル									0.15	1.34				
イタリア			0.12	1.28	0.20	1.50							0.17	1.41
日本	0.10	1.22			0.11	1.24					0.12	1.27	0.12	1.27
韓国					0.13	1.29	0.16	1.38	0.22	1.56	0.12	1.28		
ラトビア					0.12	1.27					0.19	1.48		
マレーシア					0.19	1.47								
メキシコ									0.14	1.31				
オランダ									0.18	1.43				
ノルウェー											0.29	1.77		
ポーランド					0.29	1.79							0.11	1.24
ポルトガル			0.10	1.22	0.12	1.27	0.16	1.39						
ルーマニア			0.15	1.35										
セルビア	0.10	1.23									0.17	1.40		
シンガポール			0.12	1.26							0.10	1.23		
スロバキア														
スペイン					0.13	1.30	0.18	1.45	0.17	1.42	0.14	1.33		
スウェーデン									0.21	1.53	0.25	1.66		
地域としての参加														
アブダビ（アラブ首長国連邦）	0.28	1.76												
アルバータ（カナダ）											0.24	1.61	0.13	1.30
イングランド（イギリス）														
フランドル（ベルギー）	0.16	1.38												

1. 教員の性別、経験年数、最終学歴、対象学級での担当教科を統制した。5％水準で統計的に有意な関連が見られない場合には空欄とする。
2. 「生徒が少人数のグループで、問題や課題に対する共同の解決策を考え出す」について、「しばしば」「ほとんどいつも」行うと回答した教員をまとめて扱った。オッズ比が1よりも大きいことは、下記のそれぞれの参照カテゴリーに比べて、表に示された対応するカテゴリーの少人数グループのオッズが増すことを意味し、オッズ比が1よりも小さいことは、オッズが減ることを意味する。例えば、オーストラリアにおける少人数グループのオッズは、課程（コース）・ワークショップに参加した教員は、参加しなかった教員に比べて、45％大きくなる。
3. 課程（コース）・ワークショップに参加しなかった教員を参照カテゴリーとした。
4. 教育に関する会議やセミナーに参加しなかった教員を参照カテゴリーとした。
5. 他校の見学に参加しなかった教員を参照カテゴリーとした。
6. 資格取得プログラムに参加しなかった教員を参照カテゴリーとした。
7. 教員の職能開発を目的とする研究グループに参加しなかった教員を参照カテゴリーとした。
8. 関心があるテーマについての個人又は共同研究に参加しなかった教員を参照カテゴリーとした。
9. 組織内指導（メンタリング）や同僚の観察・助言とコーチングの活動に参加しなかった教員を参照カテゴリーとした。
10. エフェクトコーディングのため、オッズ比の推定値はβ係数のeを低とする指数をとった値と一致しない。詳細はOECD（2014）のAnnex Bを参照のこと。

出所：OECD（2014）Table 6.5.

6.1.3 教室の状況

　指導実践の分析において、教室の状況は考慮すべき重要な要因である。ここでは、学級規模、母語が授業で使う言語ではない生徒の割合、学業成績が低い生徒の割合、特別な支援を要する生徒の割合、問題行動を起こす生徒の割合、社会経済的に困難な家庭環境にある生徒、学業に関して特別な才能のある生徒、学級の規律に関する雰囲気といった教室の状況についての要因と前述の三つの指導実践との間の関連について分析された。

　教室の状況に関する要因のうち、三つの指導実践について教員が回答する実施頻度に最も関係があった要因は、学級の規律に関する雰囲気であった。ほとんどの国において、学級の規律に関する雰囲気がより良好であったと回答した教員は、少人数のグループ活動とICTの利用について実施頻度がより高いと回答する傾向がある。

　日本の場合、教室の状況と三つの指導実践の関連については、下に示す指導実践の項目「生徒が少人数のグループで、問題や課題に対する共同の解決策を考え出す」及び「生徒は課題や学級での活動にICT（情報通信技術）を用いる」について統計的に有意な関連性が見られた。

(1) 指導実践の項目「生徒が少人数のグループで、問題や課題に対する共同の解決策を考え出す」

　日本の場合、教室の状況の要因の中で、学級の規律に関する雰囲気が良好とする教員ほど、「生徒が少人数のグループで、問題や課題に対する共同の解決策を考え出す」ことが多いと回答する傾向がある（オッズ比1.19）。

(2) 指導実践の項目「生徒は課題や学級での活動にICT（情報通信技術）を用いる」

　日本の場合、教室の状況の要因の中で、特別な支援を要する生徒の割合が高いとする教員ほど、「生徒は課題や学級での活動にICTを用いる」ことが多いと回答する傾向がある（オッズ比1.68）。また、社会経済的に困難な家庭環境にある生徒の割合が高いとする教員ほど、「生徒は課題や学級での活動にICTを用いる」ことが多いと回答する傾向がある（オッズ比1.45）。

表 6.1.6 学級の状況と少人数グループの指導実践の関係（ロジスティック回帰分析）[1]

<table>
<tr><th rowspan="4">国　名</th><th colspan="16">生徒が少人数のグループで、問題や課題に対する共同の解決策を考え出す[2]</th></tr>
<tr><th colspan="16">説明変数</th></tr>
<tr><th colspan="2">学級規模[3]</th><th colspan="2">母語が教授言語ではない生徒[4]</th><th colspan="2">学業成績が低い生徒[5]</th><th colspan="2">特別な支援を要する生徒[6]</th><th colspan="2">問題行動を起こす生徒[7]</th><th colspan="2">社会経済的に困難な家庭環境にある生徒[8]</th><th colspan="2">学業に関して特別な才能のある生徒[9]</th><th colspan="2">学級の規律的雰囲気[10]</th></tr>
<tr><th>β</th><th>オッズ比[11]</th><th>β</th><th>オッズ比[12]</th><th>β</th><th>オッズ比[12]</th><th>β</th><th>オッズ比[12]</th><th>β</th><th>オッズ比[12]</th><th>β</th><th>オッズ比[12]</th><th>β</th><th>オッズ比[12]</th><th>β</th><th>オッズ比[11]</th></tr>
<tr><td>オーストラリア</td><td></td><td></td><td></td><td></td><td></td><td></td><td></td><td></td><td></td><td></td><td></td><td></td><td></td><td></td><td>0.15</td><td>1.16</td></tr>
<tr><td>ブラジル</td><td></td><td></td><td></td><td></td><td></td><td></td><td>0.30</td><td>1.83</td><td></td><td></td><td></td><td></td><td></td><td></td><td>0.15</td><td>1.16</td></tr>
<tr><td>ブルガリア</td><td></td><td></td><td></td><td></td><td></td><td></td><td></td><td></td><td></td><td></td><td></td><td></td><td>0.14</td><td>1.32</td><td></td><td></td></tr>
<tr><td>チリ</td><td></td><td></td><td></td><td></td><td></td><td></td><td></td><td></td><td></td><td></td><td></td><td></td><td>0.22</td><td>1.56</td><td></td><td></td></tr>
<tr><td>クロアチア</td><td></td><td></td><td></td><td></td><td></td><td></td><td>0.21</td><td>1.51</td><td></td><td></td><td></td><td></td><td>0.14</td><td>1.32</td><td>0.13</td><td>1.14</td></tr>
<tr><td>チェコ</td><td>-0.02</td><td>0.98</td><td></td><td></td><td></td><td></td><td></td><td></td><td></td><td></td><td>0.14</td><td>1.32</td><td>0.24</td><td>1.61</td><td>0.17</td><td>1.19</td></tr>
<tr><td>デンマーク</td><td>0.03</td><td>1.03</td><td></td><td></td><td></td><td></td><td></td><td></td><td></td><td></td><td></td><td></td><td>0.31</td><td>1.85</td><td>0.12</td><td>1.13</td></tr>
<tr><td>エストニア</td><td></td><td></td><td></td><td></td><td></td><td></td><td></td><td></td><td></td><td></td><td></td><td></td><td></td><td></td><td>0.13</td><td>1.14</td></tr>
<tr><td>フィンランド</td><td></td><td></td><td>0.22</td><td>1.56</td><td></td><td></td><td></td><td></td><td></td><td></td><td></td><td></td><td></td><td></td><td>0.07</td><td>1.08</td></tr>
<tr><td>フランス</td><td>-0.07</td><td>0.93</td><td></td><td></td><td></td><td></td><td></td><td></td><td></td><td></td><td></td><td></td><td></td><td></td><td>0.08</td><td>1.08</td></tr>
<tr><td>アイスランド</td><td></td><td></td><td></td><td></td><td></td><td></td><td></td><td></td><td></td><td></td><td></td><td></td><td></td><td></td><td>0.14</td><td>1.15</td></tr>
<tr><td>イスラエル</td><td>-0.05</td><td>0.96</td><td></td><td></td><td>-0.12</td><td>0.78</td><td></td><td></td><td></td><td></td><td></td><td></td><td>0.26</td><td>1.67</td><td></td><td></td></tr>
<tr><td>イタリア</td><td></td><td></td><td></td><td></td><td></td><td></td><td></td><td></td><td></td><td></td><td></td><td></td><td>0.28</td><td>1.77</td><td>0.10</td><td>1.10</td></tr>
<tr><td>日本</td><td></td><td></td><td></td><td></td><td></td><td></td><td></td><td></td><td></td><td></td><td></td><td></td><td></td><td></td><td>0.17</td><td>1.19</td></tr>
<tr><td>韓国</td><td>-0.02</td><td>0.98</td><td>0.77</td><td>4.63</td><td>-0.16</td><td>0.73</td><td></td><td></td><td>0.21</td><td>1.51</td><td></td><td></td><td></td><td></td><td>0.16</td><td>1.17</td></tr>
<tr><td>ラトビア</td><td></td><td></td><td></td><td></td><td></td><td></td><td></td><td></td><td></td><td></td><td></td><td></td><td></td><td></td><td>0.12</td><td>1.13</td></tr>
<tr><td>マレーシア</td><td></td><td></td><td></td><td></td><td>-0.21</td><td>0.66</td><td></td><td></td><td></td><td></td><td></td><td></td><td>0.14</td><td>1.31</td><td>0.23</td><td>1.26</td></tr>
<tr><td>メキシコ</td><td></td><td></td><td></td><td></td><td></td><td></td><td></td><td></td><td></td><td></td><td></td><td></td><td></td><td></td><td>0.15</td><td>1.17</td></tr>
<tr><td>オランダ</td><td></td><td></td><td></td><td></td><td></td><td></td><td></td><td></td><td></td><td></td><td></td><td></td><td></td><td></td><td>0.08</td><td>1.08</td></tr>
<tr><td>ノルウェー</td><td></td><td></td><td></td><td></td><td></td><td></td><td></td><td></td><td></td><td></td><td></td><td></td><td></td><td></td><td>0.14</td><td>1.15</td></tr>
<tr><td>ポーランド</td><td>-0.03</td><td>0.97</td><td></td><td></td><td></td><td></td><td></td><td></td><td></td><td></td><td></td><td></td><td>0.19</td><td>1.48</td><td>0.17</td><td>1.19</td></tr>
<tr><td>ポルトガル</td><td></td><td></td><td></td><td></td><td>-0.12</td><td>0.79</td><td></td><td></td><td></td><td></td><td>0.13</td><td>1.28</td><td></td><td></td><td>0.06</td><td>1.06</td></tr>
<tr><td>ルーマニア</td><td></td><td></td><td></td><td></td><td>-0.17</td><td>0.71</td><td></td><td></td><td></td><td></td><td></td><td></td><td></td><td></td><td>0.23</td><td>1.25</td></tr>
<tr><td>セルビア</td><td></td><td></td><td></td><td></td><td>-0.15</td><td>0.75</td><td></td><td></td><td></td><td></td><td>0.11</td><td>1.26</td><td></td><td></td><td>0.13</td><td>1.14</td></tr>
<tr><td>シンガポール</td><td></td><td></td><td></td><td></td><td></td><td></td><td></td><td></td><td></td><td></td><td></td><td></td><td>0.29</td><td>1.78</td><td>0.19</td><td>1.21</td></tr>
<tr><td>スロバキア</td><td></td><td></td><td></td><td></td><td></td><td></td><td></td><td></td><td></td><td></td><td></td><td></td><td></td><td></td><td>0.17</td><td>1.18</td></tr>
<tr><td>スペイン</td><td></td><td></td><td></td><td></td><td></td><td></td><td></td><td></td><td></td><td></td><td></td><td></td><td></td><td></td><td>0.07</td><td>1.08</td></tr>
<tr><td>スウェーデン</td><td></td><td></td><td></td><td></td><td></td><td></td><td></td><td></td><td></td><td></td><td></td><td></td><td>0.12</td><td>1.26</td><td>0.07</td><td>1.07</td></tr>
<tr><td colspan="17">地域としての参加</td></tr>
<tr><td>アブダビ（アラブ首長国連邦）</td><td></td><td></td><td></td><td></td><td></td><td></td><td></td><td></td><td></td><td></td><td></td><td></td><td></td><td></td><td>0.14</td><td>1.15</td></tr>
<tr><td>アルバータ（カナダ）</td><td></td><td></td><td></td><td></td><td></td><td></td><td></td><td></td><td></td><td></td><td></td><td></td><td></td><td></td><td>0.06</td><td>1.06</td></tr>
<tr><td>イングランド（イギリス）</td><td>0.02</td><td>1.02</td><td></td><td></td><td></td><td></td><td></td><td></td><td></td><td></td><td></td><td></td><td>0.16</td><td>1.38</td><td>0.14</td><td>1.15</td></tr>
<tr><td>フランドル（ベルギー）</td><td></td><td></td><td></td><td></td><td></td><td></td><td></td><td></td><td></td><td></td><td>0.14</td><td>1.32</td><td>0.45</td><td>2.44</td><td>0.08</td><td>1.08</td></tr>
</table>

1. 教員の性別、経験年数、最終学歴、対象学級での担当教科を統制した。5％水準で統計的に有意な関連が見られない場合には空欄とする。細字の数値は、標本の5％未満のケース数を基にしたデータであり、解釈には注意が必要である。
2. 「生徒が少人数のグループで、問題や課題に対する共同の解決策を考え出す」について、「しばしば」「ほとんどいつも」行うと回答した教員をまとめて扱った。オッズ比が1よりも大きいことは、下記のそれぞれの参照カテゴリーに比べて、表に示された対応するカテゴリーの少人数グループのオッズが増すことを意味し、オッズ比が1よりも小さいことは、オッズが減ることを意味する。例えば、フランスでは学級規模が大きくなると、少人数グループのオッズは7％減る。
3. オッズ比の方向が学級規模の増加を基づいている連続変数。
4. 母語が授業で使う言語ではない生徒の割合が10％以下の学級を参照カテゴリーとした。
5. 学業成績が低い生徒の割合が10％以下の学級を参照カテゴリーとした。
6. 特別な支援を要する生徒の割合が10％以下の学級を参照カテゴリーとした。
7. 問題行動を起こす生徒の割合が10％以下の学級を参照カテゴリーとした。
8. 社会経済的に困難な家庭環境にある生徒の割合が10％以下の学級を参照カテゴリーとした。
9. 学業に関して特別な才能のある生徒の割合が10％以下の学級を参照カテゴリーとした。
10. オッズ比の方向が学級の規律的雰囲気（良好）の指標の増加に基づいている連続変数。
11. これはβ係数の指数をとった値。
12. エフェクトコーディングのため、オッズ比の推定値はβ係数のeを低とする指数をとった値と一致しない。詳細はOECD（2014）のAnnex Bを参照のこと。

出所：OECD（2014）Table 6.8.

第6章 指導実践、教員の信念、学級の環境

表6.1.7 学級の状況とICT利用の指導実践の関係（ロジスティック回帰分析）[1]

生徒は課題や学級での活動にICT（情報通信技術）を用いる[2]

説明変数

国　名	学級規模[3] β／オッズ比[11]	母語が教授言語ではない生徒[4] β／オッズ比[12]	学業成績が低い生徒[5] β／オッズ比[12]	特別な支援を要する生徒[6] β／オッズ比[12]	問題行動を起こす生徒[7] β／オッズ比[12]	社会経済的に困難な家庭環境にある生徒[8] β／オッズ比[12]	学業に関して特別な才能のある生徒[9] β／オッズ比[12]	学級の規律的雰囲気[10] β／オッズ比[11]
オーストラリア								
ブラジル			-0.21　0.66		0.17　1.40	-0.15　0.75	0.22　1.54	0.12　1.12
ブルガリア		-0.18　0.70			0.20　1.48			0.15　1.17
チリ			-0.21　0.65					
クロアチア			-0.11　0.80		0.20　1.48			0.13　1.14
チェコ							0.11　1.24	0.09　1.09
デンマーク	0.04　1.04	-0.33　0.52						
エストニア	0.02　1.02							0.09　1.09
フィンランド			0.19　1.46		0.18　1.43		0.19　1.47	0.09　1.09
フランス					0.15　1.34			0.08　1.08
アイスランド								
イスラエル	0.04　1.04		-0.25　0.60	0.23　1.60			0.23　1.60	
イタリア			-0.15　0.74				0.11　1.24	0.07　1.07
日本				0.26　1.68		0.19　1.45		
韓国		0.60　3.32						
ラトビア	0.02　1.02					0.15　1.36		0.16　1.17
マレーシア						-0.17　0.71	0.24　1.61	0.16　1.17
メキシコ			-0.14　0.76				0.26　1.68	0.12　1.13
オランダ							-0.22　0.64	
ノルウェー				0.30　1.82		0.14　1.32		
ポーランド							0.11　1.24	
ポルトガル			-0.15　0.74		0.10　1.22	0.10　1.22		0.05　1.05
ルーマニア			-0.16　0.73				0.34　1.97	0.17　1.19
セルビア			-0.14　0.75					
シンガポール		-0.13　0.77		0.15　1.35			0.33　1.95	0.09　1.09
スロバキア						-0.15　0.75		0.07　1.07
スペイン			-0.11　0.80			0.17　1.41		
スウェーデン	0.01　1.01							
地域としての参加								
アブダビ（アラブ首長国連邦）		-0.32　0.53	0.18　1.42					0.09　1.09
アルバータ（カナダ）								
イングランド（イギリス）							0.19　1.47	0.05　1.05
フランドル（ベルギー）				0.13　1.29		0.19　1.46		

1. 教員の性別、経験年数、最終学歴、対象学級での担当教科を統制した。5%水準で統計的に有意な関連が見られない場合には空欄とする。細字の数値は、標本の5%未満のケース数を基にしたデータであり、解釈には注意が必要である。
2. 「生徒は課題や学級での活動にICT（情報通信技術）を用いる」について、「しばしば」「ほとんどいつも」行うと回答した教員をまとめて扱った。例えば、デンマークでは学級規模が大きくなると、ICT利用のオッズは4%増す。
3. オッズ比の方向が学級規模の増加に基づいている連続変数。
4. 母語が授業で使う言語ではない生徒の割合が10%以下の学級を参照カテゴリーとした。
5. 学業成績が低い生徒の割合が10%以下の学級を参照カテゴリーとした。
6. 特別な支援を要する生徒の割合が10%以下の学級を参照カテゴリーとした。
7. 問題行動を起こす生徒の割合が10%以下の学級を参照カテゴリーとした。
8. 社会経済的に困難な家庭環境にある生徒の割合が10%以下の学級を参照カテゴリーとした。
9. 学業に関して特別な才能のある生徒の割合が10%以下の学級を参照カテゴリーとした。
10. オッズ比の方向が学級の規律的雰囲気（良好）の指標の増加に基づいている連続変数。
11. これはβ係数の指数をとった値。
12. エフェクトコーディングのため、オッズ比の推定値はβ係数のeを低とする指数をとった値と一致しない。詳細はOECD（2014）のAnnex Bを参照のこと。

出所：OECD（2014）Table 6.10.

6.2 教員が用いる生徒の学習評価方法

　本節では、教員が用いる生徒の学習評価方法について報告する。教員がどのような学習評価方法を用いているのかについて明らかにする。

　表6.2.1は、TALISで着目する六種類の学習評価方法について、授業でどの程度使っているかを教員の回答を基にまとめたものである。教員は教員質問紙の設問において、「対象学級」では六つの学習評価方法をどのくらいの頻度で使っているかについて、「ほとんどなし」「時々」「しばしば」「ほとんどいつも」から選択して回答した。表6.2.1では「しばしば」又は「ほとんどいつも」行うと回答した教員の割合を示している。なお、前述のようにTALIS 2013年調査において「対象学級」は、教員が質問紙に回答する時点から一週間前の火曜日午前11時以降において、最初に教えた前期中等教育段階の学級と定義されている。

　参加国平均では、「生徒が特定の課題に取り組む様子を観察し、必要なフィードバックを即座に行う」評価方法を用いる教員の割合が最も高い（79.7%）。日本の場合、同様の学習評価方法を「しばしば」又は「ほとんどいつも」使用すると回答した教員は43.0%である[4]。六つの学習評価方法の中で、最も多くの日本の教員が用いていると考えられるのは、「個々の生徒にクラスメイトの前で質問に答えさせる」学習評価方法である（53.0%）。「自ら評価方法を開発して実践する」学習評価方法について「しばしば」又は「ほとんどいつも」使用すると回答した教員の割合は日本の29.1%から、ブラジルの93.4%まで幅がある。日本では、組織的に学習評価に取り組むことが重要と考えられているため、この数値の意味は慎重に解釈される必要がある。「生徒の学習成果に対して点数や評定による成績評価だけでなく、文書によるフィードバックを行う」学習評価方法を「しばしば」又は「ほとんどいつも」使用すると回答した教員は、参加国平均の54.5%に対し、ラトビアで22.1%、日本で22.9%、フィンランドと韓国で25.2%である。

---

4. 日本の場合、全般的に「時々」と回答する割合が高い（参考：OECD（2014）のTable 6.11.web）。

第6章　指導実践、教員の信念、学級の環境

表 6.2.1　教員が用いる生徒の学習評価方法

国　　名	自ら評価方法を開発して実施する %	S.E.	標準テストを実施する %	S.E.	個々の生徒にクラスメイトの前で質問に答えさせる %	S.E.	生徒の学習成果に対して点数や評定による成績評価だけでなく、文書によるフィードバックを行う %	S.E.	生徒に学習の進捗状況を自己評価させる %	S.E.	生徒が特定の課題に取り組む様子を観察し、必要なフィードバックを即座に行う %	S.E.
オーストラリア	71.8	(1.7)	31.8	(1.4)	47.6	(2.1)	74.8	(1.7)	31.7	(1.5)	90.0	(0.9)
ブラジル	93.4	(0.4)	48.5	(1.0)	36.2	(0.8)	61.7	(0.9)	43.1	(0.8)	80.9	(0.8)
ブルガリア	68.4	(1.2)	55.7	(1.2)	67.3	(1.1)	51.1	(1.2)	24.6	(1.0)	79.6	(0.9)
チリ	92.2	(0.8)	64.3	(2.0)	78.3	(1.3)	66.2	(2.1)	65.8	(1.8)	92.9	(0.8)
クロアチア	61.5	(1.1)	23.1	(0.9)	51.7	(1.0)	66.9	(1.2)	42.3	(1.1)	85.3	(0.6)
キプロス	80.8	(1.2)	60.8	(1.4)	60.0	(1.5)	60.5	(1.3)	42.1	(1.4)	88.2	(0.9)
チェコ	72.2	(0.9)	31.3	(1.1)	45.0	(1.2)	32.3	(0.9)	36.5	(1.3)	82.4	(0.8)
デンマーク	56.2	(1.6)	21.5	(1.4)	49.5	(1.6)	60.4	(1.4)	24.3	(1.3)	69.3	(1.3)
エストニア	56.1	(1.3)	32.2	(1.3)	23.2	(1.2)	34.4	(1.1)	29.0	(1.1)	83.5	(1.0)
フィンランド	66.2	(1.2)	28.0	(1.1)	10.8	(0.7)	25.2	(1.0)	27.2	(1.2)	76.1	(0.8)
フランス	85.6	(0.7)	8.3	(0.6)	56.9	(1.0)	74.4	(0.9)	16.5	(0.8)	78.2	(0.7)
アイスランド	57.0	(1.6)	25.7	(1.5)	5.2	(0.8)	50.2	(1.7)	17.3	(1.0)	63.4	(1.5)
イスラエル	50.6	(1.4)	63.7	(1.5)	56.0	(1.4)	64.9	(1.3)	23.8	(1.3)	66.4	(1.3)
イタリア	69.0	(1.0)	43.1	(1.1)	79.8	(0.8)	52.6	(1.2)	28.6	(1.0)	79.4	(0.9)
日本	29.1	(0.8)	33.1	(1.0)	53.0	(0.9)	22.9	(1.0)	27.0	(1.1)	43.0	(0.9)
韓国	31.0	(1.0)	51.2	(1.1)	27.4	(1.1)	25.2	(0.9)	21.2	(1.0)	45.8	(1.2)
ラトビア	51.0	(1.3)	71.0	(1.5)	23.1	(1.2)	22.1	(1.3)	47.5	(1.6)	84.6	(1.0)
マレーシア	65.5	(1.2)	62.9	(1.3)	66.2	(1.2)	62.7	(1.2)	66.1	(1.4)	93.7	(0.7)
メキシコ	78.7	(0.9)	44.0	(1.3)	71.9	(1.0)	73.1	(1.0)	61.5	(1.3)	90.8	(0.6)
オランダ	66.3	(1.5)	41.0	(1.8)	14.2	(1.2)	39.6	(1.6)	17.6	(1.4)	74.2	(1.3)
ノルウェー	61.4	(1.6)	14.1	(1.0)	53.3	(1.5)	74.7	(1.7)	28.5	(1.5)	67.3	(1.8)
ポーランド	59.5	(1.0)	51.7	(1.1)	41.1	(1.1)	36.2	(1.1)	38.5	(1.3)	88.9	(0.8)
ポルトガル	82.5	(0.6)	20.8	(0.8)	65.4	(1.0)	75.5	(0.7)	59.2	(0.9)	89.5	(0.5)
ルーマニア	75.6	(1.1)	19.6	(0.9)	57.7	(1.3)	32.9	(1.3)	40.3	(1.2)	84.2	(0.9)
セルビア	64.6	(1.0)	39.2	(1.0)	47.9	(1.0)	39.6	(1.1)	54.3	(1.0)	84.8	(0.7)
シンガポール	64.7	(1.0)	70.5	(0.9)	64.3	(1.0)	72.5	(0.9)	31.9	(0.9)	77.5	(0.8)
スロバキア	60.0	(1.0)	39.3	(1.3)	45.3	(1.2)	29.7	(1.2)	61.2	(1.3)	89.2	(0.6)
スペイン	76.4	(0.9)	10.1	(0.7)	61.2	(1.0)	69.7	(1.0)	21.6	(0.9)	82.3	(1.2)
スウェーデン	57.8	(1.2)	13.0	(0.9)	43.6	(1.1)	54.4	(1.4)	32.0	(1.2)	73.6	(1.0)
地域としての参加												
アブダビ（アラブ首長国連邦）	87.5	(1.9)	68.1	(1.8)	65.7	(1.7)	82.0	(1.1)	56.2	(2.0)	92.2	(0.9)
アルバータ（カナダ）	88.1	(1.1)	17.6	(1.3)	36.1	(1.6)	68.0	(1.3)	39.4	(1.7)	88.3	(0.9)
イングランド（イギリス）	71.5	(1.2)	39.5	(1.2)	69.1	(1.3)	81.6	(1.1)	69.1	(1.3)	88.8	(0.7)
フランドル（ベルギー）	89.1	(0.7)	14.3	(0.9)	40.5	(1.1)	61.3	(1.2)	30.3	(1.2)	77.4	(1.1)
参加国平均	67.9	(0.2)	38.2	(0.2)	48.9	(0.2)	54.5	(0.2)	38.1	(0.2)	79.7	(0.2)
アメリカ	85.0	(1.4)	21.3	(1.2)	47.0	(1.4)	67.3	(1.7)	37.9	(1.9)	88.6	(1.1)

各項目の生徒の学習評価方法を「しばしば」「ほとんどいつも」使うと回答した教員の割合。週の授業計画から選ばれた特定の学級について、教員の回答に基づくデータ。
出所：OECD（2014）Table 6.11.

6.3 教員の仕事の時間配分

本節では参加国の教員の回答を基に、教員の仕事時間の合計や配分について各国の教員における平均値を示す。

TALISでは「仕事時間の合計」として、直近の「通常の一週間」において、指導（授業）、授業準備、採点、他の教員との共同作業、職員会議への参加、その他所属する学校で求められている仕事に従事した時間数（1時間＝60分換算）の合計を教員に質問した。仕事時間の合計には、週末や夜間など就業時間外に行った仕事の時間数も含まれる。また、「通常の一週間」とは、休暇や休日、病気休業などによって勤務時間が短くならなかった一週間を指している。表6.3.1に示すように教員の回答による仕事時間の合計は参加国平均の38.3時間に対して、日本では53.9時間（平均）であり、参加国で最も長いことがわかる。なお、仕事時間の合計については、日本の53.9時間からチリの29.2時間（平均）まで大きな幅がある。

また、それとは別に、この調査において注目する「学校内外で個人で行う授業の計画や準備」「学校内での同僚との共同作業や話し合い」「生徒の課題の採点や添削」「学校運営業務への参画」等の九つの仕事それぞれについて、従事した時間数（1時間＝60分換算）が教員に質問された。表6.3.1に示すように教員の仕事時間の配分としては、その大部分が指導（授業）に使った時間と回答されている（参加国平均19.3時間）。ここで、日本の教員が指導（授業）に使ったと回答した時間は17.7時間（平均）で他国と大きな差はなく、日本の場合は授業以外の業務に多くの時間を費やしていることがわかる。特に、課外活動の指導については、参加国平均の2.1時間に対し、日本の教員は7.7時間（平均）を使っていると回答している。また、一般的事務業務についても、参加国平均の2.9時間に対し、日本の教員は5.5時間（平均）を使っていると回答している。さらに、個人で行う授業の準備や同僚との共同作業や話し合いに使う時間もほとんどの国に比べ長いことがわかる。

第6章　指導実践、教員の信念、学級の環境

表6.3.1 [1/2]　教員の仕事時間[1]

国　名	仕事時間の合計[2] 平均	S.E.	指導（授業）に使った時間 平均	S.E.	学校内外で個人で行う授業の計画や準備に使った時間 平均	S.E.	学校内での同僚との共同作業や話し合いに使った時間 平均	S.E.	生徒の課題の採点や添削に使った時間 平均	S.E.	生徒に対する教育相談（生徒の監督指導、インターネットによるカウンセリング、進路指導、非行防止指導を含む）に使った時間 平均	S.E.
オーストラリア	42.7	(0.5)	18.6	(0.3)	7.1	(0.1)	3.5	(0.1)	5.1	(0.2)	2.3	(0.2)
ブラジル	36.7	(0.4)	25.4	(0.2)	7.1	(0.1)	3.3	(0.1)	5.7	(0.1)	2.7	(0.1)
ブルガリア	39.0	(0.4)	18.4	(0.2)	8.1	(0.1)	2.5	(0.1)	4.5	(0.1)	1.7	(0.1)
チリ	29.2	(0.8)	26.7	(0.4)	5.8	(0.2)	2.8	(0.1)	4.1	(0.2)	2.4	(0.1)
クロアチア	39.6	(0.2)	19.6	(0.1)	9.7	(0.1)	2.1	(0.1)	3.9	(0.1)	1.8	(0.1)
キプロス	33.1	(0.3)	16.2	(0.2)	7.3	(0.1)	2.7	(0.1)	4.9	(0.1)	2.0	(0.1)
チェコ	39.4	(0.3)	17.8	(0.1)	8.3	(0.1)	2.2	(0.1)	4.5	(0.1)	2.2	(0.1)
デンマーク	40.0	(0.4)	18.9	(0.1)	7.9	(0.1)	3.3	(0.1)	3.5	(0.1)	1.5	(0.1)
エストニア	36.1	(0.5)	20.9	(0.2)	6.9	(0.1)	1.9	(0.0)	4.3	(0.1)	2.1	(0.1)
フィンランド	31.6	(0.2)	20.6	(0.1)	4.8	(0.1)	1.9	(0.1)	3.1	(0.1)	1.0	(0.1)
フランス	36.5	(0.3)	18.6	(0.1)	7.5	(0.1)	1.9	(0.0)	5.6	(0.1)	1.2	(0.0)
アイスランド	35.0	(0.4)	19.0	(0.2)	7.3	(0.2)	3.3	(0.2)	3.2	(0.1)	1.4	(0.1)
イスラエル	30.7	(0.5)	18.3	(0.2)	5.2	(0.1)	2.7	(0.1)	4.3	(0.1)	2.1	(0.1)
イタリア	29.4	(0.3)	17.3	(0.1)	5.0	(0.1)	3.1	(0.1)	4.2	(0.1)	1.0	(0.1)
日本	53.9	(0.4)	17.7	(0.1)	8.7	(0.1)	3.9	(0.1)	4.6	(0.1)	2.7	(0.1)
韓国	37.0	(0.4)	18.8	(0.2)	7.7	(0.2)	3.2	(0.1)	3.9	(0.1)	4.1	(0.1)
ラトビア	36.1	(0.4)	19.2	(0.3)	6.4	(0.2)	2.3	(0.1)	4.6	(0.1)	3.2	(0.1)
マレーシア	45.1	(0.7)	17.1	(0.3)	6.4	(0.1)	4.1	(0.1)	7.4	(0.2)	2.9	(0.1)
メキシコ	33.6	(0.6)	22.7	(0.4)	6.2	(0.1)	2.4	(0.1)	4.3	(0.1)	2.8	(0.1)
オランダ	35.6	(0.4)	16.9	(0.2)	5.1	(0.1)	3.1	(0.1)	4.2	(0.1)	2.1	(0.1)
ノルウェー	38.3	(0.5)	15.0	(0.2)	6.5	(0.1)	3.1	(0.1)	5.2	(0.2)	2.1	(0.1)
ポーランド	36.8	(0.5)	18.6	(0.2)	5.5	(0.1)	2.2	(0.1)	4.6	(0.1)	2.1	(0.1)
ポルトガル	44.7	(0.3)	20.8	(0.1)	8.5	(0.2)	3.7	(0.2)	9.6	(0.2)	2.2	(0.1)
ルーマニア	35.7	(0.5)	16.2	(0.2)	8.0	(0.1)	2.7	(0.1)	4.0	(0.1)	2.6	(0.1)
セルビア	34.2	(0.3)	18.4	(0.2)	7.9	(0.1)	2.3	(0.1)	3.4	(0.1)	2.3	(0.1)
シンガポール	47.6	(0.4)	17.1	(0.1)	8.4	(0.1)	3.6	(0.1)	8.7	(0.1)	2.6	(0.0)
スロバキア	37.5	(0.4)	19.9	(0.2)	7.5	(0.1)	2.3	(0.1)	3.5	(0.1)	1.9	(0.1)
スペイン	37.6	(0.4)	18.6	(0.2)	6.6	(0.1)	2.7	(0.1)	6.1	(0.2)	1.5	(0.0)
スウェーデン	42.4	(0.2)	17.6	(0.1)	6.7	(0.1)	3.5	(0.1)	4.7	(0.1)	2.7	(0.1)
地域としての参加												
アブダビ（アラブ首長国連邦）	36.2	(0.5)	21.2	(0.3)	7.6	(0.3)	3.8	(0.2)	5.4	(0.2)	3.3	(0.1)
アルバータ（カナダ）	48.2	(0.5)	26.4	(0.2)	7.5	(0.2)	3.0	(0.1)	5.5	(0.2)	2.7	(0.1)
イングランド（イギリス）	45.9	(0.4)	19.6	(0.2)	7.8	(0.1)	3.3	(0.1)	6.1	(0.1)	1.7	(0.1)
フランドル（ベルギー）	37.0	(0.3)	19.1	(0.2)	6.3	(0.1)	2.1	(0.0)	4.5	(0.1)	1.3	(0.1)
参加国平均	38.3	(0.1)	19.3	(0.0)	7.1	(0.0)	2.9	(0.0)	4.9	(0.0)	2.2	(0.0)
アメリカ	44.8	(0.7)	26.8	(0.5)	7.2	(0.2)	3.0	(0.1)	4.9	(0.1)	2.4	(0.2)

1. 教員の報告による、直近の「通常の一週間」において、各項目の仕事に従事した時間（1時間＝60分換算）の平均。「通常の一週間」とは、休暇や休日、病気休業などによって勤務時間が短くならなかった一週間とする。週末や夜間など就業時間外に行った仕事を含む。教員による複数の設問への回答を基にしており、それぞれの仕事に要した時間の合計と「仕事時間の合計」は一致しないことがある。また、表のデータは調査に参加したすべての教員（非常勤教員を含む）の平均であることに注意。
2. 指導（授業）、授業の準備や計画、採点や添削、同僚との共同作業や話し合い、職員会議への参加や学校でのその他の教育に関する業務を含む。

出所：OECD（2014）Table 6.12.

表 6.3.1 [2/2] 教員の仕事時間[1]

国　名	学校運営業務への参画に使った時間 平均	S.E.	一般的事務業務（教員として行う連絡事務、書類作成その他の事務業務を含む）に使った時間 平均	S.E.	保護者との連絡や連携に使った時間 平均	S.E.	課外活動の指導（例：放課後のスポーツ活動や文化活動）に使った時間 平均	S.E.	その他の業務に使った時間 平均	S.E.
オーストラリア	3.1	(0.2)	4.3	(0.1)	1.3	(0.1)	2.3	(0.2)	2.2	(0.1)
ブラジル	1.7	(0.1)	1.8	(0.1)	1.7	(0.1)	2.4	(0.1)	2.2	(0.1)
ブルガリア	1.1	(0.1)	2.7	(0.1)	1.7	(0.0)	2.0	(0.1)	1.7	(0.1)
チリ	2.3	(0.1)	2.9	(0.1)	2.0	(0.1)	2.0	(0.1)	2.2	(0.2)
クロアチア	0.5	(0.0)	2.6	(0.1)	1.5	(0.1)	1.9	(0.1)	1.8	(0.1)
キプロス	1.3	(0.1)	2.4	(0.1)	1.7	(0.1)	2.5	(0.1)	2.2	(0.2)
チェコ	1.1	(0.1)	2.7	(0.1)	0.9	(0.1)	1.3	(0.1)	1.4	(0.1)
デンマーク	0.9	(0.1)	2.0	(0.1)	1.8	(0.1)	0.9	(0.1)	2.3	(0.1)
エストニア	0.8	(0.1)	2.3	(0.1)	1.3	(0.1)	1.9	(0.1)	1.5	(0.1)
フィンランド	0.4	(0.0)	1.3	(0.1)	1.2	(0.0)	0.6	(0.1)	1.0	(0.1)
フランス	0.7	(0.0)	1.3	(0.0)	1.0	(0.0)	1.0	(0.0)	1.1	(0.0)
アイスランド	1.2	(0.1)	2.0	(0.1)	1.4	(0.1)	1.1	(0.1)	2.3	(0.1)
イスラエル	2.1	(0.1)	1.9	(0.1)	1.8	(0.1)	1.7	(0.1)	3.8	(0.1)
イタリア	1.0	(0.0)	1.8	(0.0)	1.4	(0.0)	0.8	(0.1)	0.7	(0.1)
日本	3.0	(0.1)	5.5	(0.1)	1.3	(0.0)	7.7	(0.2)	2.9	(0.1)
韓国	2.2	(0.1)	6.0	(0.2)	2.1	(0.1)	2.7	(0.1)	2.6	(0.1)
ラトビア	1.0	(0.1)	2.4	(0.1)	1.5	(0.1)	2.1	(0.1)	1.4	(0.1)
マレーシア	5.0	(0.2)	5.7	(0.2)	2.4	(0.1)	4.9	(0.2)	4.3	(0.2)
メキシコ	1.7	(0.1)	2.3	(0.1)	2.3	(0.1)	2.3	(0.1)	2.0	(0.1)
オランダ	1.3	(0.1)	2.2	(0.1)	1.3	(0.0)	1.3	(0.1)	2.5	(0.1)
ノルウェー	1.3	(0.1)	2.8	(0.1)	1.3	(0.0)	0.8	(0.1)	1.4	(0.2)
ポーランド	0.9	(0.1)	2.5	(0.1)	1.3	(0.0)	2.4	(0.1)	1.9	(0.1)
ポルトガル	1.8	(0.1)	3.8	(0.2)	1.8	(0.1)	2.4	(0.2)	2.6	(0.2)
ルーマニア	0.9	(0.1)	1.5	(0.1)	1.8	(0.1)	2.3	(0.1)	1.8	(0.1)
セルビア	0.8	(0.1)	2.4	(0.1)	1.6	(0.1)	2.2	(0.1)	2.1	(0.1)
シンガポール	1.9	(0.1)	5.3	(0.1)	1.6	(0.1)	3.4	(0.1)	2.7	(0.1)
スロバキア	1.1	(0.1)	2.7	(0.1)	1.3	(0.1)	2.0	(0.1)	1.6	(0.1)
スペイン	1.7	(0.1)	1.8	(0.0)	1.5	(0.0)	0.9	(0.1)	1.5	(0.1)
スウェーデン	0.8	(0.1)	4.5	(0.1)	1.8	(0.1)	0.4	(0.0)	1.7	(0.1)
地域としての参加										
アブダビ（アラブ首長国連邦）	2.7	(0.2)	3.3	(0.2)	2.6	(0.2)	2.5	(0.1)	2.1	(0.1)
アルバータ（カナダ）	2.2	(0.2)	3.2	(0.1)	1.7	(0.1)	3.6	(0.2)	1.9	(0.1)
イングランド（イギリス）	2.2	(0.1)	4.0	(0.1)	1.6	(0.0)	2.2	(0.1)	2.3	(0.1)
フランドル（ベルギー）	0.9	(0.0)	2.4	(0.1)	0.7	(0.0)	1.3	(0.1)	1.4	(0.1)
参加国平均	1.6	(0.0)	2.9	(0.0)	1.6	(0.0)	2.1	(0.0)	2.0	(0.0)
アメリカ	1.6	(0.1)	3.3	(0.1)	1.6	(0.1)	3.6	(0.3)	7.0	(0.4)

1. 教員の報告による、直近の「通常の一週間」において、各項目の仕事に従事した時間（1時間＝60分換算）の平均。「通常の一週間」とは、休暇や休日、病気休業などによって勤務時間が短くならなかった一週間とする。週末や夜間など就業時間外に行った仕事を含む。教員による複数の設問への回答を基にしており、それぞれの仕事に要した時間の合計と「仕事時間の合計」は一致しないことがある。また、表のデータは調査に参加したすべての教員（非常勤教員を含む）の平均であることに注意。
2. 指導（授業）、授業の準備や計画、採点や添削、同僚との共同作業や話し合い、職員会議への参加や学校でのその他の教育に関する業務を含む。

出所：OECD（2014）Table 6.12.

6.4 指導・学習の本質に関する信念

本節では指導・学習に関する教員の個人的な信念についての調査結果を教員の回答を基にまとめる。TALISでは前回調査と同様に、構成主義的指導観に基づき、教員の個人的な信念に関する以下の四つの項目を用いている。

指導・学習に関する教員の個人的な信念の指標	質問項目
構成主義的指導観	・教員としての私の役割は、生徒自身の探究を促すことである ・生徒は、問題に対する解決策を自ら見いだすことで、最も効果的に学習する ・生徒は、現実的な問題に対する解決策について、教員が解決策を教える前に、自分で考える機会が与えられるべきである ・特定のカリキュラムの内容よりも、思考と推論の過程の方が重要である

教員は教員質問紙の設問において、上記の生徒の学習の過程とその過程における教員の役割に関する項目について、「まったく当てはまらない」「当てはまらない」「当てはまる」「非常に良く当てはまる」から選択して回答した。表6.4.1は、「当てはまる」又は「非常に良く当てはまる」と回答した教員の割合を示している。

日本の場合、項目「生徒は、問題に対する解決策を自ら見いだすことで、最も効果的に学習する」について、94.0％の教員が「当てはまる」又は「非常に良く当てはまる」と回答しており、参加国平均（83.2％）を上回っている。一方、項目「特定のカリキュラムの内容よりも、思考と推論の過程の方が重要である」については、70.1％の教員が「当てはまる」又は「非常に良く当てはまる」と回答しており、参加国平均（83.5％）を下回っている。項目「教員としての私の役割は、生徒自身の探究を促すことである」については93.8％の教員が「当てはまる」又は「非常に良く当てはまる」と回答し、また、項目「生徒は、現実的な問題に対する解決策について、教員が解決策を教える前に、自分で考える機会が与えられるべきである」については93.2％の教員が「当てはまる」又は「非常に良く当てはまる」と回答しており、参加国平均（それぞれ94.3％、92.6％）と同程度である。

表 6.4.1　指導・学習に関する教員の個人的な信念

国　名	教員としての私の役割は、生徒自身の探究を促すことである %	S.E.	生徒は、問題に対する解決策を自ら見いだすことで、最も効果的に学習する %	S.E.	生徒は、現実的な問題に対する解決策について、教員が解決策を教える前に、自分で考える機会が与えられるべきである %	S.E.	特定のカリキュラムの内容よりも、思考と推論の過程の方が重要である %	S.E.
オーストラリア	92.9	(0.5)	71.2	(1.2)	89.3	(1.0)	79.6	(1.2)
ブラジル	89.2	(0.6)	85.6	(0.6)	87.9	(0.5)	69.5	(0.8)
ブルガリア	99.0	(0.3)	81.8	(1.1)	93.9	(0.5)	88.5	(0.8)
チリ	94.8	(0.7)	89.6	(1.0)	86.4	(1.1)	88.3	(1.0)
クロアチア	94.6	(0.4)	86.1	(0.6)	94.6	(0.4)	90.4	(0.5)
キプロス	94.8	(0.5)	89.0	(0.9)	97.0	(0.5)	93.5	(0.6)
チェコ	91.2	(0.5)	90.5	(0.7)	96.0	(0.4)	86.7	(0.7)
デンマーク	97.7	(0.3)	91.9	(0.7)	96.1	(0.5)	82.9	(1.0)
エストニア	94.2	(0.6)	74.9	(0.9)	95.4	(0.4)	88.9	(0.6)
フィンランド	97.3	(0.3)	82.2	(0.7)	93.8	(0.4)	91.0	(0.6)
フランス	92.0	(0.5)	91.3	(0.6)	89.1	(0.7)	71.1	(0.9)
アイスランド	98.1	(0.4)	90.9	(0.8)	91.3	(0.7)	90.5	(0.9)
イスラエル	94.6	(0.4)	88.3	(0.7)	96.5	(0.4)	91.4	(0.6)
イタリア	91.5	(0.5)	59.3	(1.0)	69.4	(1.0)	87.4	(0.7)
日本	93.8	(0.4)	94.0	(0.4)	93.2	(0.5)	70.1	(0.9)
韓国	97.5	(0.3)	95.1	(0.4)	97.2	(0.3)	85.9	(0.6)
ラトビア	97.4	(0.4)	88.8	(1.0)	96.9	(0.5)	85.6	(1.0)
マレーシア	89.9	(0.7)	74.3	(0.9)	93.8	(0.6)	85.7	(0.9)
メキシコ	93.5	(0.5)	86.0	(0.8)	94.6	(0.5)	72.9	(0.9)
オランダ	97.9	(0.4)	84.7	(0.8)	96.5	(0.6)	64.0	(1.5)
ノルウェー	94.5	(0.6)	52.6	(1.3)	94.1	(0.6)	78.0	(1.1)
ポーランド	94.3	(0.4)	86.6	(0.6)	93.2	(0.5)	84.5	(0.7)
ポルトガル	93.1	(0.5)	89.4	(0.6)	97.0	(0.4)	91.1	(0.6)
ルーマニア	92.0	(0.6)	90.4	(0.5)	93.6	(0.5)	83.0	(0.8)
セルビア	96.9	(0.3)	83.8	(0.7)	94.3	(0.4)	83.3	(0.7)
シンガポール	95.0	(0.4)	88.7	(0.7)	97.5	(0.3)	95.0	(0.4)
スロバキア	94.0	(0.5)	86.6	(0.7)	95.0	(0.4)	89.5	(0.6)
スペイン	90.7	(0.5)	83.5	(0.8)	83.4	(0.9)	85.4	(0.7)
スウェーデン	83.3	(0.7)	44.9	(1.3)	82.2	(0.7)	82.1	(0.9)
地域としての参加								
アブダビ（アラブ首長国連邦）	96.0	(0.5)	89.7	(0.7)	96.1	(0.5)	89.5	(0.9)
アルバータ（カナダ）	95.8	(0.7)	82.5	(1.2)	94.0	(0.6)	87.3	(1.1)
イングランド（イギリス）	96.3	(0.4)	85.7	(0.8)	95.5	(0.6)	73.7	(1.0)
フランドル（ベルギー）	98.9	(0.2)	84.5	(0.9)	92.9	(0.5)	70.7	(0.9)
参加国平均	94.3	(0.1)	83.2	(0.1)	92.6	(0.1)	83.5	(0.1)
アメリカ	94.6	(0.6)	81.7	(1.1)	92.6	(0.6)	84.5	(1.0)

各項目について、「当てはまる」「非常に良く当てはまる」と回答した教員の割合。
出所：OECD（2014）Table 6.13.

6.5 教員の個人的な信念と指導実践

　表6.5.1は、構成主義的指導観の指標に関する尺度を目的変数とし、指導実践の項目（少人数グループ、長期の課題、ICT）を説明変数として重回帰分析を行った結果である。参加国全てで「生徒が少人数のグループで、問題や課題に対する共同の解決策を考え出す」と正の関係性が見出されている。

　日本の場合、構成主義的指導観と「生徒が少人数のグループで、問題や課題に対する共同の解決策を考え出す」（β係数 = 0.23）及び「生徒は完成までに少なくとも一週間を必要とする課題を行う」（β係数 = 0.19）に正の関係性が見出されている。

　構成主義的指導観は、三つの指導実践の使用によって、正の関係性で予測される傾向にある。

表 6.5.1 構成主義的指導観と指導実践（少人数グループ、長期の課題、ICT）の関係（重回帰分析）[1]

国　名	構成主義的指導観[2] 少人数のグループで、問題や課題に対する共同の解決策を考え出す[3] β	S.E.	完成までに少なくとも一週間を必要とする課題を行う[3] β	S.E.	課題や学級活動におけるICTの利用[3] β	S.E.
オーストラリア	0.54	(0.09)			0.21	(0.06)
ブラジル	0.20	(0.05)	0.16	(0.05)		
ブルガリア	0.22	(0.06)			0.11	(0.05)
チリ	0.30	(0.14)			0.29	(0.10)
クロアチア	0.30	(0.07)			0.17	(0.05)
チェコ	0.38	(0.06)	0.13	(0.06)	0.12	(0.04)
デンマーク	0.30	(0.09)	0.16	(0.07)	0.21	(0.06)
エストニア	0.24	(0.06)	0.10	(0.05)		
フィンランド	0.20	(0.05)	0.16	(0.05)	0.22	(0.07)
フランス	0.40	(0.06)	0.13	(0.05)		
アイスランド	0.39	(0.10)			0.26	(0.08)
イスラエル	0.24	(0.08)			0.14	(0.07)
イタリア	0.36	(0.07)				
日本	0.23	(0.04)	0.19	(0.04)		
韓国	0.28	(0.08)	-0.18	(0.08)		
ラトビア	0.23	(0.08)				
マレーシア	0.31	(0.10)	0.15	(0.07)		
メキシコ	0.24	(0.07)	0.30	(0.06)		
オランダ	0.30	(0.08)	0.16	(0.07)	0.21	(0.09)
ノルウェー	0.12	(0.05)				
ポーランド	0.28	(0.06)			0.18	(0.06)
ポルトガル	0.22	(0.05)	0.15	(0.05)		
ルーマニア	0.34	(0.09)				
セルビア	0.25	(0.06)			0.17	(0.05)
シンガポール	0.23	(0.06)				
スロバキア	0.35	(0.07)				
スペイン	0.28	(0.07)	0.19	(0.07)		
スウェーデン	0.13	(0.04)	0.20	(0.04)	0.13	(0.05)
地域としての参加						
アブダビ（アラブ首長国連邦）	0.31	(0.11)			0.33	(0.07)
アルバータ（カナダ）	0.39	(0.08)			0.14	(0.07)
イングランド（イギリス）	0.37	(0.06)	0.32	(0.07)		
フランドル（ベルギー）	0.36	(0.05)	0.14	(0.05)	0.12	(0.05)

1. 教員の性別、経験年数、最終学歴、対象学級での担当教科を統制した上で、5%水準で統計的に有意な関連が見られない場合には空欄とする。
2. 構成主義的指導観は、これら三つの指導実践の使用によって予測される正の傾向がある。例えば、オーストラリアの少人数グループの使用の標準偏差1単位の増加は、構成主義的指導観の指標の標準偏差0.54の増加と関連する。
3. 選択肢：「ほとんどなし」「時々」「しばしば」「ほとんどいつも」。

出所：OECD（2014）Table 6.14.

6.6 教員の専門的実践：教員間の協力

本節では指導・学習に関わる教員間の協力に関してのデータを示す。表 6.6.1 は、学校で教員が協力して行う活動の頻度に関する質問について、「行っていない」と回答する教員の割合を示している。

日本の場合、「他の教員の授業を見学し、感想を述べる」という項目に対して「行っていない」と回答した教員が 6.1% であり、韓国の 5.5% とともに、他の参加国に比べて極めて低い割合である。日本の学校では授業研究等の校内研修で、他の教員の授業を観察する機会がある。本項目における日本の教員の回答結果は、日本の学校の校内研修の現状と一致するものである。

TALIS 2013 年調査では、教員の協力関係を測るために次の二つの指標を用いている。指導（授業）のための意見交換と調整に関する指標は、「同僚と教材をやりとりする」「特定の生徒の学習の向上について議論する」「他の教員と共同して、生徒の学習の進捗状況を評価する基準を定める」「分掌や担当の会議に出席する」の四つの質問項目で構成される。次に、専門的協働に関する指標は、「学級内でチーム・ティーチングを行う」「他の教員の授業を見学し、感想を述べる」「学級や学年をまたいだ合同学習を行う」「専門性を高めるための勉強会に参加する」の四つの質問項目で構成される。教員はこれらの質問項目について、その実施頻度について回答した（6 件法、「行っていない」から「週に 1 回以上」まで）。

なお、OECD（2009）では「専門的協働」は、「学習指導のための意見交換と調整」に比べて、進歩的な専門家意識（より深いレベルでの意見交換を重視）により繋がるものと説明されている。

教員間の協力関係の指標	質問項目
学習指導のための意見交換と調整	・同僚と教材をやりとりする ・特定の生徒の学習の向上について議論する ・他の教員と共同して、生徒の学習の進捗状況を評価する基準を定める ・分掌や担当の会議に出席する
専門的協働	・学級内でチーム・ティーチングを行う ・他の教員の授業を見学し、感想を述べる ・学級や学年をまたいだ合同学習を行う ・専門性を高めるための勉強会に参加する

表 6.6.2 は、専門的協働の指標に関する尺度を目的変数とし、教員の職能開発の活動に関する質問項目を説明変数として重回帰分析を行った結果である。アイスランドを除く参加国全てで「組織内指導（メンタリング）や同僚の観察・助言とコーチングの活動」と正の関係性が見出されている。また、アイスランドとチリを除く参加国全てで「関心があるテーマについての個人又は共同研究」と正の関係性が見出されている。

日本の場合、上記の職能開発の活動に加えて、専門的協働に関する指標と「課程（コース）・ワークショップへの参加」（β 係数 = 0.21）、「教育に関する会議やセミナーへの参加」（β 係数 = 0.24）及び「他校の見学」（β 係数 = 0.24）に正の関係性が見出されている。

表6.6.3は、学習指導のための意見交換と調整に関する指標を目的変数とし、教員の職能開発の活動に関する質問項目を説明変数として重回帰分析を行った結果である。クロアチアとアイスランドを除く参加国全てで「組織内指導（メンタリング）や同僚の観察・助言とコーチングの活動」と正の関係性が見出されている。

　日本の場合、上記の職能開発の活動に加えて、学習指導のための意見交換と調整に関する指標と「課程（コース）・ワークショップへの参加」（β係数 = 0.26)、「教育に関する会議やセミナーへの参加」（β係数 = 0.32)、「他校の見学」（β係数 = 0.30）及び「関心があるテーマについての個人又は共同研究」（β係数 = 0.29）に正の関係性が見出されている。

　多くの参加国において教員の職能開発の活動は、教員の専門的協働及び学習指導のための意見交換と調整とに正の関係性が見出されている。教員間の協力を促進する上で、教員の職能開発が重要であることが示唆される。

第6章　指導実践、教員の信念、学級の環境

表6.6.1　教員間の協力

国　名	学級内でチーム・ティーチングを行っていない %	S.E.	他の教員の授業を見学し、感想を述べることを行っていない %	S.E.	学級や学年をまたいだ合同学習を行っていない %	S.E.	同僚と教材をやりとりしてない %	S.E.	特定の生徒の学習の向上について議論を行っていない %	S.E.	他の教員と共同して、生徒の学習の進捗状況を評価する基準を定めることを行っていない %	S.E.	分掌や担当の会議に出席していない %	S.E.	専門性を高めるための勉強会に参加していない %	S.E.
オーストラリア	35.2	(2.0)	41.3	(2.3)	31.9	(1.3)	1.5	(0.4)	1.4	(0.3)	4.4	(0.9)	10.1	(0.9)	5.7	(0.7)
ブラジル	41.9	(1.0)	76.9	(0.7)	17.9	(0.7)	19.2	(0.6)	3.8	(0.4)	12.2	(0.6)	26.7	(0.8)	23.5	(0.6)
ブルガリア	69.7	(1.3)	36.2	(1.6)	17.7	(1.0)	5.2	(0.6)	3.2	(0.5)	12.2	(0.9)	0.7	(0.2)	9.2	(0.7)
チリ	36.4	(1.9)	55.8	(2.0)	37.7	(1.9)	14.1	(1.1)	9.1	(0.8)	14.9	(1.3)	34.5	(1.7)	21.8	(1.2)
クロアチア	52.2	(1.4)	69.1	(1.1)	14.0	(1.0)	7.7	(0.6)	2.3	(0.3)	6.2	(0.5)	9.9	(0.7)	4.7	(0.6)
キプロス	52.1	(1.5)	41.0	(1.4)	28.5	(1.3)	4.9	(0.5)	2.6	(0.4)	4.4	(0.4)	6.6	(0.6)	21.6	(1.1)
チェコ	57.7	(1.1)	36.7	(1.4)	8.2	(0.6)	4.9	(0.5)	1.3	(0.2)	5.3	(0.5)	0.6	(0.1)	8.4	(0.6)
デンマーク	11.4	(1.1)	45.0	(1.8)	6.8	(0.9)	1.2	(0.3)	2.0	(0.4)	8.9	(0.8)	1.8	(0.5)	7.1	(0.8)
エストニア	31.7	(1.3)	32.9	(2.1)	10.6	(0.6)	7.0	(0.5)	0.7	(0.2)	6.9	(0.5)	2.3	(0.3)	6.1	(0.6)
フィンランド	32.3	(1.5)	70.3	(1.6)	23.5	(1.1)	9.8	(0.6)	1.1	(0.3)	9.3	(0.6)	7.9	(0.7)	41.0	(1.1)
フランス	62.7	(1.2)	78.3	(1.1)	21.9	(0.9)	8.5	(0.6)	0.9	(0.2)	20.4	(0.9)	32.0	(1.1)	30.0	(1.1)
アイスランド	58.8	(1.4)	80.9	(1.1)	22.8	(1.2)	19.0	(1.1)	5.1	(0.6)	11.1	(0.9)	8.5	(0.7)	6.4	(0.8)
イスラエル	61.1	(1.2)	57.4	(1.5)	19.3	(1.0)	5.3	(0.5)	3.5	(0.4)	18.9	(1.2)	2.1	(0.3)	13.7	(1.0)
イタリア	38.8	(1.5)	68.9	(0.9)	23.1	(1.0)	9.5	(0.7)	2.1	(0.3)	7.4	(0.6)	0.3	(0.1)	29.4	(1.1)
日本	34.0	(0.9)	6.1	(0.7)	37.5	(1.1)	11.1	(0.7)	6.0	(0.4)	16.6	(0.8)	3.6	(0.4)	18.8	(0.8)
韓国	36.1	(1.0)	5.5	(0.6)	51.9	(1.1)	6.8	(0.6)	25.0	(1.0)	10.4	(0.7)	9.9	(0.7)	25.9	(0.9)
ラトビア	34.8	(1.9)	15.5	(1.5)	5.6	(0.6)	6.3	(0.6)	0.4	(0.1)	2.3	(0.4)	6.1	(0.6)	5.8	(0.6)
マレーシア	35.7	(1.5)	37.2	(1.4)	27.3	(1.0)	2.1	(0.3)	1.0	(0.2)	3.5	(0.4)	21.6	(1.1)	17.3	(0.9)
メキシコ	14.9	(0.9)	55.8	(1.4)	26.3	(1.2)	11.6	(0.7)	9.7	(0.8)	16.0	(0.9)	4.5	(0.5)	7.4	(0.6)
オランダ	68.7	(1.6)	29.4	(1.6)	13.2	(1.2)	5.3	(0.6)	1.8	(0.3)	12.8	(1.0)	1.5	(0.6)	7.0	(0.6)
ノルウェー	37.5	(1.9)	46.3	(2.0)	19.4	(1.3)	2.2	(0.5)	1.6	(0.3)	5.1	(0.7)	1.8	(0.3)	29.5	(1.7)
ポーランド	31.4	(1.1)	16.8	(1.1)	4.4	(0.5)	3.6	(0.3)	0.5	(0.1)	1.3	(0.2)	0.9	(0.2)	3.8	(0.4)
ポルトガル	49.5	(1.1)	71.2	(1.1)	16.5	(0.8)	2.5	(0.3)	2.2	(0.3)	4.0	(0.4)	0.0	(0.0)	13.2	(0.7)
ルーマニア	41.2	(1.3)	16.2	(1.0)	9.5	(0.7)	16.8	(1.0)	1.2	(0.2)	12.4	(0.9)	1.5	(0.3)	6.4	(0.6)
セルビア	34.5	(1.2)	26.2	(1.6)	18.3	(0.9)	7.6	(0.6)	2.6	(0.3)	10.7	(0.6)	2.7	(0.3)	4.0	(0.4)
シンガポール	26.2	(0.8)	20.0	(0.8)	26.4	(0.8)	1.8	(0.2)	2.8	(0.3)	3.0	(0.3)	15.1	(0.8)	5.9	(0.4)
スロバキア	10.0	(0.6)	24.9	(1.2)	12.9	(0.8)	5.9	(0.5)	7.0	(0.5)	4.8	(0.4)	35.2	(1.2)	48.8	(1.3)
スペイン	69.3	(1.2)	87.1	(0.8)	48.0	(1.2)	7.5	(0.5)	0.9	(0.2)	8.3	(0.6)	1.0	(0.2)	17.2	(0.9)
スウェーデン	29.0	(1.0)	56.9	(1.9)	25.6	(1.1)	16.5	(0.8)	1.4	(0.3)	5.3	(0.5)	2.0	(0.3)	5.4	(0.5)
地域としての参加																
アブダビ（アラブ首長国連邦）	34.0	(2.2)	22.1	(2.3)	14.0	(1.6)	8.6	(0.9)	4.6	(0.7)	5.5	(0.7)	6.7	(0.8)	13.1	(1.5)
アルバータ（カナダ）	49.6	(1.8)	55.4	(1.6)	25.0	(1.3)	4.1	(0.5)	1.9	(0.4)	10.3	(0.9)	13.9	(1.0)	4.2	(0.5)
イングランド（イギリス）	40.9	(1.3)	17.7	(1.3)	34.2	(1.3)	1.9	(0.4)	1.6	(0.3)	6.6	(0.6)	23.2	(1.1)	10.5	(0.8)
フランドル（ベルギー）	64.9	(1.4)	75.2	(1.8)	8.7	(0.7)	3.2	(0.3)	3.1	(0.3)	9.9	(0.8)	2.3	(0.3)	45.1	(1.1)
参加国平均	41.9	(0.2)	44.7	(0.3)	21.5	(0.2)	7.4	(0.1)	3.5	(0.1)	8.8	(0.1)	9.0	(0.1)	15.7	(0.2)
アメリカ	53.7	(1.4)	50.2	(2.4)	42.2	(1.7)	9.2	(0.9)	5.0	(0.7)	13.9	(1.2)	19.5	(1.8)	9.3	(1.3)

出所：OECD（2014）Table 6.15.

表 6.6.2　教員の職能開発の活動と専門的協働の関係（重回帰分析）[1]

国　名	課程（コース）・ワークショップに参加した[3] β	S.E.	教育に関する会議やセミナーに参加した[4] β	S.E.	他校の見学に参加した[5] β	S.E.	資格取得プログラムに参加した[6] β	S.E.	教員の職能開発を目的とする研究グループに参加した[7] β	S.E.	関心があるテーマについての個人又は共同研究に参加した[8] β	S.E.	組織内指導（メンタリング）や同僚の観察・助言とコーチングの活動に参加した[9] β	S.E.
オーストラリア					1.18	(0.26)	-0.37	(0.17)			0.39	(0.14)	0.85	(0.13)
ブラジル	0.41	(0.08)			0.40	(0.13)	0.26	(0.08)	0.27	(0.09)	0.33	(0.07)	0.76	(0.09)
ブルガリア			0.20	(0.06)	0.22	(0.08)	0.22	(0.09)	0.30	(0.07)	0.36	(0.10)	0.40	(0.07)
チリ			0.66	(0.24)					0.68	(0.26)			1.23	(0.34)
クロアチア	0.16	(0.05)	0.19	(0.05)	0.23	(0.09)			0.12	(0.04)	0.29	(0.04)	0.12	(0.05)
チェコ	0.23	(0.08)			0.44	(0.10)			0.29	(0.09)	0.34	(0.09)	0.81	(0.07)
デンマーク	0.40	(0.12)			0.50	(0.17)			0.29	(0.12)	0.32	(0.13)	0.47	(0.13)
エストニア	0.30	(0.13)	0.33	(0.08)	0.38	(0.09)			0.26	(0.09)	0.40	(0.10)	0.65	(0.10)
フィンランド	0.41	(0.08)	0.33	(0.08)	0.22	(0.11)			0.43	(0.10)	0.57	(0.21)	0.91	(0.21)
フランス	0.26	(0.04)	0.21	(0.05)	0.23	(0.09)	0.25	(0.09)	0.26	(0.06)	0.14	(0.05)	0.37	(0.06)
アイスランド			0.46	(0.11)					0.42	(0.11)				
イスラエル	0.33	(0.10)							0.41	(0.07)	0.18	(0.09)	0.97	(0.08)
イタリア			0.30	(0.10)	0.79	(0.10)					0.40	(0.09)	0.73	(0.13)
日本	0.21	(0.06)	0.24	(0.06)	0.24	(0.05)					0.23	(0.06)	0.23	(0.06)
韓国			0.43		0.29	(0.08)	0.35	(0.09)	0.38	(0.08)	0.25	(0.08)	0.48	(0.08)
ラトビア			0.21	(0.10)	0.37	(0.08)					0.36	(0.08)	0.39	(0.08)
マレーシア			0.41	(0.12)	0.43	(0.13)			0.48	(0.11)	0.83	(0.11)	0.65	(0.12)
メキシコ	0.64	(0.24)	0.39	(0.18)	0.78	(0.22)	0.53	(0.14)	0.47	(0.15)	0.30	(0.11)	0.71	(0.17)
オランダ									0.36	(0.15)	0.38	(0.09)	0.46	(0.10)
ノルウェー									0.71	(0.11)	0.49	(0.15)	0.74	(0.11)
ポーランド	0.23	(0.08)	0.16	(0.05)	0.33	(0.09)	0.22	(0.06)	0.37	(0.06)	0.16	(0.07)	0.40	(0.08)
ポルトガル	0.23	(0.08)	0.23	(0.07)	0.41	(0.09)	0.16	(0.07)	0.28	(0.09)	0.21	(0.07)	0.58	(0.11)
ルーマニア	0.21	(0.09)	0.27	(0.09)	0.34	(0.08)	0.45	(0.10)	0.32	(0.09)	0.19	(0.10)	0.42	(0.09)
セルビア	0.58	(0.09)	0.22	(0.06)	0.53	(0.09)			0.47	(0.08)	0.30	(0.09)	0.45	(0.08)
シンガポール			0.27	(0.07)					0.27	(0.07)	0.31	(0.06)	0.77	(0.07)
スロバキア			0.27	(0.08)			0.25	(0.06)			0.47	(0.10)	0.44	(0.06)
スペイン	0.20	(0.06)	0.25	(0.08)			0.33	(0.10)	0.33	(0.09)	0.21	(0.06)	0.38	(0.08)
スウェーデン	0.38	(0.06)	0.27	(0.07)	0.36	(0.10)			0.32	(0.08)	0.42	(0.11)	0.61	(0.10)
地域としての参加														
アブダビ（アラブ首長国連邦）	0.86	(0.31)	0.47	(0.20)	0.93	(0.16)			0.56	(0.18)	0.51	(0.17)	0.86	(0.20)
アルバータ（カナダ）			0.52	(0.12)							0.48	(0.10)	0.67	(0.13)
イングランド（イギリス）	0.22	(0.10)	0.37	(0.09)	0.41	(0.11)	0.32	(0.16)	0.38	(0.10)	0.33	(0.09)	0.79	(0.10)
フランドル（ベルギー）	0.20	(0.06)	0.15	(0.05)	0.33	(0.08)			0.20	(0.04)	0.19	(0.06)	0.53	(0.07)

1. 教員の性別、経験年数、最終学歴、対象学級での担当教科を統制した上で、5％水準で統計的に有意な関連が見られない場合には空欄とする。
2. 専門的協働は、教員の職能開発活動の参加によって予測される正の傾向がある。例えば、ブラジルの「課程（コース）・ワークショップへの参加」の係数の1単位の増加は、専門的協働の指標0.41の増加と関連する。
3. 課程（コース）・ワークショップに参加しなかった教員を参照カテゴリーとした。
4. 教育に関する会議やセミナーに参加しなかった教員を参照カテゴリーとした。
5. 他校の見学に参加しなかった教員を参照カテゴリーとした。
6. 資格取得プログラムに参加しなかった教員を参照カテゴリーとした。
7. 教員の職能開発を目的とする研究グループに参加しなかった教員を参照カテゴリーとした。
8. 関心があるテーマについての個人又は共同研究に参加しなかった教員を参照カテゴリーとした。
9. 組織内指導（メンタリング）や同僚の観察・助言とコーチングの活動に参加しなかった教員を参照カテゴリーとした。
出所：OECD（2014）Table 6.16.

第6章 指導実践、教員の信念、学級の環境

表6.6.3 教員の職能開発の活動と教員間の協力の関係（重回帰分析）[1]

学習指導のための意見交換と調整[2]

説明変数

国名	課程（コース）・ワークショップに参加した[3] β	S.E.	教育に関する会議やセミナーに参加した[4] β	S.E.	他校の見学に参加した[5] β	S.E.	資格取得プログラムに参加した[6] β	S.E.	教員の職能開発を目的とする研究グループに参加した[7] β	S.E.	関心があるテーマについての個人又は共同研究に参加した[8] β	S.E.	組織内指導（メンタリング）や同僚の観察・助言とコーチングの活動に参加した[9] β	S.E.
オーストラリア	0.34	(0.13)			0.55	(0.17)							0.33	(0.10)
ブラジル	0.46	(0.09)			0.31	(0.13)	0.24	(0.09)	0.33	(0.09)	0.28	(0.08)	0.73	(0.09)
ブルガリア									0.30	(0.11)	0.45	(0.13)	0.37	(0.09)
チリ			0.52	(0.18)					0.46	(0.22)			0.88	(0.26)
クロアチア	0.21	(0.11)	0.35	(0.10)					0.20	(0.08)	0.49	(0.08)		
チェコ	0.24	(0.08)			0.26	(0.09)			0.22	(0.09)	0.19	(0.08)	0.71	(0.07)
デンマーク	0.37	(0.10)			0.38	(0.16)			0.26	(0.10)	0.23	(0.11)	0.33	(0.12)
エストニア	0.29	(0.12)	0.18	(0.06)	0.19	(0.07)			0.19	(0.07)	0.23	(0.08)	0.36	(0.09)
フィンランド	0.32	(0.08)	0.26	(0.07)					0.30	(0.08)	0.31	(0.15)	0.50	(0.14)
フランス	0.22	(0.05)	0.18	(0.06)					0.22	(0.08)	0.16	(0.06)	0.27	(0.08)
アイスランド			0.62	(0.15)					0.34	(0.14)				
イスラエル	0.33	(0.11)							0.41	(0.10)			0.81	(0.10)
イタリア			0.21	(0.07)	0.49	(0.07)					0.29	(0.06)	0.44	(0.09)
日本	0.26	(0.09)	0.32	(0.08)	0.30	(0.07)					0.29	(0.08)	0.31	(0.08)
韓国			0.38		0.22	(0.08)	0.18	(0.09)	0.26	(0.09)	0.21	(0.08)	0.44	(0.09)
ラトビア			0.22	(0.11)	0.31	(0.09)					0.29	(0.09)	0.23	(0.09)
マレーシア	0.61	(0.21)	0.31	(0.11)					0.23	(0.11)	0.29	(0.10)	0.43	(0.12)
メキシコ	0.59	(0.21)	0.34	(0.17)	0.65	(0.19)	0.46	(0.12)	0.40	(0.13)	0.26	(0.09)	0.62	(0.15)
オランダ									0.27	(0.13)	0.35	(0.09)	0.28	(0.09)
ノルウェー									0.45	(0.09)	0.35	(0.10)	0.40	(0.09)
ポーランド	0.21	(0.09)	0.12	(0.06)	0.22	(0.10)	0.15	(0.07)	0.38	(0.07)	0.17	(0.07)	0.37	(0.09)
ポルトガル	0.23	(0.07)	0.14	(0.07)	0.22	(0.08)			0.18	(0.07)			0.43	(0.09)
ルーマニア			0.16	(0.08)	0.27	(0.08)	0.30	(0.10)	0.30	(0.08)			0.31	(0.09)
セルビア	0.55	(0.09)	0.17	(0.08)	0.36	(0.10)			0.45	(0.09)	0.29	(0.09)	0.40	(0.09)
シンガポール			0.28	(0.07)					0.15	(0.07)	0.17	(0.07)	0.67	(0.08)
スロバキア			0.30	(0.10)			0.38	(0.09)			0.44	(0.12)	0.50	(0.08)
スペイン									0.21	(0.06)	0.18	(0.06)	0.27	(0.06)
スウェーデン	0.29	(0.06)	0.19	(0.07)	0.30	(0.10)			0.23	(0.07)	0.36	(0.10)	0.45	(0.09)
地域としての参加														
アブダビ（アラブ首長国連邦）	0.49	(0.21)	0.30	(0.15)	0.35	(0.14)			0.45	(0.15)			0.53	(0.17)
アルバータ（カナダ）			0.51	(0.13)							0.45	(0.10)	0.57	(0.13)
イングランド（イギリス）	0.25	(0.10)	0.28	(0.10)	0.30	(0.11)			0.25	(0.10)	0.35	(0.09)	0.68	(0.09)
フランドル（ベルギー）	0.37	(0.12)	0.20	(0.08)	0.54	(0.11)			0.30	(0.08)	0.28	(0.10)	0.47	(0.11)

1. 教員の性別、経験年数、最終学歴、対象学級での担当教科を統制した上で、5％水準で統計的に有意な関連が見られない場合には空欄とする。
2. 授業のための意見交換と調整は、教員の職能開発活動の参加によって予測される正の傾向がある。例えば、オーストラリアの「課程（コース）・ワークショップへの参加」の係数の1単位の増加は、授業のための意見交換と調整の指標0.34の増加と関連する。
3. 課程（コース）・ワークショップに参加しなかった教員を参照カテゴリーとした。
4. 教育に関する会議やセミナーに参加しなかった教員を参照カテゴリーとした。
5. 他校の見学に参加しなかった教員を参照カテゴリーとした。
6. 資格取得プログラムに参加しなかった教員を参照カテゴリーとした。
7. 教員の職能開発を目的とする研究グループに参加しなかった教員を参照カテゴリーとした。
8. 関心があるテーマについての個人又は共同研究に参加しなかった教員を参照カテゴリーとした。
9. 組織内指導（メンタリング）や同僚の観察・助言とコーチングの活動に参加しなかった教員を参照カテゴリーとした。
出所：OECD（2014）Table 6.17.

6.7 学級環境

本節では、学級における授業時間の使われ方を教員の回答を基に示す。図 6.7.1 では、事務的業務（出欠の記録、学校からのお知らせの配付など）、学級の秩序・規律の維持、学習指導の三つの活動について、対象学級において、通常、教員が費やす授業時間の割合を示している。教員は各活動の割合をパーセントで記入し、その合計は 100% になるように求められている。

参加国平均では、教員は授業時間の大部分（79%）を学習指導に使っている。学習指導の割合が最も高いブルガリア（87%）から、最も低いブラジル（67%）まで 20 ポイントの差がある。

日本の場合、教員は授業時間のうち 78% を学習指導、15% を学級の秩序・規律の維持、7% を事務的業務に平均で費やしている。

図 6.7.2 は、授業時間を学習指導に使う時間の割合について、国別に教員の回答の分布を示したものである。クロアチア、ノルウェー、ポーランド、ルーマニア、セルビアといった図中のグラフが短い国では、授業時間全体に対して学習指導に使う時間の割合について、教員間での違いが比較的小さい。つまり、その国の教員は学習指導のための時間の使い方が比較的似ていることを表している。一方、ブラジル、チリ、日本、シンガポールといった図中のグラフが長い国では、授業時間全体に対して学習指導に使う時間の割合について、教員間での違いが比較的大きい。つまり、その国の教員は学習指導のための時間の使い方が比較的異なっていることを表している。

表 6.7.1 は各国の学級の規律的雰囲気に関して、下の四つの質問項目について教員から得た回答を示している。

学級の規律的雰囲気	・授業を始める際、生徒が静かになるまでかなり長い時間待たなければならない ・この学級の生徒は良好な学習の雰囲気を創り出そうとしている ・生徒が授業を妨害するため、多くの時間が失われてしまう ・教室内はとても騒々しい

教員は教員質問紙の設問において、「対象学級」における学級の規律的雰囲気に関する項目について、「まったく当てはまらない」「当てはまらない」「当てはまる」「非常に良く当てはまる」から選択して回答した。なお、TALIS 2013 年調査において「対象学級」は、教員が質問紙を回答する時点から一週間前の火曜日午前 11 時以降において、最初に教えた前期中等教育段階の学級と定義されている。

参加国の教員の大多数は、生徒は良好な学習の雰囲気を創り出そうとしていると回答している（平均で約 71% の教員が「当てはまる」又は「非常に良く当てはまる」と回答）。一方、参加国の教員の約 3 分の 1 は、「生徒が授業を妨害するため、多くの時間が失われてしまう」と回答している。

日本の教員の回答は、四つの質問項目すべてについて、参加国平均に比べて学級の規律的雰囲気は良好な結果を示している。特に、「生徒が授業を妨害するため、多くの授業時間が失われてしまう」という質問項目について、「当てはまる」又は「非常に良く当てはまる」と回答した教員の割合は、参加国平均の 29.5% に対して、日本の教員は 9.3% と著しく少ない。国際的な比較からは、日本の前期中等教育の学校では生徒の授業妨害に起因して授業時間が失われることは少なく、所定の授業時間は比較的確保されていることがわかる。

第6章　指導実践、教員の信念、学級の環境

図 6.7.1　授業時間の用いられ方の内訳

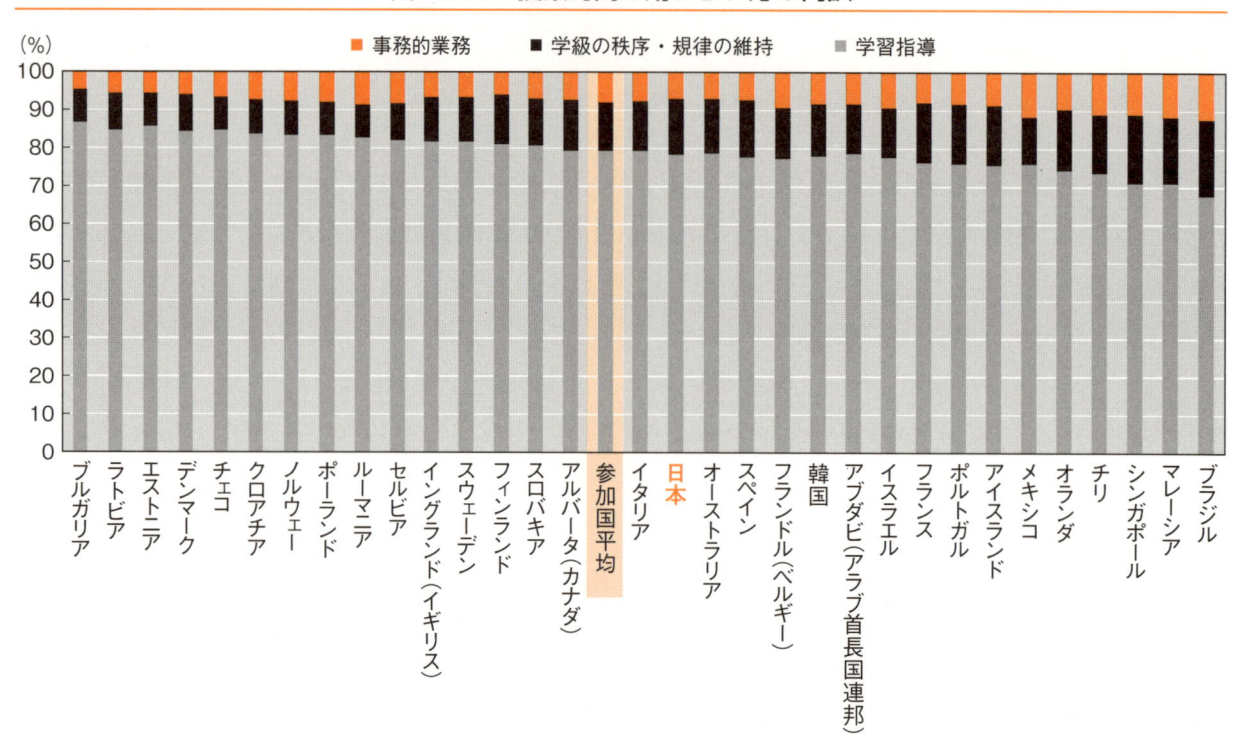

平均的な授業において、教員が使う時間の割合。週の授業計画から選ばれた特定の学級について、教員の回答に基づくデータ。
各国は左から、学習指導に使われた時間の割合が高い順に並べてある。
出所：OECD（2014）Figure 6.12.

図 6.7.2　学習指導に使う時間のパーセンタイル

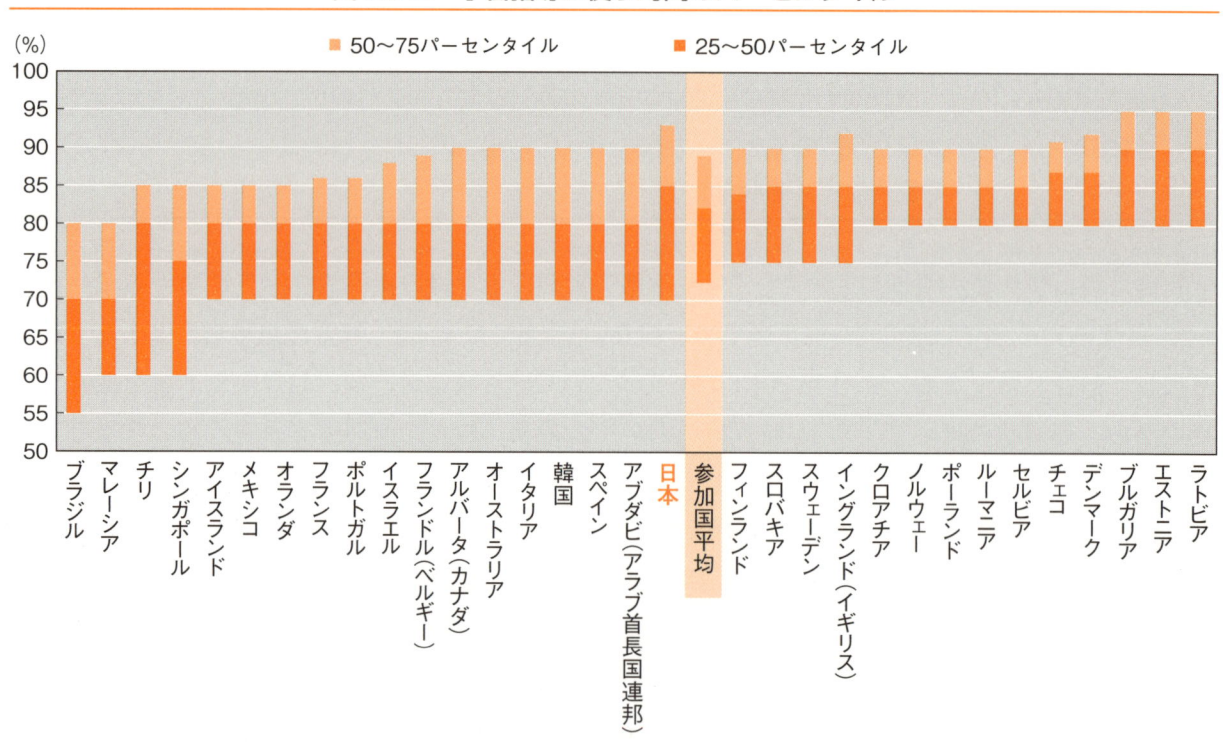

教員が授業時間を学習指導に使う時間の割合についての国別の分布。このグラフは各国の学習指導に使う時間別に見た教員の分布の第2・第3四分位（中位）における学習指導に使われた時間の割合を表している。例えば、ブラジルでは、25%の教員が授業時間の55〜70%を学習指導に充てていて、また別の25%の教員は70〜80%を学習指導に充てていると回答している。
各国は右から、25パーセンタイルにおける学習指導の時間のパーセントが多い順に並べてある。
出所：OECD（2014）Figure 6.13.

表 6.7.1 学級の規律的雰囲気

国　名	授業を始める際、生徒が静かになるまでかなり長い時間待たなければならない %	S.E.	この学級の生徒は良好な学習の雰囲気を創り出そうとしている %	S.E.	生徒が授業を妨害するため、多くの時間が失われてしまう %	S.E.	教室内はとても騒々しい %	S.E.
オーストラリア	26.8	(1.6)	66.3	(1.8)	31.5	(1.8)	25.3	(1.5)
ブラジル	53.3	(1.0)	52.6	(1.0)	50.0	(1.1)	54.5	(1.0)
ブルガリア	17.3	(1.2)	74.7	(1.3)	26.3	(1.5)	18.4	(1.2)
チリ	49.0	(2.1)	67.8	(1.9)	42.2	(2.1)	43.2	(1.9)
クロアチア	14.3	(0.8)	74.9	(1.0)	18.6	(0.9)	18.1	(0.9)
キプロス	23.1	(1.2)	68.3	(1.2)	31.8	(1.3)	24.0	(1.3)
チェコ	20.2	(1.0)	71.4	(1.2)	21.3	(1.0)	21.9	(1.0)
デンマーク	21.3	(1.4)	83.4	(1.1)	23.0	(1.3)	19.3	(1.2)
エストニア	23.9	(1.2)	62.9	(1.3)	21.5	(1.2)	22.4	(1.2)
フィンランド	30.7	(1.2)	58.5	(1.2)	31.6	(1.2)	32.1	(1.1)
フランス	37.6	(1.2)	66.8	(1.2)	39.7	(1.3)	29.9	(1.2)
アイスランド	46.9	(1.7)	65.5	(1.7)	42.2	(1.7)	27.8	(1.6)
イスラエル	35.7	(1.2)	75.2	(1.2)	29.7	(1.1)	22.7	(1.2)
イタリア	21.8	(1.0)	72.0	(0.9)	24.5	(0.9)	13.2	(0.8)
日本	14.7	(1.1)	80.6	(1.1)	9.3	(0.8)	13.3	(0.9)
韓国	30.5	(1.3)	76.1	(1.0)	34.9	(1.3)	25.2	(1.1)
ラトビア	26.8	(1.4)	65.2	(1.8)	24.9	(1.5)	28.6	(1.5)
マレーシア	25.0	(1.4)	72.4	(1.6)	30.4	(1.4)	22.8	(1.5)
メキシコ	19.7	(1.0)	78.1	(1.0)	21.1	(1.1)	20.8	(1.0)
オランダ	64.2	(1.8)	73.7	(1.4)	34.9	(1.6)	26.3	(1.3)
ノルウェー	37.4	(2.3)	72.8	(1.4)	27.3	(1.8)	22.0	(1.9)
ポーランド	15.8	(1.2)	74.8	(1.2)	22.7	(1.2)	17.4	(1.2)
ポルトガル	39.9	(1.0)	66.7	(1.0)	40.4	(0.9)	31.1	(0.9)
ルーマニア	11.6	(1.0)	84.7	(1.0)	15.2	(1.1)	13.6	(1.1)
セルビア	17.1	(0.8)	77.4	(0.9)	20.7	(0.8)	18.2	(0.9)
シンガポール	36.3	(0.9)	60.7	(0.8)	37.8	(0.9)	36.2	(0.8)
スロバキア	26.9	(1.1)	69.0	(1.2)	35.4	(1.4)	32.5	(1.2)
スペイン	43.0	(1.2)	60.6	(1.2)	43.6	(1.3)	39.4	(1.2)
スウェーデン	28.2	(1.3)	60.4	(1.3)	29.8	(1.3)	34.0	(1.4)
地域としての参加								
アブダビ（アラブ首長国連邦）	16.2	(1.0)	80.1	(1.6)	18.5	(1.3)	13.5	(1.0)
アルバータ（カナダ）	25.1	(1.5)	73.1	(1.6)	29.5	(1.5)	27.7	(1.5)
イングランド（イギリス）	21.2	(1.2)	73.9	(1.3)	28.0	(1.3)	21.6	(1.1)
フランドル（ベルギー）	30.0	(1.5)	66.9	(1.3)	35.8	(1.7)	27.8	(1.5)
参加国平均	28.8	(0.2)	70.5	(0.2)	29.5	(0.2)	25.6	(0.2)
アメリカ	23.4	(1.3)	69.0	(1.4)	28.4	(1.6)	24.2	(1.4)

対象学級について、各項目が「当てはまる」「非常に良く当てはまる」と回答した教員の割合。週の授業計画から選ばれた特定の学級について、教員の回答に基づくデータ。
出所：OECD（2014）Table 6.21.

第7章

教員の自己効力感と仕事への満足度

第7章　教員の自己効力感と仕事への満足度

要　旨

本章は教員の自己効力感と仕事への満足度について、OECD（2014）が行った分析を基に、参加国で見られる傾向と特に日本について得られた結果を整理する。主な知見は以下のとおりである。

- 日本では、学級運営、教科指導、生徒の主体的学習参加の促進のいずれの側面においても、自己効力感の高い教員の割合が参加国平均を大きく下回る。日本の教員の中では学級運営と教科指導について高い自己効力感を持つ割合は比較的高いが（一項目を除き、43%から54%）、生徒の主体的学習参加を促進することにおいて自己効力感の高い教員の割合は16%から26%と特に少ない。

- 日本では、教員の現在の職務状況や職場環境への満足度は、参加国平均を下回る傾向があるものの高い。80%程度又はそれ以上の教員が、「現在の学校での仕事を楽しんでいる」（78.1%）、「全体としてみれば、この仕事に満足している」（85.1%）と回答している。職業としての教職への満足度については、参加国平均と大きな差はない。「教員であることは、悪いことより、良いことの方が明らかに多い」と回答した教員の割合は74.4%、「教職は社会的に高く評価されていると思う」と回答した教員の割合は28.1%である。

- 日本では、他の多くの参加国とは反対に、女性の教員よりも男性の教員の方が自己効力感が高く、また仕事への満足度も高い。日本も他の多くの参加国と同様に、勤務年数が5年より長い教員は5年以下の教員に比べ、自己効力感は高いが仕事への満足度は低いといった傾向が見られる。また、受けた公的な教育や研修に、担当教科の内容、指導法、指導実践がより多く含まれていた場合ほど、教員の自己効力感と仕事への満足度はやや高くなる傾向も見られる。

- 日本では、他の全ての参加国と同様、教員の性別、通算勤務年数、公的な教育や研修での経験を統制した後も、教員の自己効力感と仕事への満足度は統計的に有意な正の関連を持つ。自己効力感の高さが仕事への満足度を高める効果の方が、仕事への満足度の高さが自己効力感を高める効果よりも強いことが予想される。

- 日本では、多くの参加国と同様、教員の自己効力感は、年5回以上「専門性を高めるための勉強会に参加する」「他の教員の授業を見学し、感想を述べる」「学級内でティームティーチングを行う」などの協力や協働を行った場合に統計的に有意に高い。教員の仕事への満足度は、年5回以上「他の教員の授業を見学し、感想を述べる」場合に統計的に有意に高い。

7.1 参加国平均と日本の傾向

　教員の自己効力感の高さは生徒の学業成績や学習意欲、教員の指導実践や仕事への満足度に正の関連を持つことが多くの先行研究から明らかにされている。また、教員の仕事への満足度を高めることは、教員が意欲的に仕事に取り組み、その職業を継続していくためにも重要である。そこでOECD（2014）は、TALIS 2013年調査のデータを用いて教員の自己効力感と仕事への満足度について分析している。

7.1.1　教員の自己効力感

　TALIS 2013年調査において教員の自己効力感は、学級運営、教科指導、生徒の主体的学習参加の促進のそれぞれについてどの程度よくできているかについて、教員本人による回答を基に測定されている。表7.1.1より、参加国平均を見ると、多くの項目で80%以上の教員が「非常に良くできている」又は「かなりできている」と回答している。特に、「生徒がわからない時には、別の説明の仕方を工夫する」ことと、「自分が生徒にどのような態度・行動を期待しているか明確に示す」ことについては、90%以上の教員が高い自己効力感を示している。「勉強にあまり関心を示さない生徒に動機付けをする」こと（70.0%）と、「様々な指導方法を用いて授業を行う」こと（77.4%）については、高い自己効力感を持つ教員の割合が比較的低いが、70%以上である。

　そうした参加国平均と比較すると、日本では自己効力感の高い教員の割合が16%から54%と低い[1]。相対的に多くの日本の教員が自己効力感を持っていると回答したのは、「生徒がわからない時には別の説明の仕方を工夫する」こと（54.2%）、「自分が生徒にどのような態度・行動を期待しているか明確に示す」こと（53.0%）、「学級内の秩序を乱す行動を抑える」こと（52.7%）、「秩序を乱す又は騒々しい生徒を落ち付かせる」こと（49.9%）、「生徒を教室のきまりに従わせる」こと（48.8%）においてである。他方、「生徒の批判的思考を促す」こと（15.6%）、「生徒に勉強ができると自信を持たせる」こと（17.6%）、「勉強にあまり関心を示さない生徒に動機付けをする」こと（21.9%）においては、自己効力感を持つ教員の割合が特に低い。

　以上の結果をまとめると、学級運営、教科指導、生徒の主体的学習参加の促進のいずれの側面においても、高い自己効力感を持つ教員の割合は、他の参加国に比べ日本では低い。日本の教員の中では、学級運営と教科指導について高い自己効力感を持つ割合は比較的高い（一項目を除き、43%から54%）。しかし、生徒の主体的学習参加を促進することにおいて自己効力感の高い教員は16%から26%と特に少ない。

　こうした結果が出た理由として、日本の教員が他国の教員に比べ、指導において高い水準を目指しているため自己評価が低くなっている可能性、実際の達成度にかかわらず謙虚な自己評価を下している可能性、あるいは実際の達成度が低くそれを忠実に自己評価している可能性などが考えられる。また、生徒がよくできていれば教員の自己評価が高くなり、そうでなければ低くなるというよ

---

1. OECD加盟国の平均と比較して低いだけでなく、TALIS 2013年調査参加国の中で最も低い。日本の教員は、いずれの質問項目についても「ある程度できている」と回答した割合が最も高い。「まったくできていない」と回答した割合は、「生徒の批判的思考を促す」こと（18.6%）を除けば少ないが、他の参加国よりは多い（OECD, 2014, Table 7.1 web）。

うに、生徒に見られる成果についての教員の認識も教員の自己効力感に影響を与える可能性がある。ただし、他国に比べて日本で学級運営において高い自己効力感を示す教員の割合が低い点については、生徒の状況に関する認識からは説明できそうにない。同じく TALIS 2013 年調査の調査結果に基づくと、「授業を始める際、生徒が静かになるまでかなり長い時間待たなければならない」と回答する教員の割合は、日本では 14.7% であり、参加国平均の 28.8% よりも低い（第 6 章の表 6.7.1）。

表 7.1.1 ［1/3］ 教員の自己効力感[1]

国　名	学級運営についての自己効力感							
	学級内の秩序を乱す行動を抑える		自分が生徒にどのような態度・行動を期待しているか明確に示す		生徒を教室のきまりに従わせる		秩序を乱す又は騒々しい生徒を落ち付かせる	
	%	S.E.	%	S.E.	%	S.E.	%	S.E.
オーストラリア	86.7	(0.7)	93.4	(0.8)	89.4	(0.9)	83.6	(1.1)
ブラジル	89.7	(0.5)	96.8	(0.3)	91.7	(0.4)	90.2	(0.5)
ブルガリア	86.4	(0.8)	97.1	(0.4)	96.1	(0.4)	87.9	(0.8)
チリ	90.7	(1.1)	93.3	(0.8)	92.8	(1.0)	89.2	(1.0)
クロアチア	83.0	(0.7)	93.6	(0.4)	83.1	(0.6)	81.2	(0.7)
キプロス	93.3	(0.7)	96.2	(0.5)	96.2	(0.6)	90.2	(0.7)
チェコ	77.1	(0.9)	71.9	(0.9)	76.4	(1.0)	77.1	(1.0)
デンマーク	96.3	(0.6)	98.8	(0.3)	94.9	(0.7)	94.3	(0.6)
エストニア	76.7	(1.0)	86.9	(0.7)	83.5	(0.8)	73.9	(0.9)
フィンランド	86.3	(0.8)	92.7	(0.5)	86.6	(0.8)	77.1	(0.9)
フランス	94.6	(0.5)	97.7	(0.3)	98.2	(0.3)	94.9	(0.5)
アイスランド	89.9	(0.9)	91.2	(0.9)	92.1	(0.8)	88.2	(1.0)
イスラエル	85.0	(0.9)	94.1	(0.5)	86.6	(0.8)	81.0	(0.8)
イタリア	93.5	(0.5)	93.4	(0.5)	96.7	(0.3)	89.7	(0.6)
日本	52.7	(1.0)	53.0	(1.0)	48.8	(1.1)	49.9	(1.1)
韓国	76.3	(1.1)	70.5	(1.1)	80.5	(1.0)	73.1	(1.1)
ラトビア	85.2	(1.0)	94.3	(0.6)	92.0	(0.8)	81.2	(0.9)
マレーシア	96.3	(0.4)	92.2	(0.5)	98.0	(0.3)	96.8	(0.3)
メキシコ	86.0	(0.7)	87.4	(0.8)	85.0	(0.7)	78.0	(1.0)
オランダ	89.2	(0.9)	95.3	(0.6)	90.6	(0.9)	86.7	(0.9)
ノルウェー	83.8	(0.7)	89.7	(0.7)	85.6	(0.9)	84.3	(0.8)
ポーランド	88.3	(0.9)	94.6	(0.6)	91.3	(0.7)	87.2	(0.8)
ポルトガル	96.1	(0.3)	96.9	(0.4)	97.5	(0.2)	95.2	(0.4)
ルーマニア	97.8	(0.3)	98.5	(0.2)	97.7	(0.4)	97.7	(0.3)
セルビア	86.1	(0.6)	91.9	(0.5)	91.1	(0.5)	85.6	(0.6)
シンガポール	79.5	(0.7)	89.0	(0.6)	83.5	(0.6)	75.3	(0.7)
スロバキア	91.1	(0.7)	96.9	(0.4)	95.3	(0.4)	92.2	(0.6)
スペイン	81.5	(0.8)	90.1	(0.7)	83.8	(0.8)	73.7	(0.9)
スウェーデン	84.9	(0.8)	90.6	(0.6)	86.5	(0.7)	82.7	(0.8)
地域としての参加								
アブダビ（アラブ首長国連邦）	94.4	(0.7)	96.7	(0.4)	96.5	(0.5)	93.4	(0.8)
アルバータ（カナダ）	86.9	(0.9)	95.4	(0.5)	91.1	(0.9)	84.7	(1.0)
イングランド（イギリス）	88.7	(0.8)	95.6	(0.5)	93.3	(0.6)	86.3	(0.7)
フランドル（ベルギー）	96.4	(0.4)	97.2	(0.3)	96.6	(0.4)	95.4	(0.5)
参加国平均	87.0	(0.1)	91.3	(0.1)	89.4	(0.1)	84.8	(0.1)
アメリカ	86.2	(1.1)	94.9	(0.6)	89.3	(1.1)	81.6	(1.4)

1. 教員質問紙の問34「あなたの指導において、以下のことは、どの程度できていますか」という質問に対し、表中に示した項目それぞれについて「非常に良くできている」「かなりできている」「ある程度できている」「まったくできていない」のいずれか一つ選んで回答してもらっている。表中の数値は、「非常に良くできている」「かなりできている」と回答した教員の割合である。

出所：OECD（2014）Table 7.1.

表 7.1.1 [2/3]　教員の自己効力感[1]

国　名	教科指導についての自己効力感							
	生徒のために発問を工夫する		多様な評価方法を活用する		生徒がわからない時には、別の説明の仕方を工夫する		様々な指導方法を用いて授業を行う	
	%	S.E.	%	S.E.	%	S.E.	%	S.E.
オーストラリア	86.0	(0.8)	86.3	(1.1)	94.0	(0.7)	82.7	(1.0)
ブラジル	97.5	(0.2)	91.3	(0.5)	97.7	(0.2)	87.9	(0.6)
ブルガリア	82.3	(0.9)	87.8	(0.8)	95.9	(0.4)	69.6	(1.1)
チリ	91.3	(0.9)	89.3	(0.9)	95.3	(0.6)	88.9	(1.0)
クロアチア	90.3	(0.5)	84.6	(0.6)	96.4	(0.4)	92.3	(0.5)
キプロス	95.1	(0.5)	87.3	(0.9)	97.2	(0.4)	88.1	(0.9)
チェコ	70.9	(1.0)	72.0	(1.1)	85.2	(0.8)	52.2	(1.1)
デンマーク	96.3	(0.5)	79.5	(1.1)	98.0	(0.4)	86.6	(1.1)
エストニア	74.4	(0.9)	72.3	(0.9)	78.6	(0.9)	59.8	(1.1)
フィンランド	90.1	(0.5)	64.2	(1.1)	76.9	(0.9)	68.2	(1.1)
フランス	93.8	(0.5)	88.3	(0.7)	98.5	(0.2)	82.2	(0.8)
アイスランド	96.1	(0.5)	85.7	(1.0)	91.8	(0.8)	77.4	(1.2)
イスラエル	89.8	(0.8)	75.0	(1.3)	92.5	(0.5)	77.8	(1.0)
イタリア	93.8	(0.5)	90.9	(0.6)	98.3	(0.2)	91.3	(0.5)
日本	42.8	(1.0)	26.7	(0.8)	54.2	(0.8)	43.6	(0.9)
韓国	77.4	(0.9)	66.6	(1.2)	81.4	(0.9)	62.5	(1.1)
ラトビア	93.5	(0.6)	90.1	(0.7)	91.4	(0.7)	62.1	(1.4)
マレーシア	95.8	(0.4)	88.6	(0.6)	95.8	(0.4)	89.5	(0.5)
メキシコ	85.2	(0.8)	83.9	(0.8)	93.7	(0.4)	87.5	(0.8)
オランダ	88.2	(1.1)	66.7	(1.6)	93.0	(0.8)	62.2	(1.3)
ノルウェー	79.0	(1.4)	73.4	(1.6)	87.8	(1.1)	66.0	(1.5)
ポーランド	79.4	(0.8)	86.7	(0.6)	87.4	(0.6)	66.0	(1.0)
ポルトガル	98.2	(0.3)	98.3	(0.3)	99.2	(0.2)	95.9	(0.3)
ルーマニア	98.9	(0.2)	98.0	(0.3)	99.4	(0.2)	93.2	(0.6)
セルビア	90.0	(0.7)	86.3	(0.7)	95.3	(0.4)	74.1	(0.8)
シンガポール	81.2	(0.7)	71.6	(0.9)	88.5	(0.6)	72.8	(0.8)
スロバキア	94.5	(0.4)	92.0	(0.6)	95.1	(0.4)	80.6	(0.8)
スペイン	86.3	(0.7)	87.0	(0.6)	96.5	(0.4)	83.2	(0.8)
スウェーデン	82.0	(0.8)	81.4	(0.8)	95.1	(0.5)	71.7	(0.9)
地域としての参加								
アブダビ（アラブ首長国連邦）	94.8	(0.5)	93.2	(0.6)	96.6	(0.4)	95.1	(0.6)
アルバータ（カナダ）	84.1	(1.0)	86.1	(0.9)	94.3	(0.6)	84.0	(0.8)
イングランド（イギリス）	89.8	(0.9)	90.2	(0.7)	96.7	(0.4)	84.6	(1.0)
フランドル（ベルギー）	95.1	(0.4)	80.7	(1.1)	97.7	(0.3)	73.2	(1.1)
参加国平均	87.4	(0.1)	81.9	(0.2)	92.0	(0.1)	77.4	(0.2)
アメリカ	88.0	(1.2)	82.6	(1.0)	92.9	(0.7)	82.5	(0.9)

1. 教員質問紙の問34「あなたの指導において、以下のことは、どの程度できていますか」という質問に対し、表中に示した項目それぞれについて「非常に良くできている」「かなりできている」「ある程度できている」「まったくできていない」のいずれか一つ選んで回答してもらっている。表中の数値は、「非常に良くできている」「かなりできている」と回答した教員の割合である。

出所：OECD（2014）Table 7.1.

表 7.1.1 ［3/3］ 教員の自己効力感[1]

国　名	生徒の主体的学習参加の促進についての自己効力感							
	生徒に勉強ができると自信を持たせる		生徒が学習の価値を見いだせるよう手助けする		勉強にあまり関心を示さない生徒に動機付けをする		生徒の批判的思考を促す	
	%	S.E.	%	S.E.	%	S.E.	%	S.E.
オーストラリア	86.9	(1.1)	81.3	(1.4)	65.8	(1.3)	78.4	(1.3)
ブラジル	96.5	(0.2)	94.8	(0.3)	87.6	(0.6)	95.1	(0.3)
ブルガリア	91.7	(0.7)	94.9	(0.5)	67.8	(1.2)	82.5	(0.9)
チリ	90.6	(0.9)	91.0	(1.0)	82.9	(1.1)	90.2	(0.9)
クロアチア	68.6	(1.0)	52.1	(0.9)	50.7	(1.0)	77.9	(0.7)
キプロス	95.8	(0.5)	94.2	(0.6)	85.3	(0.9)	94.6	(0.6)
チェコ	50.5	(0.9)	39.0	(1.0)	30.0	(1.0)	51.8	(1.2)
デンマーク	99.0	(0.2)	96.6	(0.6)	82.5	(0.9)	92.8	(0.7)
エストニア	81.3	(0.8)	86.0	(0.6)	75.0	(0.9)	74.8	(0.9)
フィンランド	83.9	(0.8)	77.3	(0.8)	60.4	(1.1)	72.8	(1.0)
フランス	95.2	(0.5)	87.1	(0.7)	76.6	(0.9)	88.7	(0.7)
アイスランド	88.6	(1.0)	82.5	(1.1)	72.1	(1.3)	74.6	(1.2)
イスラエル	92.1	(0.5)	85.4	(0.9)	74.9	(1.1)	77.6	(1.1)
イタリア	98.0	(0.3)	95.6	(0.3)	87.3	(0.7)	94.9	(0.4)
日本	17.6	(0.7)	26.0	(0.9)	21.9	(0.8)	15.6	(0.6)
韓国	78.7	(1.0)	78.3	(0.9)	59.9	(1.0)	63.6	(1.1)
ラトビア	91.0	(0.8)	78.6	(1.2)	64.8	(1.5)	83.0	(1.1)
マレーシア	95.9	(0.4)	98.0	(0.3)	95.2	(0.4)	91.9	(0.5)
メキシコ	87.8	(0.6)	91.0	(0.6)	79.1	(0.9)	88.8	(0.7)
オランダ	90.0	(0.9)	70.2	(1.6)	62.5	(1.5)	77.8	(1.2)
ノルウェー	79.9	(1.0)	60.9	(1.9)	38.8	(1.0)	66.6	(1.8)
ポーランド	80.7	(0.8)	67.7	(1.0)	59.8	(1.1)	77.5	(0.8)
ポルトガル	98.9	(0.2)	99.0	(0.2)	93.8	(0.5)	97.5	(0.3)
ルーマニア	97.9	(0.4)	95.1	(0.5)	88.7	(0.7)	93.4	(0.6)
セルビア	84.9	(0.6)	76.1	(0.7)	63.4	(0.9)	84.3	(0.7)
シンガポール	83.9	(0.7)	81.5	(0.8)	72.1	(0.9)	74.9	(0.7)
スロバキア	92.5	(0.5)	88.5	(0.7)	84.9	(0.8)	90.2	(0.8)
スペイン	71.1	(1.0)	74.1	(0.9)	53.4	(1.1)	78.9	(0.9)
スウェーデン	93.9	(0.5)	76.6	(1.0)	64.1	(1.0)	75.1	(0.9)
地域としての参加								
アブダビ（アラブ首長国連邦）	96.3	(0.5)	95.4	(0.6)	94.9	(0.5)	93.1	(0.7)
アルバータ（カナダ）	87.0	(0.9)	79.2	(1.1)	60.6	(1.3)	82.2	(1.0)
イングランド（イギリス）	93.0	(0.6)	87.0	(0.8)	75.7	(0.9)	81.4	(1.0)
フランドル（ベルギー）	93.1	(0.5)	81.6	(0.8)	77.7	(0.9)	87.4	(0.7)
参加国平均	85.8	(0.1)	80.7	(0.2)	70.0	(0.2)	80.3	(0.2)
アメリカ	83.7	(1.1)	74.9	(1.3)	61.9	(1.4)	83.0	(1.0)

1. 教員質問紙の問34「あなたの指導において、以下のことは、どの程度できていますか」という質問に対し、表中に示した項目それぞれについて「非常に良くできている」「かなりできている」「ある程度できている」「まったくできていない」のいずれか一つ選んで回答してもらっている。表中の数値は、「非常に良くできている」「かなりできている」と回答した教員の割合である。

出所：OECD（2014）Table 7.1.

7.1.2 教員の仕事への満足度

　TALIS 2013年調査において教員の仕事への満足度は、教員の現在の職務状況や職場環境への満足度と、職業としての教職への満足度の二つの側面から測定されている。表7.1.2より、参加国平均では教員の仕事への満足度はいずれの側面についても全体として高いことが読み取れる。特に、90％近く又はそれ以上の教員が「現在の学校での自分の仕事の成果に満足している」（92.6％）、「現在の学校での仕事を楽しんでいる」（89.7％）、「全体としてみれば、この仕事に満足している」（91.2％）と回答しており、現在の職務状況や職場環境に対する満足度の高い教員は非常に多い。また、職業としての教職への満足度についても、70％を超える教員が「教員であることは、悪いことより、良いことの方が明らかに多い」（77.4％）、「もう一度仕事を選べるとしたら、また教員になりたい」（77.6％）と回答している。逆に「他の職業を選択した方が良かったのではないかと思っている」のは31.6％、「教員になったことを後悔している」のは9.5％である。しかし、「教職は社会的に高く評価されていると思う」と回答した教員の割合は30.9％にとどまる。

　日本では、現在の職務状況や職場環境について、参加国平均を下回る傾向があるもののほとんどの項目で半分を優に超える教員が満足していることが示される。80％近く又はそれ以上の教員が、「現在の学校での仕事を楽しんでいる」（78.1％）、「全体としてみれば、この仕事に満足している」（85.1％）と回答している。しかし、「現在の学校での自分の仕事の成果に満足している」と回答した日本の教員の割合は50.5％にとどまり、参加国平均の92.6％を大きく下回る。OECD（2014）でも指摘されるように、これは日本の教員の自己効力感が比較的低いのと一貫した結果だと言えるだろう。

　日本の教員の、職業としての教職への満足度については、質問項目の内容によるが参加国平均と大きく異なるわけではない。「教員であることは、悪いことより、良いことの方が明らかに多い」と回答した教員の割合は参加国平均とほぼ同程度の74.4％である。教職の社会的地位に対する教員自身の評価においても参加国平均と大きな差はなく、「教職は社会的に高く評価されていると思う」と回答した日本の教員の割合は28.1％である。「もう一度仕事を選べるとしたら、また教員になりたい」と回答した教員の割合は58.1％と参加国平均を20％ポイント程度下回るが、他方で「他の職業を選択した方が良かったのではないかと思っている」と回答した教員の割合も23.3％と参加国平均を8％ポイント程度下回る。

表 7.1.2 [1/2]　教員の仕事への満足度 [1]

国　名	現在の職務状況や職場環境への満足度									
	可能なら、別の学校に異動したい		現在の学校での仕事を楽しんでいる		自分の学校を良い職場だと人に勧めることができる		現在の学校での自分の仕事の成果に満足している		全体としてみれば、この仕事に満足している	
	%	S.E.	%	S.E.	%	S.E.	%	S.E.	%	S.E.
オーストラリア	23.0	(1.7)	91.7	(1.1)	85.5	(1.5)	94.2	(0.5)	90.0	(1.0)
ブラジル	15.0	(0.7)	93.7	(0.4)	88.0	(0.6)	90.6	(0.5)	87.0	(0.5)
ブルガリア	19.8	(1.2)	90.6	(0.9)	89.4	(0.9)	93.9	(0.6)	94.6	(0.6)
チリ	34.0	(1.9)	88.2	(1.1)	85.1	(1.3)	94.6	(0.6)	94.6	(0.6)
クロアチア	16.0	(1.0)	85.5	(0.8)	85.4	(1.0)	93.2	(0.5)	91.4	(0.5)
キプロス	23.2	(1.1)	84.8	(1.0)	83.4	(0.9)	96.0	(0.5)	92.9	(0.6)
チェコ	10.5	(0.8)	88.8	(0.8)	84.5	(1.2)	95.2	(0.5)	88.6	(0.7)
デンマーク	11.2	(1.0)	94.9	(0.7)	88.2	(1.4)	98.3	(0.3)	92.9	(0.6)
エストニア	15.7	(1.1)	80.7	(1.0)	79.9	(1.2)	88.6	(0.7)	90.0	(0.8)
フィンランド	16.2	(1.0)	90.8	(0.8)	87.5	(1.0)	95.0	(0.4)	91.0	(0.6)
フランス	26.7	(1.2)	90.6	(0.7)	80.1	(1.3)	87.5	(0.7)	86.4	(0.8)
アイスランド	18.3	(1.2)	94.2	(0.7)	90.5	(0.9)	98.1	(0.3)	94.5	(0.6)
イスラエル	14.3	(0.9)	91.8	(0.6)	86.7	(1.0)	95.2	(0.5)	94.4	(0.6)
イタリア	16.4	(1.1)	90.6	(0.7)	87.3	(0.9)	94.7	(0.5)	94.4	(0.5)
日本	30.3	(1.2)	78.1	(1.0)	62.2	(1.7)	50.5	(1.3)	85.1	(0.7)
韓国	31.2	(1.2)	74.4	(1.2)	65.6	(1.6)	79.4	(1.0)	86.6	(0.8)
ラトビア	15.7	(1.1)	92.4	(0.8)	86.2	(1.2)	92.9	(0.6)	91.0	(1.0)
マレーシア	41.3	(1.3)	94.2	(0.5)	89.3	(0.8)	94.7	(0.4)	97.0	(0.3)
メキシコ	28.6	(1.3)	94.4	(0.6)	89.2	(0.9)	97.1	(0.3)	97.8	(0.3)
オランダ	17.2	(1.6)	93.5	(1.0)	84.4	(2.3)	95.3	(0.8)	90.8	(1.1)
ノルウェー	11.6	(1.0)	96.8	(0.4)	91.3	(0.9)	96.0	(0.6)	94.9	(0.7)
ポーランド	17.1	(1.0)	90.3	(0.7)	84.5	(1.1)	93.5	(0.6)	92.7	(0.6)
ポルトガル	24.0	(1.1)	92.8	(0.6)	88.1	(0.9)	97.4	(0.3)	94.1	(0.4)
ルーマニア	15.3	(0.9)	91.3	(0.7)	87.4	(0.9)	97.0	(0.4)	91.1	(0.8)
セルビア	21.3	(1.0)	85.1	(0.8)	86.1	(0.9)	93.3	(0.4)	89.5	(0.6)
シンガポール	35.1	(0.8)	85.9	(0.6)	73.2	(0.8)	87.1	(0.5)	88.4	(0.6)
スロバキア	12.7	(0.9)	90.5	(0.8)	81.4	(1.1)	94.8	(0.5)	89.0	(0.6)
スペイン	20.1	(1.2)	89.4	(0.6)	86.6	(1.0)	95.8	(0.4)	95.1	(0.4)
スウェーデン	21.5	(1.0)	91.6	(0.6)	80.1	(1.2)	95.9	(0.4)	85.4	(0.9)
地域としての参加										
アブダビ（アラブ首長国連邦）	30.7	(1.3)	86.8	(1.0)	81.9	(1.3)	96.3	(0.4)	88.9	(0.9)
アルバータ（カナダ）	23.1	(1.3)	95.0	(0.8)	88.8	(1.2)	97.0	(0.5)	91.9	(0.8)
イングランド（イギリス）	31.0	(1.3)	87.2	(0.8)	77.7	(1.2)	92.5	(0.6)	81.8	(0.8)
フランドル（ベルギー）	12.8	(0.9)	94.5	(0.5)	88.1	(1.2)	94.8	(0.5)	95.3	(0.5)
参加国平均	21.2	(0.2)	89.7	(0.1)	84.0	(0.2)	92.6	(0.1)	91.2	(0.1)
アメリカ	20.4	(1.5)	91.2	(1.0)	85.5	(1.5)	95.0	(0.9)	89.1	(1.1)

1. 教員質問紙の問46「あなたが仕事全般についてどのように感じているかをお尋ねします。以下のことは、どの程度当てはまりますか」という質問に対し、表中に示した項目それぞれについて「非常に良く当てはまる」「当てはまる」「当てはまらない」「まったく当てはまらない」のいずれか一つ選んで回答してもらっている。表中の数値は、「非常に良く当てはまる」「当てはまる」と回答した教員の割合である。

出所：OECD（2014）Table 7.2.

表 7.1.2 ［2/2］ 教員の仕事への満足度[1]

国　名	教員であることは、悪いことより、良いことの方が明らかに多い %	S.E.	もう一度仕事を選べるとしたら、また教員になりたい %	S.E.	教員になったことを後悔している %	S.E.	他の職業を選択した方が良かったのではないかと思っている %	S.E.	教職は社会的に高く評価されていると思う %	S.E.
オーストラリア	88.6	(0.8)	81.1	(1.0)	7.2	(0.6)	33.7	(1.7)	38.5	(1.3)
ブラジル	60.5	(0.9)	69.7	(0.9)	13.5	(0.6)	32.3	(0.9)	12.6	(0.5)
ブルガリア	62.8	(1.3)	70.2	(1.2)	14.6	(1.0)	42.6	(1.4)	19.6	(1.1)
チリ	78.9	(1.4)	83.8	(1.2)	13.9	(1.6)	31.9	(1.6)	33.6	(2.3)
クロアチア	71.9	(0.8)	80.4	(0.7)	5.7	(0.4)	31.7	(1.0)	9.6	(0.5)
キプロス	86.9	(0.8)	85.5	(0.8)	7.1	(0.6)	25.9	(1.1)	48.9	(1.2)
チェコ	53.0	(1.1)	73.3	(0.8)	8.2	(0.6)	29.8	(0.9)	12.2	(0.6)
デンマーク	89.2	(0.9)	78.3	(1.4)	5.2	(0.7)	34.1	(1.7)	18.4	(1.0)
エストニア	69.3	(1.1)	70.3	(0.8)	10.2	(0.7)	37.0	(1.0)	13.7	(1.0)
フィンランド	95.3	(0.4)	85.3	(0.8)	5.0	(0.4)	27.5	(0.9)	58.6	(1.2)
フランス	58.5	(1.1)	76.1	(0.8)	9.4	(0.5)	26.0	(0.9)	4.9	(0.4)
アイスランド	91.4	(0.9)	70.4	(1.4)	11.6	(0.9)	45.4	(1.5)	17.5	(1.1)
イスラエル	85.8	(0.7)	82.9	(0.8)	9.1	(0.6)	23.8	(0.9)	33.7	(1.2)
イタリア	62.1	(1.0)	86.3	(0.8)	7.4	(0.6)	17.6	(0.9)	12.5	(0.7)
日本	74.4	(0.9)	58.1	(1.1)	7.0	(0.5)	23.3	(0.8)	28.1	(1.0)
韓国	85.8	(0.8)	63.4	(1.0)	20.1	(0.8)	40.2	(1.0)	66.5	(1.1)
ラトビア	60.7	(1.5)	67.6	(1.4)	12.0	(0.8)	36.5	(1.1)	22.8	(1.5)
マレーシア	98.3	(0.2)	92.8	(0.6)	5.4	(0.4)	8.8	(0.7)	83.8	(1.0)
メキシコ	80.3	(0.9)	95.5	(0.4)	3.1	(0.4)	10.2	(0.7)	49.5	(1.3)
オランダ	87.0	(1.0)	81.9	(1.1)	4.9	(0.8)	18.5	(1.1)	40.4	(1.5)
ノルウェー	91.2	(1.1)	76.7	(1.4)	8.3	(0.6)	38.2	(1.5)	30.6	(1.5)
ポーランド	76.4	(1.0)	79.9	(0.9)	10.3	(0.6)	35.3	(1.0)	17.9	(0.8)
ポルトガル	70.5	(0.9)	71.6	(0.9)	16.2	(0.7)	44.5	(1.0)	10.5	(0.6)
ルーマニア	64.3	(1.5)	78.5	(1.2)	10.9	(0.9)	29.4	(1.3)	34.7	(1.4)
セルビア	81.4	(0.8)	81.4	(0.7)	7.0	(0.6)	27.1	(1.0)	20.4	(0.9)
シンガポール	83.6	(0.6)	82.1	(0.7)	10.7	(0.5)	45.9	(0.9)	67.6	(0.9)
スロバキア	58.0	(1.2)	71.5	(0.9)	13.8	(0.7)	45.4	(1.2)	4.0	(0.4)
スペイン	79.5	(1.0)	88.2	(0.6)	6.3	(0.5)	21.2	(0.9)	8.5	(0.8)
スウェーデン	71.2	(1.0)	53.4	(1.1)	17.8	(0.8)	50.4	(1.2)	5.0	(0.5)
地域としての参加										
アブダビ（アラブ首長国連邦）	80.1	(1.4)	77.5	(1.4)	11.7	(0.8)	35.1	(1.7)	66.5	(1.7)
アルバータ（カナダ）	89.7	(0.8)	82.9	(0.9)	5.6	(0.5)	34.6	(1.3)	47.0	(1.4)
イングランド（イギリス）	83.6	(0.7)	79.5	(0.9)	7.9	(0.5)	34.6	(1.2)	35.4	(1.5)
フランドル（ベルギー）	84.6	(0.9)	85.4	(0.8)	5.1	(0.6)	22.7	(0.9)	45.9	(1.1)
参加国平均	77.4	(0.2)	77.6	(0.2)	9.5	(0.1)	31.6	(0.2)	30.9	(0.2)
アメリカ	87.1	(1.3)	84.0	(1.3)	6.0	(1.0)	33.5	(1.5)	33.7	(1.4)

1. 教員質問紙の問 46「あなたが仕事全般についてどのように感じているかをお尋ねします。以下のことは、どの程度当てはまりますか」という質問に対し、表中に示した項目それぞれについて「非常に良く当てはまる」「当てはまる」「当てはまらない」「まったく当てはまらない」のいずれか一つ選んで回答してもらっている。表中の数値は、「非常に良く当てはまる」「当てはまる」と回答した教員の割合である。
出所：OECD（2014）Table 7.2.

7.2 教員の属性や経験との関連

　教員の属性や経験と、教員の自己効力感と仕事への満足度の間には関連が見られると考えられる。OECD（2014）は先行研究で提示された分析枠組み（図7.2.1）に基づき、教員の自己効力感と仕事への満足度が学校の背景特性と教員の属性や経歴とどのように関連しているか、教員の学校での経験とどのように関連しているかについて分析する。本節は、その中でも教員の性別、勤務経験、公的な教育や研修の内容といった教員の属性や経歴との関連、教員の学校での経験として教員間の協力や協働の頻度との関連に焦点を合わせ、教員の自己効力感と仕事への満足度についてのOECD（2014）の分析結果を報告する。

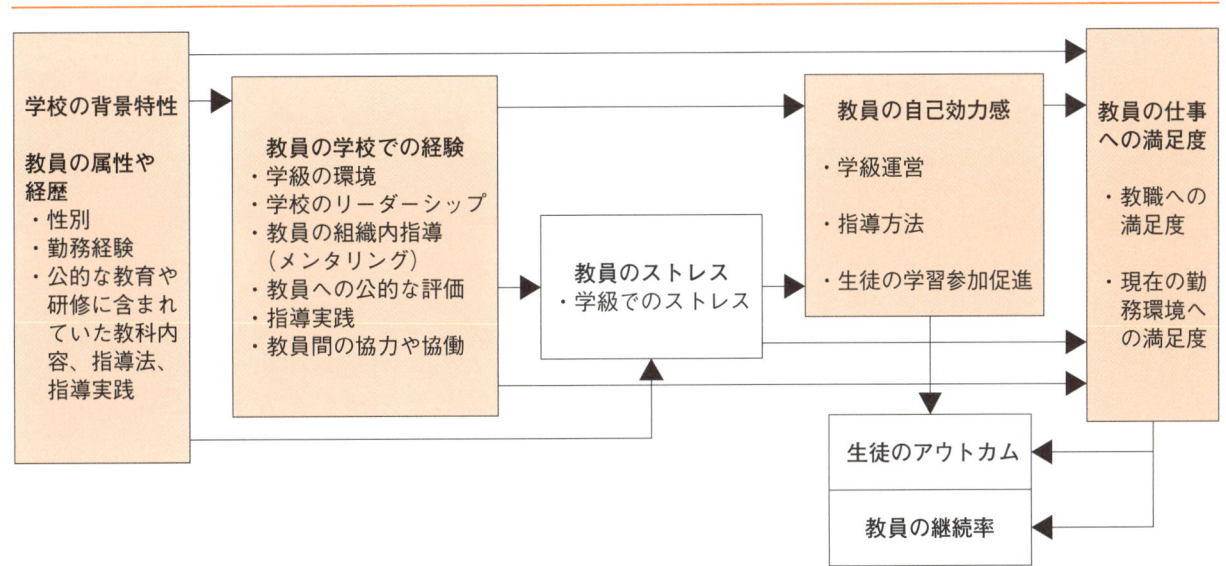

図7.2.1　教員の自己効力感と仕事への満足度の分析枠組み[1]

1. Klassen, R.M. & M.M. Chiu（2010）, "Effects on teachers' self-efficacy and job satisfaction: teacher gender, years of experience, and job stress", *Journal of Educational Psychology*, 102（3）, Figure 1, p.743 を基に OECD が作成。色付けされているのは、TALIS の調査対象となった項目である。
出所：OECD（2014）Figure 7.1. 国立教育政策研究所和訳。

7.2.1 教員の属性や経歴との関連

　教員の性別、勤務経験（教員としての勤務年数が5年より長いか、5年以下か）、受けた公的な教育や研修（担当教科の内容、指導法、指導実践が含まれていたか）が、教員の自己効力感と仕事への満足度にどのような関連を持つか、OECD（2014）は検討している。自己効力感についての分析結果を示した表7.2.1と、仕事への満足度についての分析結果を示した表7.2.2によれば、ほとんどの参加国で、男性の教員よりも女性の教員の方が自己効力感は高く、仕事への満足度も高い。教員としての通算勤務年数が5年より長い教員は、5年以下の教員に比べ、自己効力感は高いが仕事への満足度は低い。受けた公的な教育や研修に、担当教科の内容、指導法、指導実践がより多く含まれていた場合ほど、教員の自己効力感と仕事への満足度はやや高くなる傾向がある。

　日本では、他の多くの参加国とは反対に、女性の教員よりも男性の教員の方が自己効力感が高く、また仕事への満足度も高い。日本も他の多くの参加国と同様に、勤務年数が5年より長い教員は5年以下の教員に比べ、自己効力感は高いが仕事への満足度は低いといった傾向が見られる。また、受けた公的な教育や研修に、担当教科の内容、指導法、指導実践がより多く含まれていた場合ほど、教員の自己効力感と仕事への満足度はやや高くなる傾向も見られる。

　日本で男性教員の方が自己効力感と仕事への満足度が高いことについてはOECD（2014）も着目しており、これに関連させ、ほとんどの参加国で前期中等教育段階の教員の多数派を女性が占めるのに対し、日本では過半数が男性であること（第2章の表2.1.1）を指摘している。しかし、多数派を占める性別の教員の方が高い自己効力感を持ちやすいかどうか単純には結論付けられない。例えば韓国は、教員の性別と自己効力感の関連について日本と同様の傾向を示す数少ない国の一つだが、他の多くの参加国と同様に前期中等教育段階の教員の多数派は女性である。

　教員の自己効力感と仕事への満足度の関連について、図7.2.1に示した分析枠組みは自己効力感が仕事への満足度を高めるという仮説の下で設定されているが、これ関してOECD（2014）の分析結果から一定の支持が得られている。全ての参加国で、教員の性別、通算勤務年数、公的な教育や研修での経験を統制した後も、教員の自己効力感と仕事への満足度は統計的に有意な正の関連を持つ（表7.2.1及び表7.2.2）。OECD（2014）も指摘するように、多くの参加国で自己効力感を説明するモデル（表7.2.1）における仕事への満足度の係数に比べ、仕事への満足度を説明するモデル（表7.2.2）における自己効力感の係数の方が大きいことから、自己効力感の高さが仕事への満足度を高める効果の方が、仕事への満足度の高さが自己効力感を高める効果よりも強いだろうと予想される。日本についての推定結果からも同様のことが示唆される。

表 7.2.1 教員の自己効力感と教員の性別、勤務経験、公的な教育や研修の内容との関連（重回帰分析）[1]

国　名	男性[5] β	S.E.	教員としての通算勤務年数が5年より長い[6] β	S.E.	公的な教育や研修に、担当教科の内容、指導法、指導実践が含まれていた[7] β	S.E.	教員の仕事への満足度[2] β	S.E.
オーストラリア	-0.46	(0.09)	0.53	(0.14)	-0.20	(0.04)	0.21	(0.03)
ブラジル	-0.18	(0.06)	0.30	(0.05)	-0.03	(0.01)	0.23	(0.01)
ブルガリア			-0.28	(0.14)	-0.12	(0.03)	0.22	(0.02)
チリ					-0.19	(0.03)	0.23	(0.03)
クロアチア	-0.23	(0.06)	0.38	(0.07)			0.26	(0.02)
チェコ			0.35	(0.09)	-0.10	(0.02)	0.24	(0.02)
デンマーク	-0.38	(0.08)	0.47	(0.10)	-0.11	(0.03)	0.20	(0.02)
エストニア	-0.42	(0.10)			-0.05	(0.02)	0.19	(0.02)
フィンランド			0.30	(0.09)	-0.13	(0.03)	0.30	(0.02)
フランス	-0.15	(0.06)	0.54	(0.10)			0.17	(0.01)
アイスランド			0.36	(0.11)	-0.13	(0.03)	0.13	(0.03)
イスラエル			0.38	(0.11)	-0.16	(0.03)	0.25	(0.03)
イタリア	-0.26	(0.06)	0.44	(0.09)	-0.08	(0.02)	0.20	(0.02)
日本	0.48	(0.07)	0.55	(0.07)	-0.06	(0.02)	0.22	(0.02)
韓国	0.32	(0.11)	0.50	(0.10)	-0.19	(0.04)	0.28	(0.02)
ラトビア			0.48	(0.21)	-0.11	(0.03)	0.19	(0.03)
マレーシア	-0.25	(0.08)	0.21	(0.07)	-0.20	(0.03)	0.38	(0.02)
メキシコ			0.22	(0.10)	-0.14	(0.03)	0.32	(0.03)
オランダ			0.36	(0.10)			0.26	(0.02)
ノルウェー			0.29	(0.12)	-0.13	(0.03)	0.23	(0.03)
ポーランド	-0.28	(0.09)					0.26	(0.02)
ポルトガル	-0.17	(0.05)			-0.09	(0.02)	0.17	(0.01)
ルーマニア	-0.22	(0.07)	0.20	(0.08)	-0.12	(0.02)	0.20	(0.02)
セルビア	-0.21	(0.05)	0.22	(0.09)	-0.06	(0.02)	0.29	(0.02)
シンガポール	-0.19	(0.08)	0.93	(0.08)	-0.10	(0.03)	0.23	(0.02)
スロバキア	-0.39	(0.09)	0.33	(0.08)	-0.05	(0.02)	0.25	(0.03)
スペイン	-0.19	(0.07)			-0.12	(0.02)	0.32	(0.02)
スウェーデン			0.70	(0.09)	-0.09	(0.02)	0.19	(0.02)
地域としての参加								
アブダビ（アラブ首長国連邦）			0.50	(0.12)	-0.09	(0.03)	0.18	(0.02)
アルバータ（カナダ）	-0.30	(0.10)	0.71	(0.11)	-0.14	(0.03)	0.20	(0.03)
イングランド（イギリス）	-0.16	(0.08)	0.43	(0.10)	-0.13	(0.04)	0.21	(0.02)
フランドル（ベルギー）	-0.15	(0.06)	0.49	(0.06)			0.16	(0.02)

1. 5％水準で統計的に有意な関連が見られない場合には空欄とする。細字の数値は、標本の5％未満のケース数を基にした推定値であり、解釈には注意が必要である。
2. 連続変数である。詳細は OECD（2014）の Annex B を参照のこと。
3. 第1ステップでは最初の三つの変数が説明変数として同時に回帰モデルに投入された。教員の学歴が統制されている。
4. 第2ステップでは教員の仕事への満足度が説明変数として投入された。教員の性別、学歴、通算勤務年数、公的な教育や研修の内容が統制されている。
5. 女性を参照カテゴリーとする二値変数。
6. 通算勤務年数5年以下（参照カテゴリー）と5年より長い場合の二値変数。
7. 教員質問紙の問12への回答を合成して作成された変数。この変数は、受けた公的な教育や研修に、担当教科の内容、指導法、指導実践が全体としてどの程度含まれていたかを示す。この変数の値が大きいほど、含まれていた担当教科の数、含まれていた内容が少ない、または含まれていなかったことを示すため、負の係数は公的な教育や研修に担当教科の内容、指導法、指導実践がより多く含まれていた場合ほど教員の自己効力感が高いことを示す。

出所：OECD（2014）Table 7.4.

第7章　教員の自己効力感と仕事への満足度

表 7.2.2　教員の仕事への満足度と教員の性別、勤務経験、公的な教育や研修の内容との関連（重回帰分析）[1]

教員の仕事への満足度[2]

国　名	第1ステップ[3] 説明変数 男性[5] β	S.E.	教員としての通算勤務年数が5年より長い[6] β	S.E.	公的な教育や研修に、担当教科の内容、指導法、指導実践が含まれていた[7] β	S.E.	第2ステップ[4] 説明変数 教員の自己効力感[2] β	S.E.
オーストラリア					-0.14	(0.04)	0.26	(0.03)
ブラジル					-0.09	(0.02)	0.30	(0.02)
ブルガリア					-0.11	(0.03)	0.36	(0.03)
チリ	-0.32	(0.09)			-0.15	(0.03)	0.24	(0.03)
クロアチア	-0.49	(0.08)					0.39	(0.02)
チェコ	-0.24	(0.09)					0.26	(0.02)
デンマーク					-0.07	(0.03)	0.38	(0.03)
エストニア	-0.19	(0.08)			-0.05	(0.02)	0.17	(0.02)
フィンランド			-0.38	(0.09)			0.28	(0.02)
フランス	-0.18	(0.09)	-0.33	(0.11)			0.35	(0.03)
アイスランド	-0.56	(0.11)	-0.30	(0.12)			0.13	(0.03)
イスラエル							0.28	(0.02)
イタリア					-0.10	(0.02)	0.26	(0.02)
日本	0.24	(0.07)	-0.20	(0.09)	-0.07	(0.03)	0.29	(0.02)
韓国			-0.51	(0.12)	-0.12	(0.03)	0.24	(0.02)
ラトビア	-0.23	(0.11)					0.22	(0.04)
マレーシア					-0.16	(0.02)	0.28	(0.02)
メキシコ					-0.08	(0.02)	0.24	(0.02)
オランダ			-0.41	(0.13)	-0.16	(0.05)	0.37	(0.04)
ノルウェー					-0.11	(0.03)	0.30	(0.03)
ポーランド	-0.27	(0.09)	-0.49	(0.15)	-0.14	(0.05)	0.31	(0.02)
ポルトガル			-0.59	(0.25)	-0.14	(0.02)	0.35	(0.02)
ルーマニア	-0.27	(0.08)					0.39	(0.03)
セルビア	-0.23	(0.08)	-0.40	(0.08)	-0.07	(0.02)	0.41	(0.03)
シンガポール			0.18	(0.06)	-0.15	(0.03)	0.15	(0.02)
スロバキア	-0.21	(0.09)			-0.03	(0.01)	0.22	(0.02)
スペイン	-0.28	(0.07)	-0.33	(0.13)	-0.06	(0.02)	0.33	(0.02)
スウェーデン	-0.31	(0.08)	-0.29	(0.11)			0.29	(0.03)
地域としての参加								
アブダビ（アラブ首長国連邦）	0.32	(0.13)			-0.15	(0.04)	0.35	(0.04)
アルバータ（カナダ）					-0.14	(0.03)	0.22	(0.03)
イングランド（イギリス）			-0.29	(0.11)	-0.14	(0.04)	0.33	(0.03)
フランドル（ベルギー）			-0.38	(0.11)	-0.06	(0.02)	0.25	(0.03)

1. 5％水準で統計的に有意な関連が見られない場合には空欄とする。細字の数値は、標本の5％未満のケース数を基にした推定値であり、解釈には注意が必要である。
2. 連続変数である。詳細は OECD（2014）の Annex B を参照のこと。
3. 第1ステップでは最初の三つの変数が説明変数として同時に回帰モデルに投入された。教員の学歴が統制されている。
4. 第2ステップでは教員の自己効力感が説明変数として投入された。教員の性別、学歴、通算勤務年数、公的な教育や研修の内容が統制されている。
5. 女性を参照カテゴリーとする二値変数。
6. 通算勤務年数5年以下（参照カテゴリー）と5年より長い場合の二値変数。
7. 教員質問紙の問12への回答を合成して作成された変数。この変数は、受けた公的な教育や研修に、担当教科の内容、指導法、指導実践が全体としてどの程度含まれていたかを示す。この変数の値が大きいほど、含まれていた担当教科の数、含まれていた内容が少ない、または含まれていなかったことを示すため、負の係数は公的な教育や研修に担当教科の内容、指導法、指導実践がより多く含まれていた場合ほど教員の仕事への満足度が高いことを示す。

出所：OECD（2014）Table 7.5。

7.2.2 教員の学校での経験との関連

　OECD（2014）は、教員の自己効力感と仕事への満足度に関連を持つ教員の学校での経験について様々な側面から検討している。その結果、多くの参加国に共通する傾向として、学業成績が低い生徒や問題行動を起こす生徒の割合が10%を超えるなど困難な課題を抱えた学級を指導している場合、教員の自己効力感と仕事への満足度が特に低いことを指摘する。また、学級規模が教員の自己効力感と仕事への満足度にほとんど関連を持たないのに対し、学級の構成は重要な規定要因となる可能性を示唆する（OECD, 2014, Table 7.6, Table 7.7）。他方、教員の自己効力感や仕事への満足度を高め得る経験についてもOECD（2014）の分析結果から読み取れる。多くの参加国で、教員が生徒、同僚、管理職と良好な関係を築いている場合、教員の自己効力感や仕事への満足度は比較的高くなることをOECD（2014）は指摘する。一般的に見られる傾向として、自己効力感には特に同僚との関係が（OECD, 2014, Table 7.8）、仕事への満足度には管理職との関係（勤務先の学校について「教職員が、学校の意思決定に積極的に参加する機会を提供している」と教員が認識していること）と生徒との関係が（OECD, 2014, Table 7.9）、比較的強く関連している。以上のことは日本にも当てはまる。

　以下では、教員が同僚との良好な関係を築くきっかけになると考えられる、教員間の協力や協働の頻度に着目し、教員の自己効力感と仕事への満足度との関連についての分析結果をより詳細に見ていきたい。教員が現在勤務している学校において、それぞれ年に5回以上、「学級内でティームティーチングを行う」「他の教員の授業を見学し、感想を述べる」「学級や学年をまたいだ合同学習を行う」「専門性を高めるための勉強会に参加する」と回答した場合に、教員間の協力や協働が行われているものとし、OECD（2014）は教員間の協力や協働が教員の自己効力感と仕事への満足度にどのように関連するか検討している。表7.2.3と表7.2.4より、全ての参加国の傾向として、いずれかのタイプの協力や協働が教員の自己効力感と仕事への満足度と統計的に有意な関連を持っている。日本の教員についても同様である。特に日本では、教員の自己効力感は年に5回以上「専門性を高めるための勉強会に参加する」「他の教員の授業を見学し、感想を述べる」、あるいは「学級内でティームティーチングを行う」場合に、教員の仕事への満足度は年に5回以上「他の教員の授業を見学し、感想を述べる」場合に、それぞれ統計的に有意に高い。

　以上の分析結果からOECD（2014）は、教員が単独で授業を行うような「伝統的な」学級像を描いて教育を行うのでは不十分であり、教員同士の関係性の構築や協働的な実践の促進をともなう「新しい」指導モデルの必要性を指摘する。このような指導モデルは、教員個人の職務や役割が明確に定められてきた欧米諸国に比べれば、教員間の同僚としての相互作用が日常的に成立してきた日本にとっては、それほど「新しい」ようには聞こえないかもしれない。しかし同時に、同僚と足並みを揃えることを重視した同僚性や、組織内での役割分担を重視した同僚性に代わり、自律的な専門職としての同僚性を構築していくことは日本においても今後の課題として指摘されている[2]。TALIS 2013の分析結果から、日本で従来から成立してきた協力や協働の意義が再確認されるとともに、教員の自己効力感と仕事への満足度の向上にとって有益な協力や協働の方法を模索していく必要性が提起されている。

---

2. 秋田喜代美（1998）「実践の創造と同僚関係」佐伯胖・黒崎勲・佐藤学・田中孝彦・浜田寿美男・藤田英典編『教師像の再構築（岩波講座現代の教育第6巻）』岩波書店、pp. 235-259。
　紅林伸幸（2007）「協働の同僚性としての《チーム》－学校臨床社会学から－」『教育学研究』74（2）、pp. 36-50。
　油布佐和子（2007）「教師集団の変容と組織化」油布佐和子編『転換期の教師』放送大学教育振興会、pp. 178-192。

表 7.2.3 教員の自己効力感と教員間の協力や協働との関連（重回帰分析）[1]

教員の自己効力感[2]

説明変数

国　名	年に5回以上、学級内でティームティーチングを行う[3] β	S.E.	年に5回以上、他の教員の授業を見学し、感想を述べる[3] β	S.E.	年に5回以上、学級や学年をまたいだ合同学習を行う[3] β	S.E.	年に5回以上、専門性を高めるための勉強会に参加する[3] β	S.E.
オーストラリア					0.39	(0.15)	0.38	(0.13)
ブラジル	0.26	(0.07)			0.27	(0.08)	0.37	(0.07)
ブルガリア					0.33	(0.07)	0.56	(0.08)
チリ	0.41	(0.13)					0.56	(0.14)
クロアチア	0.37	(0.16)			0.46	(0.13)	0.33	(0.07)
チェコ			0.21	(0.10)	0.50	(0.07)	0.42	(0.06)
デンマーク					0.22	(0.09)	0.21	(0.09)
エストニア	0.16	(0.08)			0.30	(0.08)	0.50	(0.08)
フィンランド	0.29	(0.10)			0.62	(0.12)	0.76	(0.13)
フランス					0.36	(0.07)		
アイスランド					0.56	(0.17)	0.31	(0.13)
イスラエル					0.30	(0.08)	0.58	(0.08)
イタリア			0.19	(0.10)	0.20	(0.06)	0.37	(0.07)
日本	0.17	(0.07)	0.23	(0.07)			0.36	(0.07)
韓国	0.27	(0.12)					0.75	(0.15)
ラトビア	0.20	(0.09)	0.18	(0.08)	0.33	(0.11)	0.35	(0.09)
マレーシア	0.23	(0.10)			0.32	(0.11)	0.47	(0.11)
メキシコ	0.30	(0.09)	0.18	(0.09)			0.40	(0.09)
オランダ			0.40	(0.13)			0.30	(0.10)
ノルウェー	0.26	(0.09)					0.35	(0.17)
ポーランド	0.17	(0.07)	0.23	(0.09)	0.37	(0.08)	0.34	(0.08)
ポルトガル					0.25	(0.05)	0.29	(0.07)
ルーマニア	0.20	(0.07)	0.23	(0.06)	0.22	(0.07)	0.21	(0.06)
セルビア			0.49	(0.10)	0.40	(0.09)	0.31	(0.08)
シンガポール	-0.16	(0.08)	0.32	(0.11)	0.34	(0.12)	0.26	(0.08)
スロバキア	0.49	(0.07)	0.28	(0.10)	0.35	(0.08)		
スペイン					0.42	(0.11)	0.47	(0.07)
スウェーデン			0.42	(0.13)	0.41	(0.11)	0.27	(0.07)
地域としての参加								
アブダビ（アラブ首長国連邦）			0.28	(0.09)	0.41	(0.08)	0.33	(0.11)
アルバータ（カナダ）					0.28	(0.14)	0.33	(0.09)
イングランド（イギリス）			0.32	(0.09)	0.42	(0.10)	0.34	(0.09)
フランドル（ベルギー）			0.42	(0.18)	0.16	(0.08)	0.24	(0.12)

1. 教員の性別、学歴、通算勤務年数、公的な教育や研修の内容、学級規模、授業言語と異なる言語を話す生徒の割合、特別な支援を要する生徒の割合、社会経済的に困難な家庭環境にある生徒の割合を統制した上で、5％水準で統計的に有意な関連が見られない場合には空欄とする。細字の数値は、標本の5％未満のケース数を基にした推定値であり、解釈には注意が必要である。
2. 連続変数である。詳細は OECD（2014）の Annex B を参照のこと。
3. 参照カテゴリーは年に5回未満。
出所：OECD（2014）Table 7.16.

表 7.2.4 教員の仕事への満足度と教員間の協力や協働との関連（重回帰分析）[1]

教員の仕事への満足度[2]

説明変数

国　名	年に5回以上、学級内でティームティーチングを行う[3] β	S.E.	年に5回以上、他の教員の授業を見学し、感想を述べる[3] β	S.E.	年に5回以上、学級や学年をまたいだ合同学習を行う[3] β	S.E.	年に5回以上、専門性を高めるための勉強会に参加する[3] β	S.E.
オーストラリア							0.52	(0.13)
ブラジル							0.56	(0.08)
ブルガリア							0.33	(0.13)
チリ	0.45	(0.13)					0.63	(0.13)
クロアチア							0.38	(0.09)
チェコ			0.30	(0.09)	0.27	(0.09)	0.35	(0.07)
デンマーク			0.28	(0.14)			0.29	(0.12)
エストニア	0.33	(0.08)					0.35	(0.08)
フィンランド			0.39	(0.18)			0.46	(0.13)
フランス	0.24	(0.09)			0.37	(0.09)		
アイスランド					0.30	(0.14)	0.49	(0.13)
イスラエル			0.30	(0.15)	0.29	(0.12)		
イタリア					0.33	(0.08)	0.24	(0.09)
日本			0.34	(0.09)				
韓国			0.54	(0.20)				
ラトビア			0.33	(0.13)	0.24	(0.09)		
マレーシア	0.19	(0.08)						
メキシコ							0.37	(0.08)
オランダ							0.27	(0.11)
ノルウェー	0.33	(0.12)					0.51	(0.15)
ポーランド	0.18	(0.07)	0.38	(0.12)	0.20	(0.08)		
ポルトガル					0.20	(0.09)	0.40	(0.10)
ルーマニア			0.30	(0.11)				
セルビア			0.50	(0.12)	0.37	(0.11)	0.32	(0.09)
シンガポール			0.21	(0.09)	0.23	(0.10)	0.33	(0.07)
スロバキア			0.36	(0.09)	0.14	(0.07)		
スペイン					0.29	(0.10)	0.41	(0.06)
スウェーデン			0.49	(0.15)	0.30	(0.14)	0.53	(0.11)
地域としての参加								
アブダビ（アラブ首長国連邦）					0.44	(0.15)		
アルバータ（カナダ）			0.38	(0.15)			0.37	(0.11)
イングランド（イギリス）	0.22	(0.11)	0.39	(0.11)	0.30	(0.14)	0.48	(0.10)
フランドル（ベルギー）	-0.28	(0.14)			0.27	(0.12)		

1. 教員の性別、学歴、通算勤務年数、公的な教育や研修の内容、学級規模、授業言語と異なる言語を話す生徒の割合、特別な支援を要する生徒の割合、社会経済的に困難な家庭環境にある生徒の割合を統制した上で、5%水準で統計的に有意な関連が見られない場合には空欄とする。細字の数値は、標本の5%未満のケース数を基にした推定値であり、解釈には注意が必要である。
2. 連続変数である。詳細はOECD（2014）のAnnex Bを参照のこと。
3. 参照カテゴリーは年に5回未満。

出所：OECD（2014）Table 7.17.

資 料

資料1　校長質問紙

国際教員指導環境調査 (TALIS) 2013 について

国際教員指導環境調査 (TALIS) 2013 は、校長及び教員の皆様に、教育分析や教育政策の進展の一助を担っていただく国際調査です。TALIS は経済協力開発機構 (OECD) によって実施されており、日本は他の30以上の国とともにこの調査に参加しています。

調査で得られるデータの国際分析により、自国と同様の課題に直面している国がどこなのかが明らかになり、他国の政策から学ぶことが可能になります。校長及び教員の皆様には、これまでに受けた研修、自身のリーダーシップ、学校に対する信念や教育実践、教職についての概観、職務への各様なフィードバックや評価、その他、学校のリーダーシップ、学校の雰囲気といった職務環境に関する様々な事柄について情報をご提供いただきます。

国際調査であることから、日本の事情に必ずしもそぐわない質問があるかもしれませんが、それらの質問については、回答可能な範囲で記入していただければ結構です。

機密保持

この調査で集められた全ての情報は厳重に取り扱われます。調査への参加は任意であり、いつでも取りやめることができます。国別及び学校種別のデータは公表されますが、この調査の結果に関するいかなる報告書においても、個人や学校が特定されることは決してありません。

質問紙について

- この質問紙では、学校教育や教育方針に関する情報をお尋ねします。
- この質問紙は校長先生を対象としていますが、必要に応じて、あなたの学校の他の先生と相談の上、回答していただいても結構です。
- この質問紙への回答に要する時間は、おおよそ 30～45 分間です。
- 質問の多くは、当てはまるものを一つ選びOを付けて回答するものです。
- この質問紙の記入が終わりましたら、校内締切日までに、校内担当者にご提出願います。
- この質問紙及び調査に関してご不明な点等がありましたら、校内担当者を通じて国立教育政策研究所までお問い合わせください。

ご協力くださいますよう、よろしくお願い致します。

経済協力開発機構 (OECD)
Organisation for Economic Co-operation and Development (OECD)

国際教員指導環境調査 (TALIS) 2013
Teaching and Learning International Survey (TALIS) 2013

校長質問紙

中学校

本調査版
日本語版

[回答者 ID ラベル貼付箇所]
(105 x 35 mm)

国内調査実施：文部科学省国立教育政策研究所
国際コンソーシアム：
　国際教育到達度評価学会 (IEA, オランダ)
　IEA 情報処理センター (IEA DPC, ドイツ)
　カナダ統計局 (カナダ)

2 頁　TALIS 校長 質問紙 - ISCED 2 (MS-PQ-JPN-ja)

校長先生ご自身について

以下の質問は、あなたご自身、あなたが受けた教育、及びあなたの校長としての立場に関するものです。質問への回答にあたっては、当てはまるものに○を付けるか、必要に応じて数字を記入してください。

問1 あなたの性別はどちらですか。

1 男性
2 女性

問2 あなたの年齢をお答えください。

数字を記入してください。

☐☐ 歳

問3 あなたの最終学歴は、以下のうちどれですか。

当てはまるものに一つ○を付けてください。

1 高等学校以下
2 短期大学・高等専門学校
3 大学学部
4 大学院修士課程
5 大学院博士後期課程

問4 あなたの勤務経験は何年ですか。

各項目に数字を記入してください。経験がない場合は0（ゼロ）と記入してください。
1年未満は1年に切り上げて記入してください。

(1) ☐☐ 年 ： 現在の学校での校長としての勤務年数
(2) ☐☐ 年 ： 校長としての通算勤務年数
(3) ☐☐ 年 ： 他の管理職（副校長、教頭）としての勤務年数（校長としての年数は含まない）
(4) ☐☐ 年 ： 教員としての通算勤務年数（教育委員会の指導主事等としての年数を含む）
(5) ☐☐ 年 ： 上記以外の仕事での勤務年数

問5 あなたの校長としての現在の雇用形態は、以下のうちどれですか。

以下から当てはまるものに一つ○を付けてください。

1 常勤（常時勤務の90％以上の労働時間）で、かつ、授業を行う義務がない
2 常勤（常時勤務の90％以上の労働時間）で、かつ、授業を行う義務がある
3 非常勤（常時勤務の90％未満の労働時間）で、かつ、授業を行う義務がない
4 非常勤（常時勤務の90％未満の労働時間）で、かつ、授業を行う義務がある

問6 あなたが受けた公的な教育（研修）には以下のことが含まれていましたか。含まれていた場合に、それを受けたのは校長就任前と後のどちらでしたか。

(1)～(3)のそれぞれについて、当てはまるもの一つに○を付けてください。

	就任前	就任後	就任前と後	含まれていない
(1) 学校管理に関する、あるいは、校長を対象とした研修プログラムやコース	1	2	3	4
(2) 教員としての研修/教育プログラムやコース	1	2	3	4
(3) 学習指導についての研修やコース	1	2	3	4

問7 過去12か月の間に、以下の校長向けの職能開発に参加しましたか。参加した場合は、何日間その活動を行いましたか。

職能開発とは、個々人の技能や知識を開発するための諸活動のことをいいます。

以下の(1)～(3)のそれぞれについて、(A)欄の当てはまるものに○を付けてください。(A)欄において「はい」と答えた場合は、当該活動を行った日数を(B)欄に記入してください。

日数は、6～8時間をもって1日とし、四捨五入して1日単位でお答えください。これには、週末や夜間など就業時間外に行った活動も含めてください。

	(A) 参加の有無		(B) 日数
	はい	いいえ	
(1) 専門的な勉強会、組織内指導（メンタリング）（定義は18頁参照）	1	2	☐☐☐
(2) 研修講座、会議、視察	1	2	☐☐☐
(3) その他	1	2	☐☐☐

資料1　校長質問紙

あなたの学校について

問9　学校が所在する市町村は、以下のどれに当たりますか。当てはまるものに一つ○を付けてください。（東京 23 区は「6」を選択してください。）

1　人口 1,000 人以下の市町村
2　人口 1,000 人を超え、3,000 人以下の市町村
3　人口 3,000 人を超え、1万 5,000 人以下の市町村
4　人口 1万 5,000 人を超え、10 万人以下の市町村
5　人口 10 万人を超え、100 万人以下の市町村
6　人口 100 万人を超える市町村

問10　あなたの学校は、以下のうちどれですか。当てはまるものに一つ○を付けてください。

1　国公立
2　私立

問11　通常の年度における、あなたの学校の財源に関して、以下のうち当てはまるものに一つ○を付けてください。

(1)、(2)のそれぞれについて、当てはまるものに一つ○を付けてください。

　　　　　　　　　　　　　　　　　　　　　　はい　いいえ

(1) 学校の財源の 50％以上は公的資金
　　国、地方自治体を含む .... 1　　2

(2) 教員の人件費の財源は公的資金
　　国、地方自治体を含む .... 1　　2

6 頁　TALIS 校長質問紙 - ISCED 2 (MS-PQ-JPN-ja)

問8　職能開発にあなたが参加する際、以下のことがどの程度妨げになると思いますか。

(1)〜(7)のそれぞれについて、当てはまるものに一つ○を付けてください。

　　　　　　　　　　　　まったく　妨げに　　妨げになる　非常に
　　　　　　　　　　　　妨げに　　ならない　　　　　　　妨げになる
　　　　　　　　　　　　ならない

(1) 参加要件を満たしていない（資格、経験、勤務年数など） .... 1　2　3　4
(2) 職能開発は費用が高すぎる .... 1　2　3　4
(3) 雇用者からの支援が不足している .... 1　2　3　4
(4) 職能開発の日程が自分の仕事のスケジュールと合わない .... 1　2　3　4
(5) 家族があるため、時間が割けない .... 1　2　3　4
(6) 自分に適した職能開発がない .... 1　2　3　4
(7) 職能開発に参加する誘因（インセンティブ）がない .... 1　2　3　4

210

TALIS 校長質問紙 - ISCED 2 (MS-PQ-JPN-ja) - 5 頁

校長質問紙　資料1

問12　あなたの学校の以下の(1)～(5)に該当する教職員数（人数）を教えてください。

複数の項目に該当することもあります。

各項目に数字を記入してください。該当しない場合は0（ゼロ）と記入してください。

(1) ☐☐☐ 教員
　　生徒への指導を主たる業務とする者

(2) ☐☐☐ 指導支援に携わる職員
　　教員の補助者や教員以外で指導や教員補助を行う職員、教育課程や学習指導の専門職や教員補助者を含む、教育メディアに関する専門職（司書、心理学や看護の専門職を含む）

(3) ☐☐☐ 学校の事務に携わる職員
　　受付担当者、秘書、事務補助員を含む

(4) ☐☐☐ 学校の経営に携わる職員
　　校長、副校長・教頭、その他学校経営に関することを主たる業務とする者を含む

(5) ☐☐☐ その他の職員

問13　あなたの学校では、以下の学校段階の教育を行っていますか。また、行っているのであれば、その学校は、地域において、児童生徒の確保について他の学校と競合していますか。

各選択肢について、(A)欄の「行っている」又は「行っていない」のいずれかに○を付けてください。
(A)欄で「行っている」と答えた場合、児童生徒の確保について競合している他の学校の数について、(B)欄の当てはまるものに一つ○を付けてください。

	(A) 学校段階		(B) 競合		
	行っている	行っていない	2校以上と競合している	1校と競合している	競合していない
(1) 幼稚園	1	2	1	2	3
(2) 小学校	1	2	1	2	3
(3) 中学校	1	2	1	2	3
(4) 高等学校普通科	1	2	1	2	3
(5) 高等学校専門学科・総合学科	1	2	1	2	3

問14　現在の全学年の在学者数は何人ですか。

数字を記入してください。

☐☐☐☐ 人

問15　あなたの学校において、以下の特性を持つ生徒の割合を推定してください。なお、中等教育学校の場合は、前期課程（中学校段階）について、以下の特性を持つ生徒のおよその割合を推定してください。

(2)の「特別な支援を要する生徒」とは、精神的、身体的又は情緒的に困難な条件にあることによって、特別な学習支援を行う必要性が公式に認定されている生徒を指すものとします。（これらの生徒に対しては、多くの場合、その教育支援のために公的あるいは民間から何らかの追加的な資源（人的、物的、財政的）が提供されています。）

(3)の「社会経済的に困難な家庭環境」とは、住居や栄養、医療などの生活上必要な基礎的な条件を欠いている家庭環境のことをいいます。

一人の生徒が複数の選択肢に当てはまることがありうるので、(1)～(3)の回答の合計が100%になる必要はありません。

(1)～(3)のそれぞれについて、当てはまるものに一つ○を付けてください。

	なし	1%～10%	11%～30%	31%～60%	61%以上
(1) 母語が日本語でない生徒	1	2	3	4	5
(2) 特別な支援を要する生徒	1	2	3	4	5
(3) 社会経済的に困難な家庭環境にある生徒	1	2	3	4	5

資料1

資料1　校長質問紙

学校のリーダーシップ

問16 **あなたの学校には、学校運営チーム（例えば、運営委員会）がありますか。**

「学校運営チーム」とは、学校が適切に機能するため、学習指導、資源の活用、カリキュラム、評価に関する意思決定や、その他の戦略的な意思決定を主導・運営することについて責任を有する学校内の集団を指します。チームは、典型的には、校長、副校長、教頭、主任等（分掌や教科の長）により構成されます。

日本の法令上の学校運営協議会や学校評議員、学校法人の理事会は、この「学校運営チーム」には当たりません。当てはまるものに一つの○を付けてください。

1　はい

2　いいえ　→　問18へお進みください。

問17 **あなたの学校の学校運営チームには、現在、以下の人々が参加していますか。**

(1)～(8)のそれぞれについて、当てはまるものに一つの○を付けてください。

	はい	いいえ
(1) 校長（あなたご自身）	1	2
(2) 副校長、教頭	1	2
(3) 財務の管理者	1	2
(4) 主任	1	2
(5) 教員	1	2
(6) 保護者	1	2
(7) 生徒	1	2
(8) その他（事務職員など）	1	2

TALIS 校長 質問紙 - ISCED 2 (MS-PQ-JPN-ja) - 9 頁

問18 **あなたの学校では、以下のことについて重要な責任を持つのはどなたですか。**

「重要な責任」とは、意思決定が行われる際、積極的な役割を果たすことをいいます。

(1)～(11)のそれぞれについて、当てはまるもの全てに○を付けてください。

	校長（あなたご自身）	校長以外の学校運営チームメンバー	学校運営チームメンバー以外の教員	教育委員会・文部科学省
(1) 教員の採用	1	2	3	4
(2) 教員の解雇又は停職	1	2	3	4
(3) 教員の初任給（給与体系を含む）の決定	1	2	3	4
(4) 教員の昇給の決定	1	2	3	4
(5) 学校内の予算配分の決定	1	2	3	4
(6) 生徒の品行規則の設定	1	2	3	4
(7) 生徒の評価方針（全国的な評価方針を含む）の設定	1	2	3	4
(8) 生徒の入学許可	1	2	3	4
(9) 教科書・教材の選定	1	2	3	4
(10) 履修内容（全国的なカリキュラム（学習指導要領）を含む）の決定	1	2	3	4
(11) 履修コースの選定	1	2	3	4

10 頁　TALIS 校長 質問紙 - ISCED 2 (MS-PQ-JPN-ja)

校長質問紙　資料1

問19 あなたの学校において、あなたは、以下の(1)～(6)の校長としての仕事に、一年度の平均で、それぞれどれだけの割合の時間を費やしますか。

およその値で結構ですので、各欄に数字を記入してください。まったくない場合には0（ゼロ）と記入してください。
合計して100％になるようにしてください。

(1) ☐☐☐ ％　管理・統括に関する業務や打合せ
人事管理、規則管理、報告、学校の予算管理、日程や学級の編制、方針の立案、リーダーシップ・統率活動全般、国や自治体関係者からの要請への対応を含む

(2) ☐☐☐ ％　教育課程や学習指導に関わる業務や会議
カリキュラム開発、授業、学級観察、生徒の評価、組織内指導（メンタリング）、教員の職能開発を含む

(3) ☐☐☐ ％　生徒との関わり
規律管理、カウンセリング、課外での対応を含む

(4) ☐☐☐ ％　保護者との関わり
公式なものと非公式なものの双方の関わり

(5) ☐☐☐ ％　地域コミュニティや産業界との関わり

(6) ☐☐☐ ％　その他

　　　100 ％　合計

問20 過去12か月の間に、あなたは、この学校で以下の取組を行いましたか。

もし、あなたが校長になってまだ12か月が経っていない場合は、現在の学校で校長に就任してからの取組について回答してください。

(1)、(2)のそれぞれについて、当てはまるものに一つを付けてください。

	はい	いいえ
(1) 学校の教育目標や教育プログラムを策定するために、生徒の成績や評価結果（全国的/国際的な調査を含む）を活用した	1	2
(2) 学校での研修計画の策定に関わった	1	2

問21 過去12か月の間に、あなたの学校では、以下のことをどのくらいの頻度で行いましたか。

(1)～(9)のそれぞれについて、当てはまるものに一つを付けてください。

	なし	時々	頻繁に	非常に頻繁に
(1) 学級内の規律の問題を教員と協力して解決した	1	2	3	4
(2) 授業を観察した	1	2	3	4
(3) 新たな指導実践を開発するための教員間の協力を支援する取組を行った	1	2	3	4
(4) 教員が指導能力の向上に責任を持つよう具体的な取組を行った	1	2	3	4
(5) 教員が担当する生徒の学習成果について責任を感じるよう具体的な取組を行った	1	2	3	4
(6) 保護者に学校と生徒の成果についての情報を提供した	1	2	3	4
(7) 学校事務に関する手順や報告における間違いをチェックした	1	2	3	4
(8) 時間割に関する問題を解決した	1	2	3	4
(9) 他校の校長と協働した	1	2	3	4

問22 以下のことは、あなたの学校にどの程度当てはまると思いますか。

(1)～(5)のそれぞれについて、当てはまるものに一つを付けてください。

	まったく当てはまらない	当てはまらない	当てはまる	非常に良く当てはまる
(1) 教職員が、学校の意思決定に積極的に参加する機会を提供している	1	2	3	4
(2) 保護者が、学校の意思決定に積極的に参加する機会を提供している	1	2	3	4
(3) 生徒が、学校の意思決定に積極的に参加する機会を提供している	1	2	3	4
(4) 重要な意思決定は私自身が行う	1	2	3	4
(5) お互いに助け合う協力的な学校文化がある	1	2	3	4

資料1　校長質問紙

教員への公的な評価

このセクションでは、教員の仕事を校長、外部の個人又は機関や同僚教員が審査することを「評価」と定義します。ここでは、公式な手法(例えば、所定の手続や基準に基づく正規の業績管理システム)の一部として行われる場合によるものを対象とします。

問25 あなたの学校では、以下の人々による各教員への公的な評価が、平均してどのくらいの頻度で行われていますか。

(1)〜(5)のそれぞれについて、当てはまるもの一つに○を付けてください。いずれの選択肢もあなたの学校の状況にそぐわない場合には、最も近い選択肢を選んでください。

	なし	2年に1回未満	2年に1回	1年に1回	1年に2回以上
(1) 校長（あなたご自身）	1	2	3	4	5
(2) 校長以外の学校運営チームメンバー	1	2	3	4	5
(3) 組織内指導者（メンター）	1	2	3	4	5
(4) 学校運営チームメンバー以外の教員	1	2	3	4	5
(5) 外部の個人又は機関による評価（例えば、文部科学省の関係者、自治体の関係者、教育委員会の関係者、その他の学校教職員以外の者）	1	2	3	4	5

上記の全ての項目で「なし」と答えた場合→問28へお進みください。

問23 あなたの学校では、今年度の中で、保護者に対し以下のことを実施していますか。

(1)〜(4)のそれぞれについて、当てはまるもの一つに○を付けてください。

	はい	いいえ
(1) 保護者のための勉強会や講座の開設	1	2
(2) 託児サービスの提供など、保護者の参加を支援するためのサービス	1	2
(3) 保護者が参加する団体（PTAなど）への支援	1	2
(4) 保護者の会合	1	2

問24 あなたが校長として実力を発揮する上で、以下のことがどの程度妨げになっていますか。

(1)〜(9)のそれぞれについて、当てはまるもの一つに○を付けてください。

	まったく妨げになっていない	あまり妨げになっていない	いくらか妨げになっている	非常に妨げになっている
(1) 不十分な学校予算や資源	1	2	3	4
(2) 政府の規制や政策	1	2	3	4
(3) 教員の休職・欠勤	1	2	3	4
(4) 保護者の関与や支援の不足	1	2	3	4
(5) 教員の年功資金体系	1	2	3	4
(6) 校長の職能開発の機会と支援の不足	1	2	3	4
(7) 教員の職能開発の機会と支援の不足	1	2	3	4
(8) 自分にかかっている重い業務担と責任	1	2	3	4
(9) 他の教職員とのリーダーシップの共有不足	1	2	3	4

校長質問紙　資料1

学校の雰囲気

問28 あなたの学校では、以下のことがどの程度当てはまると思いますか。

(1)～(6)のそれぞれについて、当てはまるものに一つ〇を付けてください。

	まったく当てはまらない	当てはまらない	当てはまる	非常に良く当てはまる
(1) 教職員は学校教育に関する信念を共有している	1	2	3	4
(2) 学校と地域コミュニティとの間で緊密な連携を図っている	1	2	3	4
(3) 教職員は困難な問題についてオープンに話し合える	1	2	3	4
(4) 同僚の考え方を相互に尊重している	1	2	3	4
(5) 成功を共有する文化がある	1	2	3	4
(6) 教員と生徒との関係が良好である	1	2	3	4

問29 あなたの学校では、現在、質の高い指導を行う上で、以下のことがどの程度妨げになっていますか。

(1)～(9)のそれぞれについて、当てはまるものに一つ〇を付けてください。

	まったく妨げになっていない	あまり妨げになっていない	いくらか妨げになっている	非常に妨げになっている
(1) 資格を持つ教員や有能な教員の不足	1	2	3	4
(2) 特別な支援を要する生徒への指導能力を持つ教員の不足	1	2	3	4
(3) 職業教育を行う教員の不足	1	2	3	4
(4) 教材（教科書など）が不足している、あるいは適切でない	1	2	3	4
(5) 教育用コンピュータが不足している、あるいは適切でない	1	2	3	4
(6) インターネット接続環境が不十分である	1	2	3	4
(7) 教育用コンピュータソフトウェアが不足している、あるいは適切でない	1	2	3	4
(8) 図書館の教材が不足している、あるいは適切でない	1	2	3	4
(9) 支援職員の不足	1	2	3	4

16頁　TALIS校長質問紙 - ISCED 2 (MS-PQ-JPN-ja)

資料1

問26 あなたの学校では、公的な評価の一環として、以下のことをどなたが行っていますか。

(1)～(6)のそれぞれについて、当てはまるもの全てに〇を付けてください。

	外部の個人又は機関	校長（あなたご自身）	校長以外の学校運営チームメンバー	組織内指導者（メンター）	学校運営チームメンバー以外の教員	行っていない
(1) 直接的な授業観察	1	2	3	4	5	6
(2) 教員の指導についての生徒へのアンケート	1	2	3	4	5	6
(3) 教科内容に関する教員の知識についての評価	1	2	3	4	5	6
(4) 生徒のテスト結果の分析	1	2	3	4	5	6
(5) 教員の自己評価に関する話し合い	1	2	3	4	5	6
(6) 保護者に対して行ったフィードバックに関する話し合い	1	2	3	4	5	6

問27 あなたの学校では、教員評価の結果を受けて、以下のことがどのくらいの頻度で行われていますか。

(1)～(8)のそれぞれについて、当てはまるものに一つ〇を付けてください。

	なし	時々	頻繁に	常に
(1) 授業での指導の欠点を改善する方策について教員と話し合いを持つ	1	2	3	4
(2) 各教員のために研修計画を策定する	1	2	3	4
(3) 教員の業績が低かった場合、定期昇給の減額などの処分を課す	1	2	3	4
(4) 指導の改善を支援する組織内指導者（メンター）を指名する	1	2	3	4
(5) 校内での職務責任を変更する（例えば、担当時間数や校務分掌に関する責任を増加/軽減する）	1	2	3	4
(6) 給与や賞与の額を変更する	1	2	3	4
(7) 教員の昇進の見込みを変える	1	2	3	4
(8) 教員の解雇や雇用契約の更新	1	2	3	4

TALIS校長質問紙 - ISCED 2 (MS-PQ-JPN-ja) - 15頁

資料1　校長質問紙

教員の初任者研修及び組織内指導（メンタリング）

このセクションでは、初任者研修プログラムと組織内指導（メンタリング）についてお尋ねします。

「初任者研修プログラム」とは、初任者を教職へと導く制度のことです。教職課程で実習中の学生を対象とするものは含みません。初任者研修は、他の初任者との共同作業（ピア・ワーク）や経験ある教員による組織内指導（メンタリング）などにより行われることが考えられます。また、その仕組みには、あなたの学校が設計したもの、他校と連携して設計したもの、教育行政機関（文部科学省、教育委員会等）や外部機関が設計したものを含みます。

「組織内指導（メンタリング）」は、経験のある教員が経験のゆるい教員を支援する仕組みのことです。学校内の全教員を対象にすることもあれば、初任者だけを対象にすることもあります。

問31 あなたの学校には初任者研修プログラムがありますか。
(1)～(3)のそれぞれについて、当てはまるものに一つ○を付けてください。

　　　　　　　　　　　　　　　　　　　　　　はい　　いいえ
(1) 初任者研修プログラムがある .... 1　　　2
(2) 初任者研修プログラムの一環ではない、非公式な初任者研修活動がある .... 1　　　2
(3) 初任者向けの一般的な学校事務に関する説明のみ .... 1　　　2

(1) への回答が「いいえ」の場合 → 問34 へお進みください。

問32 あなたの学校では、どのような教員が初任者研修プログラムを受けますか。
当てはまるものに一つ○を付けてください。

1　この学校に着任した全ての教員
2　初めて教職に就いた者のみ

問33 初任者研修プログラムには、どのような仕組みや活動が含まれていますか。
当てはまるもの全てに○を付けてください。

1　経験豊富な教員による組織内指導（メンタリング）
2　講座／セミナー
3　校長や同僚教員との話し合いの時間の設定
4　同僚による批評や評価（ピア・レビュー）
5　学校内外の研究や研究仲間づくり
6　他校との協働
7　（より経験のある教員との）チーム・ティーチング
8　学びと振り返りを促すために日誌を付けたり、メモやファイルを作るなどの仕組み
9　上記以外の仕組みや活動

18頁　TALIS 校長 質問紙 - ISCED 2 (MS-PQ-JPN-ja)

問30 あなたの学校では、以下のことがどのくらいの頻度で起こっていますか。
(1)～(11)のそれぞれについて、当てはまるものに一つ○を付けてください。

あなたの学校の生徒によるもの：

　　　　　　　　　　　　　　　　なし　まれに　毎月　毎週　毎日
(1) 遅刻 .... 1　　2　　3　　4　　5
(2) 欠席（正当な理由のない欠席） .... 1　　2　　3　　4　　5
(3) カンニング .... 1　　2　　3　　4　　5
(4) 器物損壊・窃盗 .... 1　　2　　3　　4　　5
(5) 生徒間の脅迫又は暴言（もしくは他の形態の非身体的いじめ） ... 1　　2　　3　　4　　5
(6) 生徒間の暴力による身体的危害 .... 1　　2　　3　　4　　5
(7) 教職員への脅迫や暴言 .... 1　　2　　3　　4　　5
(8) ドラッグの使用・所持や飲酒 .... 1　　2　　3　　4　　5

あなたの学校の教員によるもの：

　　　　　　　　　　　　　　　　なし　まれに　毎月　毎週　毎日
(9) 遅刻 .... 1　　2　　3　　4　　5
(10) 欠勤（正当な理由のない欠勤） .... 1　　2　　3　　4　　5
(11) 差別（性別、人種、宗教又は障害等を理由としたもの） .... 1　　2　　3　　4　　5

TALIS 校長 質問紙 - ISCED 2 (MS-PQ-JPN-ja) - 17頁

校長質問紙　資料1

問34　**あなたの学校には教員向けの組織内指導（メンタリング）制度がありますか。**

当てはまるものに一つ〇を付けてください。

1　初めて教職に就いた教員のみを対象とした制度がある
2　この学校に着任した全ての教員を対象とした制度がある
3　この学校の全ての教員を対象とした制度がある
4　現時点において、教員向けの組織内指導（メンタリング）制度はない
　→問36へお進みください。

問35　**組織内指導者（メンター）の主な担当教科等は、指導を受ける教員の主な担当教科等と同じですか。**

当てはまるものに一つ〇を付けてください。

1　大半の場合同じ
2　同じ場合が時々ある
3　同じ場合はほとんどない

問36　**あなたは、教員や学校にとって、以下のことに関する組織内指導（メンタリング）の重要度をどのように評価していますか。**

(1)～(6)のそれぞれについて、当てはまるものに一つ〇を付けてください。

	なし	低い	中程度	高い
(1) 教員の指導力の改善	1	2	3	4
(2) 教員の職業上の自覚の強化	1	2	3	4
(3) 教員同士の連携の改善	1	2	3	4
(4) 指導経験の少ない教員への支援	1	2	3	4
(5) 教員の主な担当教科等に関する知識の伸長	1	2	3	4
(6) 生徒の一般的な学習成果の改善	1	2	3	4

仕事に対する満足度

問37　**最後に、あなたが仕事全般についてどのように感じているかをお尋ねします。以下のことにはどの程度当てはまりますか。**

(1)～(9)のそれぞれについて、当てはまるものに一つ〇を付けてください。

	まったく当てはまらない	当てはまらない	当てはまる	非常に良く当てはまる
(1) 校長の仕事は、悪いことより、良いことの方が明らかに多い	1	2	3	4
(2) もう一度仕事を選べるとしたら、また校長になりたい	1	2	3	4
(3) 可能なら、別の学校に異動したい	1	2	3	4
(4) 校長になったことを後悔している	1	2	3	4
(5) 現在の学校での仕事を楽しんでいる	1	2	3	4
(6) 自分の学校を良い職場だと人に勧めることができる	1	2	3	4
(7) 教職は社会的に高く評価されていると思う	1	2	3	4
(8) 現在の学校での自分の仕事の成果に満足している	1	2	3	4
(9) 全体としてみれば、この仕事に満足している	1	2	3	4

質問はここまでです。

ご協力ありがとうございました。

回答後の質問紙は、元の封筒に入れて封印シールで閉じた上で、校内締切日までに、校内担当者にご提出いただきますようお願いします。

資料1

国際教員指導環境調査 (TALIS) 2013 について

国際教員指導環境調査 (TALIS) 2013 は、校長及び教員の皆様に、教育分析や教育政策の進展の一助を担っていただく国際調査です。TALIS は経済協力開発機構 (OECD) によって実施されており、日本は他の 30 以上の国とともにこの調査に参加しています。

調査で得られるデータの国際分析により、自国と同様の課題に直面している国がどこなのかが明らかになり、他国の政策から学ぶことが可能になります。これまでに受けた研修、自身のリーダーシップ、学校に対する信念や教育実践、教職についての概観、職務への様々なフィードバックや評価、その他、学校の雰囲気といった職務環境に関する事柄について情報をご提供いただきます。

国際調査であることから、日本の事情に必ずしもそぐわない質問があるかもしれませんが、それらの質問については、回答可能な範囲で記入していただければ結構です。

機密保持

この調査で集められた全ての情報は厳重に取り扱われます。調査への参加は任意であり、いつでも取りやめることができます。国別及び学校種別のデータは公表されますが、この調査の結果に関するいかなる報告書においても、個人や学校が特定されることは決してありません。

質問紙について

- この質問紙への回答に要する時間は、およそ 45～60 分間です。
- 質問の多くは、当てはまるものを一つ選びOを付けて回答するものです。
- この質問紙への記入が終わりましたら、校内締切日までに、校内担当者にご提出願います。
- この質問紙及び調査に関してご不明な点等がありましたら、校内担当者を通じて国立教育政策研究所までお問い合わせください。

ご協力くださいますよう、よろしくお願い致します。

経済協力開発機構 (OECD)
Organisation for Economic Co-operation and Development (OECD)

国際教員指導環境調査 (TALIS) 2013
Teaching and Learning International Survey (TALIS) 2013

教員質問紙

中学校

本調査版
日本語版

[回答者 ID ラベル貼付箇所]
(105 x 35 mm)

国内調査実施：文部科学省国立教育政策研究所

国際コンソーシアム：
国際教育到達度評価学会 (IEA、オランダ)
IEA 情報処理研究センター (IEA DPC、ドイツ)
カナダ統計局 (カナダ)

先生ご自身について

以下の質問は、あなたの学歴、勤務経験に関するものです。質問への回答は、当てはまるものに当てはまるものに○を付けるか、必要に応じて数字を記入してください。

問1 あなたの性別はどちらですか。

1 男性
2 女性

問2 あなたの年齢をお答えください。

数字を記入してください。

☐☐ 歳

問3 あなたの教員としての現在の雇用形態は、以下のうちどれですか。

現在複数の学校に勤務する場合には、それらの労働時間を合算してお答えください。以下から当てはまるものに一つ○を付けてください。

1 常勤（常時勤務の90%以上の労働時間）→ 問 5 へお進みください
2 非常勤（常時勤務の71%以上 90%未満の労働時間）
3 非常勤（常時勤務の50%以上 70%未満の労働時間）
4 非常勤（常時勤務の50%未満の労働時間）

問4 あなたが非常勤で働いているのはどうしてですか。

当てはまるものに一つ○を付けてください。

1 非常勤で働くことを自ら選んだ
2 常勤で働くことができなかった

問5 あなたの勤務経験は何年ですか。

小数点以下は四捨五入して整数でお答えください。

(1) ☐☐ 年 ： 現在の学校での教員としての通算勤務年数
(2) ☐☐ 年 ： 教員としての通算勤務年数
(3) ☐☐ 年 ： 他の教育関係の仕事（教育委員会の指導主事等を含む）での勤務年数（教員としての年数は含まない）
(4) ☐☐ 年 ： 上記以外の仕事での勤務年数

TALIS 教員質問紙 - ISCED 2 (MS-TQ-JPN-ja) - 3 頁

問6 現在の学校におけるあなたの教員としての雇用形態は、以下のうちどれですか。

当てはまるものに一つ○を付けてください。

1 終身雇用（定年以前に雇用の終了時期が定められていない継続的雇用）
2 1年を超える有期雇用契約
3 1年以下の有期雇用契約

問7 あなたは、現在、他の中学校でも教員として勤務していますか。

当てはまるものに一つ○を付けてください。

1 はい
2 いいえ → 問 9 へお進みください

問8 問 7 で「はい」と答えた方は、この学校以外にいくつの中学校で勤務していますか。

数字を記入してください。

☐☐ 校

問9 あなたの中学校段階での担当授業全体において、特別な支援を要する生徒がどのくらいいますか。

「特別な支援を要する生徒」とは、精神的、身体的又は情緒的に困難な条件にあることによって、特別な学習を行う必要性が公式に認定されている生徒を指すものとします。（これらの生徒に対しては、多くの場合、その教育支援のために公的あるいは民間からの何らかの追加的な資源（人的、物的、財政的）が提供されています。）

当てはまるものに一つ○を付けてください。

1 いない
2 数人
3 ほとんど全員
4 全員

4 頁 - TALIS 教員質問紙 - ISCED 2 (MS-TQ-JPN-ja)

資料2 教員質問紙

問10 あなたの最終学歴は、以下のうちどれですか。

当てはまるものに一つ○を付けてください。

1. 高等学校以下
2. 短期大学・高等専門学校
3. 大学学部
4. 大学院修士課程
5. 大学院博士後期課程

問11 あなたは教員養成課程や研修プログラムを修了しましたか。

当てはまるものに一つ○を付けてください。

1. はい
2. いいえ

問12 あなたが受けた公的な教育や研修には、以下のことが含まれていましたか。

(1)〜(3)のそれぞれについて、当てはまるものに一つ○を付けてください。

	全ての担当教科について含まれていた	一部の担当教科について含まれていた	含まれていなかった
(1) 担当教科の内容	1	2	3
(2) 担当教科の指導法	1	2	3
(3) 担当教科の指導実践（教育実習、インターンシップ）	1	2	3

問13 授業の際、以下のことはどの程度準備できていると思いますか。

(1)〜(3)のそれぞれについて、当てはまるものに一つ○を付けてください。

	まったくできていない	ある程度できている	できている	非常に良くできている
(1) 担当教科の内容	1	2	3	4
(2) 担当教科の指導法	1	2	3	4
(3) 担当教科の指導実践	1	2	3	4

問14 あなたが受けた公的な教育や研修には、以下の教科等の分野が含まれていましたか。

当てはまるものの全てに○を付けてください。

国際調査であることから、教科等は大括りに分類しています。もし、以下のリストにあなたの担当教科等の名称と一致するものがない場合には、最も近いと思われる教科等の分野に○を付けてください。

	短大・高専において	大学・大学院において	教員養成課程において	教員研修において
(1) 国語	1	2	3	4
(2) 数学	1	2	3	4
(3) 理科	1	2	3	4
(4) 社会	1	2	3	4
(5) 外国語	1	2	3	4
(6) 技術	1	2	3	4
(7) 音楽・美術	1	2	3	4
(8) 保健体育	1	2	3	4
(9) 道徳	1	2	3	4
(10) 家庭	1	2	3	4
(11) 総合的な学習の時間	1	2	3	4
(12) その他（以下に具体的に記入してください）

_____

教員質問紙　資料2

問15　今年度に、あなたは以下の教科等をこの中学校（又は中等教育学校前期課程）で教えましたか。

(1)～(11)のそれぞれについて、当てはまるものに一つ○を付けてください。

	はい	いいえ
(1) 国語	1	2
(2) 数学	1	2
(3) 理科	1	2
(4) 社会	1	2
(5) 外国語	1	2
(6) 技術	1	2
(7) 音楽・美術	1	2
(8) 保健体育	1	2
(9) 道徳	1	2
(10) 家庭	1	2
(11) その他	1	2

問16　直近の「通常の一週間」において、指導（授業）、授業準備、採点、他の教員との共同作業、職員会議への参加、その他あなたの学校で求められている仕事に、合計でおよそ何時間（1時間＝60分換算）従事しましたか。

「通常の一週間」とは、休暇や休日、病気休業などにより勤務時間が短くならなかった一週間のことを指します。
週末や夜間など就業時間外に行った仕事を含みます。
四捨五入して時間単位で数字を記入してください。

☐☐ 時間

問17　この合計のうち、直近の「通常の一週間」において、およそ何時間（1時間＝60分換算）指導（授業）しましたか。

実際の指導（授業）時間のみを計算してください。
授業準備や採点などに費やした時間については、問18でお尋ねします。

☐☐ 時間

問18　直近の「通常の一週間」において、あなたは、以下の仕事に合計でおよそ何時間（1時間＝60分換算）従事しましたか。

週末や夜間など就業時間外に行った仕事を含みます。指導（授業）時間については前問でお尋ねしていますので、その時間は全て除外してください。
およその値で結構です。以下の仕事に従事しなかった場合は、0（ゼロ）を記入してください。

(1) ☐☐ 学校内外で個人で行う授業の計画や準備
(2) ☐☐ 学校内での同僚との共同作業や話し合い
(3) ☐☐ 生徒の課題の採点や添削
(4) ☐☐ 生徒に対する教育相談（生徒の監督指導、インターネットによるカウンセリング、進路指導、非行防止指導を含む）
(5) ☐☐ 学校運営業務への参画
(6) ☐☐ 一般的事務業務（教員として行う連絡事務、書類作成その他の事務業務を含む）
(7) ☐☐ 保護者との連絡や連携
(8) ☐☐ 課外活動の指導（例：放課後のスポーツ活動や文化活動）
(9) ☐☐ その他の業務

資料2

資料2　教員質問紙

教員の職能開発

このセクションでは、「職能開発」を、教員としての技能、知識、専門性その他の資質を高めるための活動と定義します。

教員養成課程修了後に、あなたが受けた職能開発についてのみお答えください。

問19　初めて教職に就いた際、何らかの初任者研修プログラムに参加しましたか（していますか）。

「初任者研修プログラム」とは、例えば、他の初任者との共同作業（ピア・ワーク）や経験を積んだ教員による組織内指導（メンタリング）など、初任者を教職へと導くことを支援するために行われる様々な活動と定義されます。

(1)～(3)のそれぞれについて、当てはまるものに一つ○を付けてください。

	はい	いいえ
(1) 初任者研修プログラムを受けた（受けている）	1	2
(2) 初任者研修プログラムではない、非公式な初任者研修活動に参加した（参加している）	1	2
(3) 一般的な学校事務の説明を受けた（受けている）	1	2

問20　あなたは、現在、組織内指導（メンタリング）に参加していますか。

ここでいう組織内指導は、あなたの学校の教員によって、又はあなたの学校の教員のために行われる組織内指導を指すものとします。教育実習中の学生のためのものは含みません。

(1)、(2)のそれぞれについて、当てはまるものに一つ○を付けてください。

	はい	いいえ
(1) 現在、自分を支援してくれる組織内指導者（メンター）がいる	1	2
(2) 他の教員の組織内指導者（メンター）を務めている	1	2

問21　過去12か月の間に、以下の職能開発に参加しましたか。参加した場合は、何日間その活動を行いましたか。

以下の(1)～(5)のそれぞれについて、(A)欄の当てはまるものに○を付けてください。(A)欄で「はい」と答えた場合は、その活動を行った日数を(B)欄に記入してください。

日数は、6～8時間をもって1日とし、四捨五入して1日単位で答えてください。これには、週末や夜間など就業時間外に行った活動を含みます。

	(A) 参加の有無		(B) 日数
	はい	いいえ	
(1) 課程（コース）・ワークショップ（例えば、教科等の内容や指導法、その他の教育関連のもの）	1	2	☐☐
(2) 教育に関する会議やセミナー（教員又は研究者がその研究成果を発表し、教育上の課題に関して議論するもの）	1	2	☐☐
(3) 他校の見学	1	2	☐☐
(4) 企業、公的機関、非政府組織（NGO）の見学	1	2	☐☐
(5) 企業、公的機関、非政府組織（NGO）での現職研修	1	2	☐☐

II. 過去12か月の間に、以下の職能開発に参加しましたか。

以下の(6)～(9)の活動について、「はい」又は「いいえ」に○を付けてください。

	はい	いいえ
(6) 資格取得プログラム（例えば、学位取得プログラム）	1	2
(7) 教員の職能開発を目的とする研究グループへの参加	1	2
(8) 職務上あなたが関心をもっているテーマに関する個人研究又は共同研究	1	2
(9) 学校の公式の取組である組織内指導（メンタリング）や同僚の観察・助言、コーチング活動	1	2

過去12か月の間に、いずれの職能開発にも参加していない場合　→　問26へお進みください。

教員質問紙　資料2

資料2

問22 過去12か月の間にあなたが参加した職能開発には、以下のことが含まれていましたか。また、それはあなたの指導にどの程度良い影響がありましたか。

(1)～(14)のそれぞれについて、(A)欄の「含まれていた」又は「含まれていない」のいずれかに〇を付けてください。(A)欄で「含まれていた」と答えた場合は、それがあなたの指導に与えた良い影響の程度について(B)欄に〇を付けてください。

	(A) 内容の有無		(B) 良い影響		
	含まれていた	含まれていない	なし	小さい	中程度	大きい
(1) 担当教科等の分野に関する知識と理解	1	2	1	2	3	4
(2) 担当教科等の分野の指導法に関する能力	1	2	1	2	3	4
(3) カリキュラムに関する知識	1	2	1	2	3	4
(4) 生徒の評価や評価方法	1	2	1	2	3	4
(5) 指導用のICT（情報通信技術）技能	1	2	1	2	3	4
(6) 生徒の行動と学級経営	1	2	1	2	3	4
(7) 学校の管理運営	1	2	1	2	3	4
(8) 個に応じた学習手法	1	2	1	2	3	4
(9) 特別な支援を要する生徒への指導（定義は、問9を参照）	1	2	1	2	3	4
(10) 多文化又は多言語環境における指導	1	2	1	2	3	4
(11) 各教科で共通に必要な能力に関する指導（例：問題解決能力、学び方の学習）	1	2	1	2	3	4
(12) 将来の仕事や研究でも生かせるよう、どの職業にも必要な能力を高める手法	1	2	1	2	3	4
(13) 職場で使う新しいテクノロジー	1	2	1	2	3	4
(14) 生徒への進路指導やカウンセリング	1	2	1	2	3	4

問23 過去12か月の間にあなたが参加した職能開発には、どの程度個人の経済的負担がありましたか。

当てはまるものに一つ〇を付けてください。

1. 負担なし
2. ある程度の負担
3. 全額の負担

問24 過去12か月の間にあなたが参加した職能開発に関して、以下のような支援を受けましたか。

(1)～(3)のそれぞれについて、当てはまるものに一つ〇を付けてください。

	はい	いいえ
(1) 学校の就業時間内に行われた研修活動に参加するために、予め時間の割り振りを受けた	1	2
(2) 就業時間外の研修活動に参加するために、給与の追加給付を受けた	1	2
(3) 就業時間外の研修活動に参加するために、金銭以外による支援を受けた（指導時間の短縮、休日、研究休暇など）	1	2

問25 過去12か月の間にあなたが参加した職能開発に、以下のことはどの程度含まれていましたか。

(1)～(4)のそれぞれについて、当てはまるものに一つ〇を付けてください。

	まったく含まれていなかった	一部に含まれていた	大部分に含まれていた	全てに含まれていた
(1) 自分の学校や教科等の同僚による取組	1	2	3	4
(2) 講義を聴講するだけではない参加型学習の機会	1	2	3	4
(3) 他の教員との共同学習又は共同研究活動	1	2	3	4
(4) （数週間から数か月に渡って複数回に分けて行われる）長期研修	1	2	3	4

資料2　教員質問紙

問26　以下の各領域について、それぞれどの程度、職能開発の必要性を感じていますか。

(1)～(14)のそれぞれについて、当てはまるものに一つ○を付けてください。

	まったくなし	あまりなし	ある程度	高い
(1) 担当教科等の分野に関する知識と理解	1	2	3	4
(2) 担当教科等の分野の指導法に関する能力	1	2	3	4
(3) カリキュラムに関する知識	1	2	3	4
(4) 生徒の評価や評価方法	1	2	3	4
(5) 指導用のICT（情報通信技術）技能	1	2	3	4
(6) 生徒の行動と学級経営	1	2	3	4
(7) 学校の管理運営	1	2	3	4
(8) 個に応じた学習手法	1	2	3	4
(9) 特別な支援を要する生徒への指導（定義は、問9を参照）	1	2	3	4
(10) 多文化又は多言語環境における指導	1	2	3	4
(11) 各教科で共通に必要な力に関する指導（例：問題解決能力、学び方の学習）	1	2	3	4
(12) 将来の仕事や研究で生かせるよう、どの職業にも必要な能力を高める手法	1	2	3	4
(13) 職場で使う新しいテクノロジー	1	2	3	4
(14) 生徒への進路指導やカウンセリング	1	2	3	4

問27　職能開発にあなたが参加する際、以下のことがどの程度妨げになると思いますか。

(1)～(7)のそれぞれについて、当てはまるものに一つ○を付けてください。

	まったく妨げにならない	妨げにならない	妨げになる	非常に妨げになる
(1) 参加要件を満たしていない（資格、経験、勤務年数など）	1	2	3	4
(2) 職能開発は費用が高すぎる	1	2	3	4
(3) 雇用者からの支援が不足している	1	2	3	4
(4) 職能開発の日程が自分の仕事のスケジュールと合わない	1	2	3	4
(5) 家族があるため、時間が割けない	1	2	3	4
(6) 自分に適した職能開発がない	1	2	3	4
(7) 職能開発に参加する誘因（インセンティブ）がない	1	2	3	4

教員質問紙　資料2

教員へのフィードバック

あなたの学校で仕事に対して行われるフィードバックについてお尋ねします。

「フィードバック」とは、あなたの仕事に対する何らかの関与（例：授業観察、指導計画や生徒の成績に関する議論）に基づいて行われ、あなたの指導状況についてのあらゆるコミュニケーションと広く定義します。

フィードバックは、非公式な話し合い、あるいは公式的で組織的な手法のいずれかによって行われる場合があります。

問28　あなたの学校では、あなたへのフィードバックとして、以下のことをそれぞれどなたが行いますか。

「外部の個人又は機関」とは、例えば、文部科学省の関係者、自治体関係者、その他の学校外の者を指します。

(1)～(6)のそれぞれについて、当てはまるものの全てに〇を付けてください。

	外部の個人又は機関	校長	校長以外の学校運営チームメンバー	組織的指導者（メンター）	学校運営チームメンバー以外の教員	受けたことがない
(1) 授業観察の結果に基づくフィードバック	1	2	3	4	5	6
(2) 指導について、生徒を対象とするアンケートに基づくフィードバック	1	2	3	4	5	6
(3) 教科に関する知識についての評価に基づくフィードバック	1	2	3	4	5	6
(4) 生徒のテスト結果の分析に基づくフィードバック	1	2	3	4	5	6
(5) あなたの自己評価に基づくフィードバック	1	2	3	4	5	6
(6) 保護者を対象とするアンケートや話し合いに基づくフィードバック	1	2	3	4	5	6

上記の全てについて、「受けたことがない」と回答した場合　→　問31へお進みください。

問29　あなたの考えでは、あなたがそのフィードバックを受ける際、以下のことはどの程度重視されていますか。

(1)～(11)のそれぞれについて、当てはまるものに一つ〇を付けてください。

	まったく重視されていない	あまり重視されていない	ある程度重視されている	非常に重視されている
(1) 生徒の成績	1	2	3	4
(2) 担当教科等の分野に関する知識と理解	1	2	3	4
(3) 担当教科等の分野の指導法に関する能力	1	2	3	4
(4) 生徒の評価方法	1	2	3	4
(5) 生徒の行動と学級経営	1	2	3	4
(6) 特別な支援を要する生徒への指導	1	2	3	4
(7) 多文化又は多言語環境における指導	1	2	3	4
(8) 他の教員に対し、指導を改善するために自分が行ったフィードバック	1	2	3	4
(9) 保護者からのフィードバック	1	2	3	4
(10) 生徒からのフィードバック	1	2	3	4
(11) 他の教員との協働	1	2	3	4

資料2　教員質問紙

問30　あなたが受けたフィードバックは、以下のことにどの程度良い変化をもたらしていると思いますか。

(1)～(14)のそれぞれについて、当てはまるもの一つに○を付けてください。

	なし	小さい	ある程度	大きい
(1) 校長や同僚から認められること	1	2	3	4
(2) 学校改善を主導する役割（カリキュラム開発、学校目標の設定など）	1	2	3	4
(3) キャリア向上の可能性（例：昇進）	1	2	3	4
(4) 職能開発を受ける量	1	2	3	4
(5) 校内での職務責任	1	2	3	4
(6) 教員としての自信	1	2	3	4
(7) 給与や賞与	1	2	3	4
(8) 学級経営	1	2	3	4
(9) 主な担当教科等の分野に関する知識と理解	1	2	3	4
(10) 指導実践	1	2	3	4
(11) 特別な支援を要する生徒への指導方法	1	2	3	4
(12) 生徒の学習改善につながる学習評価方法	1	2	3	4
(13) 仕事への満足度	1	2	3	4
(14) 意欲	1	2	3	4

問31　あなたの学校における教員への評価とフィードバックについて、より一般的にお尋ねします。以下のようなことは、全般的にはどの程度当てはまりますか。

この質問では、教員の仕事を審査することを「評価」と定義します。この評価は、公式な手法（例えば、所定の手続や基準に基づく正規の業績管理システムの一部として行われる場合）から、非公式な手法（例えば、非公式な話し合いまで様々な方法で実施される場合があります。

あなたの学校で同様の評価や組織内指導（メンタリング）が行われていない場合は、その関連項目は回答不要です。

(1)～(8)のそれぞれについて、当てはまるもの一つに○を付けてください。

	まったく当てはまらない	当てはまらない	当てはまる	非常に良く当てはまる
(1) 最も良く仕事をしている教員（達）が最も認められている（報酬、よりハイレベルの研修機会、責任ある地位）	1	2	3	4
(2) 教員への評価及びフィードバックは、教員の授業での指導にほとんど影響を与えない	1	2	3	4
(3) 教員への評価及びフィードバックは、大部分が管理上の要求を満たすために行われている	1	2	3	4
(4) 教員が自らの仕事を改善できるよう、研修・訓練計画が用意されている	1	2	3	4
(5) 教員に対する綿密な評価に基づいて行われている	1	2	3	4
(6) 仕事の成果が芳しくない状態が続く教員は、解雇されることがある	1	2	3	4
(7) 指導が不適切である場合は、改善策について教員との話し合いが持たれる	1	2	3	4
(8) 教員の指導力向上の支援のため、組織内指導者（メンター）が指名される	1	2	3	4

指導全般について

問32 指導・学習に関するあなたの個人的な信念についてお尋ねします。以下のようなことは、どの程度当てはまりますか。

(1)～(4)のそれぞれについて、当てはまるものに一つ○を付けてください。

	まったく当てはまらない	当てはまらない	当てはまる	非常に良く当てはまる
(1) 教員としての私の役割は、生徒自身の探究を促すことである	1	2	3	4
(2) 生徒は、問題に対する解決策を自ら見いだすことで、最も効果的に学習する	1	2	3	4
(3) 生徒は、現実的な問題に対する解決策について、教員が解決策を教える前に、自分で考える機会が与えられるべきである	1	2	3	4
(4) 特定のカリキュラムの内容よりも、思考と推論の過程の方が重要である	1	2	3	4

問33 あなたの学校において、平均して、あなたはどのくらいの頻度で以下のことを行っていますか。

(1)～(8)のそれぞれについて、当てはまるものに一つ○を付けてください。

	行っていない	年に1回以下	年に2～4回	年に5～10回	月に1～3回	週に1回以上
(1) 学級内でチーム・ティーチングを行う	1	2	3	4	5	6
(2) 他の教員の授業を見学し、感想を述べる	1	2	3	4	5	6
(3) 他の学級や学年をまたいだ合同学習を行う	1	2	3	4	5	6
(4) 同僚と教材をやりとりする	1	2	3	4	5	6
(5) 特定の生徒の学習の向上について議論する	1	2	3	4	5	6
(6) 他の教員と共同して、生徒の学習の進捗状況を評価する基準を定める	1	2	3	4	5	6
(7) 分掌や担当の会議に出席する	1	2	3	4	5	6
(8) 専門性を高めるための勉強会に参加する	1	2	3	4	5	6

問34 あなたの指導において、以下のことは、どの程度できていますか。

(1)～(12)のそれぞれについて、当てはまるものに一つ○を付けてください。

	まったくできていない	ある程度できている	かなりできている	非常に良くできている
(1) 生徒に勉強ができると自信を持たせる	1	2	3	4
(2) 生徒が学習の価値を見いだせるよう手助けする	1	2	3	4
(3) 生徒のために発問を工夫する	1	2	3	4
(4) 学級内の秩序を乱す行動を抑える	1	2	3	4
(5) 勉強にあまり関心を示さない生徒に勉強する気を起こさせる	1	2	3	4
(6) 自分が生徒にどのような態度・行動を期待しているか明確に示す	1	2	3	4
(7) 生徒の批判的思考を促す	1	2	3	4
(8) 生徒を教室のきまりに従わせる	1	2	3	4
(9) 秩序を乱す又は騒々しい生徒を落ち着かせる	1	2	3	4
(10) 多様な評価方法を活用する	1	2	3	4
(11) 生徒がわからない時には、別の説明の仕方を工夫する	1	2	3	4
(12) 様々な指導方法を用いて授業を行う	1	2	3	4

対象学級における指導について

以下では、あなたの指導実践について詳しくお尋ねします。この質問紙では、あなたの指導実践の全体像を取り上げることはできません。そこで、ここでは事例的なアプローチを用いることとし、特定の学級における指導に焦点を当てることとします。

以下の質問では、あなたが教えている特定の学級についてお尋ねします。回答していただきたい特定の学級とは、先週の火曜日の午前11時以降、あなたが最初に教えた中学校の学級とします。もし、あなたがその日に中学校の学級を教えていない場合には、その翌日以降の中学校の学級が回答対象になります。

以下の質問では、これを「対象学級」と表現することとします。以下の質問では対象学級についてお答えください。

問35 対象学級の構成についてお尋ねします。以下の特性を持つ生徒の割合を推定してください。

(5)の「社会経済的に困難な家庭環境」とは、住居や栄養、医療などの生活上必要な基礎的な条件を欠いている家庭環境のことをいいます。

この質問は、生徒の背景についてのあなた個人としての理解をお尋ねするものです。および、その推定値で回答していただいて結構です。

生徒が複数の特性を持つこともあり得ます。

(1)～(6)のそれぞれについて、当てはまるものに一つ○を付けてください。

	なし	1%～10%	11%～30%	31%～60%	61%以上
(1) 母語が日本語ではない生徒	1	2	3	4	5
(2) 学業成績が低い生徒	1	2	3	4	5
(3) 特別な支援を要する生徒	1	2	3	4	5
(4) 問題行動を起こす生徒	1	2	3	4	5
(5) 社会経済的に困難な家庭環境にある生徒	1	2	3	4	5
(6) 学業に関して特別な才能のある生徒	1	2	3	4	5

問36 対象学級におけるあなたの指導は、ほとんど全てが特別な支援を要する生徒に割かれていますか。

当てはまるものに一つ○を付けてください。

1 はい → 問44へお進みください。
2 いいえ

問37 対象学級での授業は、以下のどの教科等の分野に分類されますか。

当てはまるものに一つ○を付けてください。

1 国語
2 数学
3 理科
4 社会
5 外国語
6 技術
7 音楽・美術
8 保健体育
9 道徳
10 家庭
11 その他

問38 対象学級には、現在何人の生徒がいますか。

数字を記入してください。

□□□ 人

問39 対象学級において、通常、以下のことに授業時間の何パーセントを費やしていますか。

各活動の割合を数字で記入してください。ない場合は0（ゼロ）と記入してください。

回答を合計して100％になるようにしてください。

(1) □□ ％ 事務的業務（出欠の記録・学校からのお知らせの配付など）
(2) □□ ％ 学級の秩序・規律の維持
(3) □□ ％ 学習指導
　　―――
　　100 ％ 合計

教員質問紙　資料2

問40　対象学級は、あなたが教えている全ての学級の中で、どの程度標準的な学級だと思いますか。

当てはまるものに一つ○を付けてください。
1　とても標準的である
2　標準的である
3　標準的ではない

問41　対象学級について、以下のことはどの程度当てはまりますか。

(1)～(4)のそれぞれについて、当てはまるものに一つ○を付けてください。

	まったく当てはまらない	当てはまらない	当てはまる	非常に良く当てはまる
(1) 授業を始める際、生徒が静かになるまでかなり長い時間待たなければならない	1	2	3	4
(2) この学級の生徒は良好な学習の雰囲気を創り出そうとしている	1	2	3	4
(3) 生徒が授業を妨害するため、多くの時間が失われてしまう	1	2	3	4
(4) 教室内はとても騒がしい	1	2	3	4

問42　年度を通じて、対象学級において、以下のことをどのくらいの頻度で行いますか。

(1)～(8)のそれぞれについて、当てはまるものに一つ○を付けてください。

	ほとんどなし	時々	しばしば	ほとんどいつも
(1) 前回の授業内容のまとめを示す	1	2	3	4
(2) 生徒が少人数のグループで、問題や課題に対する共同の解決策を考え出す	1	2	3	4
(3) 学習が困難な生徒、進度が速い生徒には、それぞれ異なる課題を与える	1	2	3	4
(4) 新しい知識が役立つことを示すため、日常生活や仕事での問題を引き合いに出す	1	2	3	4
(5) 全生徒が単元の内容を理解していることが確認されるまで、類似の課題を生徒に演習させる	1	2	3	4
(6) 生徒のワークブックや宿題をチェックする	1	2	3	4
(7) 生徒は完成まで少なくとも一週間を必要とする課題を行う	1	2	3	4
(8) 生徒が課題や学級での活動にICT（情報通信技術）を用いる	1	2	3	4

問43　対象学級において、以下の生徒の学習評価方法をどのくらいの頻度で使いますか。

(1)～(6)のそれぞれについて、当てはまるものに一つ○を付けてください。

	ほとんどなし	時々	しばしば	ほとんどいつも
(1) 自ら評価方法を開発して実施する	1	2	3	4
(2) 標準テストを実施する	1	2	3	4
(3) 個々の生徒にクラスメイトの前で質問に答えさせる	1	2	3	4
(4) 生徒の学習成果に対して点数や評定による成績評価だけでなく、文書によるフィードバックを行う	1	2	3	4
(5) 生徒に学習の進捗状況を自己評価させる	1	2	3	4
(6) 生徒が特定の課題に取り組む様子を観察し、必要なフィードバックを即座に行う	1	2	3	4

学校の雰囲気、仕事に対する満足度

問44 あなたの学校について、以下のことはどの程度当てはまりますか。
(1)～(5)のそれぞれについて、当てはまるもの一つに○を付けてください。

	まったく当てはまらない	当てはまらない	当てはまる	非常に良く当てはまる

(1) 教職員が、学校の意思決定に積極的に参加する機会を提供している ……… 1 …… 2 …… 3 …… 4

(2) 保護者が、学校の意思決定に積極的に参加する機会を提供している ……… 1 …… 2 …… 3 …… 4

(3) 生徒が、学校の意思決定に積極的に参加する機会を提供している ……… 1 …… 2 …… 3 …… 4

(4) 学校の課題について、責任を共有する文化がある ……… 1 …… 2 …… 3 …… 4

(5) お互いに助け合う協力的な学校文化がある ……… 1 …… 2 …… 3 …… 4

問45 あなたの学校について、以下のことはどの程度当てはまりますか。
(1)～(4)のそれぞれについて、当てはまるもの一つに○を付けてください。

	まったく当てはまらない	当てはまらない	当てはまる	非常に良く当てはまる

(1) 通常、教員と生徒は互いに良好な関係にある ……… 1 …… 2 …… 3 …… 4

(2) ほとんどの教員は、生徒の幸せが重要であると考えている ……… 1 …… 2 …… 3 …… 4

(3) ほとんどの教員は、生徒の声に関心を持っている ……… 1 …… 2 …… 3 …… 4

(4) 生徒が特別な援助を必要としている時、学校は支援している ……… 1 …… 2 …… 3 …… 4

問46 最後に、あなたが仕事全般についてどのように感じているかをお尋ねします。以下のことはどの程度当てはまりますか。
(1)～(10)のそれぞれについて、当てはまるもの一つに○を付けてください。

	まったく当てはまらない	当てはまらない	当てはまる	非常に良く当てはまる

(1) 教員であることは、悪いことより、良いとこの方が明らかに多い ……… 1 …… 2 …… 3 …… 4

(2) もう一度仕事を選べるとしたら、また教員になりたい ……… 1 …… 2 …… 3 …… 4

(3) 可能なら、別の学校に異動したい ……… 1 …… 2 …… 3 …… 4

(4) 教員になったことを後悔している ……… 1 …… 2 …… 3 …… 4

(5) 現在の学校での仕事を楽しんでいる ……… 1 …… 2 …… 3 …… 4

(6) 他の職業を選択した方が良かったのではないかと思っている ……… 1 …… 2 …… 3 …… 4

(7) 自分の学校を良い職場だと人に勧めることができる ……… 1 …… 2 …… 3 …… 4

(8) 教職は社会的に高く評価されていると思う ……… 1 …… 2 …… 3 …… 4

(9) 現在の学校での自分の仕事の成果に満足している ……… 1 …… 2 …… 3 …… 4

(10) 全体としてみれば、この仕事に満足している ……… 1 …… 2 …… 3 …… 4

質問はここまでです。

ご協力ありがとうございました。

回答後の質問紙は、元の封筒に入れて封印シールで閉じた上で、校内締切日までに、校内担当者にご提出いただきますようお願いします。

教員環境の国際比較

OECD 国際教員指導環境調査（TALIS）2013 年調査結果報告書

2014 年 6 月 26 日　初版第 1 刷発行	編　者：国立教育政策研究所
2015 年 1 月 15 日　初版第 2 刷発行	発行者：石井昭男
	発行所：株式会社明石書店
	〒 101-0021
	東京都千代田区外神田 6-9-5
	TEL　03-5818-1171
	FAX　03-5818-1174
	http://www.akashi.co.jp
	振替　00100-7-24505

組版：朝日メディアインターナショナル株式会社
印刷・製本：モリモト印刷株式会社

（定価はカバーに表示してあります）　　　　　　　　　　　　ISBN978-4-7503-4035-7

成人スキルの国際比較
OECD国際成人力調査(PIAAC)報告書
国立教育政策研究所編
●3800円

生きるための知識と技能5
OECD生徒の学習到達度調査(PISA)2012年調査国際結果報告書
国立教育政策研究所編
●4600円

PISAから見る、できる国・頑張る国2
未来志向の教育を目指す：日本
経済協力開発機構(OECD)編　渡辺 良監訳
●3600円

PISAの問題できるかな?
OECD生徒の学習到達度調査
経済協力開発機構(OECD)編著　国立教育政策研究所監訳
●3600円

TIMSS2011算数・数学教育の国際比較
国際数学・理科教育動向調査の2011年調査報告書
国立教育政策研究所編
●3800円

TIMSS2011理科教育の国際比較
国際数学・理科教育動向調査の2011年調査報告書
国立教育政策研究所編
●3800円

教育研究とエビデンス
国際的動向と日本の現状と課題
大槻達也、惣脇宏ほか著
●3800円

研究活用の政策学
社会研究とエビデンス
S・ナトリー、I・ウォルター、H・デイヴィス著
惣脇宏、豊浩子、籾井圭子、岩崎久美子、大槻達也訳
●5400円

図表でみる教育
OECDインディケータ(2014年版)
経済協力開発機構(OECD)編著
●8600円

図表でみる世界の保健医療
OECDインディケータ(2013年版)　オールカラー版
OECD編著　鐘ヶ江葉子訳
●5500円

図表でみる世界の行政改革
OECDインディケータ(2013年版)　オールカラー版
OECD編著　平井文三訳
●5500円

地図でみる世界の地域格差
OECD地域指標(2013年版)　オールカラー版
OECD編著　中澤高志、神谷浩夫監訳
●5500円

OECD成人スキル白書
第1回OECD国際成人力調査(PIAAC)報告書　〈OECDスキル・アウトルック2013年版〉
経済協力開発機構(OECD)編著　矢倉美登里ほか訳
●8600円

OECD教員白書
効果的な教育実践と学習環境をつくる
〈第1回OECD国際教員指導環境調査(TALIS)報告書〉
OECD編著　斎藤里美監訳
●7400円

多様性を拓く教師教育
多文化時代の各国の取り組み
OECD教育研究革新センター編著　斎藤里美監訳
●4500円

諸外国の教育動向 2013年度版
文部科学省編著
●3600円

〈価格は本体価格です〉